高等学校会计专业系列教材

会计电算化实用教程

（用友 ERP–U8V10.1 版）

主　编　王文良　铁晓华　李　萌

副主编　谢文刚　杨玉娥

西安电子科技大学出版社

内 容 简 介

本书以简化理论、强化应用、培养技能为原则,以用友 ERP-U8V10.1 财务软件为平台,以企业经济活动为主线,将基础知识与实践环节相结合,注重操作步骤与应用技巧的相互联系,详细介绍系统管理、基础设置、日常账务处理、期末账务处理、报表管理、薪资管理、固定资产管理、应收款管理和应付款管理等内容。本书附录提供了一套完整的上机实训题,内容全面充实,与各章内容紧密关联,旨在提高学生的应用能力。

本书图文并茂,可操作性强。书中既有用于各模块的任务驱动实务案例,又有提高学生综合应用能力的综合业务实训案例,适合作为高等院校及高职高专会计、财务管理等专业的教材,也可作为在职会计人员学习和培训的参考书。

图书在版编目(CIP)数据

会计电算化实用教程 / 王文良,铁晓华,李萌主编. —西安:西安电子科技大学出版社,2022.1

ISBN 978-7-5606-6287-9

Ⅰ. ①会⋯ Ⅱ. ①王⋯ ②铁⋯ ③李⋯ Ⅲ. ①会计电算化 Ⅳ. ①F232

中国版本图书馆 CIP 数据核字(2021)第 257427 号

策划编辑　秦志峰
责任编辑　韩春荣　秦志峰
出版发行　西安电子科技大学出版社(西安市太白南路 2 号)
电　　话　(029)88202421　88201467　　　邮　　编　710071
网　　址　www.xduph.com　　　　　　电子邮箱　xdupfxb001@163.com
经　　销　新华书店
印刷单位　陕西华盛印务有限责任公司
版　　次　2022 年 1 月第 1 版　　2022 年 1 月第 1 次印刷
开　　本　787 毫米×1092 毫米　1/16　　印　张　21.5
字　　数　511 千字
印　　数　1~2000 册
定　　价　55.00 元

ISBN 978-7-5606-6287-9/F

XDUP　6589001-1

如有印装问题可调换

前　言

本书以培养会计信息系统应用型人才为目标，教学理念上侧重于会计电算化实务操作，教学方法上注重任务驱动和案例教学。书中全面介绍会计业务处理过程中电算化软件各模块的内在联系和业务处理流程，培养学生的动手操作能力。

本书选取制造业日常财务核算资料，结合会计信息系统，全面设置完整的核算体系，旨在将会计电算化的学习内容和实际工作有机结合起来，使读者能熟悉企业电算化环境，有效掌握会计电算化专业技能。

本书的特点突出表现在以下几个方面：

(1) 重在提高会计电算化应用水平。本书以企业日常经营业务数据为依托，通过运用大量的会计核算典型实例，详细讲解会计电算化理论知识和具体应用。书中所列示的数据与报表完全符合企业会计业务的勾稽关系，对于学生了解和熟悉各系统之间的关系以及会计信息数据传递流程起到了有益作用。

(2) 根据使用对象合理安排内容。本书的使用对象是应用型本科财会专业的学生。本书把握理论主线，注重实际操作要领。通过对本书的学习，学生能够掌握会计电算化软件的功能及结构，能熟练进行初始设置、日常业务、期末业务等会计处理，通过大量的、系统性的练习，学生将具备较强的实际操作能力。本书可作为普通高等院校财经类专业会计电算化课程的教学用书，也可作为会计从业人员的会计电算化培训教程。

(3) 配套资料设计完善。本书汇总了用友 ERP-U8V10.1 软件的各个子系统的业务流程和操作步骤，方便学习者参考使用，同时加入了综合实训，以拓展会计电算化实训内容，有利于巩固对应项目的实践技能。读者可登录西安电子科技大学出版社网站，在"本书详情"页面查看配套资料。

本书由西安外事学院王文良教授负责全书总体结构设计和总纂，由王文良、铁晓华、李萌担任主编，西安外事学院谢文刚、杨玉娥担任副主编。具体编写分工为：王文良负责编写第 1 章、第 2 章、第 3 章、第 9 章，铁晓华负责编写

第 4 章、第 5 章、第 6 章，李萌负责编写第 7 章、第 8 章，杨玉娥负责整理实训资料，谢文刚负责提供数据配置、编写综合案例。

　　本书对操作过程的讲解详细清晰、图文并茂，能够满足不同层次学习者的需要，同时有利于提高财务会计专业整体学习效果。我们希望学习者能够灵活使用会计电算化软件，为今后步入企业进行财务工作打下良好的基础。另外，本书中涉及的公司均为虚拟公司，其财务数据与任何企业无关。

　　由于时间仓促，加之编者水平有限，书中疏漏和不妥之处在所难免，恳请广大读者批评指正。

编　者

2021 年 9 月

目　　录

第 1 章

会计电算化系统

【学习目标】
- ◆ 了解会计电算化概念、作用;
- ◆ 了解用友 ERP-U8V10.1 软件系统的构成及数据传递;
- ◆ 了解用友 ERP-U8V10.1 软件的功能;
- ◆ 了解会计电算化的特点;
- ◆ 掌握会计电算化的系统管理;
- ◆ 掌握用友 ERP-U8V10.1 的运行环境与安装。

1.1　用友 ERP-U8V10.1 软件的功能

　　会计电算化是一门融会计学、管理学、计算机技术、信息技术、网络通信技术为一体的交叉学科,已成为会计学的一个重要学科。具体来说,会计电算化是一个应用计算机实现会计数据处理自动化的信息系统,也是通过对各种会计数据进行收集、输入、加工、存储、输出,对企业经济活动进行全面、连续、系统、综合反映和监督的管理活动。会计电算化以计算机为载体,将先进的电子技术和信息技术应用到会计实务中,使传统的手工会计信息系统发展演变为会计电算化信息系统。这样不仅大大提高了会计处理速度,降低了会计处理成本,而且提高了会计信息质量,使得会计信息的及时性、相关性、准确性等要求得以实现。

　　用友 ERP-U8V10.1 软件的功能模块是指在会计核算中有相对独立的会计数据输入、处理和输出功能的各个组成部分。它的功能主要是增加预算准确性,减少库存资金占用,提高管理的科学性和计划性。用友 ERP-U8V10.1 软件功能包括账务处理子系统、往来核算子系统、固定资产管理子系统、薪资管理子系统、存货管理子系统、销售管理子系统等。

1.1.1　账务处理子系统(总账管理子系统)

　　账务处理子系统是会计信息系统的核心和基础。用友财务软件的账务处理子系统主要以会计凭证为原始数据,按照会计科目统计指标体系对记账凭证所载的经济内容进行记录、分类、计算、加工、汇总,输出总分类账、明细分类账、日记账以及其他辅助账簿、凭证和报表。其主要功能包括账务初始(建账)、凭证处理(输入、审核、汇总)、查询、对账、结账、打印输出和其他辅助功能。

1.1.2　往来核算子系统

往来核算子系统主要用来核算企业发生的应收、应付款项及其增减变化的情况。在企业商品信用交易频繁复杂的情况下，往来核算在企业短期融资与信用管理中将发挥重要作用。

1.1.3　固定资产管理子系统

固定资产管理子系统主要用于固定资产管理。该系统包括存储和管理固定资产卡片，实现固定资产增减变动核算，完成固定资产的折旧计提和分配，自动转账及查询、统计和打印各种账表等功能。

1.1.4　薪资管理子系统

薪资管理子系统主要用来实现企业人力资源管理。它以职工个人的原始工资数据为基础，可实现计算职工工资、汇总和分配工资费用、计算个人所得税、查询并打印工资表、自动编制工资费用分配转账凭证并传递给账务处理子系统。该子系统具体包括设计工资项目及项目计算公式，录入职工工资基础资料，以及增减变动和修改、计算、汇总、查询、打印输出等功能。

1.1.5　成本管理子系统

成本管理子系统是会计核算的中心。根据成本核算要求，通过用户对成本核算对象的定义、对成本核算方法的选择及对各种费用分配方法的选择，由系统自动对从其他系统传递来的数据或用户手工录入的数据进行汇总计算，输出成本核算结果或其他统计资料。某些软件还增加了成本分析和成本预测功能，以满足会计核算事前预测、事中控制和事后分析的需要。

1.1.6　UFO 报表管理子系统

UFO 报表管理子系统主要根据会计核算数据完成各种报表的编制和汇总工作。它可以生成各种内外部报表及汇总报表，根据报表数据生成各种分析表和分析图，在网络上进行远程报表的汇总、数据传递、检索查询和分析处理等工作，具体包括报表定义、报表计算、报表汇总、报表查询、报表输出等功能模块。

1.1.7　采购管理子系统

采购管理子系统主要核算各项采购业务。它根据企业采购管理和采购成本核算的需要，制订采购计划、生成采购订单、录入采购发票。该系统可以对采购订单、到货和入库情况进行管理，确认采购成本；可以帮助用户掌握订单执行情况，处理采购付款、退货、催货等结算事项；可以提供比价单。例如，同一种原料，不同供货商供货价格不同，系统可优先选择最低价而生成订单。该系统还可以进行查询、统计，为采购部门和财务部门提供准确、及时的信息(如采购订单到货提前预警功能、供应商价格比对分析等，辅助管理决策)。

1.1.8　存货管理子系统

存货管理子系统主要供库管部门使用。它可以处理由采购部门传递的采购到货单,进行验收入库;处理销售部门传递的销售发货单,在对其进行审核之后进行销售出库;处理材料领用业务(配比出库、限额领料),登记半成品、产成品入库;处理调拨、盘点等工作。通过它可以查寻各种库存账表(如库存台账、出入库流水账、收发存汇总表等),提供最高、最低库存以及安全库存报警等;还可以及时准确地把各类存货成本归集到成本项目和成本对象上,动态反映存货增减变动,提供资金周转和占用分析,为降低库存、减少资金积压提供决策依据。

1.1.9　销售管理子系统

销售管理子系统主要用来处理客户的基本档案资料,定制销售计划、销售报价,开据销售订单(销售合同)和发票、处理销售发货、退货等事项;在开据销售订单、发货、开票时可检查和控制客户的信用额度和最低售价,减少坏账发生;办理货款结算、营业收入、应交税金、利润和利润分配等核算;根据业务数据生成各类统计报表,可按存货、地区、业务员、部门等类别分析销售情况和业绩,以便调整销售策略。由于其核算内容基本上与存货核算是一致的,因此有的软件也将其作为存货管理系统一并处理。

1.1.10　资金管理子系统

资金管理子系统主要实现企业对资金管理的需求。该系统以银行提供的单据、企业内部单据、凭证等为依据,记录资金业务及其涉及资金管理方面的业务;处理对内对外收款、付款、转账等业务;提供逐笔计息管理功能;提供各单据的动态查寻情况及各类统计分析报表。

除了以上子系统功能外,用友 ERP-U8V10.1 软件还提供了财务分析子系统、决策管理子系统、查询子系统等。财务分析子系统将会计信息系统产生的数据通过各种指标方式表达出来,以反映企业有关财务状况、盈利能力与运营能力等,便于管理者决策;决策管理子系统则利用计算机、通信技术和决策分析方法,建立数据库和决策模型,向企业决策者提供及时、可靠的财务和业务等信息,针对企业经营活动做出科学的决策;查询子系统利用子系统中的数据进行加工、整理、分析和研究,提取现金流量表、资金快报、计划执行情况表等,为企业管理和决策提供辅助功能。

1.2　用友 ERP-U8V10.1 软件各子系统之间的关系

1.2.1　用友 ERP-U8V10.1 软件系统的构成

用友 ERP-U8V10.1 软件系统是在计算机和网络环境下采用现代信息处理技术,对会计信息进行采集、存储、处理和传输,完成会计核算、监督、管理和辅助决策的系统。它是一个人机结合的系统,不但需要计算机的支持,而且需要人的操作和使用。从结构来看,系统是由计算机硬件、计算机软件、会计数据、会计规范及会计人员等组成的。用友

ERP-U8V10.1 软件系统由会计核算、供应链、决策分析等系统模块组成，如图 1-1 所示。

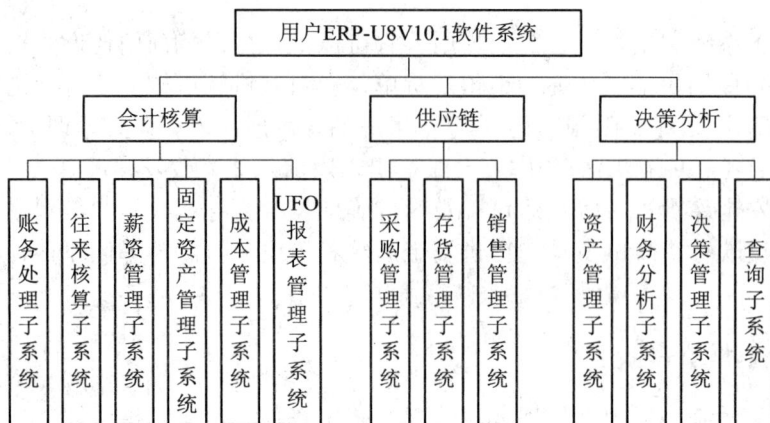

图 1-1　用友 ERP-U8V10.1 软件系统构成

1. 会计核算模块

用友 ERP-U8V10.1 软件系统为满足企业会计核算需要，提供了财务业务一体化应用功能，即用户根据实际需要，使用总账、UFO 报表、应收款管理、应付款管理、薪资管理、固定资产等系统模块。财务业务一体化应用的关键是设置基础信息、基础档案、数据权限和业务单据等，为会计核算提供基础资料，业务单据在业务流程经过的各系统之间自动生成，同时业务单据又可以自动生成相应的会计凭证。通过会计核算模块，实现了从业务到会计核算再到报表生成的全过程。

2. 供应链模块

供应链模块包括采购管理子系统、销售管理子系统、存货管理子系统。全面详细的财务数据离不开对采购、供应、销售环节的财务核算。比如，根据采购订单生成库存系统的采购入库单，根据采购入库单生成采购到货对应的总账凭证；根据采购订单生成采购发票，采购发票计入应付款管理系统的应付单据中，采购发票生成总账凭证等。又比如，根据销售订单生成库存系统的销售出库单，根据销售出库单生成销售出库对应的总账凭证；根据销售订单生成销售发票，销售发票计入应收明细账，销售发票生成总账凭证等。通过供应链核算模块，业务系统可以自动生产财务系统对应的单据及凭证的应用模式。

3. 决策分析模块

决策分析模块属于管理会计部分，包括项目管理、成本管理及专家财务分析等。它的功能是通过项目管理和成本管理实现各类制造企业对成本的全面掌握和控制，运用专家财务分析及时掌握单位财务状况、销售及利润分布和各项预算的明细情况等，为企业管理决策提供依据。

特别说明：

本书只为读者介绍会计核算模块中几个常用的子系统，分别为：总账管理子系统、UFO 报表管理子系统、固定资产管理子系统、薪资管理子系统、往来核算子系统(应收款管理子系统和应付款管理子系统)。供应链模块中采购管理子系统、销售管理子系统、存货管理子系统，若有与会计核算模块相关联的部分，本书只做简单介绍。决策分析模块仅限于了解，不做详细介绍。

1.2.2　用友 ERP-U8V10.1 软件各子系统数据关系

用友 ERP-U8V10.1 软件各子系统之间的关系表现为数据传递关系，传递的数据流主要是各类转账凭证。薪资管理子系统、固定资产管理子系统、存货管理子系统、往来核算子系统向账务处理子系统传递与各自核算有关的转账凭证，账务处理子系统进行记账、结账等数据处理，并且将有关费用分配数据提供给成本管理子系统。成本管理子系统在完成成本计算后，将费用归集和分配的结果以转账凭证的形式传递给账务处理子系统。账务处理子系统最终完成账簿输出和报表编制。财务分析子系统和查询子系统为管理和决策提供支持。各子系统之间相互联系、相互作用，支持企业物流、资金流和信息流的集成，并且支持财务和业务的协同，如图 1-2 所示。

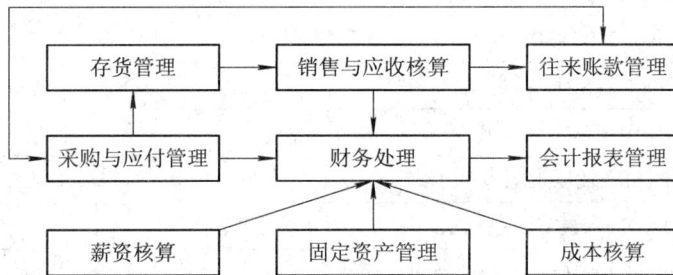

图 1-2　用友 ERP-U8V10.1 软件各子系统数据关系

在 ERP-U8V10.1 软件系统中，在系统管理中进行注册、增加用户、建立账套、设置操作员权限，在企业应用平台中进行基础设置。对于规模小、业务量少的企业，一般只需要在总账管理系统中就可以完成业务处理。如果企业规模大、业务量较多，需要通过其他子系统专门进行相关账务处理并且生成记账凭证。例如，在固定资产管理子系统中先进行固定资产的增加、减少、计提折旧等业务处理，然后生成记账凭证，最后将固定资产管理子系统的数据传递到总账子系统中进行记账、结账处理。

本书中的第 2~5 章分别介绍会计电算化核心和基础知识，包括系统管理、基础设置、总账管理及 UFO 报表管理。第 6~9 章分别介绍专门业务的核算，以及向总账账务处理传递和各自核算有关的转账凭证。

1.3　用友 ERP-U8V10.1 软件安装流程

1.3.1　用友 ERP-U8V10.1 软件对运行环境的要求

1. 操作系统

用友软件在安装时对操作系统、IE 及 IIS 配置都有严格要求，其适用环境如表 1-1 所示。

表 1-1　用友 ERP-U8V10.1 软件适用操作系统一览表

分类	操 作 系 统	IE	IIS	推荐
数据服务器加密服务器	Windows XP+SP2 及以上版本补丁			
	Windows 2003 Server+SP2(包括 R2 及以上版本补丁)			是
	Windows Server 2003(X64)+SP2 及以上版本补丁			
	Windows Server 2003(IA64)+SP2 及以上版本补丁			
	Windows 7+SP1 及以上版本补丁			
应用服务器	Windows XP+SP2 及以上版本补丁	IE60+SP1 或 IE7、IE8、IE9	IIS5.1	
	Windows 2003 Server+SP2(包括 R2 及以上版本补丁)		IIS6.0	是
	Windows Server 2003(X64)+SP2 及以上版本补丁			
	Windows Server 2003(IA64)+SP2 及以上版本补丁			
	Windows Vista+SP1 及以上版本补丁	IE7 或 IE8、IE9	IIS7.0	
	Windows Server 2008+SP1 及以上版本补丁			
	Windows 2008 R2+SP1 及以上版本补丁			
	Windows 7+SP1 及以上版本补丁			
客户端	Windows XP+SP2 及以上版本补丁	IE60+SP1 或 IE7、IE8、IE9		
	Windows 2003 Server+SP2(包括 R2 及以上版本补丁)			是
	Windows Server 2003(X64)+SP2 及以上版本补丁			
	Windows Server 2003(IA64)+SP2 及以上版本补丁			
	Windows Vista+SP1 及以上版本补丁	IE7 或 IE8、IE9		
	Windows Server 2008+SP1 及以上版本补丁			
	Windows 2008 R2+SP1 及以上版本补丁			
	Windows 7+SP1 及以上版本补丁			

2. 数据库管理系统

用友 ERP-U8V10.1 的运行需要数据库管理系统的支持。用友 ERP-U8V10.1 软件支持以下 SQL Server 版本的标准版、企业版和数据中心版:

(1) Microsoft SQL Server Desktop Engine2000(MSDE2000)+SP4。

(2) Microsoft SQL Server 2000+SP4。

(3) Microsoft SQL Server 2005+SP2(或以上版本补丁)(包括 EXPRESS)。

(4) Microsoft SQL Server 2008+SP1(SP1 或以上版本补丁)。

(5) Microsoft SQL Server 2008 R2。

3. 基础环境

安装用友 ERP-U8V10.1 软件前,请确保计算机中安装有 Office2007、IIS、net2.0 SP1、net3.5 SP1。

1.3.2　用友 ERP-U8V10.1 软件安装要求

在单机上安装用友 ERP-U8V10.1 软件要注意以下问题：

1. 系统安装要求

(1) 操作系统。Windows 7 家庭版、高级家庭版都不能安装，只能是旗舰版和专业版。

(2) 数据库。SQL Server 2008R2，使用 REGEDIT 更改注册表。

2. 安全要求

(1) 安装的权限。管理员最好是超级用户。

(2) 用户权限控制。设置为最低，即对安装不做限制。

(3) 安全管理软件。安装过程中必须停止运行安全卫士、杀毒软件之类的软件。这类安全管理类软件最好先卸载，待用友安装成功后再行安装。

3. 时间及其他安装要求

(1) 日期分隔符设置。用友 ERP-U8V10.1 中，要求日期分隔符号设置为"-"。设置的方法为进入 Windows 7 控制面板，选择"时钟、语言和区域"选项，再选择"更改日期、时间或数字格式"将格式设置为"yy-mm-dd"格式。

(2) 其他软件。可以安装 OFFICE、输入方法、浏览器和即时通讯类软件，但不能在同一环境下存在其他管理软件。

1.3.3　安装 IIS

在 Windows 7 旗舰版安装环境下必须安装 IIS，即由微软公司提供的基于运行 Windows 的互联网基本服务(Internet Information Services，简称 IIS，互联网信息服务)。由于 IIS 的默认安装不完全，因此需要我们自己手动添加进行安装。

选择 Internet 信息服务进行设置。进入控制面板后，选择"程序"功能，如图 1-3 所示。在程序窗口中选择"程序和功能"中的"打开或关闭 Windows 功能"选项，如图 1-4 所示。在 Windows 功能窗口中选择"Internet 信息服务"选项。进入后，要把加号都点开。简单的做法是选取可选的全部项目，如图 1-5 所示。进行相关设置后单击"确定"按钮，系统会自动完成 IIS 的安装，然后重新启动计算机。

图 1-3　程序

图 1-4　Windows 功能

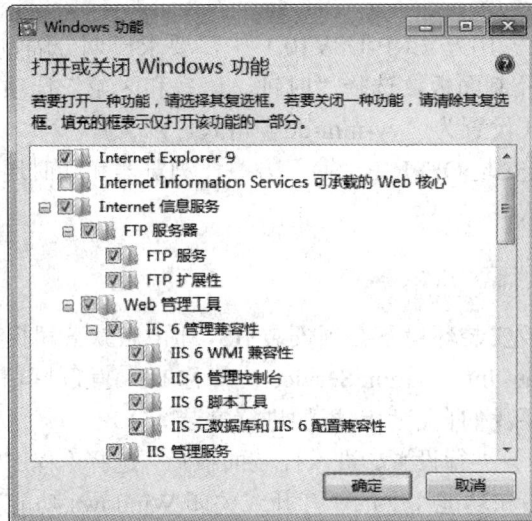

图 1-5　Internet 信息服务设置

1.3.4　安装数据库

在安装之前，一定要停用杀毒软件和 360 安全卫士之类的安全管理软件，待用友 ERP-U8 安装完成后再安装安全管理软件和杀毒软件。在安装过程中，可能会出现"此程序存在已知的兼容性问题"的对话框，选择"运行程序"选项继续安装。在后续安装中遇到类似提示也按照这种方式处理。需要注意的是，要记住设置的 sa 密码，便于后续输入。

1. 安装接受许可条款

(1) 安装 SQL_08_R2_CHS(64 位)软件可以运行下发的 SQL_08_R2_CHS 安装盘中的"setup.exe"文件。在弹出的对话框上选择"安装"选项，在安装页面的右侧选择"全新安装或向现有安装添加功能"选项，如图 1-6 所示。

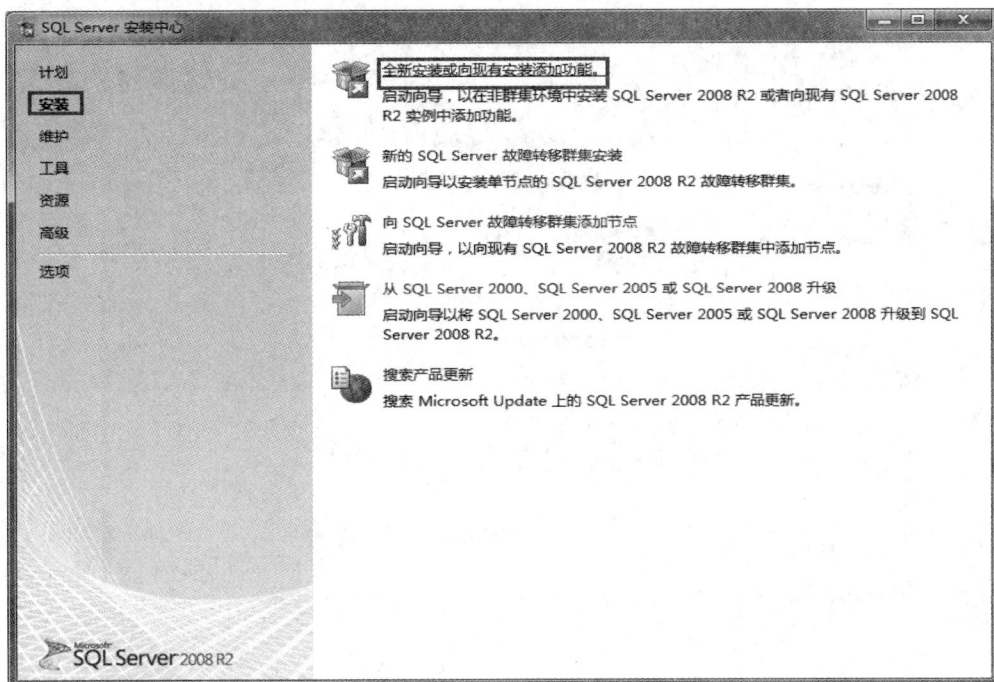

图 1-6　SQL server 安装中心

（2）在弹出的"安装程序支持规则"页面，可以检测安装是否能顺利进行。若通过就点击"确定"按钮，否则可点击"重新运行"按钮再进行检测，如图 1-7 所示。

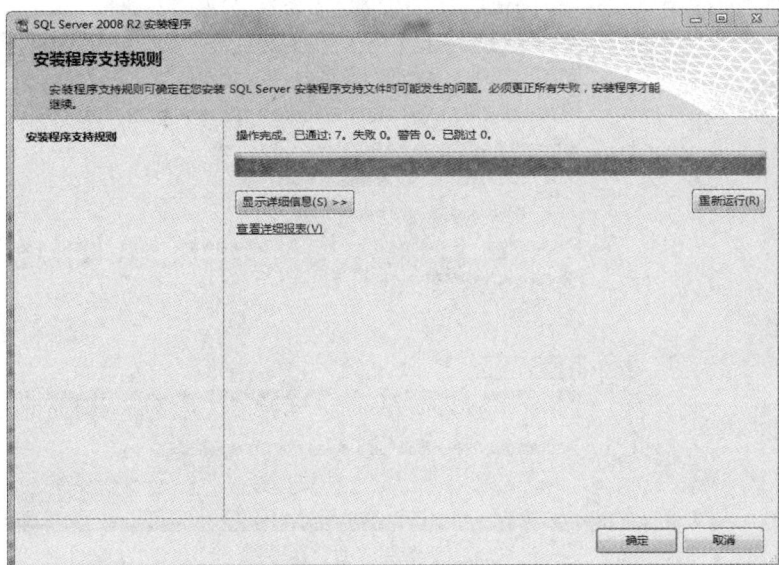

图 1-7　安装程序支持规则

（3）在弹出的"产品密钥"对话框中选择"输入产品密钥"选项。输入 SQL Server 2008 R2 安装光盘的产品密钥，然后点击"下一步"按钮，如图 1-8 所示。

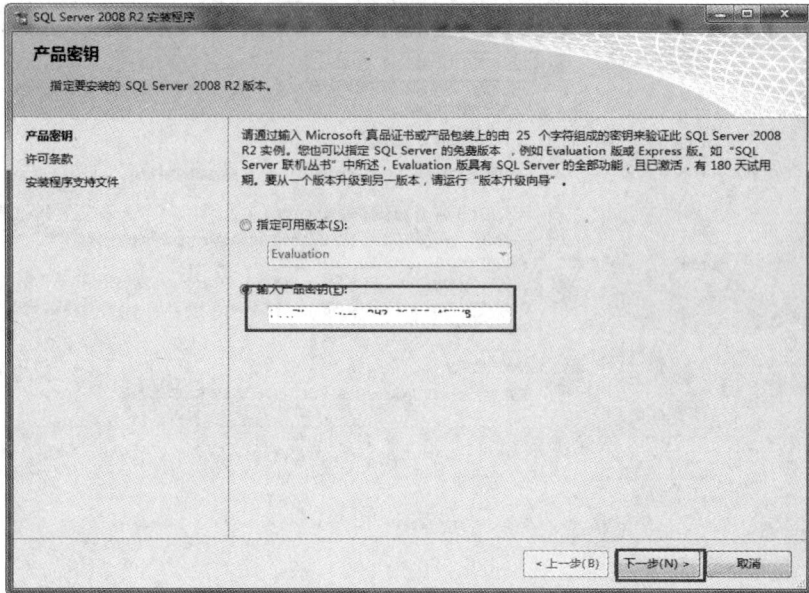

图 1-8　输入产品密钥

(4) 在弹出的"许可条款"对话框中，勾选"我接受许可条款"选项，并点击"下一步"按钮，如图 1-9 所示。

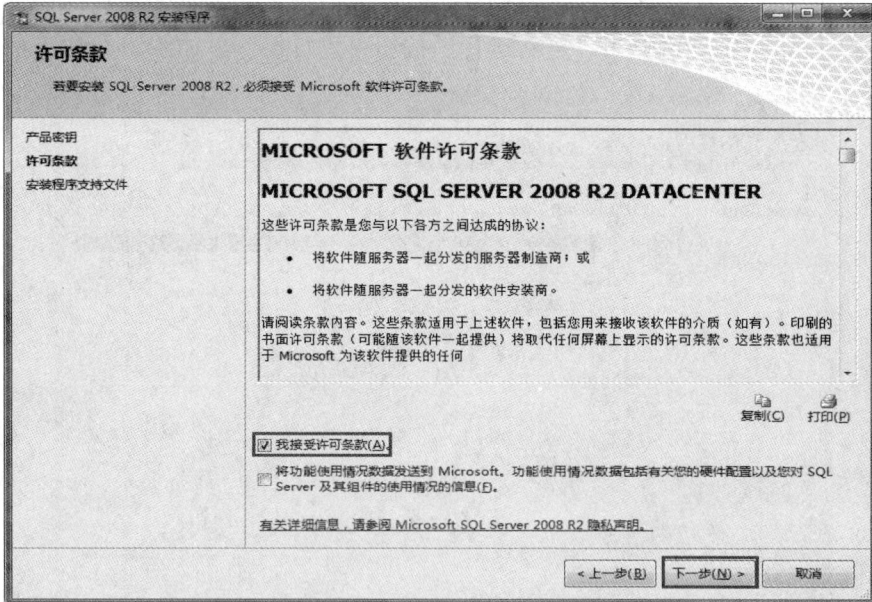

图 1-9　许可条款

2. 安装程序支持文件

(1) 在弹出的"安装程序支持文件"对话框中，可以点击"安装"按钮，以安装程序支持文件，如图 1-10 所示。若要安装或更新 SQL Server 2008，这些文件是必需的。

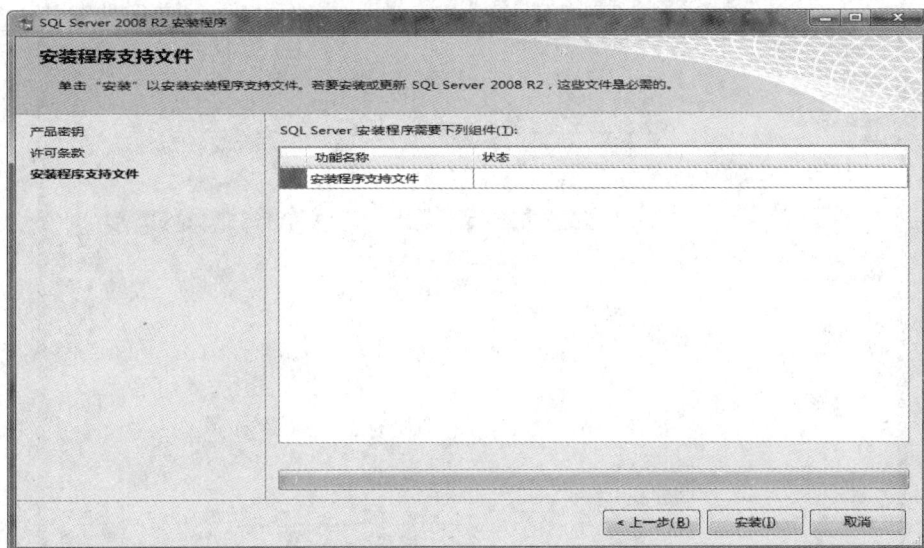

图 1-10　安装程序支持文件

(2) 点击"下一步"按钮，会弹出"安装程序支持规则"对话框。安装程序支持规则可提示您在安装 SQL Server 安装程序文件时可能发生的问题。只有更正所有失败，安装程序才能继续。确认通过后点击"下一步"按钮，如图 1-11 所示。

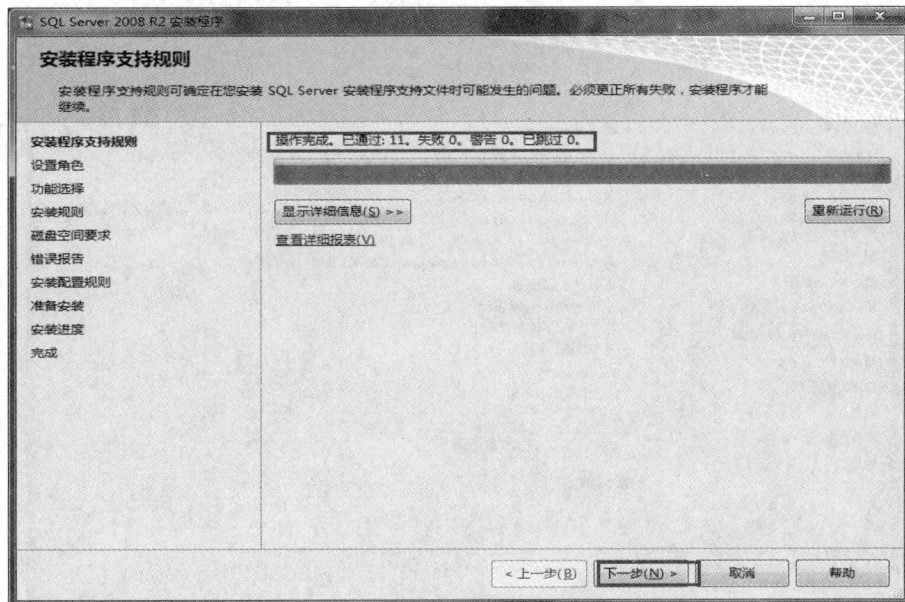

图 1-11　安装程序支持规则

3. 数据库功能选择安装

(1) 接前步。在"设置角色"对话框中勾选"SQL Server 功能安装(S)"，点击"下一步"按钮，如图 1-12 所示。

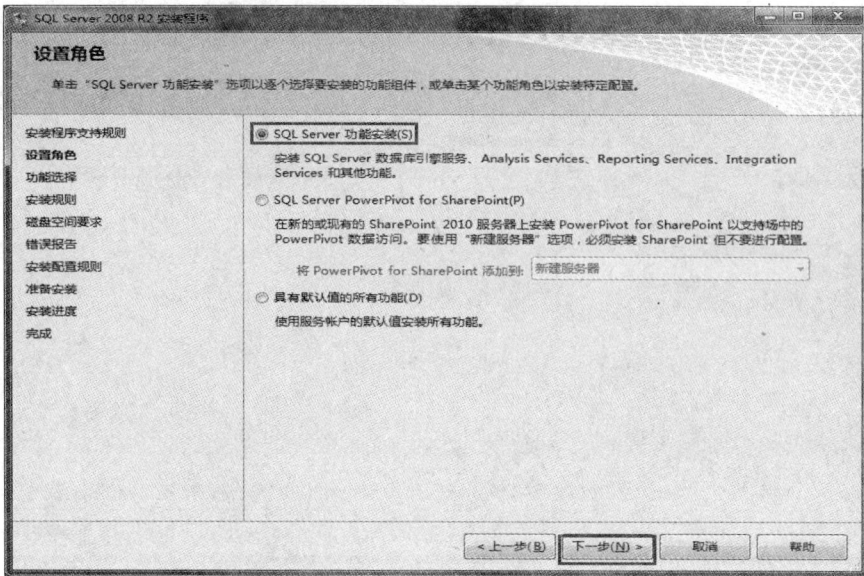

图 1-12　设置角色

(2) 在弹出的"功能选择"对话框中，选择要安装的功能并选择"共享功能"下的选项。点击"下一步"按钮，如图 1-13 所示。

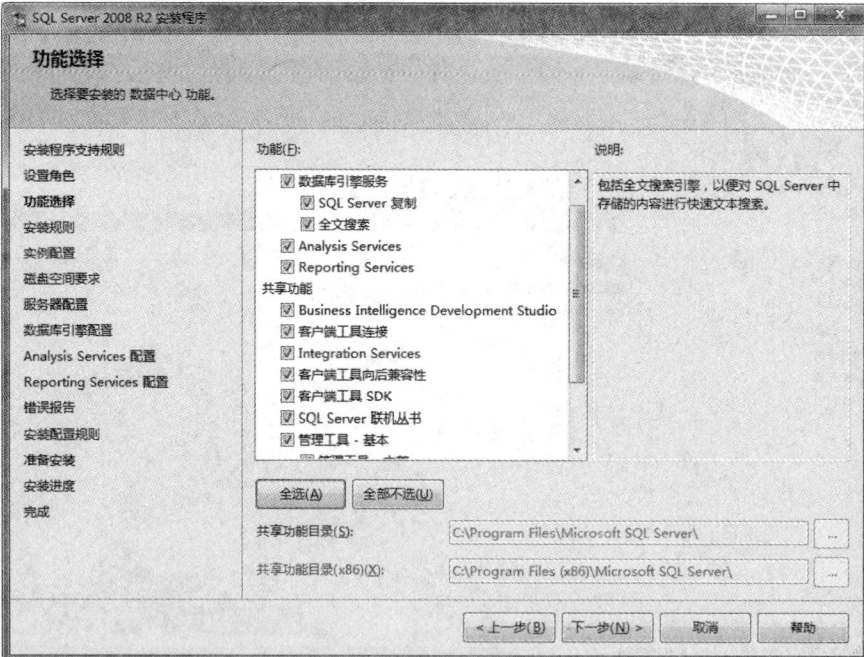

图 1-13　功能选择

4. 安装规则选择

(1) 在弹出"安装规则"对话框中，安装程序正在运行规则以确定是否要阻止安装过程。有关详细信息，请单击"帮助"按钮，如图 1-14 所示。

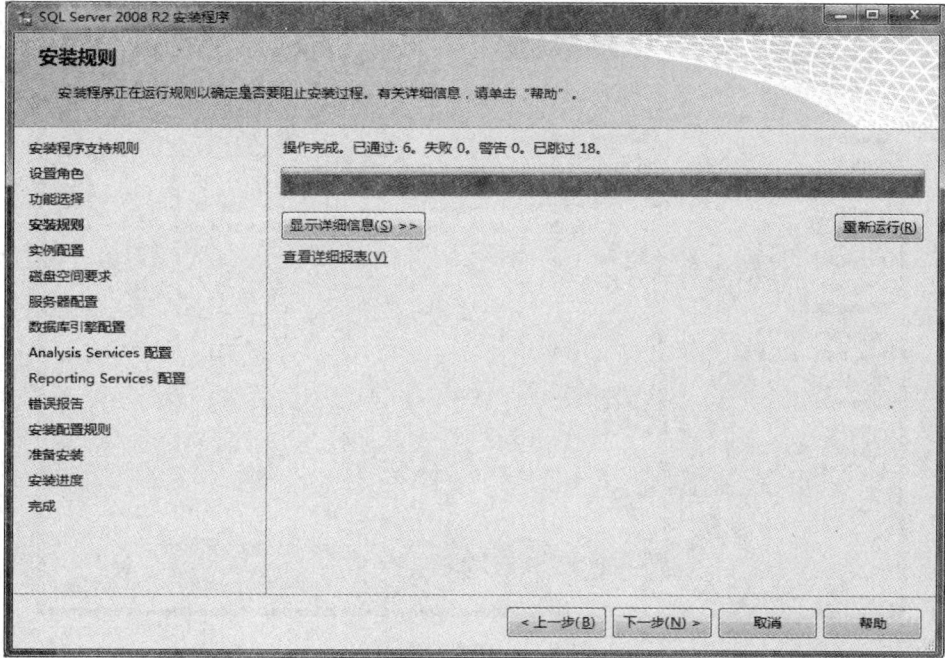

图 1-14　安装规则

(2) 点击"下一步"按钮，在弹出"实例配置"对话框中，可指定 SQL Server 实例的名称和实例 ID，实例 ID 将成为安装路径的一部分。这里选择默认实例，如图 1-15 所示。

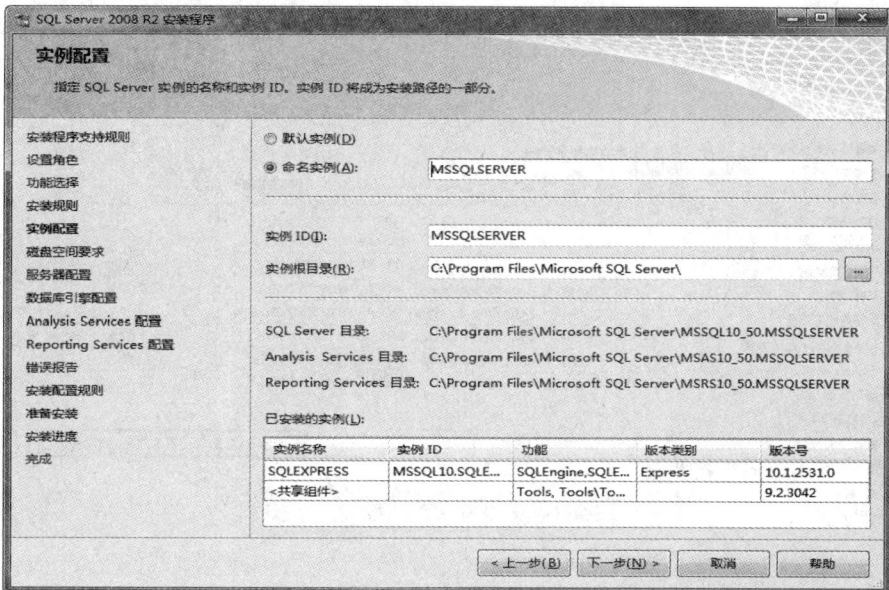

图 1-15　实例配置

(3) 点击"下一步"按钮，在弹出"磁盘空间要求"对话框中，可以查看用户选择的 SQL Server 功能所需的磁盘摘要，如图 1-16 所示。

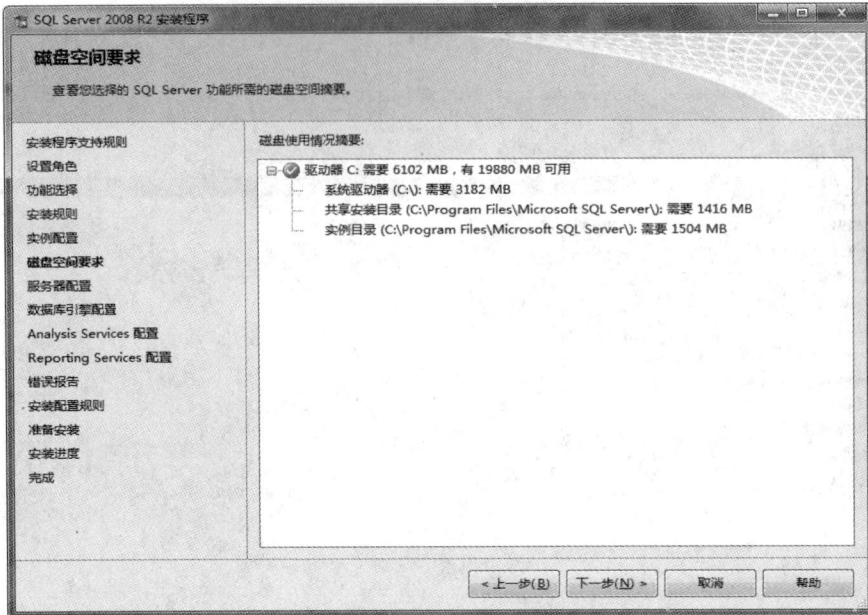

图 1-16　磁盘空间要求

(4) 点击"下一步"按钮，在弹出"服务器配置"对话框时，可指定服务账户和排序规则配置。在对话框中点击"对所有 SQL Server 服务使用相同的账户"按钮，如图 1-17 所示。

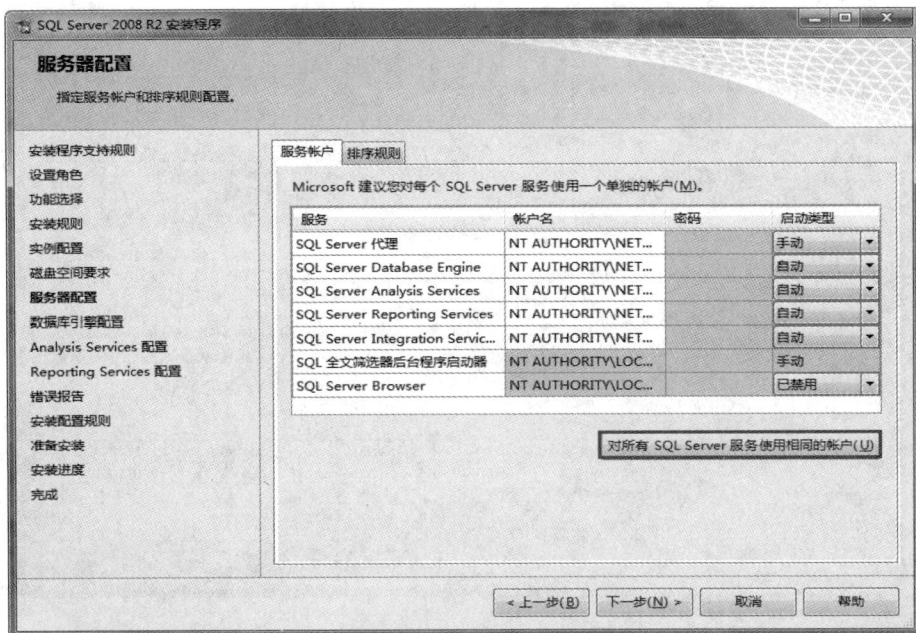

图 1-17　服务器配置

(5) 在出现的对话框中，为所有 SQL Server 服务账户指定一个用户名和密码，如图 1-18 所示。

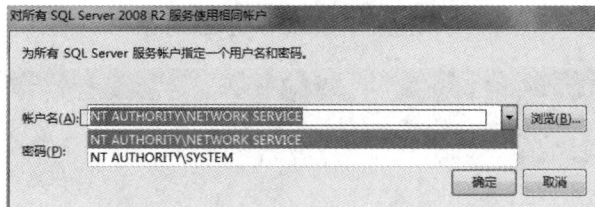

图 1-18　SQL 用户名及密码输入

（6）点击"下一步"按钮，在弹出"数据库引擎配置"对话框中，选择"混合模式"选项。输入用户名和密码，点击"添加当前用户"按钮，如图 1-19 所示。

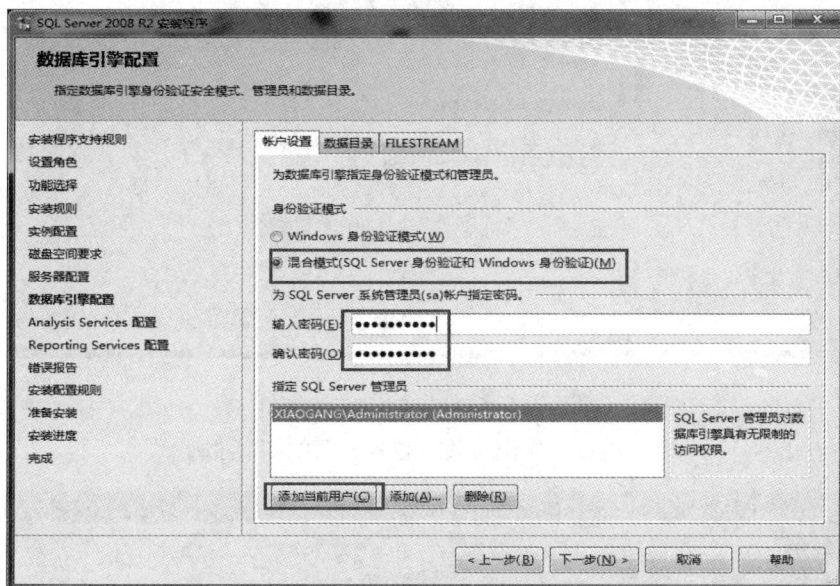

图 1-19　数据库引擎配置

（7）点击"下一步"按钮，弹出如图 1-20 所示的对话框。

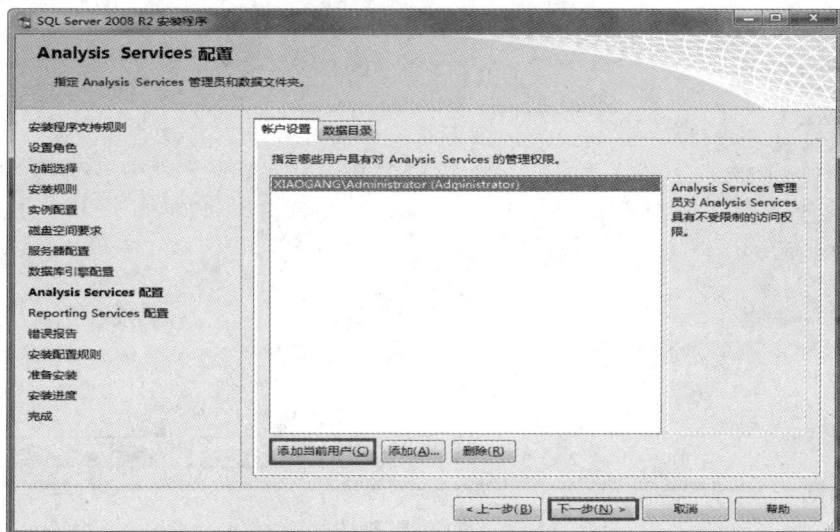

图 1-20　Analysis Services 配置

(8) 点击"下一步"按钮，弹出如图 1-21 所示的对话框。

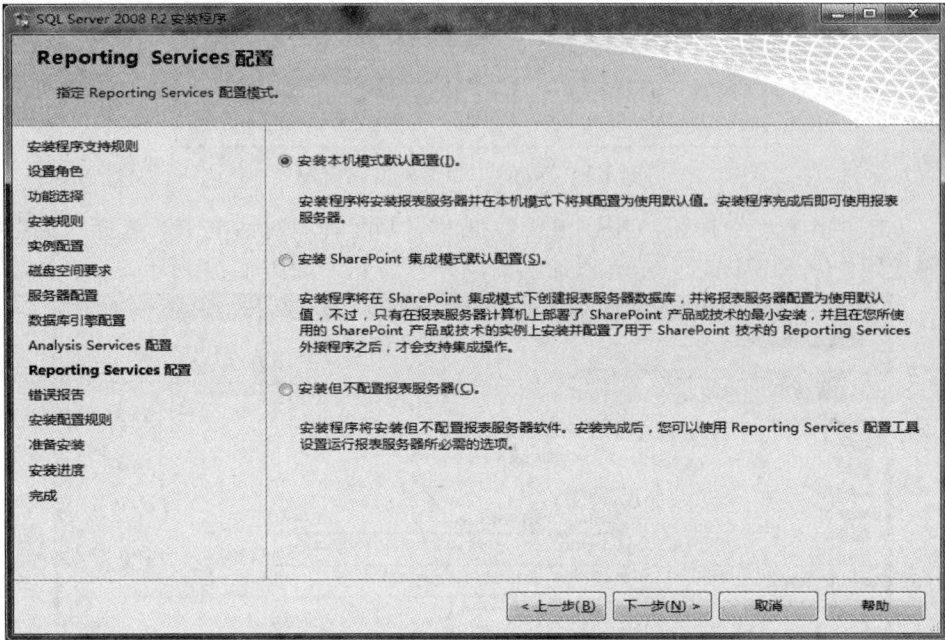

图 1-21　Reporting Services 配置

(9) 点击"下一步"按钮，弹出如图 1-22 所示的对话框。

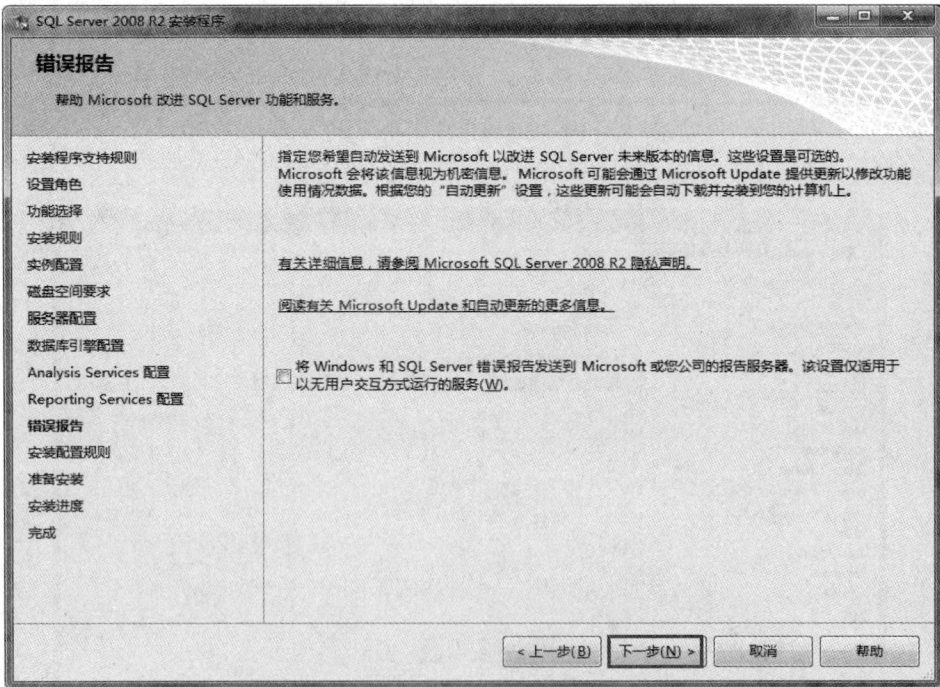

图 1-22　错误报告

(10) 点击"下一步"按钮，弹出如图 1-23 所示的对话框。

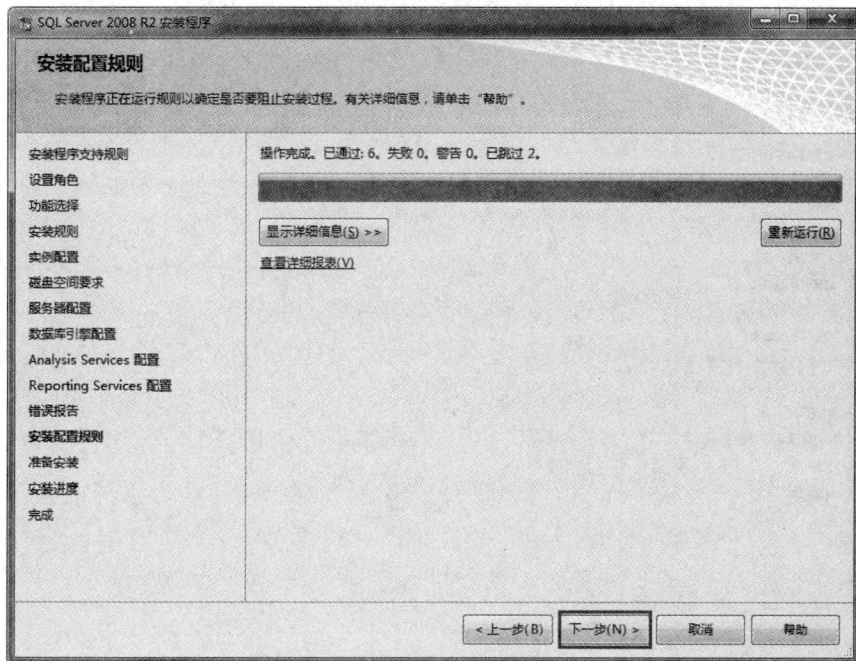

图 1-23　安装配置规则

5. 安装

(1) 点击"安装"按钮，弹出如图 1-24 所示的对话框。

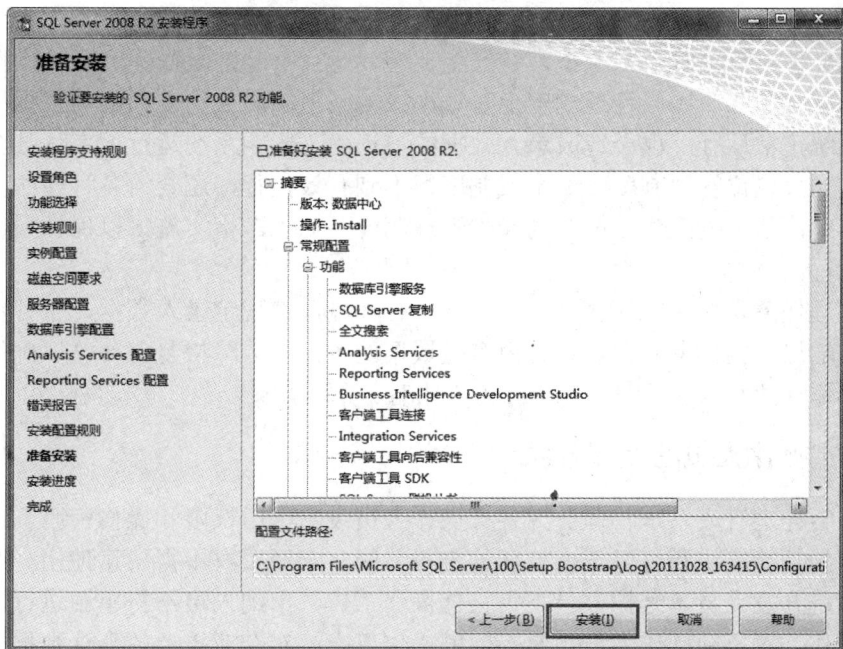

图 1-24　准备安装

(2) 等待安装过程的完成，如图 1-25 所示。待安装进度完成，即安装完成。

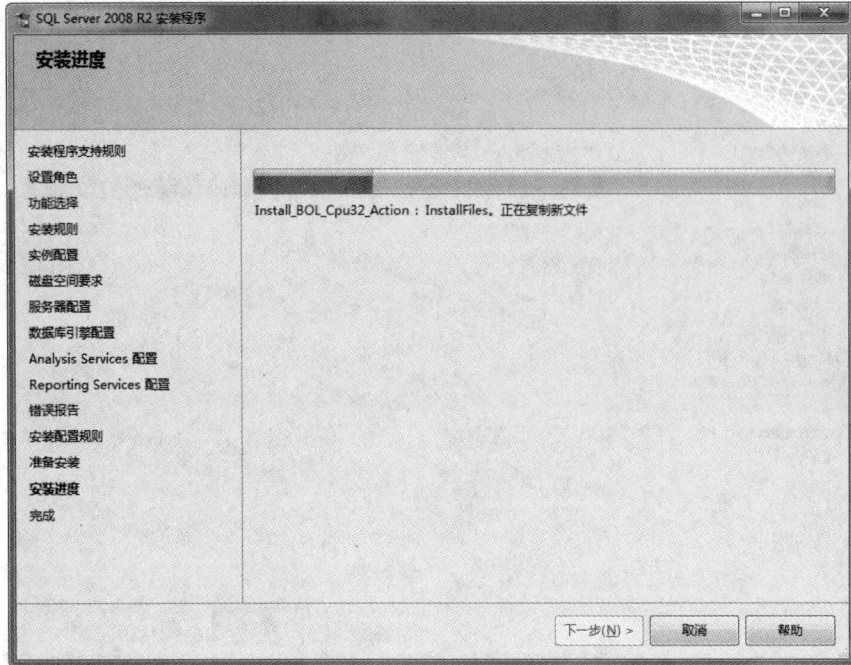

图 1-25　　安装进度

1.4　会计电算化运行管理

在实施会计电算化时，系统正常、安全、有效运行的关键是操作管理。操作管理主要体现在建立与实施各项操作管理制度上。如果操作不正确，会造成系统内数据的破坏或丢失，影响系统正常运行，也会造成录入数据的不正确，影响系统运行效率，甚至输出不正确的账表。如果单位管理制度不健全或制度得不到有效执行，还会给各种违法行为提供可乘之机。因此，各单位应建立健全的操作管理制度并加以严格实施，以保证系统正常、安全、可靠运行。

操作管理任务是指建立计算机会计系统运行环境，按规定录入数据，执行各自模块的运行操作，输出各类信息，做好系统内有关数据的备份及故障恢复工作，以确保计算机运行正常。操作管理制度主要包括以下三方面内容。

1.4.1　规定操作人员的使用权限

通常由会计主管或系统管理员为各类操作人员设置使用权限和操作密码，规定每一个人可以使用的功能模块和可以查询打印的资料范围，未经授权不得随意使用。在授权时应该注意，系统开发人员、维护人员不得担任操作工作，出纳人员不得单独进行除日记账以外的其他操作，对不同操作人员规定不同的操作权限。对企业重要的会计数据采取相应的保护措施，未经授权的人一律不得上机。

1.4.2　制定操作人员上机须知

1. 上机登记

登记内容包括姓名、上机时间、操作内容、故障情况和处理结果等。上机操作记录必须由专人保管。

2. 按章操作

操作人员必须严格按照会计电算化业务流程进行操作。要预防已输入计算机的原始凭证和记账凭证，未经审核就登记在机内账簿上。已输入的数据发生错误，应根据不同情况进行留有痕迹的修改。

3. 数据备份

为确保会计数据和会计软件的安全保密、防止对数据和会计软件的非法修改和删除，操作人员应及时做好数据备份工作。对磁性介质存储的数据要实行双备份，以防意外发生。

4. 安全检查

为避免计算机病毒侵入，操作人员不得使用外来磁盘。如果必须使用，要先进行病毒检查。如果计算机硬件、软件出现故障，要及时排除。

5. 维护管理

维护管理工作主要通过制定维护管理制度和组织实施来实现。软件维护主要包括正确性维护、适应性维护和完善性维护三种。正确性维护包括诊断和清除错误的过程。适应性维护是指当单位的会计工作发生变化时，为了适应会计工作变化而进行的软件修改。如果会计准则发生变化，软件就应及时修改。完善性维护是指为了满足用户在系统功能上的需求而进行的软件修改。硬件维护一般由厂家专职维护人员进行维护。系统维护员担任维护工作，用户不得自行对系统硬件设备进行更改。系统管理员负责系统硬件故障排除，包括日常各类代码、标准摘要、数据及源程序的正确性以及适应性维护。另外还有一项重要的工作就是计算机病毒预防，日常应经常进行病毒查杀、杀毒软件更新及检查是否使用不干净的储存磁盘等。

6. 机房管理

保证机房设备安全运行是进行会计电算化的前提条件。机房管理内容包括机房人员资格审查，机房内各种环境、设备要求、机房禁止的活动和行为，设备和材料进出机房管理要求等。

1.4.3　会计电算化档案管理

会计电算化档案管理主要是建立和执行会计电算化档案立卷、归档、保管、调阅和销毁等管理制度。实施会计电算化后，大量会计数据存储在磁盘中，而且还增加了各种程序、软件等资料。各种账表也与原来有所不同，主要为打印账表。会计电算化的档案主要是打印输出的各种账簿、报表和凭证，存储在磁盘中的会计数据和程序，系统开发运行中编制的各种文档及其他资料等。

　　档案管理任务负责系统内各类文档资料的存档、安全保管和保密工作。有效的档案管理是存档数据安全、完整和保密的保证。档案管理制度主要内容有以下几项:

1. 办理存档手续

办理存档手续即指办理各种审批手续。打印输出的账表要有会计主管和系统管理员签字才能存档保管。

2. 安全保证措施

备份磁盘应贴有写保护标签,并且存放在安全、洁净、防热、防潮的场所。

3. 档案使用手续

调用源程序应由有关人员审批,并记录调用人员姓名、调用内容及归还日期。

4. 保存、销毁手续

打印输出账簿保存期限和销毁办法,应该按《会计档案管理办法》的规定进行保管和销毁。

　　档案保密规定对任何伪造、非法涂改或更改、故意毁损数据文件、账册和磁盘等行为进行相应的处理。

思　考　题

1. 简述会计电算化系统。
2. 简述用友 U8V10.1 软件系统的构成。
3. 简述用友 U8V10.1 软件各子系统之间的关系。
4. 用友软件操作有哪些要求?
5. 简述用友 U8V10.1 软件的安装要求。

第 2 章

系 统 管 理

【学习目标】
◆ 了解用友 ERP-U8V10.1 系统管理的操作界面和主要功能;
◆ 掌握账套的基本作用及企业账套建立的方法;
◆ 掌握操作员权限设置方法;
◆ 掌握账套的引入与输出方法。

2.1 系统管理的功能

系统管理是用友 ERP-U8V10.1 中一个非常特殊的组成部分。它的主要功能是对各个产品进行统一操作管理和数据维护,具体包括账套管理、年度账管理、操作员及操作权限集中管理、系统维护等方面。只有系统管理员和账套主管才能登录系统管理平台。

2.1.1 账套管理

账套指的是一组相互关联的数据。一般来说,可以为每一个独立核算的单位建立一个账套,也可以同时为多个企业(或企业内多个独立核算的部门)分别建立账套。用友财务软件规定最多可以建立 999 个账套,账套编号从 001 到 999。不同的账套数据之间彼此独立,没有丝毫关联。账套是由年度账组成的,每个账套中一般存放不同年度的会计数据。为方便管理,不同年度的数据存放在不同的数据表中,即年度账。采用账套和年度账两层结构便于企业的管理,如进行账套的上报、跨年的数据结构调整等,方便数据输出和引入,减少数据负担,提高运行效率。

账套管理一般包括账套的建立、修改、删除、引入和输出等,引入和输出即通常指的是数据的恢复和备份。

1. 建立账套

只有系统管理员才可以建立账套,建账过程是在建账向导的引导下完成的。新建账套号不能和已存账套号重复,账套名称可以是核算单位的简称。账套中单位信息中的"单位名称"是必须录入的,且应为企业的全称。必须录入的信息以蓝色字体标识,将随时显示在当前操作的财务软件界面上。账套启用会计期为启用财务软件开始处理会计业务的日期,启用会计期不能在系统日期之后。账套库的管理只能由账套主管操作,只有在第一个年度的最后一个期间结账后，才能建立新的账套库或执行账套库初始操作。

账套号是账套的唯一标识，可以自行设置为 3 位数字，但不允许与已存账套号重复，账套号设置好后不允许修改。账套名称是账套的另一种标识方法，它将与账套号一起显示在系统正在运行的屏幕上。账套名称可以自行设置，并可以由账套主管在修改账套功能中进行修改。系统默认的账套路径是用友 ERP-U8 的安装路径，系统管理员可以进行修改。建立账套时，系统会自动默认启用会计期为系统日期，应注意根据所给资料进行修改，否则会影响到企业的系统初始化及日常业务处理等内容的操作。

2. 修改账套

修改账套的工作只能由账套主管完成，系统管理员无权修改。账套号、账套路径、会计年度、企业类型、账套主管等信息为不可修改项。

3. 删除账套

删除账套的工作既可以由账套主管完成，也可以以系统管理员身份进入系统，在"删除当前输出账套"复选框中勾选，删除当前账套。以账套主管身份和以系统管理员身份进行的账套删除不同，前者删除的是账套库，后者删除的是当前账套。

4. 引入账套

引入账套是指将本系统外的某账套数据引入本系统中。对于集团公司来说，可以将子公司账套数据定期引入母公司系统中，以便进行有关账套数据分析和合并工作。引入的账套号与本系统已存在的账套号应不同，以免引入数据时因为账套号相同而覆盖。在引入账套时最好关闭杀毒软件。

5. 输出账套

输出账套是将所选的账套数据做一个备份，以免因计算机故障或系统损坏而造成数据丢失。输出账套时，输出两个文件：UfErpAct.Lst 账套信息文件和 UFDATA.BAKT 账套数据文件。

2.1.2　年度账管理

一个账套包含了企业所有数据，而年度账不同于账套。把企业数据按年度划分，即为年度账。用户不仅可以建立多个账套，而且每个账套中还可以存放不同年度的年度账，这样可以方便地对不同核算单位、不同时期的数据进行操作。

年度账管理包括年度账的建立、清空、引入、输出和结转上年数据等。对年度账数据来说，也有引入和输出操作，其含义和操作方法与账套的引入和输出是相同的，所不同的是年度账引入和输出的对象不是针对整个账套，而是针对账套中某一年度的年度账。

2.1.3　操作员及操作权限集中管理

权限是指赋予操作员对软件某项功能的使用权。为了保证系统数据的安全与保密，管理系统提供了操作员及操作权限集中管理功能。通过对操作分工和权限管理，一方面可以避免与业务无关的人员进入系统，另一方面可以对系统所含各个模块的操作进行协调，以保证各负其责、流程顺畅。操作员管理包括操作员增加、修改、删除等操作。操作员管理权限包括操作员权限的增加、修改、删除等操作。

用友 ERP-U8V10.1 除了提供用户各模块操作功能的权限外,还提供了金额权限和数据权限管理,功能权限在系统管理的权限分配中设置,金额权限和数据权限在企业应用平台的"系统服务"的权限分配中设置。金额权限和数据权限的设置必须在系统管理的功能权限分配完成之后才能进行。

1. 角色与用户

角色是指在企业管理中拥有某一类职能的组织,这个角色组织可以是实际的部门,也可以是由拥有同一类职能的人构成的虚拟组织。角色是软件为加强企业内部控制而设置的,设置角色便于根据职能统一进行权限的划分,方便授权。例如,实际工作中最常见的会计和出纳两个角色,他们既可以是同一部门的人员,也可以分属不同部门。设置角色之后,就可以定义角色权限,当用户归属某一角色后,就相应拥有该角色的权限。

用户是指有权限登录系统、对系统进行操作的人员(使用财务软件的具体人员)。每次注册登录系统时都要进行用户身份合法性检查。只有设置了具体用户之后,才能进行相关的操作。用户和角色设置可以不分先后,但权限设置应该先设定角色,然后分配权限,最后进行用户设置。设置用户时,需选择归属哪一个角色,则其自动具有该角色的权限,包括功能权限和数据权限。一个角色可以拥有多个用户,一个用户也可分属多个不同的角色。

2. 系统管理员与账套主管

系统管理的使用对象为企业信息管理人员,包括系统管理员(admin)、安全管理员(Sadmin)、管理员用户和账套主管。系统管理员、安全管理员是软件开发时已经被设定好的,不可以修改和删除,而账套主管和管理员用户要由系统管理员设定。只有系统管理员才能设置或取消账套主管、增加角色和用户(操作员),而账套主管只有权对所辖账套进行操作员的权限设置。

系统允许以两种身份注册进入系统管理。一种是以系统管理员身份,另一种是以账套主管的身份。系统管理员负责整个系统的总体控制和数据维护工作,可以管理该系统中所有账套。以系统管理员身份注册进入,可以建立账套、引入和输出账套;设置角色和用户;指定账套主管;设置和修改用户密码及其权限等。账套主管负责所选账套的维护工作,主要包括对所选账套参数进行修改,对年度账的管理(包括年度账的建立、清空、引入、输出和结转上年数据),以及该账套操作员权限的设置。

只有系统管理员才有权设置或取消账套主管,而账套主管只有权对所辖账套进行操作员的权限设置。在设置权限时应注意分别选中"账套"及相应的"用户"。账套主管拥有该账套的所有权限,因此无需为账套主管另外赋权。一个账套可以有多个账套主管。

设置操作员权限的工作应由系统管理员或该账套的主管在系统管理中的权限功能中完成。在权限功能中既可以对角色赋权也可以对用户赋权。如果在设置账套时已经正确地选择了该账套的主管,则此时可以查看;否则,可以在权限功能中设置账套主管。如果在设置用户时已经指定该用户所属的角色,并且该角色已经被赋权,则该用户已经拥有了与所选角色相同的权限,但如果经查看后发现该用户的权限并不与该角色完全相同,则可以在权限功能中进行修改。如果在设置用户时并未指定该用户所属的角色,或虽已指定该用户所属的角色,但该角色并未进行权限设置,则该用户的权限应直接在权限功能中进行设置,或者应先设置角色的权限再设置用户并指定该用户所属的角色，如此角色的权限就自动传递给用户了。

2.1.4　系统维护

系统维护是使软件系统正确、高效运行的保障措施，包括数据备份、数据恢复、数据导入、数据导出等内容。

对企业来说，系统运行安全、数据存储安全是必须的。设立统一的安全机制包括系统运行过程中的监控机制；设置数据自动备份；清除系统运行过程中异常任务等。如以系统管理员的身份进入系统管理平台，打开"视图"按钮，可通过"清除单据锁定""清除异常任务"等功能，解除系统执行过程中异常或任务锁定等情况。一般维护主要有数据备份与恢复和数据导入与导出。

1. 数据备份

数据备份是指为防止因系统出现操作失误或系统故障导致数据丢失，而将全部或部分数据集合从应用主机的硬盘或阵列复制到其它的存储介质的过程。随着技术的不断发展，数据的海量增加，不少企业开始采用网络备份。网络备份一般是通过专业的数据存储管理软件并结合相应的硬件和存储设备来实现的。

2. 数据恢复

数据恢复是指将备份到软盘上的数据恢复到计算机硬盘上，它与数据备份是一个相反的过程。在下列情况下应使用数据恢复功能：当硬盘数据被破坏时；需要查询以往年份的历史数据，而这些数据已从硬盘清除时；当需要从一台计算机转移到另一台计算机运行会计软件时，可在新的计算机上先安装会计软件，再将原会计数据恢复到新计算机的硬盘上。

数据恢复时应注意：由于恢复数据是覆盖性的，不正确的恢复可能会破坏硬盘中的最新数据，因此在做数据恢复时，应先将硬盘数据备份；进行恢复操作时，用户应指明恢复何年何月的数据。当开始恢复数据时，系统首先识别软盘上标识的备份日期是否与用户选择的日期相同，如果不相同将提醒用户换盘。由于数据恢复工作比较重要，容易错把硬盘上的最新数据变成软盘上的旧数据，因此应指定少数人进行此项操作。同时不要在恢复过程中关机、关电源或重新启动机器，不要在恢复过程中打开驱动器开关或抽出软盘，除非系统提示换盘。

3. 数据导入

很多资料(或单据)录入数据的方式一般是一条条地在界面上手工输入，然后保存到数据库。如果遇到稍微多一些的数据，用户必须重复完成同一操作，这样会使用户把大量时间和精力放在导入过程上，效率很低，也违反了软件可以消除人类重复劳动的基本理念。用友 ERP-U8 系统管理中为了使实施人员、测试人员和用户能够提高数据录入的效率，增加了数据导入功能。通过该功能可以实现数据的批量录入，用户只需用事先准备好的数据文件进行导入而不必像原来那样重复地在界面输入和保存。在批量导入期间，用户完全可以去做其他事情，只要最后来查看导入日志就可以知道数据导入的详细情况。如果有出错的数据未能保存到数据库，可以根据日志错误信息修改该数据进行二次导入，这样就可以节省大量手工录入的时间。

4. 数据导出

数据导出是计算机对各类输入数据进行加工处理后，将结果以用户所要求的形式输出。与数据备份作用一样，为防止数据丢失，需将数据文件保存到磁盘介质或其他介质中。在用友 U8 软件中，运用系统管理中的导出功能可以对 Excel 格式的报表文件数据进行导出。

2.2　系统管理的操作流程

对于系统管理的操作，新用户和老用户的操作过程有所不同。如果以系统管理员(admin)身份登录系统管理平台，可建立账套，且进行账套备份时，输出的是某一账套的全部数据，如图 2-1 所示。如果以账套主管身份登录系统管理平台，可以进行账套修改，且进行账套备份时，输出的只是账套主管本人所主管的某一账套库，如图 2-2 所示。

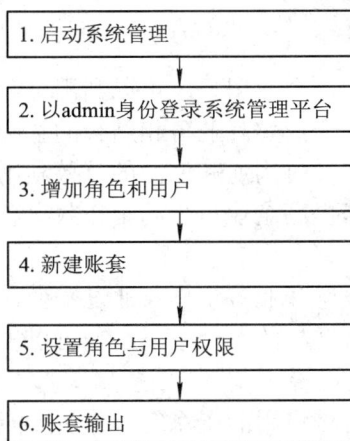

图 2-1 左侧流程	图 2-2 右侧流程
1. 启动系统管理	
2. 以admin身份登录系统管理平台	1. 启动系统管理
3. 增加角色和用户	2. 以账套主管身份登录系统管理平台
4. 新建账套	3. 建立新的年度账或修改账套
5. 设置角色与用户权限	4. 结转上年度数据(进行新年度操作)
6. 账套输出	

图 2-1　系统管理员操作流程　　　　图 2-2　账套主管操作流程

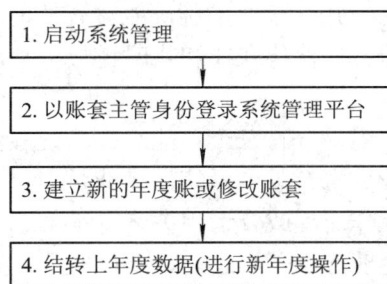

系统管理中最重要的工作是在建账向导引导下完成账套的创建。其流程为：建账方式→账套信息→单位信息→核算类型→基础信息→编码方案→数据精度→启用子系统。

2.3　系统管理与其他系统的关系

U8 V10.1 系统中有两个管理操作平台，一是系统管理平台，另一个是企业应用平台。系统管理平台对整个系统的公共任务进行统一管理，是系统管理员和账套主管进行账套管理、操作员管理和系统安全管理的专用工具。企业应用平台则是连通各子系统的通道，也是企业依托软件实现对企业财务、业务一体化管理的平台。

系统管理是专门设置的管理操作平台，其主要功能是建立账套、设置操作员并分配对应的权限，进行系统安全管理等。系统管理的使用者为企业的信息管理人员(系统管理软件中的操作员)或账套主管，其他的操作人员是不能登录使用系统管理的。系统管理员与账套主管的分工和权限的对比具体如表 2-1 所示。

表 2-1　系统管理员与账套主管分工权限对比表

项　目	系　统　管　理　员	账　套　主　管
系统管理	设置账套和年度账备份计划；升级 SQL 数据库	设置年度账备份计划；升级 SQL 数据库
账套管理	建立、引入、删除、输出	修改
年度账管理	不能操作	建立、清空、引入、删除、输出
权限	增加、注销、修改、删除用户和角色；设置账套主管及其他用户权限	设置账套主管及其他权限操作
安全管理	阅读上机日志、清除异常任务、清除单据锁定	不承担
企业应用平台	不可登录	可登录，拥有全部业务权限

在系统管理中创建账套，设置用户和用户权限后，企业用户才可以利用企业应用平台对系统进行有效核算和管理。企业应用平台是软件与企业实际业务相结合的基础，也是企业数据资源的共享管理平台，能够有效地实现信息的及时沟通和资源的有效利用。企业应用平台给予合作伙伴在线和实时链接，从而能够显著提高企业员工的工作效率和企业的总处理能力。

企业应用平台有三个功能组：系统服务、基础设置和业务工作。通过平台，用户将企业的基本业务资料录入系统，企业员工可以访问其被授权的各个子系统，可以根据其业务工作设计工作流程或查询相关信息等。

登录企业应用平台之前，要确定启用系统，只有被启用的子系统操作员才能登录。所谓启用系统，是指设定系统中各子系统的开始使用时间。系统启用有两种方法：一是创建账套完成后，系统弹出"是否立即进行系统启用"的提示框，立即进行系统启用的设置；二是由账套主管登录企业应用平台启用系统操作。

通过对系统管理平台与企业应用平台的讲解，这两个平台的关系，如图 2-3 所示。

如图 2-3 中所示，步骤 1～7 描述的是建账的过程。其中：步骤 1～3 在系统管理模块中进行，在建账向导中设置账套，设置用户组和用户，并设置其功能权限；第 4 步登录企业应用平台，第 5 步设置系统的基础信息；步骤 6～7 在各子系统中完成；步骤 8～12 描述的是子系统在一个会计年度内的日常处理工作。由于各子系统的日常业务处理各不相同，故这里只是一个总体流程描述，有关详细的流程描述和功能将在各子系统中说明。

一个会计年度的工作结束后，如果想要新开账套库，可以按照步骤 13～15 描述的流程建立并初始化新账套库，并调整账套参数、基础信息、各子系统期初余额。如果仍想在本账套库进行新年度工作也可以，步骤 16 即是此情况。步骤 13～14 在系统管理模块里完成，步骤 15 在基础设置和各子系统中完成。

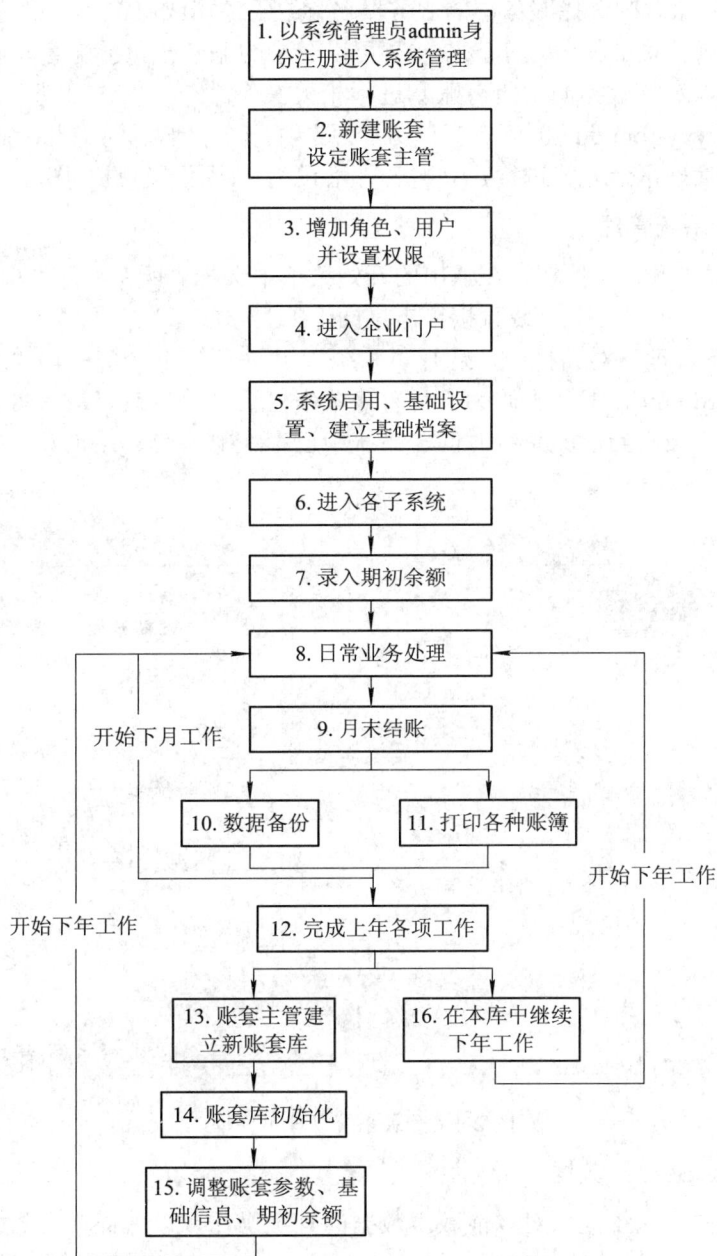

图 2-3　系统管理平台与企业应用平台关系

2.4　系统管理业务处理

2.4.1　启动注册系统管理

选择进入用友 ERP-U8V10.1 企业门户或运行 U8 子系统，进入注册登录界面。选择服务器：在客户端登录，则选择服务端的服务器名称；服务端或单机用户则选择本地服务器。系统会根据当前操作员的权限显示该操作员可以登录的账套号，系统管理员"admin"是按数据源登录，可以对该数据源中所有账套进行相关操作。在"操作日期"框内键入操作时间，输入格式为 yyyy-mm-dd，也可点开日历参照选择一个自然时间。以系统管理员"admin"的身份进入系统管理平台，能进行建立账套、增设用户(操作员)的工作。

1. 注册登录系统管理

(1) 单击桌面"开始"按钮，在弹出的开始菜单中选择"所有程序"/"用友 U8V10.1"/"系统服务"/"系统管理"，或直接单击桌面上的"系统管理"图标。

(2) 在"系统管理"对话框中，选择"系统"/"注册"命令，弹出"登录"对话框，默认操作员为"admin"，默认密码为空，直接单击"登录"按钮。进入"系统管理"对话框中即可看到操作员、当前的系统时间、系统中已存在的账套、站点及运行状态等信息，如图 2-4 所示。

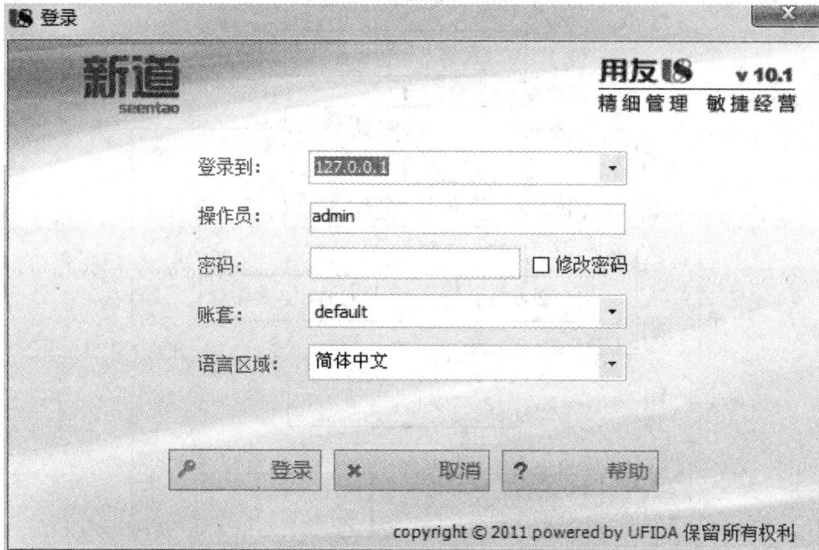

图 2-4　登录系统管理对话框

2. 升级 SQL Server 数据

对于用友软件，系统提供对以前版本数据的升级操作，以保证客户数据的一致性和可追溯性。对于用友软件以前的 SQL 数据，可以使用此功能一次将数据升级到 U8V10.1 产品。首先登录注册进入系统管理，然后选择"升级 SQL Server 数据"，同时选择需要升级的账套和该账套的年度账，点击"确认"进行升级。系统支持 SQL 版本数据到 10.1 产品的直接升级操作。在升级之前，一定要将原有的 SQL 数据备份。

2.4.2　账套管理

1. 建立账套

以系统管理员的身份登录系统进行管理，单击"账套"/"建立"，打开"创建账套"/

"建账方式"对话框，选择"新建空白账套"，单击"下一步"按钮，进行以下账套信息设置，如图 2-5 所示。

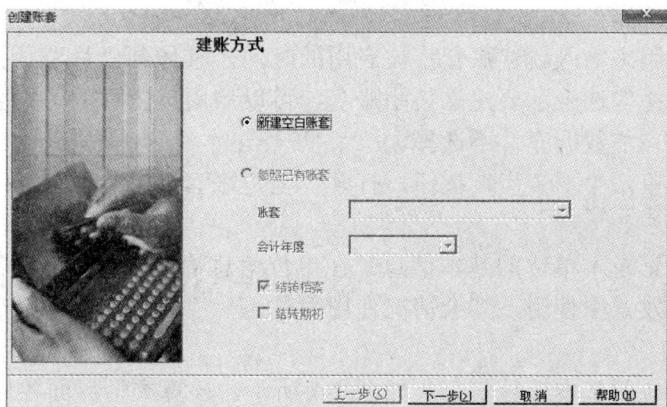

图 2-5　创建账套——建账方式对话框

1) 账套信息

账套信息包括已存账套、账套号、账套名称、账套语言、账套路径、启用会计期等，如图 2-6 所示。

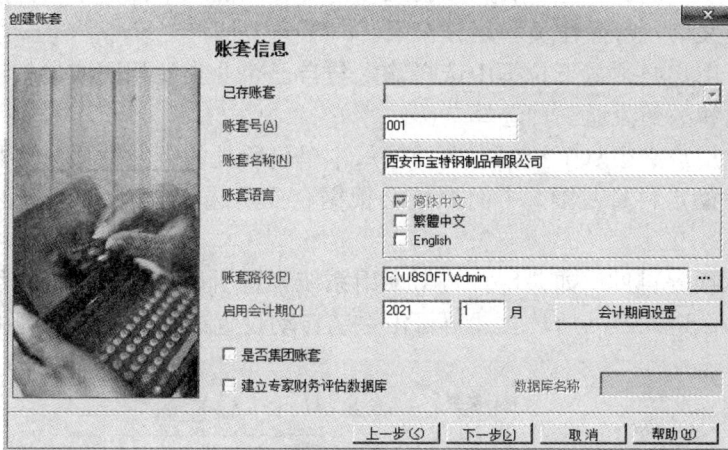

图 2-6　创建账套——账套信息对话框

已存账套：系统提供新建空白账套和参照已有账套建账这两种方式，满足新用户全新使用和老用户扩展使用的要求。系统将已有的账套以下拉框的形式在此栏目中显示出来，用户只能查看，而不能输入或修改。其作用是在建立新账套时可以明晰已经存在的账套，避免在新建账套时重复建立。只有系统管理员用户才有权限创建新账套。

账套号：用来输入新建账套的编号，用户必须输入，可输入 3 个字符(只能是 001～999之间的数字)，而且不能是已存账套中的账套号。

账套名称：用来输入新建账套的名称，作用是标识新账套的信息，用户必须输入，可以输入 40 个字符。

账套语言：用来选择账套数据支持的语种，也可以在以后通过语言扩展对所选语种进行扩充。

账套路径：用来输入新建账套所要被保存的路径，用户必须输入，可以参照输入，但不能是网络路径中的磁盘。

启用会计期：用来输入新建账套将被启用的时间，具体到"月"，用户必须输入。

是否集团账套：勾选表示要建立集团账套，可以启用集团财务等集团性质的子产品。

建立专家财务评估数据库：不选择。

输入完成后，单击"下一步"按钮，打开"创建账套"/"单位信息"对话框。

2) 单位信息

单位信息用于记录本单位的基本信息。在单位信息输入时单位名称为必输项，并且使用全称，可在一式发票中使用，其余情况使用简称。

3) 核算类型

用于记录本单位的基本核算信息，如图 2-7 所示。核算类型界面各栏目说明如下：

本币代码：用来输入新建账套所用的本位币的代码，系统默认的是"人民币"的代码 RMB。

本币名称：用来输入新建账套所用的本位币的名称。系统默认的是"人民币"，此项为必有项。

账套主管：用来确认新建账套的账套主管，用户只能从下拉框中选择输入。对于账套主管的设置和定义请参考操作员和划分权限。

企业类型：用户必须从下拉框中选择输入与自己企业类型相同或最相近的类型。系统提供工业、商业和医药流通三种选择。

行业性质：用户必须从下拉框中选择输入本单位所处的行业性质。这是为下一步"按行业预置科目"确定科目范围，并且系统会根据企业所选行业(工业和商业)预制一些行业的特定报表。

是否按行业预置科目：如果用户希望采用系统预置所属行业的标准一级科目，则在该选项前打勾，那么进入产品后，会计科目由系统自动设置；如果不选，则由用户自己设置

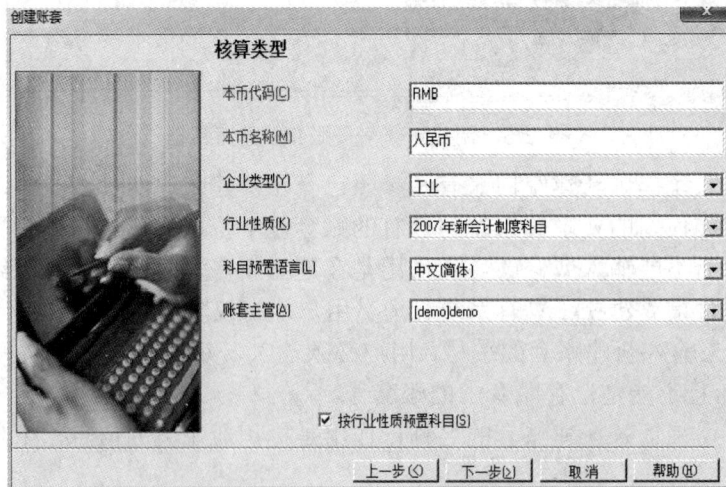

图 2-7　创建账套——核算类型对话框

会计科目。

输入完成后，点击"下一步"按钮进行"基础信息"设置。

4）基础信息

基础信息界面如图 2-8 所示。界面各栏目说明如下：

存货是否分类：在存货是否分类选项前打勾，表明用户要对存货进行分类管理。如果选择了存货要分类，那么在进行基础信息设置时，必须先设置存货分类，然后才能设置存货档案。

客户是否分类：在客户是否分类选项前打勾，表明要对客户进行分类管理。如果选择了客户要分类，那么在进行基础信息设置时，必须先设置客户分类，然后才能设置客户档案。

供应商是否分类：在供应商是否分类选项前打勾，表明要对供应商进行分类管理。如果选择了供应商要分类，那么在进行基础信息设置时，必须先设置供应商分类，然后才能设置供应商档案。

是否有外币核算：如果单位有外币业务，则在此选项前打勾。

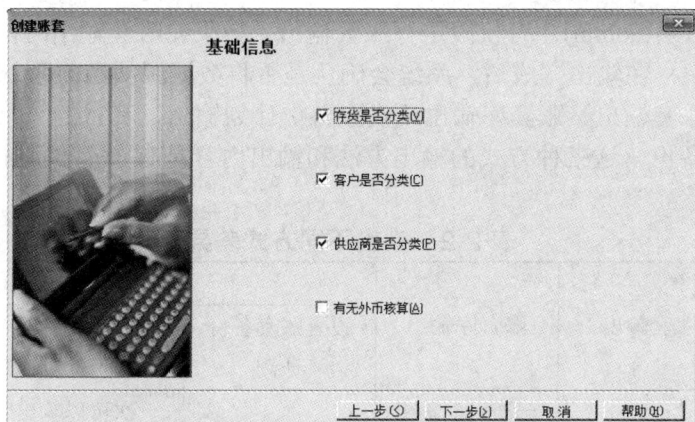

图 2-8　创建账套——基础信息对话框

输入完成后，点击"下一步"按钮，系统显示建帐的主要步骤的执行进度，如初始化环境、创建新账套库等。点击"完成"按钮，提示"可以创建账套了么"，点击"是"，完成上述信息设置，开始建账。

建账完成后，可以在系统中进入"编码设置"，然后进入"数据精度"定义，也可以在企业应用平台中进行设置。

待这些步骤完成后，系统会提示"XXX 建账成功，您可以现在就进行系统启用设置，或以后从'企业门户/基础信息'进入'系统启用'功能。是否进行系统启用设置？"。如果选择"是"，则进入系统启用设置界面；如选择"否"，则进入"企业门户/基础信息/基本信息"进行设置。

如果此时完成当前设置，则企业建账成功。其它相关参数，可以在"企业门户"中进行设置。

如果需要建立一个与已有账套相似的账套，而且包含相同的基础档案和某些期初数据，可以选择"参照已有账套"方式建账。

2. 账套修改

如果用户要对账套设置进行修改，那么需要在设置账套主管后，由账套主管进行操作完成修改。

由账套主管打开系统管理，执行"系统"/"注册"命令，打开"登录"对话框，注册登录"系统管理"对话框，执行"账套"/"修改"命令，即可对已建账套进行修改。

3. 账套输出

输出账套功能是指将所选的账套数据进行备份输出。定时将企业数据进行备份，并存储到不同的介质上(如常见的软盘、光盘、网络磁盘等等)，对数据的安全性非常重要。对于异地管理的公司，此种方法还可以解决审计和数据汇总的问题。具体应根据企业实际情况加以应用。

以系统管理员身份注册，并进入系统管理模块。在系统管理模块的"账套号"处选择需要输出的账套，选择输出路径，点击"确认"按钮完成账套输出，此时系统会提示输出是否成功的标识。

只有系统管理员(admin)才有权限进行账套输出。如果在账套输出时，将"删除当前输出账套"同时选中，在输出完成后，系统会确认是否将数据源从当前系统中删除。

无论是使用账套输出、账套库输出或设置备份计划输出，其目的只有一个，就是将目标数据进行输出备份。这三种方式的输出方法和输出内容是有一定区别的，具体如表 2-2 所示。

表 2-2　输出不同方式差异

内容类别	账套输出	账套库输出	设置备份计划输出		
			设置账套备份计划	设置账套库备份计划	设置账套库增量备份计划
范围	一次只能输出一个账套的数据	一次只能输出一个账套中的一个账套库的数据	一次可以输出多个账套的数据	一次可以输出多个账套中的多个账套库的数据	一次可以输多个账套中的多个账套库的增量变化
自动备份定时输出功能	N	N	Y	Y	Y

注：Y 表示可以，N 表示不可以。

4. 账套引入

账套引入功能是指将系统外的某账套数据引入到本系统中。用户可使用系统管理中提供的备份功能(设置备份计划)或输出功能，将 U8 账套做备份。当需要恢复账套时，可使用引入功能将备份的账套恢复到 U8 系统中。当账套数据遭到破坏时，可将最近复制的账套数据引入到本账套中，尽量保持业务数据完好。

系统管理员在系统管理界面执行"账套"/"引入"命令，进入引入账套的界面。选择要引入的账套数据备份文件和引入路径，点击"打开"按钮，表示确认。如想放弃，则点击"放弃"按钮。

如果要引入以前的账套或自动备份的账套，应先使用文件解压缩功能，将所需账套解压缩后再引入。

账套库的引入与账套的引入含义基本一致，所不同的是账套库操作中的引入不是针对某个账套的，而是针对账套中的某年度区间的账套库进行的。

账套库的引入操作与账套的引入操作基本一致，不同之处在于其引入的是账套库数据备份文件(由系统输出的账套库的备份文件，前缀名统一为 UfErpYer)。

账套主管在系统管理界面执行"账套库"/"引入"命令，则进入引入账套库的界面。选择要引入的账套库数据备份文件和引入路径，点击"打开"按钮，表示确认；如想放弃，则点击"放弃"按钮。

2.4.3　用户权限设置

1. 角色设置

角色是指在企业管理中拥有某一类职能的组织。这个角色组织可以是实际的部门，也可以是由拥有同一类职能的人构成的虚拟组织。在设置角色后，就可以定义角色的权限。如果用户归属此角色，就相应地具有了此角色的权限。角色管理可以进行账套中角色的增加、删除、修改等维护工作。

在"系统管理"主界面，选择"权限"/"角色"，点击进入角色管理功能界面，如图 2-9 所示。点击"增加"按钮，显示"增加角色"界面，输入角色编码，角色编码和名称都不允许重复录入，此两项是必填项；在备注中可以加入对此角色的注释。在所属用户名称中可以选中归属该角色的用户。点击"增加"按钮，保存新增设置。

角色编码	角色名称	备注
DATA-MANAGER	账套主管	
MANAGER-BG01	预算主管	
OPER-HR20	普通员工	

图 2-9　角色管理对话框

可以使用"定位"功能，在角色列表中查找，选中要修改的角色，点击"修改"按钮，进入角色编辑界面，对当前所选角色记录进行编辑，除角色编号不能进行修改之外，其它的信息均可以修改。

要删除当前的角色，可点击"删除"按钮，则将选中的角色删除，在删除前系统会让您进行确认。如果该角色有所属用户，是不允许删除的，那么必须先进行"修改"，将所属用户置于非选中状态，然后才能进行角色的删除。

点击"导入"按钮，可以导入 U8 预制的一些角色，还可以使用这些角色快速建立不同职责的操作员。

2. 用户设置

用户和角色设置不分先后顺序，用户可以根据自己的需要进行先后设置。但对于自动传递权限来说，应该首先设定角色，然后再分配权限，最后进行用户设置。这样在设置用户的时候，如果选择其归属那一个角色，则其将自动具有该角色的权限。

一个角色可以拥有多个用户，一个用户也可以分属于多个不同的角色。若角色已经在用户设置中被选择过，系统则会将这些用户名称自动显示在角色设置中的所属用户名称的列表中。

用户设置功能主要是完成本账套用户的增加、删除、修改等维护工作。系统管理员或有权限的管理员用户都可以进行本功能的设置。只有设置了具体的用户之后，才能进行相关的操作。

在"系统管理"主界面，选择"权限"/"用户"，点击进入用户管理功能界面。

点击"增加"按钮，显示"增加用户"界面，如图 2-10 所示。在此界面可以录入编号、姓名、用户类型、认证方式、口令、所属部门、E-mail 地址、手机号、默认语言等内容，并在所属角色中选中归属的内容。然后点击"增加"按钮，保存新增用户信息。

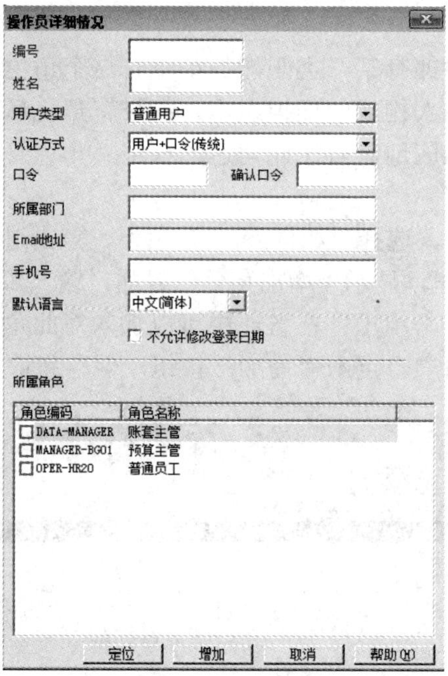

图 2-10　增加操作员

在用户管理功能界面也可以修改用户的状态，系统会在"姓名"后出现"注销当前用户"的按钮，如果需要暂时停止使用该用户，则可点击此按钮，然后此按钮会变为"启用当前用户"，如果需要继续启用该用户，则可以点击继续启用该用户。

在用户管理功能界面点击"批量"按钮，可以选择"生成""修改"或"导入域账户"功能。

选择"批量"/"生成"，可以从人员档案中批量生成操作员。点击"批量"/"生成"按钮，会显示账套年度区间的选择界面，先选定需要从哪个账套的哪个年度区间(账套库)中生成操作员；然后在"批量生成操作员"的界面上，显示所选账套库中还未关联操作员的人员列表，逐个勾选或者通过"全选""全消"选择人员，进行"生成"，则将所选人员在当前系统中生成操作员。

生成操作员的基本规则为：人员编码 = 操作员编码。

如果已有相同编码的操作员，则只需把该人员与这个操作员进行关联，不用新增操作员；如果勾选"如果存在相同编码操作员，则更新操作员档案"的选项，则可按照"修改用户"的规则更新操作员档案，同时把该人员档案和操作员建立关联关系；否则只能建立关联关系，而不修改已存在的操作员档案。

3. 权限设置

用友 ERP-U8 提供集中权限管理，除了提供用户对各模块操作的权限之外，还相应地提供了金额的权限管理和对于数据的字段级和记录级的控制，不同的组合方式将为企业的控制提供有效的方法。用友 ERP-U8 可以实现三个层次的权限管理。

第一，功能级权限管理。该权限将提供划分更为细致的功能级权限管理功能，包括各功能模块相关业务的查看和分配权限。

第二，数据级权限管理。该权限可以通过两个方面进行权限控制，一个是字段级的权限控制，另一个是记录级的权限控制。字段级的权限控制是出于安全保密性考虑，对单据中包含的字段进行权限分配；记录级的权限控制是指对具体业务对象进行权限分配，U8 V10.1 提供了 16 个记录级业务对象。

第三，金额级权限管理。该权限主要用于完善内部金额控制，实现对具体的金额数量划分级别，对不同岗位和职位的操作员进行金额级别控制，限制他们制单时可以使用的金额数量，不涉及内部系统控制的不在管理范围内。

功能权限的分配是在系统管理中通过权限分配设置的，数据权限和金额权限是在"企业应用平台"/"系统服务"/"数据权限"中进行设置的。数据级权限和金额级权限的设置，必须是在系统管理的功能权限分配之后才能进行。

在权限设置时，以管理员身份注册登录，然后在"权限"菜单下的"权限"中进行功能权限分配。首先从操作员列表中选择操作员或者角色，然后在表右侧选定需要修改的账套及账套库(对应年度区间)，点击"修改"按钮后，设置用户或者角色的权限。系统提供52 个子系统的功能权限的分配，此时可以点击展开各个子系统的详细功能，如图 2-11 所示。

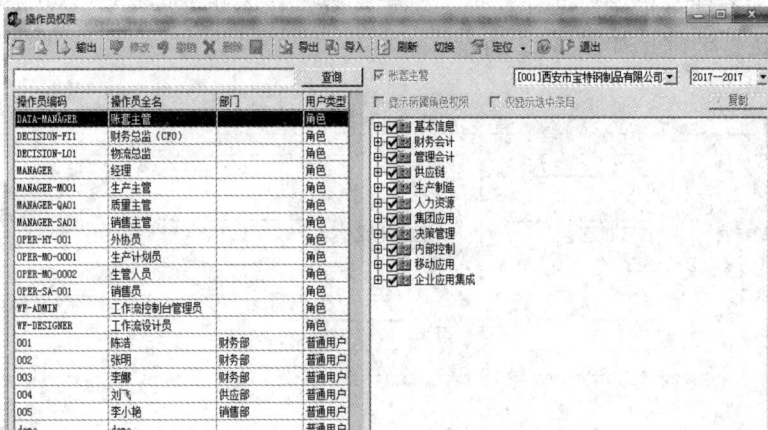

图 2-11　操作员权限设置

根据需要在方框内进行勾选，系统将权限分配给当前的用户。此时，如果选中根目录的上一级，则系统的相应下级全部为选中状态。如果需要收回用户权限，则将相应的功能前面的方框设置为非选中状态即可。

在权限设置时，如果勾选了"账套主管"，则该操作员就具有该账套库的所有子系统的所有权限。在设置了账套主管后，账套主管也可以进入系统管理平台进行修改账套、设置和管理年度账、用户权限管理等操作。

在操作员权限界面下，点击"显示所属角色权限"按钮，则可同时查看该用户所属角色的权限，如果用户属于多个角色，则显示这些角色的权限叠加。

点击"仅显示选中条目"按钮，则只显示该用户有权限的部分，无权限部分不显示。

对于"账套主管"的分配，只需要将其选中即可。只有以系统管理员(admin)或有权限的管理员用户的身份登录，才能进行账套主管的权限分配。如果以账套主管的身份注册，只能分配子系统的权限。但需要注意的是，系统一次只能对一个账套的某一个账套库进行分配，一个账套可以有多个账套主管。

如果对某角色分配了权限，那么在增加新的用户时(该用户属于此角色)，该用户将自动拥有此角色具有的权限。

如果操作员只有管理账表的权限，而没有此产品的任何其他功能权限，则企业应用平台中业务列表不显示此产品；在数据权限控制的设置中，如果选择按字段级控制时，那么没有启用的产品将不显示。如果有多个系统使用一个业务对象，则按第一个产品名称排列。

2.4.4　系统数据安全管理

1. 清除工作流数据

本功能支持工作流在运行过程中产生的实例、日志信息的清除。清除的数据，以后如果需要还可以通过还原工作流数据的功能恢复到系统之中。只有系统管理员可执行工作流数据的清除。

系统管理员登录后，在"系统管理"主界面，选择"系统"/"数据清除"/"清除工作流数据"，点击进入清除工作流功能界面。

在数据清除界面，根据"起止年度"确定需要操作的账套库后，可以选择按日期范围或按单据类型进行清除，如图 2-12 所示。

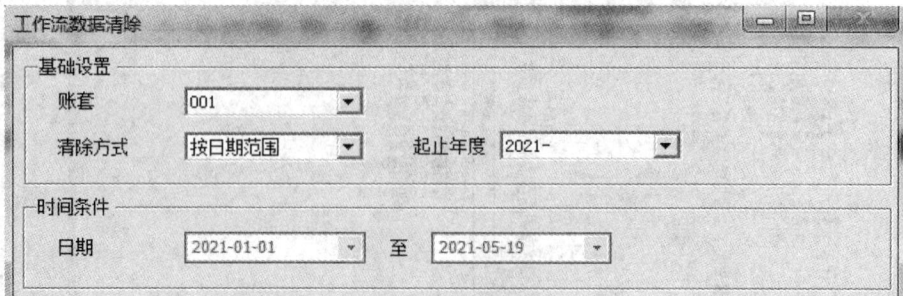

图 2-12　数据清除

清除方式如选择"按日期范围"，则可以进一步在"时间条件"中选择具体的日期范围。

选择后将清除该账套库中，终审时间在指定日期范围内的所有单据类型的工作流数据。

清除方式如选择"按单据"，则可以进一步在"单据条件"中选择具体的单据及其过滤条件，设置后将清除该账套库中指定单据类型的满足条件的工作流数据。在"单据类型"左侧显示本账套库中存在工作流数据的单据类型，从左侧选中需要清除的工作流数据的单据类型，点击选择到右侧；各个单据类型还可以在"设置单据条件"中设置更加明细的过滤条件。

点击"下一步"按钮，还会显示将要清除的工作流数据的信息列表以便再次确认。待确认无误后，点击"清除"按钮，在弹出框中选择备份文件的存放路径后，点击"确定"按钮这才能把所选的工作流数据备份到指定路径，并删除账套库内相应数据。

2. 清除任务

如果用户服务端超过异常的限制时间未工作或由于不可预见的原因非法退出某系统，则视此为异常任务。在系统管理主界面显示"运行状态异常"，系统会在到达服务端失效时间时，自动清除异常任务。或者，用户也可在等待时间内选择"清除异常任务"菜单，自行删除异常任务。

用户以系统管理员或以有权限的管理员用户身份注册进入系统管理，单击"视图"/"清除异常任务"即可执行清除异常任务，如图 2-13 所示。

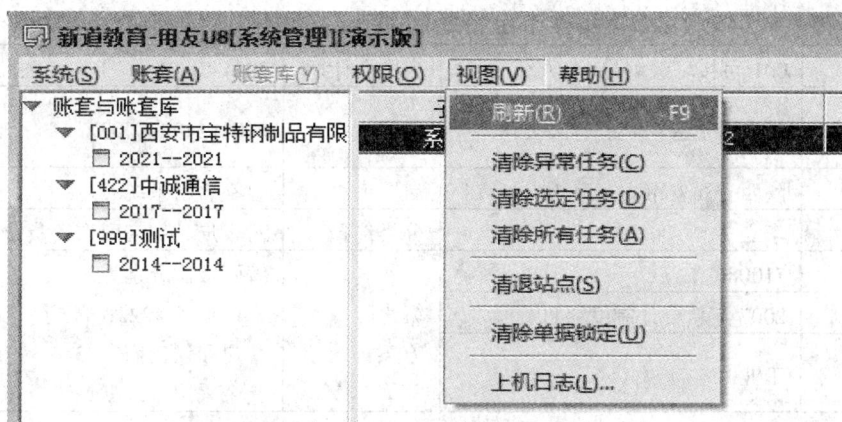

图 2-13　清除异常任务菜单

在清除异常任务的同时也会清除该任务所占的加密点。"清除所有任务"提供清除当前界面所见的所有任务的功能；"清除选定任务"提供手动清除任务功能。选择要清除的任务，点击"清除选定任务"按钮，强制结束该任务，但不释放该任务占用的授权点。

3. 清除单据锁定

在使用过程中由于不可预见的原因，可能会造成单据锁定，此时单据的正常操作将不能使用，可使用"清除单据锁定"功能，将单据恢复正常的使用功能。

进行"清除单据锁定"功能时，用户以系统管理员或有权限的管理员用户身份注册进入系统管理，单击"视图"/"清除单据锁定"即可执行。

2.5　系统管理实训

【实训准备】

已安装 Microsoft SQL Server 和用友 ERP-U8V10.1 管理软件，计算机系统日期设置为"2021 年 1 月 1 日"。以系统管理员(admin)身份进入，密码为空。

【实训内容及要求】

(1) 建立账套(暂不进行系统启用设置)。

(2) 增加操作员并设置权限。

(3) 设置系统自动备份计划和输出账套。

(4) 输出账套(备份)和引入(恢复)。

(5) 修改账套(修改为有"外币核算"账套)。

要求：掌握账套建立的方法；会设置用户及权限；熟练进行账套备份与引入操作。

【实训资料】

1. 账套资料

账套资料见表 2-3。

表 2-3　西安市宝特钢制品有限公司基本信息

账套号	001(可按班级编号+个人编号)	启用会计期	2021-01-01
账套名称(单位名称)	西安市宝特钢制品有限公司	税号	61011249798002X
单位地址	陕西省西安市丈八路 10 号	启用模块	暂不启用系统
法人代表	李立	分类选择	对客户、供应商、存货分类
邮政编码	710086	编码方案	编码级次分别为：会计科目 4222；部门：122；客户和供应商：234；存货：222；其余采用系统默认
行业性质	2007 年新会计制度科目		
企业类型	工业		
账套主管	建立账套时暂为内置操作员 demo	数据精度	系统默认

2. 用户及权限资料

用户及权限资料见表 2-4。

表 2-4　西安市××钢制品有限公司操作员信息

操作员编号	姓名	口令	角色	权　限
001	陈浩	1	账套主管	账套主管的全部权限
002	张明	2	财务会计	除恢复记账前状态外所有总账系统权限
003	李娜	3	出纳	总账系统中出纳签字及出纳功能的全部权限
004	刘飞	4	采购主管	具有公共单据、采购管理系统权限
005	李小艳	5	销售主管	具有公共单据、销售管理系统权限

注：001-003 操作员属于财务部；004 操作员属于供应部；005 操作员属于销售部。

3. 账套自动备份信息

账套自动备份信息见表 2-5。

表 2-5 西安市××钢制品有限公司账套自动备份信息

项目	内 容	项 目	内容
计划编码	001	开始时间	12:00:00
计划名称	××钢制品账套备份	有效触发	3 小时
备份类型	账套备份	保留天数	4 天
发生频率	每天	备份路径	D:\宝特钢制账套备份
发生天数	1(默认，不可更改)		

【操作指导】

1. 建立账套

(1) 进入用友 ERP-U8V10.1 系统管理平台(若使用网络版，进入之前，进入系统服务，修改 IP 地址)。执行"系统/注册"命令，弹出"登录"系统管理对话框，如图 2-14 所示。按顺序填写对话框中的内容即可。

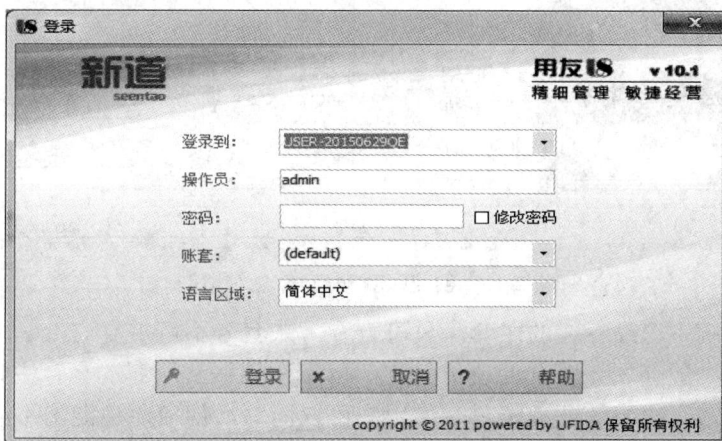

图 2-14 登录系统管理对话框

登录到：单击下拉列表框选择服务器，如果服务器和客户端在同一台机子上，则选择本机器名称。

操作员：系统默认操作员为"admin"。

密码：第一次登录密码为空，建立账套后可以设置新密码。

账套：选择"default"。

最后单击"登录"按钮，注册完成。

(2) 注册后，执行"账套"/"建立"命令，打开"创建账套-建账方式"对话框，选择"新建空白账套"复选框，如图 2-15 所示。

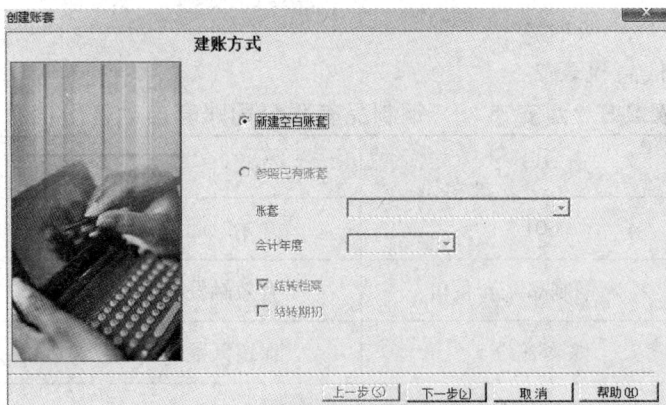

图 2-15　创建账套-建账方式对话框

单击"下一步"按钮，在"创建账套-账套信息"对话框中输入表 2-3 中企业账套的相关信息，如图 2-16 所示。

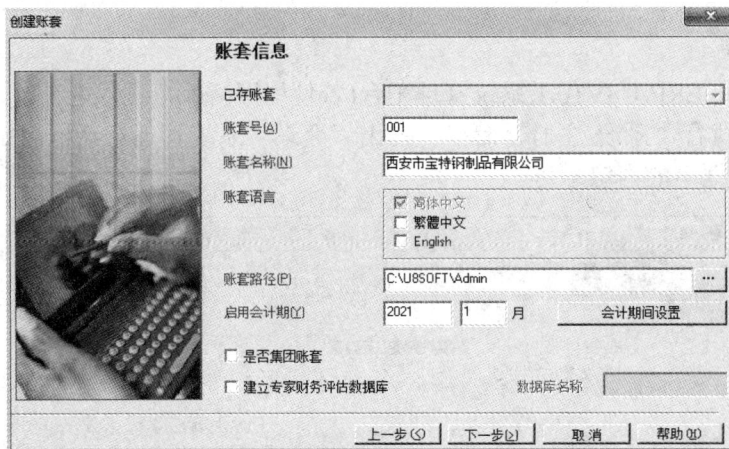

图 2-16　创建账套-账套信息对话框

账套号：系统中已经存在的账套，只可查看。账套号不可重复。

账套名称：一般使用该账套的单位名称，以标明该账套所属的会计主体。账套名称将在输出凭证、账簿、报表等业务资料时使用，可以简写，但应避免混淆不清。

账套路径：新建账套的存储路径。用友财务软件提供了默认的账套存储路径，也可由使用单位更改路径，设置其他存储路径为当前路径，但只可以是本地路径。

启用会计期：会计期间分期是根据企业会计核算管理要求人为划分的，不同会计主体可能有不同会计期间划分。一般新建账套为年初。输入的账套启用日期一经确定，不可更改。

(3) 单击"下一步"按钮，弹出"单位信息"对话框，输入表 2-3 中单位的基本信息。

(4) 单击"下一步"按钮，弹出"核算类型"对话框，如图 2-17 所示。

本币代码：RMB。外币业务较多的企业也可选择某一种外币作为记账本位币，记账本位币一经确定不得更改。

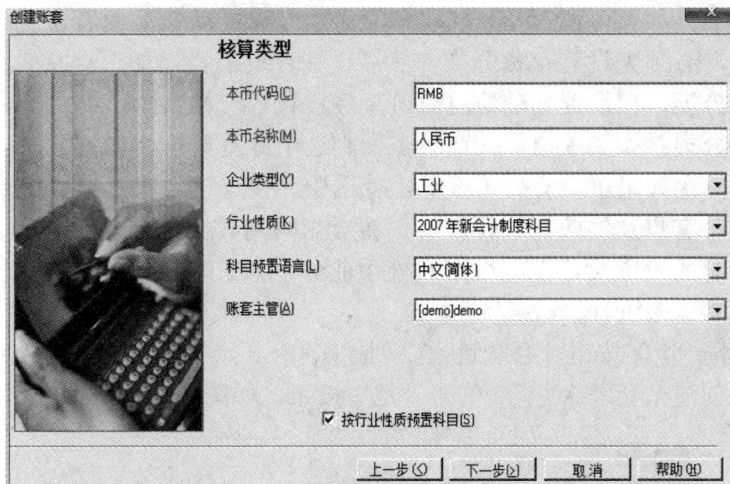

图 2-17　创建账套-核算类型对话框

本币名称：人民币。

企业类型：单击下拉列表框，选择相同或相近的类型。用友 U8V10.1 软件提供有工业、商业、医药流程三种类型，在此选择"工业"。

行业性质：在下拉列表框中选择本单位所属行业性质。此选项影响软件内置会计科目体系和报表格式等内容(若该企业所需要的会计科目与预置资料有差异，可通过修改预置会计科目来达到适应单位会计核算管理的目的，建账完成后可对其进行相应增减或修改)。在此选择 2007 年新会计制度科目。

科目预置语言：一般国内外都使用"中文(简体)"。

账套主管：由于没有增加新用户，暂时使用[demo]demo 为账套主管。账套建成后，可将其修改成已经授权的账套主管。

按行业性质预置科目：如果希望系统按所选行业预置一般会计科目体系，则勾选此复选框。

(5) 单击"下一步"按钮，弹出"创建账套-基础信息"对话框，如图 2-18 所示。

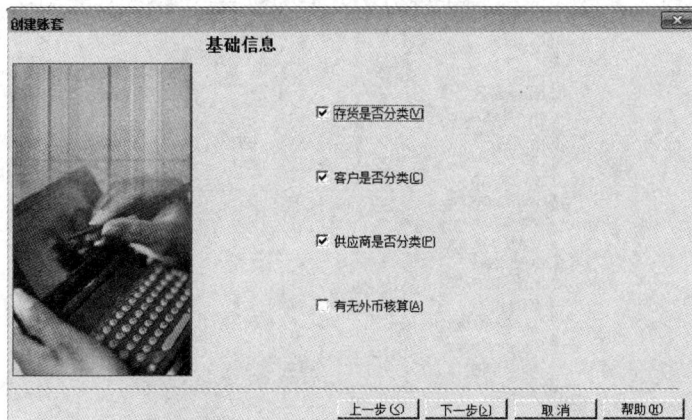

图 2-18　创建账套-基础信息对话框

存货是否分类：如果单位存货量较多，且种类复杂，就需要对存货进行分类管理。在设置基础信息时，必须先设置存货分类，然后设置存货档案；如果存货较少且类别单一，也可不进行存货分类，在设置基础信息时可直接设置客户档案。

供应商是否分类：如果单位供应商较多，则选中此复选框。设置方法与存货相同。

有无外币核算：如果单位有外币核算，就选中此复选框。

是否对存货、客户及供应商进行分类，将会影响到其档案的设置。有无外币核算，将会影响到基础信息的设置及日常能否处理外币业务。如果基础信息设置错误，可以由账套主管在修改账套功能中进行修改。

(6) 单击"下一步"按钮，系统进入"创建账套-开始"对话框，单击"完成"按钮，系统提示"可以创建帐套了么？"，单击"是"按钮，如图 2-19 所示。

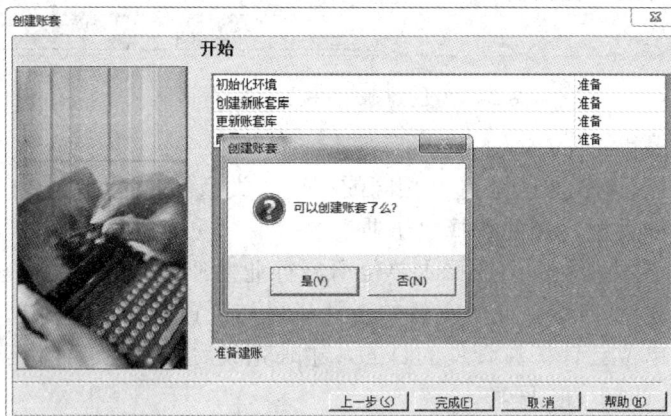

图 2-19　创建账套-开始对话框

(7) 约 1～2 分钟后建账完毕，弹出"编码方案"对话框，这是系统预置的编码方案。科目编码只能由数字组成，我国会计制度一般都将一级科目编码长度定为 4 位。用友 ERP-U8V10.1 将账套中的基础数据进行了分级设置，根据表 2-3 提供的信息修改编码方案，如图 2-20 所示。

图 2-20　编码方案对话框

(8) 单击"确定"按钮，再单击"取消"按钮，弹出"数据精度"对话框，一般企业采用默认值 2，不需修改，单击"取消"按钮。

(9) 系统弹出对话框，询问"现在进行系统启用的设置?"，单击"否"按钮，弹出"请进入企业应用平台进行业务操作!"提示，单击"确定"按钮，再单击"退出"按钮，返回系统管理界面。

2. 增加操作员并设置权限

用友软件中，每个用户都有不同权限。admin 和 demo 分别表示为系统管理员和账套主管，除此之外，软件中可增加更多岗位设置(角色)，如总账会计、出纳等，这些操作员的账号、权限需要由系统管理员或账套主管进行分配管理，具体依据表 2-4 进行设置。

(1) 在"系统管理"对话框中，执行"权限"/"用户"命令，打开"用户管理"对话框，如图 2-21 所示。

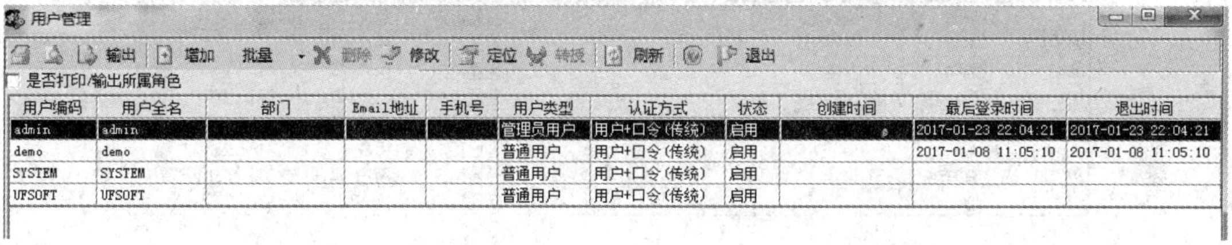

图 2-21　用户管理对话框

(2) 单击"增加"按钮，弹出"操作员详细情况"对话框，根据表 2-4 中的内容输入编号、姓名、口令等项目，然后按照各栏要求填写相应内容，如图 2-22 所示。

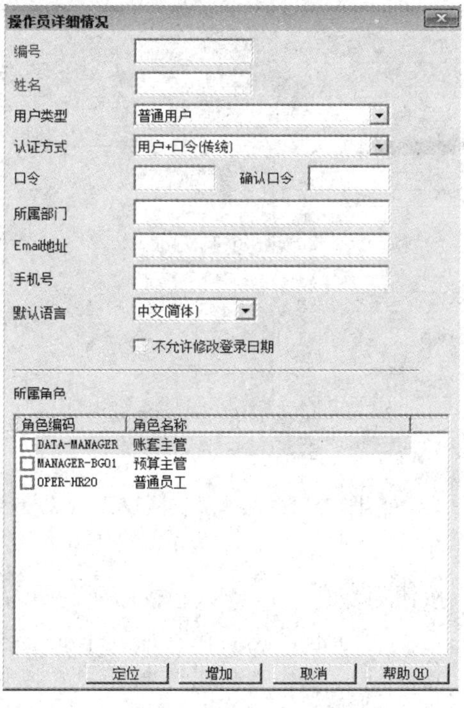

图 2-22　增加操作员

编号：编号是操作员唯一的标志，不同用户不能使用相同编号。编号由数字或数字与字母组合而成。

认证方式：系统提供了三种认证方式，通常使用"用户+口令(传统)"方式进行认证。

口令：即用户密码，是用户登录时的初始密码，必须牢记。进入系统后，可以修改密码。用友允许使用空密码。

(3) 设置完以上参数后，单击"增加"按钮，即可逐一增加其他操作员信息。

(4) 操作员信息增加完成后，单击"取消"按钮，返回到"用户管理"对话框，就可看到所增加操作员的信息，如图 2-23 所示。

图 2-23　已增加的操作员信息

(5) 在"系统管理"对话框中，执行"权限"/"权限"命令，打开"操作员权限"对话框，如图 2-24 所示。

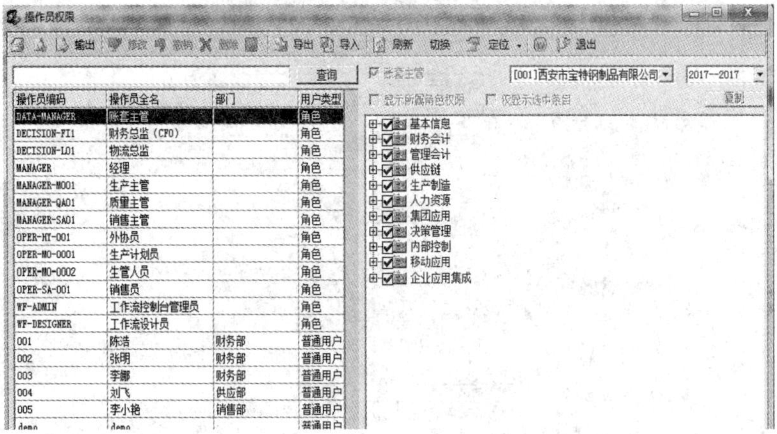

图 2-24　操作员权限设置

将光标放在操作员 001 上，由于增加用户 001 时，对应角色勾选了"账套主管"按钮，故权限设置工具栏"修改"按钮为灰色，这意味着权限不允许设置。或选择"操作员权限"对话框中右上方的"账套主管"复选框，然后在其后的下拉列表框中查看所有权限。

(6) 将光标放在操作员 002 上，单击"修改"按钮，在操作员右方勾选相应的权限，并单击"保存"按钮，如图 2-25 所示。

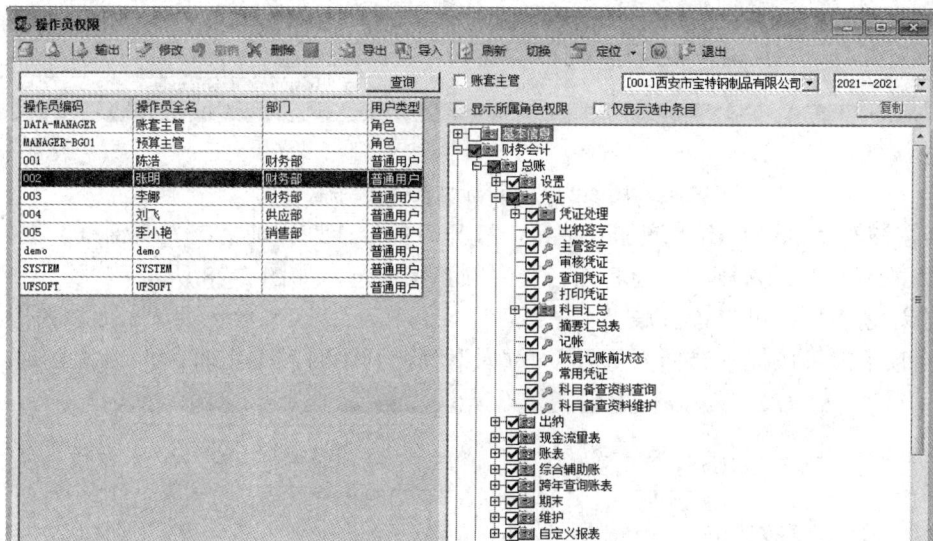

图 2-25　操作员 002 的权限设置

(7) 将光标放在操作员 003 上，单击"修改"按钮，在操作员右方勾选相应的权限，并单击"保存"按钮，如图 2-26 所示。

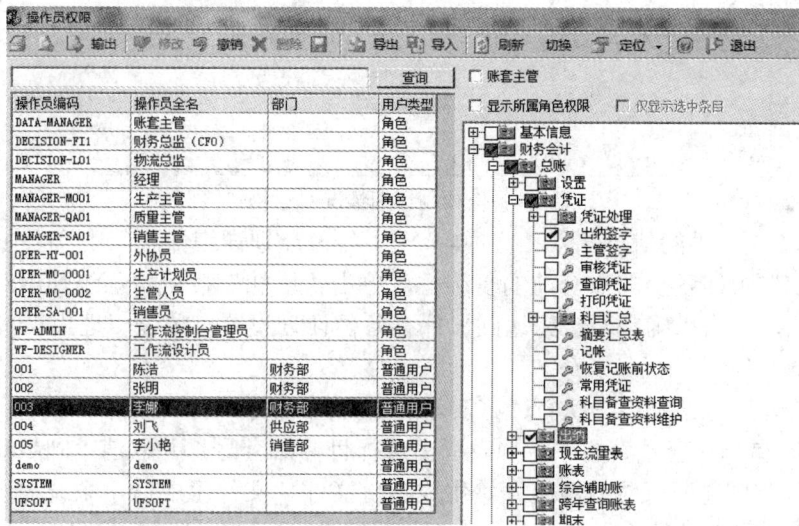

图 2-26　操作员 003 的权限设置

用同样的方法，对操作员 004、005 进行权限设置。

3．账套备份

用友软件为账套备份提供了两种方式：一种是设置系统自动备份计划，另一种是输出账套。

1) 设置系统自动备份计划

(1) 在"系统管理"对话框中，执行"系统"/"设置备份计划"命令，打开"备份计划设置"对话框，如图 2-27 所示。

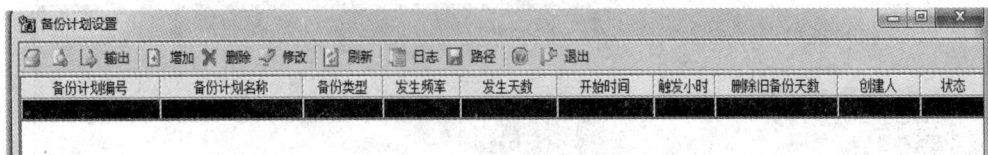

图 2-27　备份计划设置对话框

(2) 在该对话框中单击"增加"按钮，打开"备份计划详细情况"对话框，根据表 2-5 提供的信息录入计划编号、计划名称、发生频率等信息，如图 2-28 所示。

备份计划名称：可与备份账套号一致。

发生频率：可按提示选择"每天""每周"等，开始时间可定时。

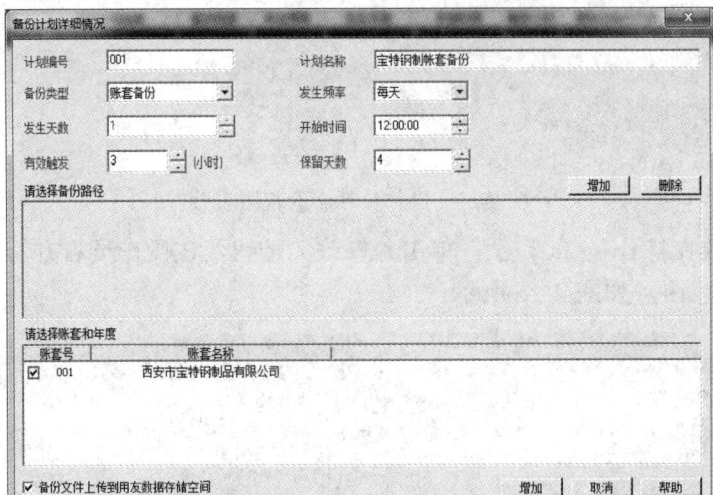

图 2-28　备份计划详细情况对话框

(3) 根据表 2-5 提供的信息输入相应内容，在"备份计划详细情况"对话框中，选中"请选择账套和年度"中需备份的账套前的复选框，单击"增加"按钮，系统弹出对话框，根据情况选择路径，单击"确定"按钮返回。保存备份计划设置，单击"退出"按钮。

2) 输出账套

在"系统管理"对话框中，执行"账套"/"输出"命令，打开"输出账套"对话框，如图 2-29 所示。在"账套号"的下拉列表框中选择目标账套号，并取消"同步输出文件服务器上相关文件"复选框，然后系统开始生成备份文件。文件生成后，系统提示选择保存路径后，即可完成账套备份。完成账套备份后，系统弹出"输出成功"信息提示，单击"确定"按钮返回。

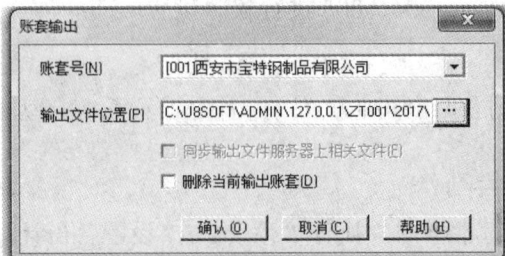

图 2-29　输出账套对话框

输出账套后，可在指定文件夹中查看到两个文件：UfErpAct.Lst(即 LST 文件)和 UFDATA.BAK(即 BAK 文件)。

4. 引入账套

以 admin 身份登录系统管理平台，可进行账套引入。

以 admin 身份登录系统后，在"系统管理"对话框中，执行"账套"/"引入"命令，打开"引入账套"对话框。在"选择账套备份文件"对话框中找到备份文件夹中的文件"UfErpAct.Lst"，单击 3 次"确定"按钮，等待大概 30 秒，系统会提示"账套引入成功"信息。

5. 修改账套

(1) 以账套主管身份进入系统，执行"账套"/"修改"命令，打开"修改账套"对话框，如图 2-30 所示。单击"下一步"按钮，打开"单位信息"对话框，单击"下一步"按钮，打开"核算类型"对话框，再单击"下一步"按钮，打开"基础信息"对话框。

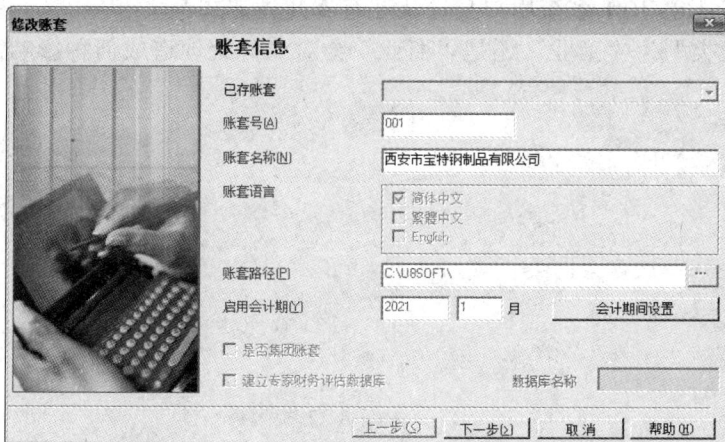

图 2-30 修改账套对话框

(2) 单击选中"有无外币核算"前的复选框，单击"完成"按钮，系统提示"确认修改账套了么?"，单击"是"按钮，如图 2-31 所示。

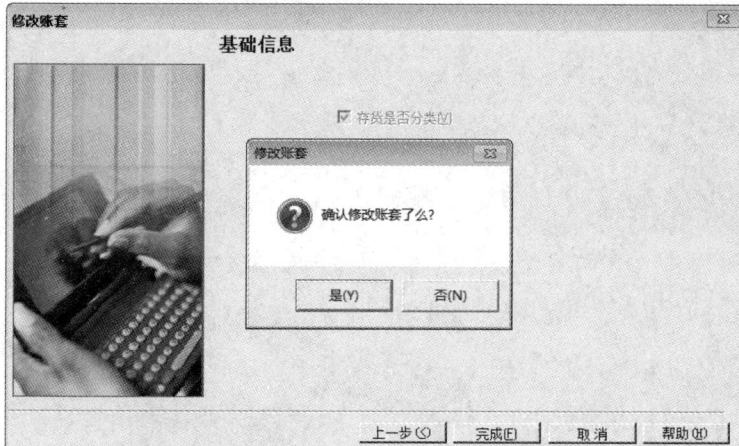

图 2-31 完成修改账套对话框

(3) 打开"编码方案"对话框，再单击"取消"按钮，打开"数据精度"对话框，单击"取消"按钮，系统提示"修改账套成功"，再单击信息提示框的"确定"按钮，返回系统管理界面。

思 考 题

1. 系统管理中有哪些主要功能?
2. 能登录系统管理平台的人员有哪些?
3. 账套和账套库之间有何联系?
4. 角色和用户之间有何关联?
5. 用友 ERP-U8V10.1 系统提供了哪些保障系统安全的手段?
6. 用友 ERP-U8V10.1 系统管理员有哪些权限? 账套主管有哪些权限?
7. 用友 ERP-U8V10.1 系统用户身份认证有哪几种方式?
8. 选择企业类型为"工业"还是"商业"会对业务处理造成何种影响?

第 3 章

基 础 设 置

【学习目标】

◆ 了解基础档案各项目的含义及在系统中的作用；

◆ 了解基础设置一般流程；

◆ 掌握基础档案建立的方法。

3.1 基础设置的功能

企业应用平台为各子系统提供共享的基础信息，这些信息是系统运行的基石。其中，基础档案设置是会计业务处理的基础，也是各子系统共享的基础信息。基础档案设置包括机构人员、客商信息、存货、财务、收付结算、业务、对照表和其他设置共八个部分。在建立账套时，企业应当根据实际情况，做好基础设置。在设计基础档案前，应先确定基础档案分类编码方案，并根据分类编码方案进入基础档案的设计。

3.1.1 基本信息设置

用友 U8 V10.1 由若干子系统构成，企业为了数据资源共享和管理，在创建账套时启用了相关系统，如果没有启用，则要在企业应用平台由账套主管启用基本信息。基本信息包括会计期间、系统启用、编码方案、数据精度等。随着业务需求的变化，账套主管可以修改基本信息项目。

3.1.2 部门档案设置

部门是指使用单位管辖下的具有财务核算或业务管理要求的单元体，不一定是实际中存在的部门机构。如果某一部门存在，但没有核算和管理要求，也可不在系统中设置。部门档案用于设置部门相关信息，包括部门编码、名称、负责人、编码属性等。在部门档案设置时，"部门编码""部门名称""成立日期"必须录入，其他信息可以为空。"成立日期"一般默认输入时的系统时间，可修改。在部门档案设置中，如果存在多级部门，必须先建立上级部门，才能增加其下级部门，下级部门编码应包含上级部门编码。修改部门档案时，编码不能修改。已经使用的部门不能删除。

3.1.3　人员档案设置

人员档案主要用于设置单位各职能部门中需要进行核算和业务管理的职员信息，包括对其核算业绩、考核业绩的人员，并非将公司所有职员都设置进来。设置人员档案之前必须先设置部门档案。在人员档案设置中，"人员编码""姓名""行政部门编码""人员类别"和"性别"必须输入，其他信息可以为空。人员编码可以由用户自定义编码规则，但必须唯一，不能重复，人员姓名可以重复。

"行政部门编码""人员类别"和"性别"一般可选择录入。除人员编码外，其他信息均可以修改。如果要修改，需要先将原显示的部门档案删除，再选中要修改的部门或双击要修改的人员，进入修改状态，才可以重新选择。要删除未启用的人员档案，必须在人员列表中双击"选择"单元格，再单击"删除"按钮，方可删除人员档案。在人员类别中确认"是否"是业务员，只有勾选了此项，才能被选入业务员。当选中该人员为业务员时，系统会提示设置该业务员的"生效日期""失效日期""业务或费用部门"等选项信息。

3.1.4　供应商和客户档案设置

供应商和客户是企业的往来单位。为了便于对业务数据进行统计分析，企业可根据自身管理需要对供应商和客户进行分类管理。往来单位档案主要内容包括"往来单位代码""名称""地址""电话""邮编"和"联系人"等信息。

一般而言，在创建账套过程中设置基础信息时，如果选择对供应商和客户进行分类管理，则必须先建立供应商和客户分类，然后再进行增加供应商和客户档案的操作。供应商是用户单位的采购对象，供应商往来应由应付账款子系统进行核算。它是会计科目设置中供应商往来核算辅助账设置的基础。客户是用户单位的销售对象，客户往来应由应收账款子系统进行核算，它是会计科目中客户往来核算辅助账设置的基础。

供应商和客户分类编码必须符合编码方案定义的编码规则。分类中如果已经录入客户和供应商档案，则该分类资料不能修改、删除。建立下级分类时，其上级分类必须存在，且下级分类要包含上级分类的编码。为了处理既是客户又是供应商的往来单位，客户档案和供应商档案记录可以设置对应关系，这种关系必须是一对一的。

如果需要开具销售专用发票，则必须输入税号、开户银行、银行账号等信息。如果要填写"联系"选项卡中的"发货方式""发货仓库"等信息，则需要先在"基础档案"中设置"仓库档案"和"发运方式"。如果要建立客户和供应商地区分类体系或行业分类体系，则需要先在"客商信息"中建立"地区分类""行业分类"信息。如果仍未满足企业需要的，可通过"自定义项"功能增加自定义栏目，设置自定义栏目档案内容。

3.1.5　存货分类设置

存货分类设置指按照存货固有的特征或属性，将存货划分为不同类别，以便于分类核算和统计。存货分类编码必须符合编码规则，编码和名称也必须输入。在企业购销业务中，经常发生一些劳务费，如"运输费""装卸费""包装费"等，这些费用构成企业存货成本的一个组成部分，并且它们具有与一般存货不同的税率。为了正确反映和核算这些劳务费用，应该在存货分类中单独设置一类"劳务费用"或"应税劳务"存货。

3.1.6 计量单位设置

企业存货种类繁多，不同货物具有不同的计量单位。同一种存货用于不同业务，其计量单位也可能不同。例如，对于某种药品，采购、批发销售时可能以"箱"作为计量单位，而库存和零售时可能以"盒"作为计量单位，财务核算时则可能按"板"作为计量单位。因此，基础设置中应定义好存货的计量单位。存货计量单位可分为"无换算率""固定换算率""浮动换算率"三类。"无换算率"计量单位一般是指自然单位、度量衡单位等。"固定换算率"计量单位是指各个计量单位之间存在着不变的换算比率，这种计量单位之间的换算关系即为固定换算率。"浮动换算率"计量单位是指计量单位之间无固定关系，即不固定的换算率，如一盒大约有10粒，则"盒"与"粒"之间存在浮动换算率关系。在三种换算率中，"无换算率"类别的计量单位组，各计量单位是独立的。"固定换算率"和"浮动换算率"包含主计量单位和辅助计量单位，虽然它们都只能包含一个主计量单位，但是"固定换算率"可以包含若干辅助计量单位，而"浮动换算率"却只能包含一个辅助计量单位。

计量单位设置时应当先设置计量单位组别，再定义计量单位。被存货引用后的主、辅计量单位均不允许删除。

3.1.7 存货档案设置

存货档案设置主要是对企业全部存货目录的设立和管理，包括随同发货单或发票一起开具的应税劳务。存货档案是供应链所有子系统核算的依据和基础。存货档案的分类必须科学、合理，并且能够准确、完整地提供存货数据。存货属性一般分为"生产耗用""外购""自制""半成品""产成品"等。存货档案可以进行多计量单位设置。

3.1.8 存货仓库档案

为加强存货管理，及时了解存货收发及存货货位状态，需要建立存货仓库档案。如果参与MRP运算，需要在设置时进行标识，并确定收发类别，从而有效地实现存货实时动态管理。

仓库编码、仓库名称必须输入。仓库编码必须唯一，最大长度10个字符。每个仓库必须选择一种计价方式，系统提供了六种计价方式。工业企业为计划价法、全月平均法、移动平均法、先进先出法、后进先出法和个别计价法。商业企业为售价法、全月平均法、移动平均法、先进先出法、后进先出法和个别计价法。在录入收发类别时，必须按编码方案设定的编码规则输入，先建立上级收发类别，再建立下级收发类别。

除了以上设置外，还有业务参数设置、个人参数设置以及单据及档案设置。其中，业务参数包括财务会计设置和内部审计设置，财务会计设置中的总账系统参数可进行部分设置；个人参数设置是用友ERP-U8V10.1为了满足不同用户的基本操作习惯和对基本操作设置的不同要求，支持不同客户端设置不同参数，如日期输入方式、登录门户选择、工作委托、功能权限转授等；单据设置主要包括单据格式、单据编号、单据打印等控制；档案设置的基础工作是档案编码方案设置。

3.2　基础设置的操作流程

基础设置内容较多且数据前后衔接，因此需要按照一定顺序和方法进行设置。录入基础档案前，用户应根据企业实际情况，结合基础档案设置要求，事先做好基础数据的准备工作，使初始建账工作能够顺利进行。设置顺序如图 3-1 所示。

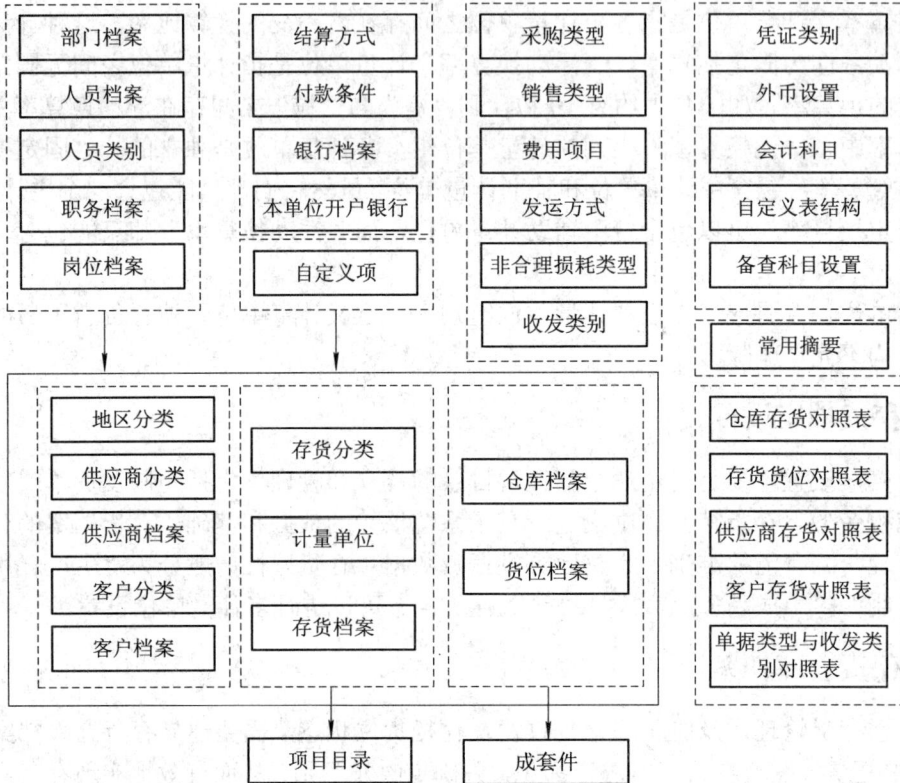

部门档案	结算方式	采购类型	凭证类别
人员档案	付款条件	销售类型	外币设置
人员类别	银行档案	费用项目	会计科目
职务档案	本单位开户银行	发运方式	自定义表结构
岗位档案	自定义项	非合理损耗类型	备查科目设置
		收发类别	

常用摘要

地区分类	存货分类	仓库档案	仓库存货对照表
供应商分类	计量单位	货位档案	存货货位对照表
供应商档案	存货档案		供应商存货对照表
客户分类			客户存货对照表
客户档案			单据类型与收发类别对照表

项目目录　　成套件

图 3-1　基础档案设置顺序

3.2.1　基本信息的设置

账套主管和账套操作员可以登录企业应用平台，登录企业应用平台的时间必须大于等于建账日期，具体基本信息设置流程如图 3-2 所示。

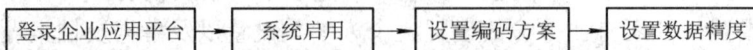

登录企业应用平台 → 系统启用 → 设置编码方案 → 设置数据精度

图 3-2　基本信息设置流程

1. 系统启用

系统启用有两种方法。一是在系统管理员建立账套时直接启用；另一种是建账结束后由账套主管在企业应用平台启用。系统启用为企业提供了选择的便利，企业在任何时点想要启用哪些模块，可以根据企业需要进行操作。只有系统启用的模块才可以登录。

2．设置编码方案

编码方案在编码尚未使用前可以进行修改，编码方案一旦使用就不得修改。科目编码第一级为灰色，说明系统已经按行业预置了一级科目，是不可修改的。若在建立账套时没有要求存货、客户、供应商分类，那么在此则不能设置存货、客户、供应商方案。设置编码方案级次只能小于或等于最大级数，长度只能小于或等于最大长度。例如，科目编码最多可以设 9 级，各级编码长度之和只能小于或等于 15。若要删除级长，必须从最末开始逐级向上删除。

3．设置数据精度

一般情况下，数据精度选择为默认，即小数点后 2 位。

3.2.2　基础档案的设置

基础档案设置是会计电算化运行的基础。录入基础档案的流程一般为机构人员信息设置、客户与供应商信息设置、存货信息设置和财务信息设置等。基础档案设置的基本流程如图 3-3 所示。

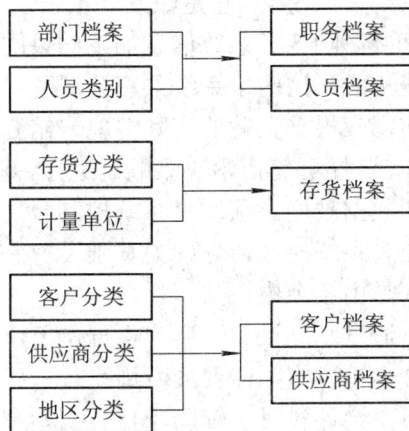

图 3-3　基础档案设置的基本流程

1．机构人员信息设置

机构人员信息设置包括：本单位信息设置、部门档案设置、人员档案设置、人员类别设置、职务档案设置、岗位档案设置等。

2．客户与供应商信息设置

客户与供应商信息设置包括地区分类设置、行业分类设置、供应商分类设置、供应商档案设置、客户分类设置、客户级别设置、客户档案设置等。

3．存货信息设置

存货信息设置包括存货分类设置、计量单位设置和存货档案设置等。

4．财务信息设置

财务信息设置包括会计科目设置、凭证类别设置、外币设置、项目目录设置等。

5. 收付结算信息设置

收付结算信息设置包括结算方式设置、付款条件设置、银行档案设置以及本单位开户银行设置等。

6. 业务信息设置

业务信息设置包括仓库档案设置、收发类别设置、采购类型设置、销售类型设置、产品结构设置、成套件设置、费用项目设置、发运方式设置、货位档案设置、非合理损耗类型设置等。

7. 对照表设置

对照表设置包括仓库存货对照表、存货货位对照表、供应商存货对照表、客户存货对照表、单据类型与收发类别对照表、存货自由项对照表等。

3.3　基础设置与其他子系统的关系

基础档案信息与其他子系统关系密切,它是账套若干子系统共享公用的基础档案信息。基础档案的完整性、准确性直接影响各子系统信息加工结果的正确性。

一个账套由若干个子系统构成,这些子系统共享公用的基础信息。基础信息是系统运行的基石,在启用新账套之前,应根据企业的实际情况,结合系统基础信息设置的要求,事先做好基础数据的准备工作,这样可使初始建账顺利进行。基础设置的内容共有近 30 项,除了基本信息中的编码方案和数据精度必须在"系统控制台"的"基础设置"中定义外,其它基础信息的设置既可以在"系统控制台"的"基础设置"中完成,也可以在各个子系统模块中进行设置,其结果都是由各个模块共享。

例如,在总账子系统中,通过基础设置,用户根据本单位需要建立账务应用环境,将通用的账务处理系统变成适合本单位实际需要的专用系统。建立本单位专用的账务系统的基础工作包括组织部门、人员、会计科目、辅助项目、初始余额及其他设置,为账务日常处理中涉及的凭证输入、出纳对账、账簿查询、结账以及辅助核算管理提供了有力保证。

在薪资子系统中,第一次使用薪资子系统时,只有通过部门、人员等基础设置工作,才能为薪资子系统的正常运行提供数据准备。例如,要满足各部门职工薪资核算的需要,应设置部门代码与部门名称的对应关系以及其他的参数,这才能实现各部门职工工资变动和数据更新;同时通过部门、人员设置,将工资费用的分配与部门、人员工资类别以及会计科目建立起对应关系,可便于成本核算。

3.4　基础设置业务处理

基础设置包括基本信息设置和基础档案设置。基本信息设置可由系统管理员在创建账套时设置,其内容为系统启用、编码方案和数据精度设置;如果没有在创建账套时进行相关设置,可由账套主管登录企业应用平台进行设置。基础档案设置在企业应用平台进行,基础档案设置的内容为部门档案、人员档案、计量单位、结算方式、外币及汇率、客户和供应商档案、存货档案、会计科目、项目核算、凭证类别等。

3.4.1　部门档案设置

部门档案在系统中使用较普遍，各业务管理系统都需要调用部门档案。部门档案通常根据企业组织机构建立，因此部门编码设置要考虑组织层次结构。

(1) 在企业应用平台中，执行"基础设置"/"基础档案"/"机构人员"/"部门档案"命令，在"部门档案"界面，单击"增加"按钮。在"部门档案"对话框右边分别输入部门编码、部门名称、部门类型、成立日期等档案内容，如图 3-4 所示。当输入完成后，在"部门档案"对话框左边列表中将显示新建的部门目录。

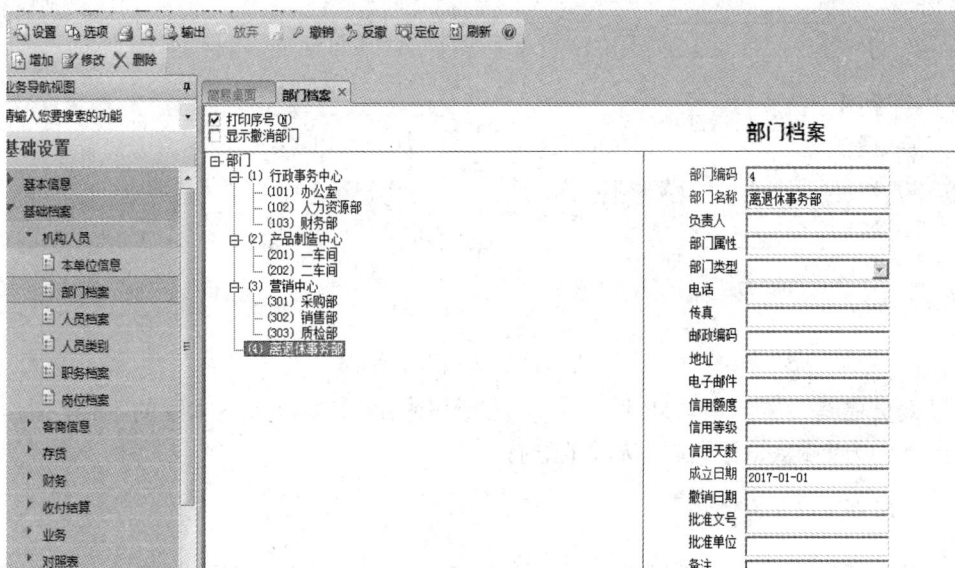

图 3-4　部门档案设置

(2) 在"部门档案"对话框中，可以通过单击"修改"和"删除"按钮，对已建部门档案进行删除或修改，但当部门档案被引用后就不能进行此项处理了。

(3) 尚未建立人员档案之前，部门"负责人"栏目可暂时空缺，待人员档案设置完毕，可在"部门档案"对话框中，单击"修改"按钮，补充录入。

3.4.2　人员档案设置

企业人员档案是人力资源管理的基础，也是业务核算时调用的必需数据。建立人员档案前，先要对人员分类设置，才能录入人员档案。

(1) 在企业应用平台中，执行"基础设置"/"基础档案"/"机构人员"/"人员类别"命令，打开"人员类别"对话框。

(2) 单击"增加"按钮，打开"增加档案项"对话框，输入编码、名称等内容，单击"确定"按钮，系统自动生成档案简称和简拼。

(3) 设置部门档案和人员类别之后，才能进行人员档案设置。

选定人员所在部门，单击"增加"按钮。分别输入人员编码、人员姓名等档案内容，录入完毕点击保存即可，如图 3-5 所示。

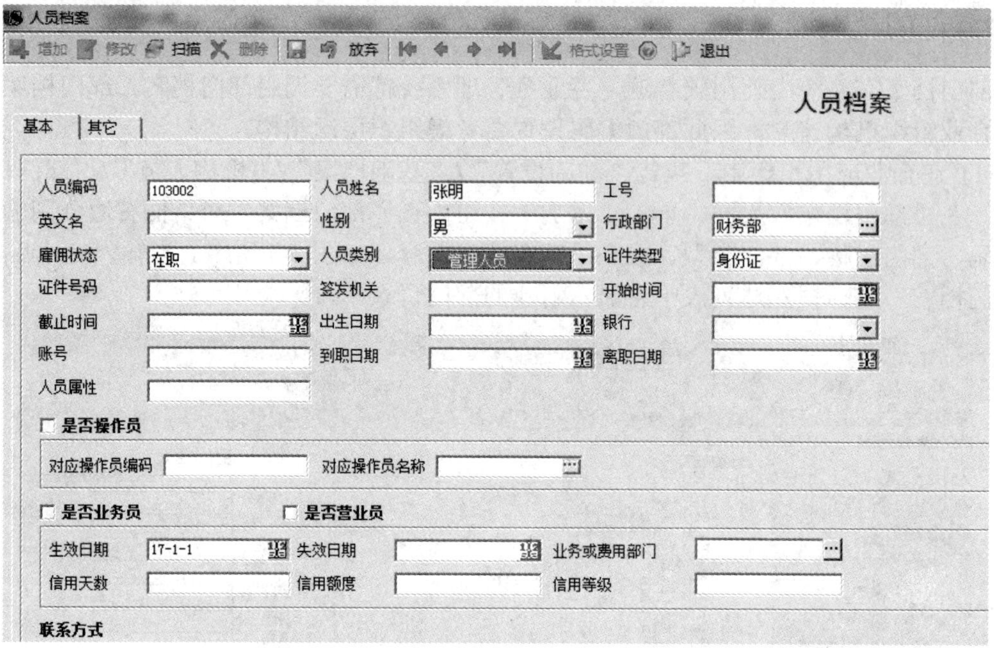

图 3-5　人员档案设置

如果人员档案设置的内容较多，可使用键盘上的回车键进行文本框的下转，也可使用键盘上向下的方向键进行下拉框选项的选择。

3.4.3　计量单位设置

计量单位设置是存货核算的前提。先要设置好计量单位组，再在计量单位组下增加计量单位信息。计量单位组分无换算、浮动换算和固定换算三种类别。

(1) 在企业应用平台中，执行"基础设置"/"基础档案"/"存货"/"计量单位"命令，打开"计量单位-计量单位组"对话框，如图 3-6 所示。

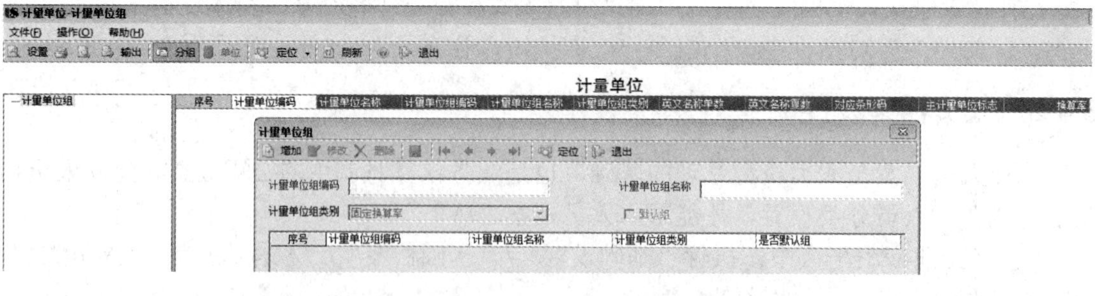

图 3-6　存货计量单位分组设置

(2) 单击工具栏中的"分组"按钮，打开"计量单位组"对话框，单击"增加"按钮，输入计量单位组编码、名称和类别，输入完毕后点击保存按钮保存，退出该对话框。

(3) 先在"计量单位-计量单位组"对话框左边计量单位组列表框中选定"计量单位组名称"后，单击对话框上方的"单位"按钮，打开"计量单位"对话框，单击"增加"按钮，输入主计量单位编码和名称，选定"主计量单位标志"单选框，单击保存按钮。然后继续输入辅计量单位编码和名称。

换算率是辅计量单位和主计量单位之间的换算比，主计量单位换算率自动设置为1。对末级计量单位才能设置主计量单位标志，对应每一个计量单位组必须且只能设置一个主计量单位。

3.4.4　结算方式的设置

结算方式的设置是为了便于管理和提高银行对账效率而提供的一项功能，与财务结算方式一致。在结算方式设置时，需要注意结算方式编码、名称等。用友 ERP-U8V10.1 版本软件设置的结算方式编码，用以表示某种结算方式，一般用数字表示。用户根据企业实际情况，必须录入所用的结算方式名称，如现金结算、支票结算(可分为现金支票、转账支票)、商业汇票(可分为商业承兑汇票、银行承兑汇票)、汇兑(可分为信汇、电汇)及其他结算等。票据管理要与总账选项中支票控制配合使用，启用票据管理的结算方式将参与支票控制。

业务发生和核算时录入结算方式，能提高企业与银行对账的效率，对加强资金管理也有显著的作用。

(1) 在企业应用平台中，执行"基础设置"/"基础档案"/"收付结算"/"结算方式"命令，打开"结算方式"对话框。

(2) 单击"增加"按钮，输入结算方式编码和名称。为便于出纳员加强支票管理，在总账系统中需要对支票进行登记管理，在现金支票结算方式下要勾选"是否票据管理"，然后单击保存，如图 3-7 所示。

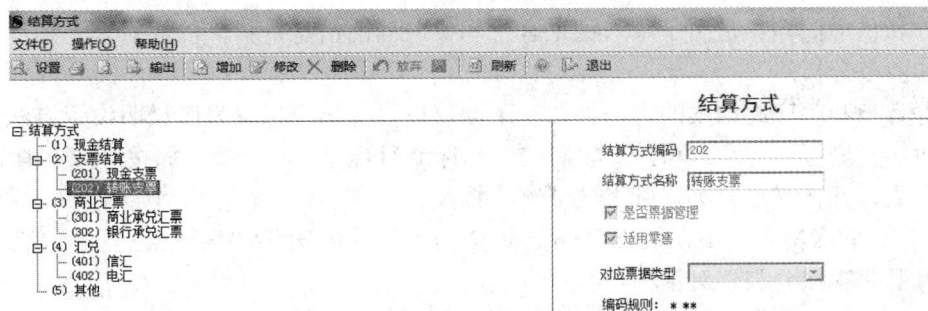

图 3-7　设置结算方式

3.4.5　外币及汇率的设置

货币是进行财务核算的基本计量单位，涉及外币业务的用户，需要在系统中设置外币及汇率，以便将外币按一定汇率折算为记账本位币。外币无论采用固定汇率还是浮动汇率折算，都需要录入期初汇率(记账汇率)或当天汇率进行业务核算。

(1) 在企业应用平台中，执行"基础设置"/"基础档案"/"财务"/"外币设置"命令，打开"外币设置"对话框。

(2) 在外币设置对话框中，输入外币币符和币名。汇率折算方式提供两种选择，系统默认的是"固定汇率"折算方式。输入完毕后，点击"确认"按钮。在"外币设置"对话框的左边列表中显示该币种，如图3-8所示。

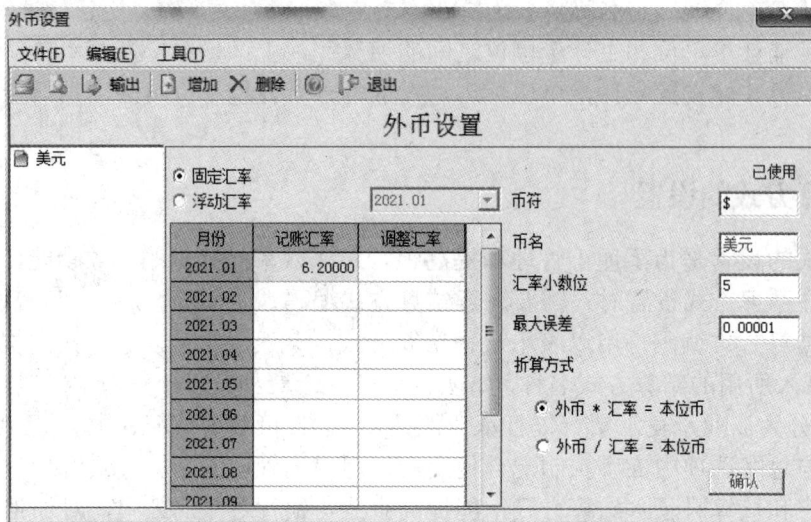

图 3-8　外币及汇率设置

(3) 在汇率列表中，输入该币种的汇率，然后将光标移出该单元格，单击定位在其他区域，保存设置好的记账汇率。(在录入汇率值时，必须将光标定位在汇率值单元格之外，该数据才能保存。)

3.4.6　客户和供应商档案设置

客户和供应商档案是用于录入往来客户和供应商的信息资料，以便对客户和供应商进行管理和业务分析。

设置客户和供应商档案的方法类似，下面仅以设置客户档案为例说明设置方法。为了有效地对客户进行管理和分析，一般需按一定标准对客户进行分类，如按区域、消费级别、职业等分类，并在客户分类基础上建立客户档案。

(1) 在企业应用平台中，执行"基础设置"/"基础档案"/"客商信息"/"客户分类"命令，打开"客户分类"对话框。

单击"增加"按钮，输入客户类别编码和名称，单击保存按钮返回。

(2) 在企业应用平台中，执行"基础设置"/"基础档案"/"客商信息"/"客户档案"命令，打开"客户档案"对话框，如图3-9所示。

在"客户档案"对话框左边列表中显示已设置的客户分类，选择某一类客户，单击"增加"按钮，打开"增加客户档案"对话框，输入客户编码、客户简称等档案内容。

单击"联系"选项卡，可以选择性输入客户地址、电话、邮编等联系信息。

单击"信用"选项卡，可以选择性输入客户的信用额度、信用期限和付款条件等资料。

单击"其他"选项卡，可以选择性输入客户所属的专管部门、专营营业员和停用日期等资料。

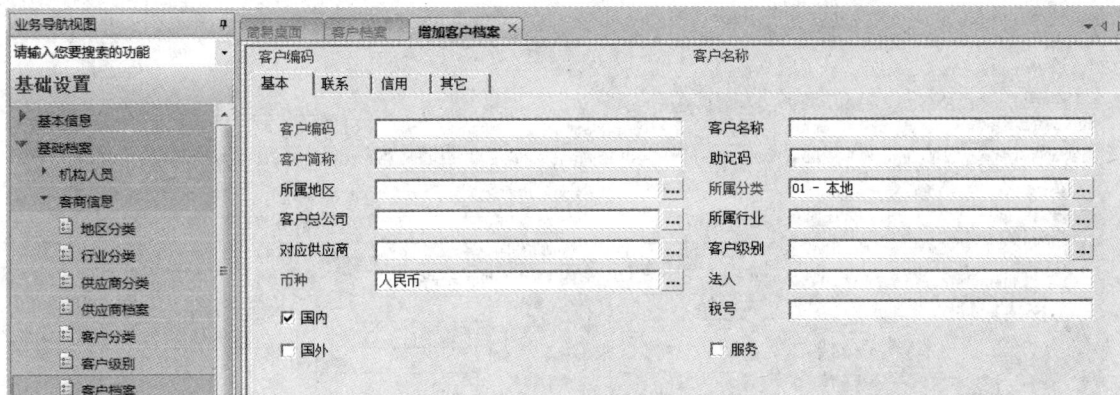

图 3-9 客户档案对话框

(3) 在"增加客户档案"对话框左上方,有"银行""地址""联系""开票"按钮,依次单击这些按钮,分别输入客户的开户银行、客户的收货地址、客户的联系人信息、客户的开票信息,输入完毕,单击"保存"按钮或单击"保存并增加"按钮,增设其他客户档案。

3.4.7 存货档案设置

存货档案是企业进行存货管理、财务核算和业务统计分析的基本资料。在设置存货档案前,应先设置存货分类和计量单位。

(1) 在企业应用平台中,执行"基础设置"/"基础档案"/"存货"/"存货分类"命令,打开"存货分类"对话框,如图 3-10 所示。

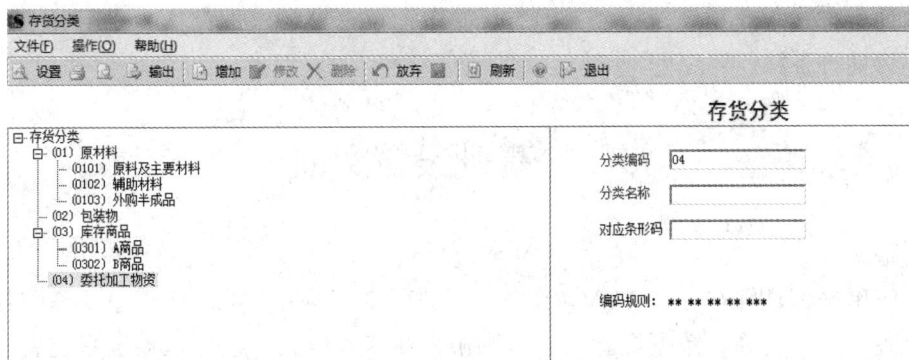

图 3-10 设置存货分类

单击"增加"按钮,输入存货分类编码和分类名称,单击保存按钮后返回。

(2) 在企业应用平台中,执行"基础设置"/"基础档案"/"存货"/"存货档案"命令,打开"存货档案"对话框。

在"存货档案"对话框左边列表中显示已设置的存货分类,选择某类存货,然后单击"增加"按钮,打开"增加存货档案"对话框,输入存货编码、存货名称等档案内容,单击保存按钮,或"保存并增加"按钮,增设其他存货档案,如图 3-11 所示。

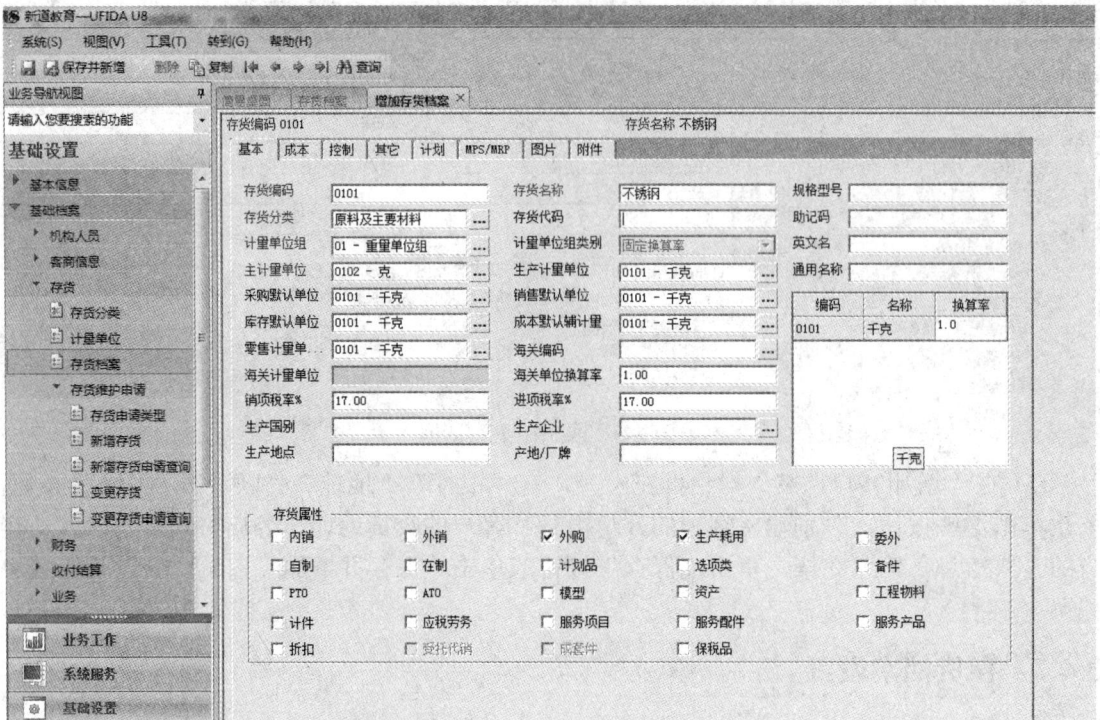

图 3-11　存货档案设置

存货属性决定存货的性质和用途，必须选择，如半成品存货、运费存货的属性是不同的。在"成本"标签下，可设置存货的计价方式，缺省选择"全月平均"，若前面有新增记录，则计价方式与此相同。在"其他"标签下，可设置和查询存货的启用日期、变更日期、停用日期等资料。

3.5　基础设置实训

【实训准备】

企业应用平台是用友 ERP-U8V10.1 管理软件的集成应用平台，实现系统基础数据的集中维护、各种信息沟通、数据资源的有效利用。在基本信息中，可以设置系统启用，在修改建账时设置分类编码方案和数据精度。在基础档案中可以设置用友 ERP-U8V10.1 管理软件各子系统公用的基础档案信息，如机构人员、客商信息、财务信息等。引入"D：\001账套备份\系统管理"的备份数据，或引入 U 盘中的 2.5 实训备份的数据，以 001 陈浩身份登录 U8 系统应用平台。

【实训内容及要求】

(1) 启用总账系统。

(2) 建立部门档案。

(3) 建立人员档案。

(4) 建立供应商与客户分类及档案。

(5) 建立存货分类和存货档案。

【实训资料】

(1) 部门档案资料，如表 3-1 所示。

表 3-1   西安市××钢制品有限公司部门档案

编号	名 称
1	行政事务中心
101	办公室
102	人力资源部
103	财务部
2	产品制造中心
201	一车间
202	二车间
3	营销中心
301	采购部
302	销售部
303	质检部
4	离退休事务部

(2) 人员类别及人员档案资料，如表 3-2、表 3-3 所示。

表 3-2   西安市××钢制品有限公司人员类别

类别编号	类别名称
101	正式工
10101	在职人员
1010101	管理人员
1010102	营销人员
1010103	工人
10102	离休人员
10103	退休人员
102	合同工
103	实习生

表 3-3　西安市××钢制品有限公司人员档案

编号	姓名	性别	所属部门	人员类别	雇佣状态
101001	李立	男	办公室	管理人员	在职
101002	王文谦	男	人力资源部	管理人员	在职
103001	陈浩	男	财务部	管理人员	在职
103002	张明	男	财务部	管理人员	在职
103003	李娜	女	财务部	管理人员	在职
201001	赵斌	男	一车间	工人	在职
202001	孙小雁	女	二车间	工人	在职
301001	刘飞	男	采购部	营销人员	在职
302001	李小艳	女	销售部	营销人员	在职
303001	郑忠	男	质检部	营销人员	在职
400001	陈敏	男	离退休事务部	离休人员	离退
400002	沈静	女	离退休事务部	退休人员	离退

注：此表中，营销人员均为业务员。

(3) 供应商分类与供应商档案资料，如表 3-4、表 3-5 所示。

表 3-4　供 应 商 分 类

供应商分类编码	供应商分类名称
01	本地
02	外地

表 3-5　供 应 商 档 案

供应商编号	供应商名称(简称)	税号	地址
0101	西安市北大街××有限公司	123949458	西安市北大街
0102	西安西咸区××包装制品公司	849383939	沣东新城 1 路
0201	甘肃平凉××带钢有限公司	948240348	平凉市人民西路
0202	河南省洛阳××化工有限公司	849303854	洛阳红星路
0203	山西省运城市××厂	421010256	运城北新路

(4) 客户分类与客户档案资料，如表 3-6、表 3-7 所示。

表 3-6　客 户 分 类

客户分类编码	客户分类名称
01	本地
02	外地

表 3-7 客 户 档 案

客户编号	客户名称(简称)	税号	地 址
0101	西安市××有限公司	152552368	西安市长安街 8 号
0102	西安××制钢有限公司	153252544	西安三桥阿房 2 路
0201	北京××有限公司	682695381	丰台区长寿路 3 号
0202	河南省××有限公司	716266574	郑州市牡丹北路 18 号

(5) 存货分类、计量单位及存货档案资料,如表 3-8 至表 3-11 所示。

表 3-8 存 货 分 类

存货分类编码	存货分类名称
01	原材料
0101	原料及主要材料
0102	辅助材料
0103	外购半成品
02	包装物
03	库存商品
0301	A 产品
0302	B 产品
04	委托加工物资
05	应税劳务

表 3-9 计量单位分组

计量单位编码	计量单位组名称	计量单位组类别
01	重量	固定换算率
02	数量	无换算率

表 3-10 计量单位分类

编号	计量单位名称	所属计量单位组	计量单位组类别
0101	千克	重量	固定换算率(1.0)
0102	克	重量	固定换算率(1.0)
0201	台	数量	无换算率
0202	次	数量	无换算率

表 3-11 存货档案

编号	存货分类	存货名称	主计量单位	存货属性
1	0101	不锈钢	kg	外购、生产耗用
2	0102	涂饰助剂	kg	外购、生产耗用
3	0103	电机	台	外购、生产耗用
4	05	运费	次	应税劳务
5	301	A 产品	台	自制
6	302	B 产品	台	自制

注：税率均为 13%。

【操作指导】

1. 启用总账系统

以账套主管身份进入用友 ERP-U8V10.1 的"企业应用平台"。

(1) 在"基础设置"选项卡中，执行"基本信息"/"系统启用"命令，打开"系统启用"对话框，选中"GL 总账"前的复选框。

(2) 弹出"日历"对话框，选择时间"2021 年 1 月 1 日"。系统中时间格式为"YY-DD-MM"，可通过单击系统右下脚时间"更改日期和时间设置"进行时间格式设置。

(3) 单击"确定"按钮，系统弹出"确实要启用当前系统吗?"信息提示框，单击"是"按钮，完成总账系统启用，如图 3-12 所示。

图 3-12 系统启用对话框

以此类推，可分别启用"存货核算""库存管理""销售管理""应收管理""采购管理"和"应付款管理"等子系统。

启用系统有两种方法，一种是系统管理员在建立账套时直接启用，另一种是账套主管在企业应用平台的基本信息中进行系统启用。

2. 建立部门档案

(1) 在"基础设置"选项卡中，执行"基础档案"/"机构人员"/"部门档案"菜单，进入"部门档案"对话框，如图 3-13 所示。

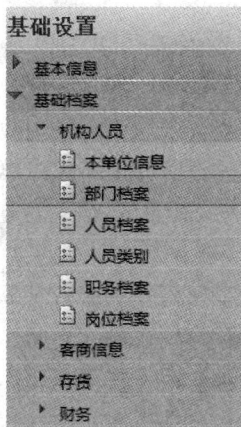

图 3-13　建立部门档案菜单

(2) 在"部门档案"对话框中单击"增加"按钮，按照表 3-1 所提供资料，逐一将部门编码、部门名称分别输入列表框中。部门档案用于设置部门相关信息，包括部门编码、名称、负责人、编码属性等。"部门编码""部门名称"和"成立日期"必须录入，其他信息可以为空。"成立日期"一般默认为输入时的系统时间，也可修改；"负责人"必须在设置人员档案之后，在"修改"状态下才能参照输入；在部门档案设置中，如果存在多级部门，必须先建立上级部门，才能增加其下级部门。在修改部门档案时，部门编码不能修改，已经使用的部门不允许删除。

(3) 录入完毕，单击"保存"按钮，如图 3-14 所示。

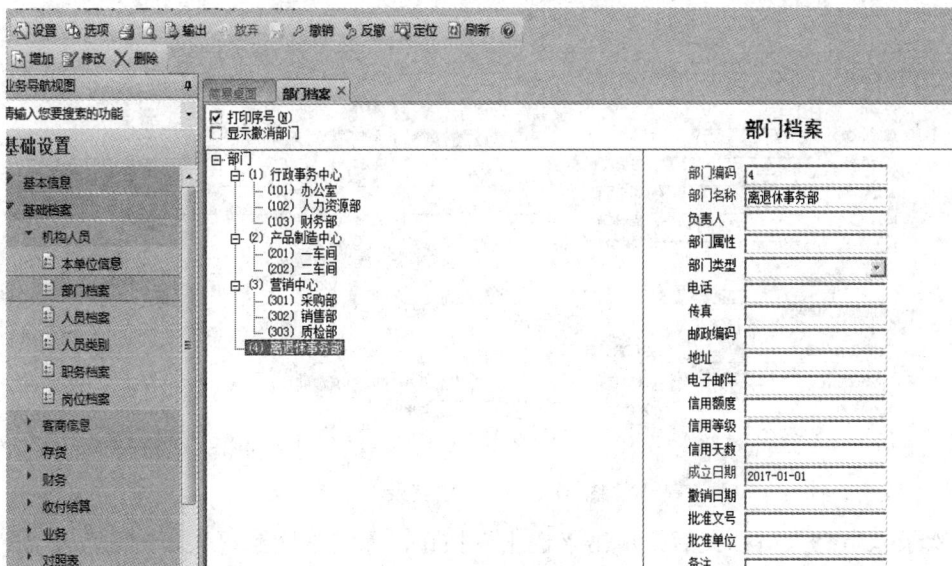

图 3-14　部门档案设置

3. 设置人员类别

在建立人员档案之前，先要增加人员类别。

(1) 在"基础设置"选项卡中，执行"基础档案"/"机构人员"/"人员类别"命令，进入"人员类别"对话框。

(2) 选择人员类别下的"正式工"按钮，单击"增加"按钮，弹出"增加档案项"对话框。

(3) 根据表 3-2 资料，在"增加档案项"对话框中增加相关信息，单击"确定"按钮。用类似方法，继续输入其他人员类别，如图 3-15 所示。

序号	档案编码	档案名称	档案简称	档案简拼	档案级别	上级代码	是否自定义	是否有下级	是否显示
1	10101	在职人员	在职人员	ZZRY	1	101	用户	是	是
2	10102	离休人员	离休人员	LXRY	1	101	用户	否	是
3	10103	退休人员	退休人员	TXRY	1	101	用户	否	是

图 3-15　人员类别设置

4. 建立人员档案

(1) 在"基础设置"选项卡中，执行"基础档案"/"机构人员"/"人员档案"命令，弹出"人员档案"对话框。

(2) 单击"增加"按钮，打开"人员档案"对话框。

(3) 根据表 3-3 资料，依次输入"人员编码""人员姓名""性别""在职人员""行政部门""人员属性"；在"是否业务员"的复选框中，根据所给信息勾选，并在"业务或费用"中选择对应的部门，单击"保存"按钮完成设置，如图 3-16 所示。

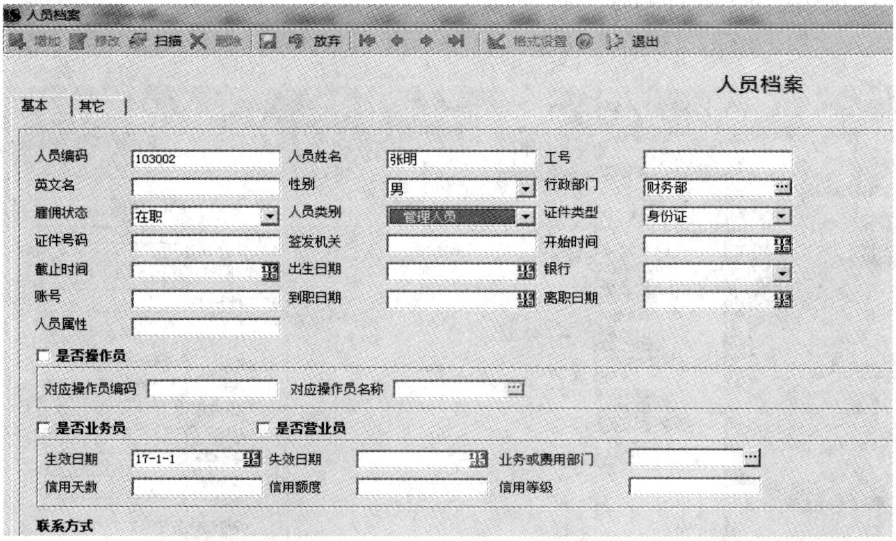

图 3-16　人员档案录入

依次录入所有人员档案后，单击"退出"按钮，系统返回到"人员列表"页面，如图 3-17 所示。

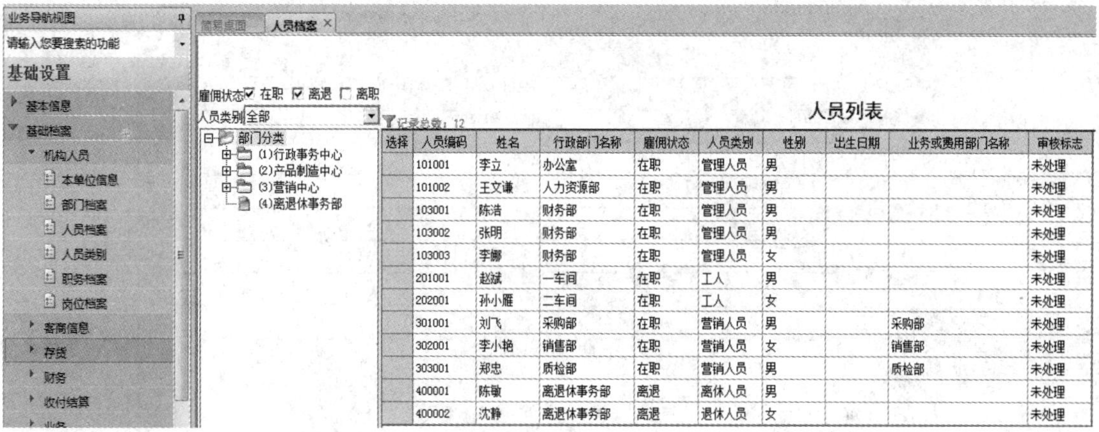

图 3-17 人员档案列表

5. 录入供应商信息

根据需要先进行供应商分类(可以按行业或地区分类)，然后建立供应商档案。

(1) 在"基础设置"选项卡中，执行"基础档案"/"客商信息"/"供应商分类"命令，弹出"供应商分类"对话框。

(2) 单击"增加"按钮，按表 3-4 输入供应商分类信息，如图 3-18 所示。

图 3-18 供应商分类对话框

供应商分类是指按照供应商的某种属性或某种特征，对其进行分类管理。如果建账时选择了供应商分类，则必须先进行分类，才能增加供应商档案。如果建账时没有选择供应商分类，则可以直接建立供应商档案。分类编码必须符合编码方案中定义的编码规则。分类中如果已经录入供应商档案，则该供应商分类资料不能修改、删除。

建立下级分类时，其上级分类必须存在，且下级分类编码中要包含其上级分类编码，供应商分类须逐级增加。新增供应商分类编码必须与编码规则中设定的编码级次相符。已使用或非末级供应商分类不能删除，已增加的供应商分类编码不可修改。已设置供应商档案信息的供应商分类，若要删除须先删除其对应的供应商档案。已使用供应商属性不能删除修改，但可增加其他选项。

(3) 在"基础设置"选项卡中，执行"基础档案/客商信息/供应商档案"命令，弹出"供应商档案"对话框。单击"增加"按钮，打开"增加供应商档案"对话框，如图 3-19 所示。

(4) 根据表 3-5 资料录入供应商信息，然后单击"保存"按钮。

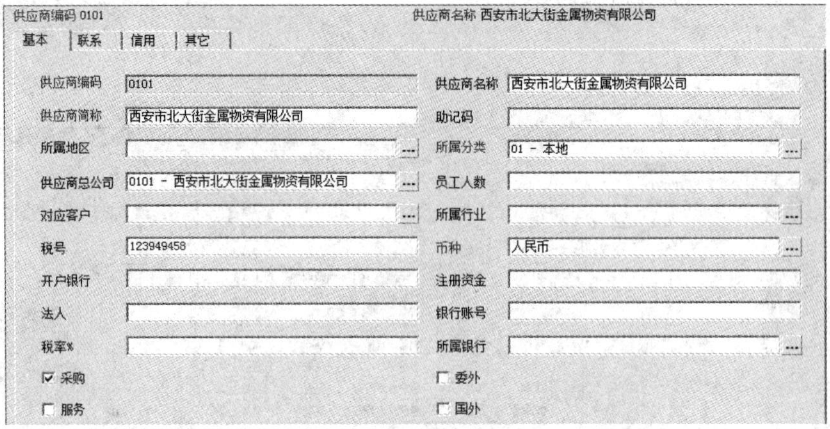

图 3-19　增加供应商档案对话框

6. 录入客户信息

建立客户档案与供应商档案的操作步骤、顺序相同，先根据表 3-6 资料进行客户分类设置，然后再根据表 3-7 资料录入客户档案，在此不再赘述。需注意的是客户分类可按区域划分，也可按客户属性划分，如工业、商业、其他等。客户级别是客户细分的一种方法，企业可以根据自身管理需要，进行客户级别的分类。例如，某销售公司按照与客户的交易金额将客户划分为重要客户、普通客户和潜在客户。客户级别设置将在客户档案和统计分析中使用。

建立客户档案时，客户编码、客户简称、所属分类和币种必须输入。客户编码必须唯一，一旦保存，不能修改。尚未使用的客户编码可以删除后重新增加。

7. 设置存货信息

设置存货信息时，按照"存货分类""计量单位""计量单位分类""存货档案"顺序进行设置。

1) 设置存货分类

(1) 在"基础设置"选项卡中，执行"基础档案"/"存货"/"存货分类"命令，弹出"存货分类"对话框。

(2) 单击"增加"按钮，根据表 3-8 的存货分类表，依次录入存货分类编码、分类名称，单击"保存"按钮。采用同样方法依次增加存货分类，如图 3-20 所示。

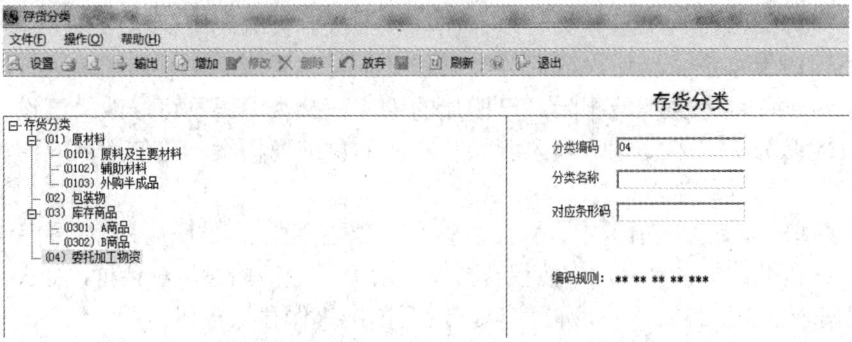

图 3-20　设置存货分类

注意:

① 存货分类编码必须符合编码规则,存货分类编码和存货分类名称必须输入。

② 在企业购销业务中,经常会发生一些劳务费用,如"运输费""装卸费""包装费"等,这些费用也将构成企业存货成本的一个组成部分,并且一般具有与其他存货不同的税率。为了正确反映和核算这些劳务费用,应该在存货分类中单独设置一类"劳务费用"或"应税劳务"存货。

2) 设置计量单位

(1) 在"基础设置"选项卡中,执行"基础档案"/"存货"/"计量单位"命令,弹出"计量单位"对话框。

(2) 单击工具栏中"分组"按钮,弹出"计量单位组"对话框,先单击"增加"按钮,依据表 3-9 计量单位分组资料,输入"计量单位组编码"(两位数),"计量单位组名称"(可设为重量单位组、数量单位组等),"计量单位组类别"(可根据情况选择无换算率、固定换算率、浮动换算率),如图 3-21 所示。再依次单击"保存"按钮,"退出"按钮。

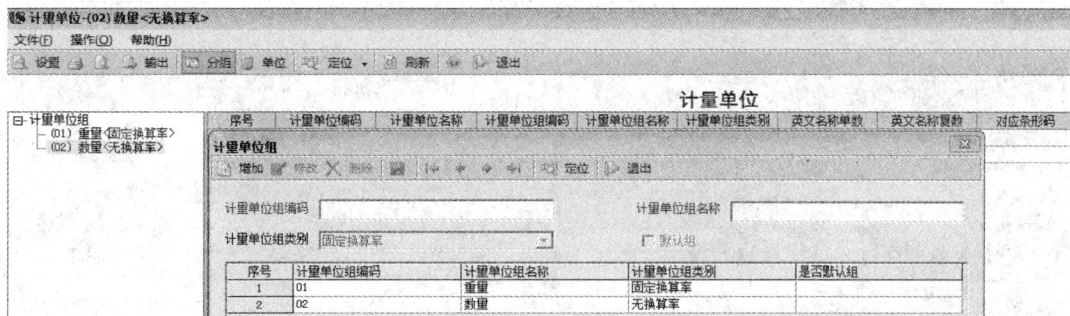

图 3-21　存货计量单位分组设置

(3) 在工具栏中单击"单位"按钮,进行计量单位的设置。依据表 3-9 所提供的资料,单击"增加"按钮,录入"计量单位编码""计量单位名称",单击"保存"按钮,继续录入其他的计量单位内容,录入完所有的计量单位之后,单击"退出"按钮,如图 3-22 所示。

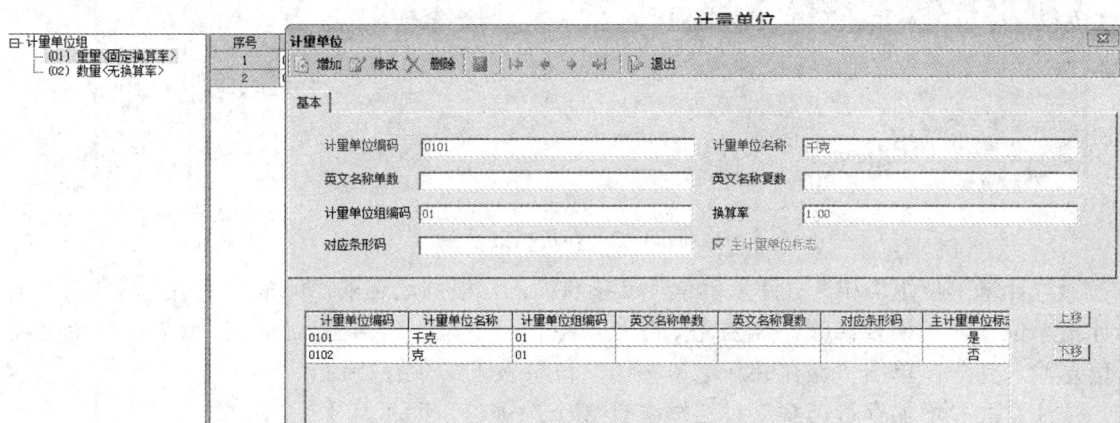

图 3-22　计量单位设置

注意：先建立计量单位组，再建立计量单位。主计量单位的换算率为 1，本计量单位组的其他单位以此为依据，按照换算率折合。通常情况下，要选择较小的计量单位为主计量单位。固定换算组每一个辅计量单位对主计量单位的换算率不能为空。被存货引用后的主、辅计量单位均不允许删除，但可以修改辅计量单位的使用顺序及其换算率。如果在单据中使用了某一计量单位，该计量单位的换算率就不允许再修改。

浮动换算组可以修改为固定换算组，浮动换算的计量单位只能包括两个计量单位，同时，其辅计量单位换算率可以为空。在单据中使用该浮动换算率时，需要手工输入换算率，或通过输入数量、件数由系统自动计算出换算率。

3) 录入存货档案

(1) 在"基础设置"选项卡中，执行"基础档案"/"存货"/"存货档案"命令，弹出"存货档案"对话框。

(2) 选中存货对应的分类，单击"增加"按钮，打开"增加存货档案"对话框，根据表 3-10 存货资料，依次输入"存货编号""存货名称""存货分类"等内容，如图 3-23 所示。

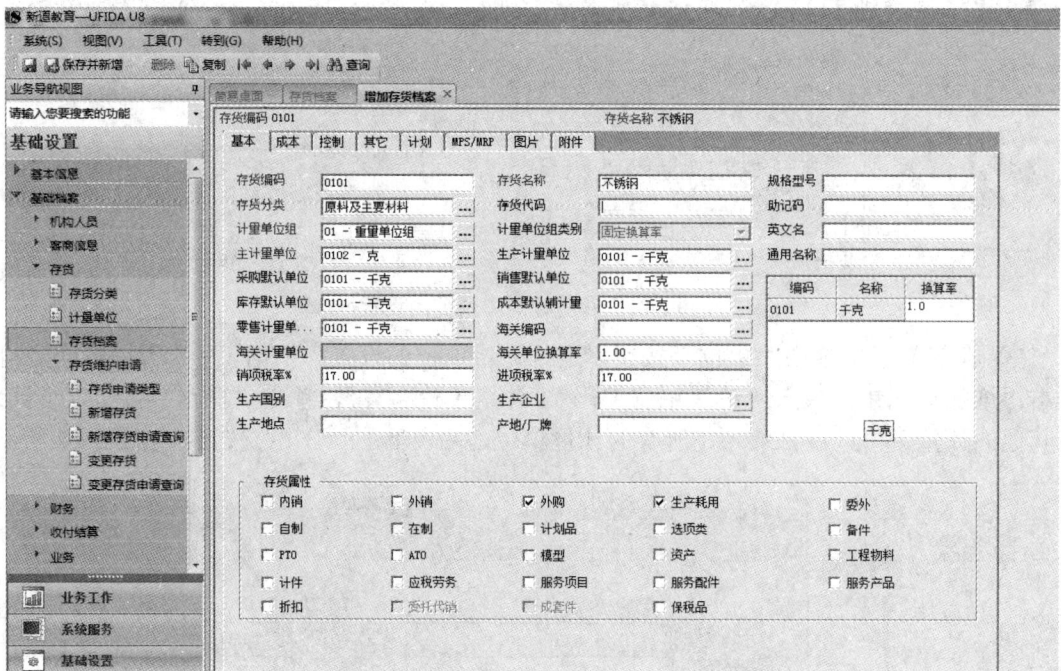

图 3-23　存货档案设置

"计量单位组"和"主计量单位"可参照输入，根据已选的"计量单位组"，带出"主计量单位"，如果要修改，需要先删除该"主计量单位"，再输入其他计量单位。待全部信息输入完毕，单击"保存并新增"按钮，再录入下一条存货信息。

注意："增加存货档案"对话框中有 8 个选项卡，即"基本""成本""控制""其他""计划""MPS/MRP""图片""附件"，这 8 个选项卡是对存货不同的属性进行分别归类。

"基本"选项卡主要是记录企业存货的基本信息,其中"蓝色字体"项为必填项。

存货属性:系统为存货设置了 18 种属性,其目的是在参照输入时缩小参照范围。具有"内销""外销"属性的存货可用于出售,具有"外购"属性的存货可用于采购,具有"生产耗用"属性的存货可用于生产领用,具有"自制"属性的存货可由企业生产,具有"在制"属性的存货是指正在制造过程中,具有"应税劳务"属性的存货可以抵扣进项税,是指可以开具在采购发票上的运输费等应税劳务。同一存货可以设置多个属性。

存货编码:存货编码必须唯一且必须输入。最大长度 30 个字符,可以用 0~9 或字符 A~Z 表示。

存货代码:必须唯一,最大长度 30 个字符,非必填项。可以用"存货分类码+存货编码"构成存货代码。

存货名称:存货名称必须输入。

计量单位组和主计量单位:可以根据参照项输入。根据已选的计量单位组,带出主计量单位。如果要修改,则需要先删除该主计量单位,再输入其他计量单位。

采购、销售、库存默认单位和成本默认辅计量单位:设置各子系统默认时使用的计量单位。

税率:指该存货的增值税税率。销售该存货时,此税率为专用发票或普通发票上该存货默认的销项税税率。采购该存货时,此税率为专用发票、运费发票等可以抵扣的进项发票上默认的进项税税率。税率不能小于零。

是否折扣:即折让属性。若选择是,则在采购发票和销售发票中输入折扣额。

是否成套件:选择是,则该存货可以进行成套件管理业务。

受托代销业务只有在建账时选择"商业"核算类型,并且在采购管理中确定"是否受托代销业务"后,才能选择使用。

成套件业务只有在库存管理系统中选择了"有无成套件管理"后,才能在存货档案中选择"是否成套件"业务。

同一存货可以设置多个属性。

思 考 题

1. 企业应用平台的作用是什么?
2. U8 子系统启用有哪些方法?
3. 功能权限、数据权限和金额权限的区别是什么?
4. 客户档案中的客户全称和客户简称各用于哪种情况?
5. 企业中哪些科目适合设置为部门核算?
6. 在 U8 中如何设置项目核算?
7. 在建立结算方式档案时,什么情况下需要选中"票据管理"复选框?

第 4 章

总 账 管 理

【学习目标】

◆ 掌握总账管理系统初始化设置的方法;
◆ 熟悉总账管理系统功能与操作流程;
◆ 掌握记账凭证处理方法;
◆ 掌握凭证审核流程及方法;
◆ 掌握出纳业务的管理方法;
◆ 掌握期末业务处理及账证查询方法。

4.1　总账管理系统的功能

总账管理系统又称为账务处理系统,包括总账管理系统初始化设置、填制审核会计凭证、登记账簿等内容和环节,是会计业务处理的核心,也是电算化会计系统运行的基础。其他子系统业务数据都必须传送到总账管理系统,同时总账管理系统又将某些数据传输给其他子系统。因此,总账管理系统是会计电算化工作的开始。

总账管理系统使用已经建立的会计科目体系,输入和处理各种记账凭证;完成记账、结账以及对账的工作;输出各种总分类账、日记账、明细账和有关辅助账。其基本功能主要是提供凭证处理、账簿处理、出纳管理和期末转账等功能,同时还包括提供个人、部门、客户、供应商、项目核算等辅助管理功能。在业务处理过程中,总账管理系统可以随时查询包含未记账凭证的所有账表,充分满足管理者对信息及时性的要求。总账管理系统的功能如图 4-1 所示。

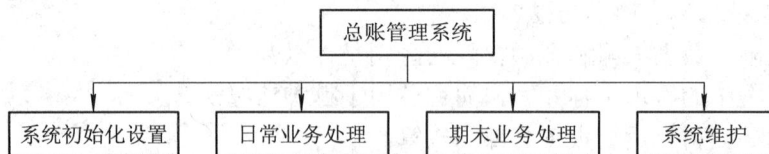

图 4-1　总账管理系统的功能

4.1.1　系统初始化设置功能

总账管理系统初始化设置是指根据企业需要建立账务应用环境,为总账管理系统日常业务处理工作做准备。它主要包括总账管理系统参数设置、会计科目设置、凭证类别设置、项目目录设置、结算方式设置、期初余额录入等。

1. 总账管理系统参数设置

总账管理系统参数设置决定了总账管理系统的输入控制、处理方式、数据流向、输出格式等，设定后一般不能随意更改。

2. 会计科目设置

会计科目是会计要素的具体化，是填制凭证、登记账簿、编制会计报表的基础。会计科目设置的主要内容有：指定会计科目、科目编码、科目名称、余额方向、账页格式、外币核算、数量核算及辅助核算。

指定会计科目是指定出纳的专管科目。只有指定科目后，才能执行出纳签字、查询现金、银行日记账、银行对账以及在制单中进行支票控制和资金赤字控制。

3. 凭证类别设置

凭证类别设置是指为了验证凭证内容的正确性，应根据凭证所对应的经济内容进行分类，并设置限制条件。只有凭证内容符合凭证设置的条件，才能通过凭证保存。每个单位可以根据自己的记账习惯设置凭证，可以只设记账凭证，也可以设成收款凭证、付款凭证、转账凭证，还可以设为现金凭证、银行凭证、转账凭证，或者设为现金收款凭证、现金付款凭证、银行收款凭证、银行付款凭证、转账凭证等。

4. 项目目录设置

项目目录设置是指企业在核算管理中进行专门经营或管理的内容，如在建工程、新产品开发等。在财务软件中，专设项目核算辅助账，将相同性质项目定义为一个项目大类，然后在每一大类下进行项目管理。这样可使各项目与总账业务处理过程同步进行核算管理，从而减轻工作量。项目目录设置主要包括定义项目大类、指定核算科目、定义项目分类、定义项目目录等。通过项目目录设置，可对企业实际经营过程中的诸如在建工程等项目进行管理。

5. 结算方式设置

结算方式是指企业在日常经营过程中进行款项结算的方式。为了提高银行对账效率，系统提供了结算方式设置功能。结算方式的设置是为了建立和管理用户在经营活动中涉及的结算方式，包括支票、汇票等。其设置应该与财务结算方式一致。结算方式编码和名称必须输入。结算方式中票据管理标志是为出纳对银行结算票据的管理而设置的功能，如企业需要进行票据登记的结算方式，可选择此项功能。

6. 期初余额录入

期初余额录入功能用于年初录入余额、调整余额以及核对期初余额并进行试算平衡。如果是第一次使用总账管理系统，必须使用此功能输入科目余额，以便登记账户期初余额，为正确核算各类账户余额做好准备。

4.1.2 日常业务处理功能

总账管理系统日常业务处理主要包括凭证管理、出纳管理、账簿管理功能等。

1. 凭证管理

记账凭证是登记账簿的主要依据，是总账管理系统唯一的数据来源。因此，凭证管理是总账管理系统的核心内容。凭证管理内容主要包括填制凭证、复核凭证、记账、修改凭证、删除凭证、冲销凭证、查询凭证等。

2. 出纳管理

出纳管理是出纳人员进行货币资金管理的一套工具。出纳管理主要包括现金和银行存款日记账的查询、支票登记簿的管理及银行对账功能。同时还包括对长期未达账项提供审计报告。

3. 账簿管理

企业所发生的全部经济业务，经过制单、复核、记账后，就可以查询打印各种账簿了。账簿管理主要包括查询总账、明细账、日记账、余额表、资金报表及登记支票登记簿、账簿栏目的设置、数据处理或组合、汇总等运算过程。账簿管理具有以下特点：查询各种账簿时，可以包括未记账凭证；各种账簿都可以针对各级科目进行查询，也可以进行账表联查。

4.1.3　期末业务处理

每个会计期间结束，都要完成一些特定的工作。期末业务处理主要包括期末转账、期末对账、期末结账等。由于各个会计期间的许多业务均具有较强的规律性，因此由计算机来处理期末会计业务不但可以规范处理，还可以大大提高工作效率。

1. 期末转账

期末转账是指为每期期末规律性发生的结转业务编制凭证。首次使用总账管理系统进行期末业务处理时，可以对企业经常发生的期末业务事先定义好转账凭证模版、分录，这样以后各月只要调用转账生成功能即可快速生成转账凭证。在会计期末，按照会计要求，要对期间损益、成本账户进行结转，以确定损益。一般而言，这些转账凭证通常选用的凭证类别也是转账凭证。在总账系统中为转账凭证定义提供了自定义转账、对应结转、销售成本结转、售价(计划价)销售成本结转、汇总损益、期间损益结转等种类。需要说明的是，由于转账是按照已有记账凭证的数据进行计算的，因此在进行月末转账工作之前，应先将所有未记账凭证记账。否则，生成的转账凭证数据可能有误。转账生成的凭证依然需要审核人员进行审核，然后再进行记账。

2. 期末对账

期末对账是指对账簿数据进行核对。一般来说，只要记账凭证录入正确，计算机自动记账后各种账簿都应是正确、平衡的。但由于非法操作或计算机病毒或其他原因，有时可能会造成某些数据被破坏。为了保证账证相符、账账相符，企业在结账之前都需要执行对账功能，以检查记账的正确性和账簿是否平衡。

3. 期末结账

在手工会计处理中，都有结账的过程。在计算机会计处理中也应该有这一过程，以符合会计制度的要求，因此总账系统提供了"结账"功能。结账只能每月进行一次，结账工作由系统自动完成。一般情况下，企业在结账之前要进行数据备份。结账后，只能进行相关账簿的查询和打印，不能再进行日常账务处理工作。若完全符合系统要求的结账条件，则系统将自动进行结账操作；否则，会提示错误，不予结账。结账后发现结账错误，可由账套主管进行"反结账"。

4.2 总账管理系统的操作流程

总账管理系统从输入会计凭证开始，经过计算机对会计数据处理，生成各类账簿文件，产生科目余额文件，并完成汇总、结账、编制报表等业务处理流程。与传统会计相比，会计软件在保持了诸如设置会计科目、复式记账，通过账户分类连续、系统地记录和核算经济业务等固有特征的同时，又调整和改进了与手工操作相关的技术性内容。

从总账处理流程(见图 4-2)来看，原始资料到各种账簿数据信息的处理过程要经历三个主要环节。第一个环节是有关会计凭证(包括手工输入和由系统自动生成的机制凭证)输入或转入账务处理系统，并存入临时凭证数据库。第二个环节是在对记账凭证审核签字后进行自动记账处理，形成记账凭证文件、账簿文件和余额文件，并且根据会计科目汇总数据，更新科目汇总文件。第三个环节是按照设置输出条件生成各种正式的总分类账、日记账和明细分类账簿，生成科目汇总表。账务处理完成后，最后可通过提取、汇总、筛选、引用等技术处理生成各类会计报表。

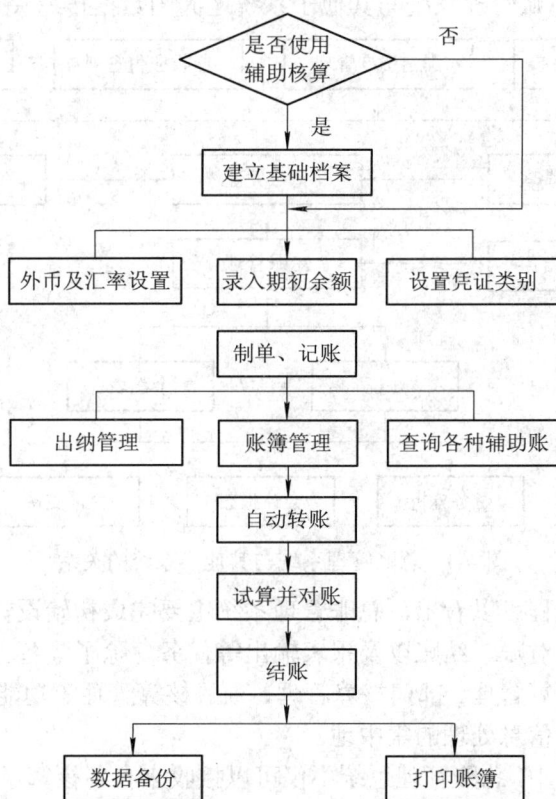

图 4-2 总账处理流程

　　总账账务处理具有四个特点。一是采用统一记账凭证格式和统一凭证编号,以规范数据内容和简化处理环节。二是采用一次登账方式,即根据科目代码登记总账及其相应的明细账、日记账,再依照上下级科目之间的联系分别累计得出发生额、余额数据并传递至上一级科目。与传统的分别登记总账、明细账、日记账的做法相比,一次登账方式大大提高了数据一致性和账务处理效率。三是登记账簿后,所有总账科目和明细科目最新的发生额、余额及数量等辅助指标可以自动生成,改变了传统定期汇总、月底结账的做法,提高了信息产生的及时性。四是电算化账务处理大大减少了工作量,产生并形成了大量的会计信息,为财务管理和财务分析提供了丰富的信息源。

4.3　总账管理系统与其他系统的关系

　　总账管理系统可以完成设置账户、复式记账、填制和审核凭证、登记账簿等工作。在整个会计电算化信息系统中,总账管理系统在用友 ERP-U8V10.1 版系统中占有重要地位。总账管理系统与成本管理、应收应付管理、薪资管理、固定资产管理、存货管理等子系统有着密不可分的关系。总账管理系统既是财务管理的中枢,又是最基本的系统,可以综合、全面、概括地反映企业各个方面会计工作的内容。其他子系统的数据必须传输到总账管理系统才能进行相关处理,同时总账管理系统还把某些数据传输给其他子系统以便利用。用友 ERP-U8V10.1 版本总账管理系统与其他子系统之间的数据传递关系如图 4-3 所示。

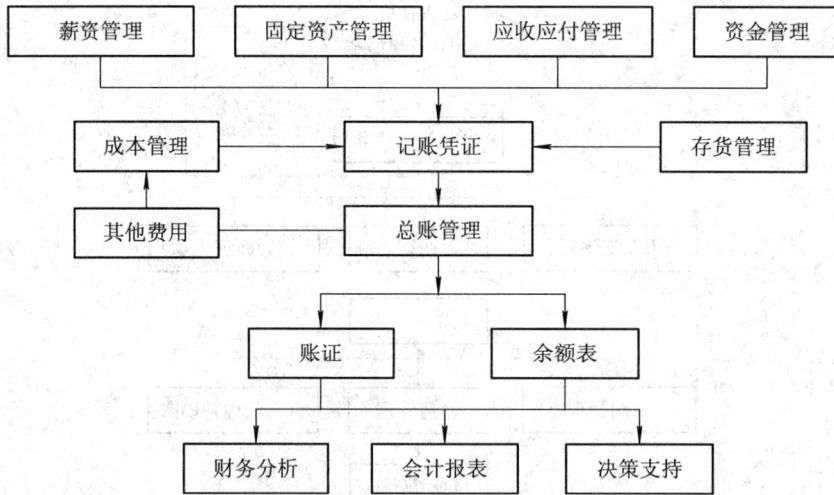

图 4-3　总账管理系统与其他子系统的关系

　　从总账管理系统流程可以看出,总账管理系统主要完成初始设置、凭证录入、凭证审核、记账、自动转账、对账、结账以及报表输出等任务。除了具备上述功能,总账管理系统进一步拓展了往来核算管理、部门核算管理、项目核算管理等功能。在财务核算系统中,总账管理系统成为会计信息处理的集中地。

　　在系统集成化环境中,总账管理系统不仅可以接收来自各核算子系统的记账凭证数据,还可以为会计报表和财务分析等子系统提供数据和信息。

　　总账管理系统既是系统数据处理的核心，又是连接其他子系统数据关系的桥梁。只有经过会计部门的账务处理，各个专门核算系统汇集的会计数据才能转变为反映经营成果和财务状况的会计报表信息。

　　近年来，随着新技术的不断发展与应用，在总账管理系统中还可实现为结算中心提供科目期初余额、每日发生额、每日余额。结算中心为总账管理系统提供支票和凭证，网上银行系统、网上报销系统根据各种单据等记账依据生成凭证并传输到总账管理系统，同时可以根据总账管理系统生成的凭证进行管理与查询，为数据分析、专家评估等决策分析系统提供大量分析数据。

4.4　总账管理系统的业务

　　总账管理系统的业务主要包括系统的初始化设置、日常业务的处理和期末业务的处理等。

4.4.1　系统的初始化设置

1. 总账参数设置

　　建立新账套后，由于具体情况需要业务变更，常常致使一些账套信息与核算内容不符，这时就可以通过系统参数设置进行账簿选项调整和查看，如表 4-1 所示。

　　总账参数设置主要包括下列项目：凭证制单时，采用序时控制；进行支票控制与资金及往来赤字控制；可使用应收、应付及存货系统受控科目；自动填补凭证断号；制单权限控制到科目；不可修改他人填制的凭证；凭证审核控制到操作员；出纳凭证须由出纳签字；凭证须由主管签字；打印凭证的制单、出纳、审核、记账等人员姓名设置；账簿打印位数、每页打印行数按软件标准设定；明细账打印按年排页等。

　　用友 ERP-U8V10.1 版本软件中的权限分为功能权限、数据权限和金额权限三种。其中功能权限在系统管理中已经设置完成，而数据权限和金额权限应当在企业应用平台上进行设置。数据权限分为记录级数据权限和字段级数据权限。记录级数据权限是对某一业务对象的查询与录入进行控制；字段级数据权限是对某一业务对象的具体内容进行控制。金额权限功能用于设置用户可使用的金额级别，主要是对采购订单的金额审核额度、科目的制单金额额度进行权限控制，以免个别用户权限过大。账套主管不受金额权限控制，由他为其他用户进行授权控制设置。在设置金额权限之前必须先设定对应的金额级别(级别总共 6级)。对于科目来说，可根据需要设置对应科目的金额级别，可直接对上级科目设置级别，也可以明细到末级进行级别设置，但是不允许对有上下级关系的科目同时进行级别设置。在金额权限控制中，有三种情况不受控制：调用常用凭证生成的凭证；期末转账结转生成的凭证；在外部系统生成的凭证。如果超出金额权限，在保存凭证时不受限制。

表 4-1　总账参数选项说明

参　数	说　明
制单序时控制	下一张凭证日期必须大于或等于上一张凭证的制单日期
支票控制	在制单时使用银行科目编制凭证时，系统针对已设置了票据管理的结算方式进行登记，如果录入支票号在支票登记中已经存在，系统可提供登记支票报销功能，否则，系统只提供登记支票登记簿的功能
赤字控制	当"资金往来科目"或"全部科目"余额出现负数时，系统予以提示
受控科目	选择"可以使用受控的科目"，既可以在总账管理系统中使用，也可以在其受控系统中使用，否则只能在其受控的系统中使用
自动填补凭证断号	凭证删除后，系统自动补号
同步删除业务系统凭证	选中此项，其他子系统删除凭证，传到总账管理系统的凭证也将同步删除，否则，传到总账管理系统的凭证只显示作废
制单权限控制到科目	如果需要明确操作员只能使用具有相应制单权限的科目制单，则需在数据权限控制设置中选择"科目"进行控制，再选中该项，最后在数据权限中为操作员指定制单可以使用的科目
制单权限控制到凭证类别	如果需要明确操作员只能填制特定类别凭证，则需先在数据权限控制设置中选择对"凭证类别"控制，再选中此项，最后在数据权限中为操作员指定制单时可以使用哪些凭证类别
操作员进行金额权限控制	系统对不同级别人员进行制单金额大小的控制。但系统对外部凭证、自定义结转凭证、常用凭证调用生成，则不做金额权限控制
凭证审核控制到操作员	只能审核有对应关系的操作员填写的凭证，这一权限要与数据权限设置配合使用
凭证须由出纳签字	含有库存现金、银行科目的凭证必须由出纳人员通过"出纳签字"功能核对后才能记账
凭证须由主管会计签字	所有凭证都必须由主管会计签字才能作为记账依据
允许修改作废他人填制的凭证	如果制单人填制凭证有误，该选项允许其他人修改或作废。"控制到操作员"属于数据权限控制内容，利用此项可以指定允许修改、作废哪些操作员填制的凭证

2. 会计科目设置

会计科目设置必须遵循一定的原则，如按照核算具体内容进行分类，满足财务会计报告编制和会计核算要求，保持科目与科目之间的协调性和完整性等。

1) 增加或修改科目

根据企业需要，在一级会计科目基础上增设所需要的明细科目。在增设会计科目时，要先建上级科目，再建下级科目。涉及数量核算、外币核算、辅助核算、日记账、银行账的科目时，必须勾选相关选项，可以在修改界面下设置辅助核算、外币核算和数量核算。增加的会计科目性质通常由系统根据录入的科目编码进行判断，若增加的是明细科目，则系统根据总账科目自行判断，用户不能修改，而且增加会计科目要遵循先建上级科目再建下级科目的原则。会计科目编码必须唯一，不能重复。非末级会计科目和已经使用过的会计科目不能再修改科目编码。若需对已经录入了期初余额的会计科目进行修改，必须首先将"余额录入"中的余额清零后，再进行修改。

会计科目已经使用，如需增加明细科目时，系统自动将上级科目的数据结转到新增的第一个明细科目上，以保证账账平衡。设置会计科目应注意会计科目的"账页格式"按钮，一般情况下应为"金额式"按钮，也可能是"数量金额式"按钮等。如果是"数量金额式"按钮，还应继续设置"计量单位"。另外还需注意是否具有辅助核算，如果有辅助核算，就应该勾选。

在企业应用平台中，执行"基础设置"/"基础档案"/"财务"/"会计科目"命令，打开"会计科目"对话框，如图4-4所示。

级次	科目编码	科目名称	外币币种	辅助核算	银行科目	现金科目	计量单位	余额方向	受控系统	是否封存	银行账	日记账
1	1001	库存现金				Y		借				Y
1	1002	银行存款			Y			借			Y	Y
2	100201	工行存款			Y			借			Y	Y
2	100202	中行存款	美元		Y			借			Y	Y
1	1003	存放中央银行款项						借				
1	1011	存放同业						借				
1	1012	其他货币资金						借				
1	1021	结算备付金						借				

图 4-4 会计科目对话框

单击"增加"按钮，打开"新增会计科目"对话框。输入会计科目编码、名称，选择"日记账""银行账"两个复选框，单击"确定"按钮。如果继续增加会计科目，同上步骤。

2) 成批复制会计科目

如果在不同的总账科目下设置的明细科目相同或类似，可以通过此方式实现快速录入，即"成批复制"。

在"会计科目"对话框中，执行"编辑"/"成批复制"命令，打开"成批复制"对话框，设置一级科目编码，然后单击"确认"按钮。

3) 删除或修改会计科目

由于用户业务类型和行业性质的多样性，因此系统预置的会计科目与用户在核算方面要求有所不同。如果在建账时选择了预置科目，则可根据业务核算要求，删除或修改不需要的系统预设会计科目。

在"会计科目"对话框中，单击欲删除会计科目的所在行的任意位置，单击"删除"按钮，系统弹出"删除记录"提示框，单击"确认"按钮，选中的会计科目将被删除。

如果修改会计科目，则单击"修改"按钮，打开"会计科目-修改"对话框，单击对话框下方的"修改"按钮，激活"会计科目-修改"对话框，选定拟修改的事项，然后单击"确定"按钮即完成修改。

4) 指定会计科目

在系统中指定库存现金、银行存款科目，这是确定记账凭证种类以及出纳管理的前提。

系统规定只有在指定科目后，出纳签字功能才能执行，从而实现现金、银行存款管理的保密性。一般在指定科目之前，应先将现金科目设置为日记账，银行存款科目设置为银行账。会计科目的设置内容会对项目管理、凭证类别的选择及期初余额的录入产生影响，所以一般需要在这些项目录入之前进行设置。指定的现金流量科目可供 UFO 编制现金流量表时取数使用，所以在输入凭证时，对指定的现金流量科目系统会自动弹出对话框要求指定当前输入分录的现金流量项目。

进行指定会计科目操作时，在"会计科目"对话框中，执行"编辑"/"指定科目"命令，打开"指定科目"对话框。选定对话框左边的"现金科目"单选框，在"待选科目"列表框中选定"1001 库存现金"单击">"按钮，将"1001 库存现金"移至"已选科目"列表框内。同样方法，将"1002 银行存款"移至"已选科目"列表框内，然后单击"确定"按钮，如图 4-5 所示。

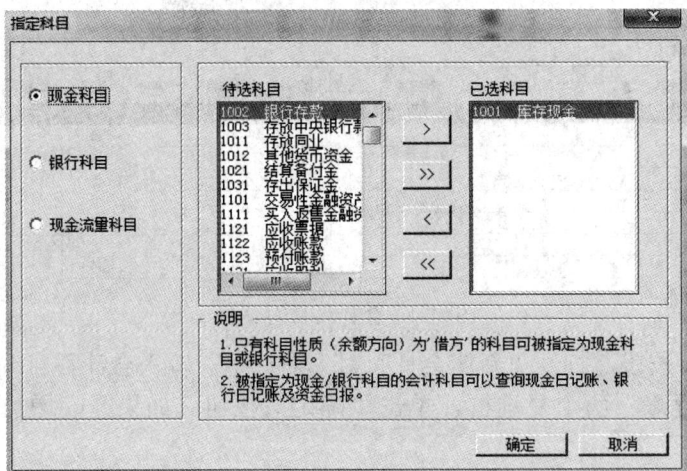

图 4-5　指定科目设置

3. 凭证类别设置

企业可根据实际情况，合理选择凭证类别。一般企业多选"收、付、转"三类凭证。如果在设置凭证类别时选择了凭证限制类型，那么必须满足限制条件，否则系统会给出错误提示。例如，设置收款凭证的限制类型为"借方必有"，限制为科目"1001，1002"，当企业发生"销售产品，货款未收"的业务时，如果选择"收款凭证"类别，在保存时系统会提示"不满足借方必有条件"。该业务需要填制转账凭证，限制类别为"借方贷方必无"，限制科目为"1001，1002"。

在会计核算中，对每种类别的凭证设置进行相应的限制，利于记账凭证汇总、记账和管理。

在企业应用平台中，执行"基础设置"/"基础档案"/"财务"/"凭证类别"命令，打开"凭证类别预置"对话框。

在"凭证类别预置"对话框中，选择"收款凭证"/"付款凭证"/"转账凭证"的分类方式，然后单击"确定"按钮，如图 4-6 所示。

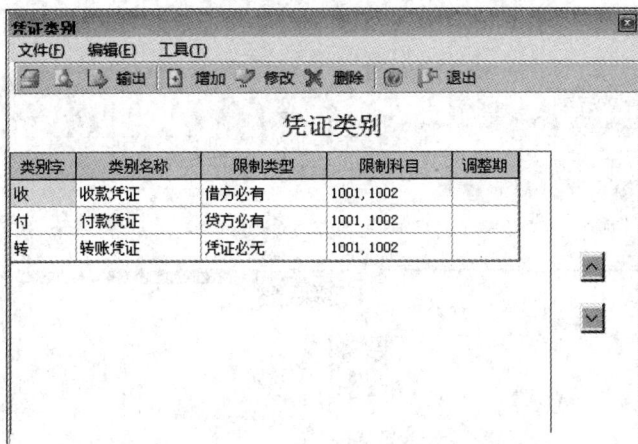

图 4-6 凭证类别设置

在随后打开的"凭证类别"对话框中，单击"修改"，再双击"收款凭证"中的"限制类型"单元格，对话框将显示出下拉按钮，选择其中的"借方必有"选项。在"限制科目"单元格中，输入限制科目的编码，从会计科目表中逐一录入。重复以上步骤，对"付款凭证""转账凭证"的限制类型和限制科目进行设置。

4. 项目目录的设置

1) 项目大类设置

项目辅助核算应用较广，如在建工程、成本核算等。首先，定义项目大类中有普通项目、使用存货目录定义项目、成本对象、现金流量项目和项目成本核算大类。其次，用户可根据项目设置情况选定类别和输入名称，然后定义级次。项目级次即项目编码规则。项目级次最多分为8级，其总长不能超过22位，每级级长不超过9位。定义项目栏目主要为完成项目的名称和各栏目属性的编辑，用户也可根据自身需要对项目栏目进行修改。

在企业应用平台中，执行"基础设置"/"基础档案"/"财务"/"项目目录"命令，打开"项目档案"对话框。

单击"增加"按钮，打开"项目大类定义_增加"对话框，在"新项目大类名称"选项卡中输入项目大类名称，如存货项目管理、基建项目等。在"定义项目级次"选项卡中，对项目分类级次进行定义，单击"下一步"按钮，在"定义项目栏目"选项卡中，对项目栏目内容进行设置，单击"完成"后返回。

2) 核算科目设置

指定核算科目就是具体指定核算当前大类项目所使用的会计科目。要核算当前项目的会计科目，需先在会计科目设置中选择辅助核算中的"项目核算"按钮，这样项目的会计科目才能在核算科目中显示出来，用户勾选即可。

在"项目档案"对话框中，先选定项目大类，单击"核算科目"标签，在打开的选项卡中将该项目核算的科目从对话框左边选择到右边，单击"确定"按钮。单击"项目结构"标签，在打开的选项卡中修改该项目的结构，单击"完成"按钮返回。单击"项目分类定义"标签，在显示的对话框中单击"增加"按钮，输入项目分类的编码和名称，单击"确定"按钮。单击"项目目录"标签，在显示的对话框中单击"维护"按钮，打开"项目目录维护"对话框，单击"增加"按钮。全部目录输入完毕后返回，如图 4-7 所示。

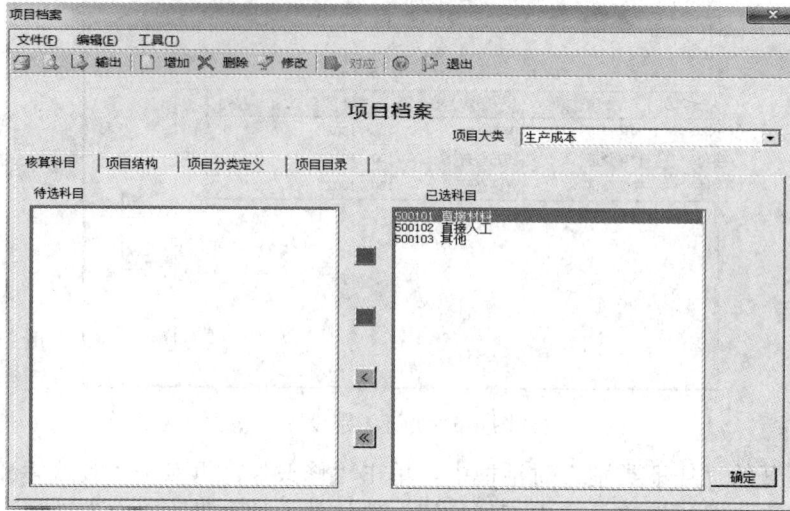

图 4-7　项目目录对话框

3) 项目分类设置

定义项目分类是指对同一项目大类下的项目所做的进一步划分。项目大类下的子项目需要输入"分类编码"和"分类名称"的信息。

4) 项目目录设置

在完成前三步后，最后选择"项目目录"对话框中的"维护"选项，增加项目目录。

5. 录入期初余额与试算平衡

在录入总账期初余额时需要注意，如果是第一次使用账务处理系统，必须先输入科目余额。如果系统中已有上年的数据，在使用"结转上年余额"命令后，上年各账户余额将自动结转到本年。如果是年中建账，录入建账月份的期初余额以及建账月份之前各月份的借贷累计发生额，系统将自动计算年初余额。如果是年初建账，可以直接录入年初余额。

录入期初余额时，在用友 ERP-U8V10.1 版本软件界面可以看到期初余额栏有三种不同的颜色，这三种颜色分别表示不同内容。白色栏表示该科目是末级科目，可以直接录入科目余额。灰色栏表示该科目是非末级科目，此余额不用录入，系统将根据其下级科目的余额自动汇总计算。黄色栏表示该科目为带有辅助核算项的会计科目。录入期初余额时需要将光标移到设有辅助项的科目处，双击鼠标，进入相应的辅助核算项期初录入对话框；录入辅助核算项期初数据时，系统将自动汇总辅助核算项金额。例如，客户往来款项由应收系统核算，客户往来科目中各客户的期初余额应录入在应收系统中。在总账管理系统中只能录入科目期初数据。如果要从"应收""应付"系统中取数，可以在期初往来明细中单击"引入"按钮直接导入。

如果科目已录入期初余额，就不允许调整该科目期初余额的方向。如要调整，需要先将期初余额删除，然后再调整余额方向。各账户期初余额录入完毕后，可在"期初余额录入"对话框中使用"对账"功能，系统自动开始对账，并且会显示结果。还可通过"试算"功能查看期初余额是否平衡。如果不平衡，需要返回期初余额对话框进行检查。若期初余额不平衡，则不能记账，但可以填制会计凭证。记账后，期初余额不能修改。

4.4.2　日常业务的处理

1. 凭证管理

凭证管理内容主要有填制、审核、记账、修改、作废、冲销、查询凭证等。

1) 填制凭证

填制凭证是日常业务中最频繁的工作，也是会计电算化的基本工作。填制凭证按其来源分有两大类：机制凭证和手工填制凭证。机制凭证是总账管理系统中自动转账生成的凭证以及其他子系统中生成传递到总账的凭证。手工填制是根据审核无误的原始凭证在总账管理系统中填制而成的凭证。

填制凭证包括两部分内容，凭证头部和凭证正文。凭证头部包括凭证类别、凭证编号、制单日期和附单据数等。凭证正文部分包括摘要、会计科目、金额等。如果输入的会计科目有辅助核算的要求，则应输入辅助核算内容；如果一个会计科目同时要求兼有多种辅助核算，则还应输入各种辅助核算的相关内容。

填制记账凭证时应注意以下几点：

(1) 凭证编号如果选择系统编号方式，系统会按凭证类别按月自动顺序编号。如果选择手工编号方式，则需要手工输入凭证号。

(2) 凭证日期一般自动取登录时的业务日期。若选择"制单序时控制"按钮，凭证日期应大于等于该类凭证最后一张凭证日期，但不能超过计算机内系统日期。

(3) 摘要是对经济业务的概括说明，记账时以记录行为单位，每行记录都要有摘要，不同记录行的摘要可以相同，也可以不同，每行摘要将随相应的会计科目在明细账、日记账中出现。摘要可以直接输入，也可定义常用摘要，需要时调用。

(4) 填制凭证时，必须选择会计科目末级，可以输入科目编码、科目名称、科目助词码。

输入银行科目时，系统会要求输入有关结算方式的信息，以便于日后进行银行对账。输入有外币核算的科目时，系统会自动显示外币中已设置的相关汇率，如果汇率与当期汇率不符还可以修改。输入外币金额后，系统自动计算出本位币金额。如果输入的科目带有数量核算，应该输入数量和单价，系统自动计算出金额。如果输入的科目有辅助核算，应该输入相关辅助信息，以便系统生成辅助核算信息。

2) 审核凭证

审核凭证包括出纳签字、主管签字和审核凭证。审核凭证的目的是保证会计数据真实、准确以及明确经济责任。出纳签字只是对涉及现金、银行存款的凭证进行核对，以确定凭证是否有误。要执行出纳签字功能，则必须要指定现金科目和银行存款科目，并且操作员必须具有出纳签字权限。主管签字是为了加强对会计制单人员的管理。凭证是否需要主管签字，取决于系统参数的设置。审核凭证是指具有审核权限的操作员对制单人填制的记账凭证进行检查核对。凭证审核无误，审核人签字后才能记账。如果发现凭证填制错误必须交由制单人进行修改后再重新审核。审核人与制单人不能是同一个人。如果在总账管理系统选项中设置了"凭证审核控制到操作员"按钮，则应再设置审核人的明细权限。在设置"数据权限"中的"用户"权限时应注意，无论机制凭证还是手工填制凭证，都要经过他人审核后才能进行记账处理。在审核凭证时，还可以对错误凭证进行"标错"处理。作废凭证既不能被审核，也不能被标错。出纳凭证审核签字后，不能出现与系统要求"制单人和审核人不能是同一个人"不一致的情况。因此在审核凭证前一定要先确认当前操作员是否就是制单人，如果不是，则应该更换操作员。

出纳签字的操作既可以在"凭证审核"后进行，也可以在"凭证审核"前进行。进行出纳签字的操作员应该已经在系统管理中被赋予了出纳的权限。并且，出纳签字的操作应满足以下 3 个条件。首先，在总账管理系统的"选项"对话框中已经设置了"出纳凭证必须经由出纳签字"按钮。其次，已经在会计科目中进行了"指定科目"命令的操作。最后，凭证中所使用的会计科目是已经在总账管理系统中设置为"日记账"辅助核算内容的会计科目。如果发现已经进行了出纳签字的凭证有错误，应先取消出纳签字后再在填制凭证功能中进行修改。

3) 记账凭证

会计电算化账务系统中的记账与手工会计中的记账意义相同，都是数据归集、汇总的过程，以便全面、系统、完整地反映各项经济业务活动的变动情况。但采用计算机进行数据处理与传统手工记账的原理和过程却有所不同。从记账原理上说，计算机记账处理实际上是会计数据在不同数据库文件之间的传递，并伴随着数据的运算处理。将数据输入系统并经过审核签章后才能成为合法数据，只有在审核通过并经记账处理后的凭证才是真正合法的有效凭证。因此，记账实际上是形成系统正式有效数据的一个关口，通过记账处理，正式形成了系统的基础数据。从记账过程看，记账是由有记账权限的操作员调用系统记账功能，选择需要记账的凭证后由系统自动完成的。其内容包括选择记账凭证(类型、时间、范围)、对选择的记账凭证进行合法性检验(是否平衡)、打印记账凭证汇总表(是否打印由用户选择)、正式记账、取消记账或反记账、修改错误凭证等。记账由计算机自动完成，但未审核的凭证不允许记账。期初余额试算不平衡不允许记账。上月未结账的本月不能记账。记账后如果发现记账凭证有错误需要进行修改，可以应用"反记账"按钮(Ctrl+Home)，即调用"恢复记账前状态"功能。系统提供了两种恢复记账前状态的方法，分别是恢复到最后一次记账前状态和将系统恢复到月初状态。只有账套主管才能选择系统恢复到月初状态。

4) 修改、作废、冲销、查询凭证

修改、作废、冲销、查询凭证也是凭证管理中的重要内容。修改凭证时，总账管理系统生成或填制的凭证可采用有痕迹修改或无痕迹修改方式进行。有痕迹修改是指系统通过保存错误凭证和更正凭证的方式来保留痕迹，因而可留下审计线索。对于已经记账的错误凭证，一般应采用有痕迹修改。比如可以采用红字冲销法或补充更正法进行修改。无痕迹修改与有痕迹修改相反。对于尚未审核和签字的凭证可以直接进行修改，对于已审核和签字的凭证则应先取消审核或签字，再进行修改。其他系统生成的凭证，只能在生成该凭证的系统中进行修改和删除，在总账管理系统中只能查询、审核、记账。

(1) 修改凭证时，未审核的凭证可以直接修改，但是凭证类别不能修改。如果发现已进行出纳签字而未审核的凭证有错误，可以由原出纳签字的操作员在"出纳签字"功能中取消出纳签字后，再由原制单人在"填制凭证"功能中修改凭证。如果在总账管理系统的选项中选中"允许修改、作废他人填制的凭证"按钮，则在"填制凭证"功能中可以由非原制单人修改或作废他人填制的凭证，被修改凭证的制单人将被修改为现在的修改凭证的

人。如果在总账管理系统的"选项"对话框中没有选中"允许修改、作废他人填制的凭证"按钮，则只能由原制单人在"填制凭证"功能中修改或作废凭证。如果发现已审核的凭证有错误，应由原审核人在"审核凭证"功能中取消审核签字后，再由原制单人在"填制凭证"功能中修改凭证。被修改的凭证应在保存后退出。

如果凭证的辅助项内容有错误，可以在单击含有错误辅助项的会计科目后，将鼠标移到错误的辅助项所在位置，当出现"笔头状光标"时双击此处，弹出"辅助项录入"对话框，直接修改辅助项的内容。或者也可以按下 Ctrl + S 键，调出"辅助项录入"对话框后进行修改。

(2) 作废凭证时，对于尚未审核和签字的凭证，如果不需要的话，可以直接将其作废。作废凭证仍保留凭证内容及编号，仅在凭证上显示"作废"字样。作废凭证不能修改、不能审核，但要参与记账，否则月末无法结账。记账时不对作废凭证进行数据处理，相当于一张空凭证。账簿查询时查不到作废凭证的数据。与作废凭证相对应，系统也提供对作废凭证的恢复，将已经标识为作废的凭证恢复正常。作废凭证如果想删除，可以通过"整理凭证"选项彻底删除。

(3) 冲销凭证只用于已记账的凭证，红字冲销可以采用手工方式，也可由系统自动进行。若自动冲销，只需要在条件对话框中填写被冲销凭证的类型和凭证号，系统会自动生成一张与该凭证相同但金额为红字(负数)的凭证。

(4) 凭证查询功能，既可以查询已记账凭证，也可以查询未记账凭证；既可以查询作废的凭证，也可以查询标错的凭证；既可以按凭证号范围查询，也可以按日期查询；既可以按制单人查询，也可以按审核人或出纳员查询。只要准确设置查询条件，系统就会快捷地提供凭证信息。

2. 出纳管理

出纳管理的主要任务就是管好、用好货币资金，其主要内容有日记账及资金日报表查询、填写支票登记簿、银行对账等。

(1) 日记账及资金日报表查询。日记账及资金日报表查询与打印设在出纳管理平台上。现金、银行存款日记账一般可按月或按日查询，查询时也可包含未记账凭证在内。资金日报表反映现金和银行存款发生额及余额情况，用友 ERP-U8V10.1 版本软件中的资金日报表可在总账管理系统的出纳管理中根据记账凭证自动生成，以便及时掌握当日借、贷金额，合计，余额以及当日业务量等信息。资金日报既可以根据已记账凭证生成，也可以根据未记账凭证生成。

(2) 支票登记簿是指由出纳登记支票领用信息的记录文件。支票登记簿详细登记了支票的领用日期、领用部门、领用人、支票号、用途、预计金额、报销日期等。当应收、应付系统或资金系统有支票领用时，系统将自动填写。使用支票登记簿时，应注意以下几个事项：在建立会计科目时，必须为银行存款科目设置银行账属性；设置结算方式时，必须为支票结算方式设置票据管理属性；在领用支票时，银行出纳必须填写日期、领用部门、领用人、支票号、用途、预计金额等信息；经办人持原始单据报销支票时，会计人员据此填写记账凭证；在录入该凭证时，系统要求录入结算方式和支票号。填制完凭证后，在采取支票控制方式下，系统自动在支票登记簿中填写报销日期，表示该支票已报销。否则，出纳人员需要自己填写报销日期。

(3) 银行对账。银行对账是出纳人员基本工作之一。企业结算业务大部分要通过银行进行，但由于未达账项的存在，企业银行日记账余额与银行对账单余额不一定相同，为了准确掌握银行存款实际余额，防止发生差错，企业必须定期将银行存款日记账与银行出具的对账单进行核对，并编制银行存款余额调节表。银行对账程序如图 4-8 所示。

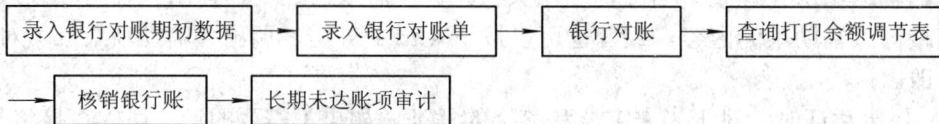

```
┌──────────────┐    ┌──────────────┐    ┌──────────┐    ┌────────────────┐
│ 录入银行对账期初数据 │──→│ 录入银行对账单   │──→│ 银行对账  │──→│ 查询打印余额调节表  │
└──────────────┘    └──────────────┘    └──────────┘    └────────────────┘

     ┌──────────────┐    ┌────────────────┐
 ──→ │ 核销银行账     │    │ 长期未达账项审计  │
     └──────────────┘    └────────────────┘
```

图 4-8   银行对账程序

第一次利用总账管理系统进行银行对账前，应先录入银行启用日期时的银行对账期初数据。银行对账的启用日期是指使用银行对账功能前最后一次手工对账的截止日期。银行对账不一定和总账管理系统同时启用，可以晚于总账管理系统的启用日期。银行对账期初数据包括银行对账启用日的企业方银行日记账与银行对账单的调整前余额，以及启用日期之前的单位日记账和银行对账单的未达账项。录入期初数据后，应保证银行日记账的调整后余额等于银行对账单的调整后余额，否则会影响以后的银行对账。开始对账前，必须将银行开出的对账单录入或导入系统中，以便将其与企业银行日记账核对。银行对账可采用自动对账和手工对账相结合的方式。先进行自动对账，然后在此基础上再进行手工对账。自动对账是将银行存款日记账与银行对账单进行自动核对和勾销，对已核对上的银行业务，系统将自动在银行日记账和银行对账单上打上两清标志(两清标志为"O")，视为已达账项。对账依据可由用户设定，对账"方向"和"金额"是必要条件，通常可设置为"结算方式+结算号+方向+金额"。自动对账后，可能还有一些特殊的已达账项没有对上而被视为未达账项。为了保证对账的彻底性和正确性，还需要进行手工补对，因为自动对账只能针对"一对一"的情况。对于"一对多""多对一""多对多"的情况，只能依靠手工对账来实现(手工对账两清标志为"Y")。对账后，系统会根据对账结果自动生成银行存款余额调节表，以供用户查询、打印或输出。用户可以查询银行日记账和银行对账单对账的详细情况，包括已达账项和未达账项。为了避免文件过大，占用磁盘空间，可以应用"核销银行账"功能将已达账项删除，此操作不会影响企业银行日记账的查询和打印。通过设置截止日期及至截止日期未达天数，系统可以将所有符合条件的未达账项显示出来。企业可以了解长期未达账项情况，从而采取措施对其进行追踪和监督来避免损失。

3. 账簿管理

企业发生的经济业务，通过凭证制单、审核、记账后，系统就可以生成正式的会计账簿，由此可以实现查询、统计和打印等操作。账簿管理的主要任务就是查询总账、明细账、日记账、余额表等基本账表以及供应商往来、个人往来、辅助账等。在账簿查询时，若选择多栏式账查询，则只能适用于有下级科目的科目，没有下级科目的账簿不能使用此功能。在对多栏式账的格式及分析方向设置时，其中多栏账的输出格式有分析栏目前置和后置两种情况。分析栏目前置是指将分析栏目放在余额列之前进行分析。只有在选择"分析栏目前置"选项后，才能修改科目方向，以便分析科目借方或贷方的发生额(余额)。增值税多栏账可采用此格式。分析栏目后置是指将分栏科目放在余额列之后进行分析，与手工多栏账保持一致。

下面对账簿管理的主要任务做如下说明：

(1) 查询总账。在总账查询功能中，不但可以查询到三栏式总账的年初余额、各月发生额合计和月末余额，而且可以查询到二至五级明细科目的年初余额、各月发生额合计和月末余额以及明细账中每项明细资料对应的记账凭证。

在查询总账时，可以在总账条件查询中通过录入科目范围查询一定科目范围内的总账。在总账查询功能中，可以查询"包含未记账凭证"的总账；在"明细账"对话框中，单击"摘要"按钮可以设置摘要查询选项；单击"过滤"按钮可以录入明细账过滤条件。

(2) 查询余额表。在余额表查询功能中，可以查询各级科目的本月期初余额、本期发生额及期末余额。在发生额及余额表中，单击"累计"按钮，可以查询到累计借贷方的发生额。在发生额及余额表中，单击"专项"按钮，可以查询带有辅助核算内容的辅助资料，还可以查询某个余额查询范围内的余额情况，也可以查询包含未记账凭证在内的最新发生额及余额。

(3) 查询明细账。在明细账查询功能中，可以查询一定科目范围内的明细账，也可以查询某个月份的综合明细账，还可以查询到包含未记账凭证在内的明细账。明细账查询可以按对方科目展开方式查询明细账，在明细账中可以联查到总账及相应的记账凭证。

如果在总账管理系统的"选项"对话框中，选择了"明细账查询权限控制到科目"按钮，则必须在"基础设置"对话框的"数据权限"选项中设置相应的数据权限。如果某操作员不具备查询某科目明细账的权限，则在明细账查询功能中就查不到无权查询的科目明细账的内容。

(4) 定义并查询"应交增值税"多栏账。在总账管理系统中，普通多栏账由系统将要分析科目的下级科目自动生成。多栏账的栏目内容可以自定义，也可以对栏目的分析方向、分析内容、输出内容进行定义。同时还可以定义多栏账格式。自定义多栏账可以根据实际管理需要将不同的科目及不同级次的科目形成新的多栏账，以满足多科目的综合管理。

(5) 查询客户往来明细账中的客户科目明细账。在"客户科目明细账"查询功能中，可以查询所有辅助核算内容为"客户往来"的科目明细账，各个客户、各个月份的客户科目明细账，以及包含未记账凭证的客户科目明细账。在科目明细账中，可以联查到总账及凭证的内容，还可以进行摘要内容的设置。

客户往来辅助账的查询方式较多，可以根据不同需要在不同的查询功能中查找到有用的数据。

(6) 查询部门科目总账。在"部门科目总账"查询功能中，可以按科目、按部门、按科目和部门查询部门科目总账，也可以查询不同月份范围的部门科目总账，还可以查询包含未记账凭证内容的部门科目总账。在部门科目总账中，可以单击"累计"按钮查询包含累计借贷方发生额的部门总账，也可以单击"明细"按钮查询部门明细账的资料。

(7) 查询现金日记账。在"会计科目"查询功能中使用"指定科目"功能，单击"现金总账科目"按钮及"银行总账科目"按钮，才能查询"现金日记账"选项及"银行存款日记账"选项。可以按日查询，也可以按月查询现金及银行存款日记账，在查询日记账时还可以查询包含未记账凭证的日记账。

在已打开的日记账对话框中可以单击"过滤"按钮，通过输入过滤条件快速查询日记账的具体内容。在已打开的日记账对话框中还可以单击"凭证"按钮，查询该条记录所对应的记账凭证。

(8) 查询资金日报表。"资金日报"功能可以查询现金、银行存款科目某日的发生额及余额情况。通过资金日报表可以查询包含未记账凭证的资金日报表。如果在"资金日报表查询条件"对话框中单击"有余额无发生额也显示"按钮，则即使库存现金或银行存款在查询日没有发生业务，也只有余额会显示。

(9) 登记支票登记簿。只有在总账管理系统的初始设置选项中，单击"支票控制"按钮，并且在结算方式设置中设置"票据结算"标志，同时在"会计科目"中指定银行账的科目，才能使用支票登记簿。

针对不同的银行账户分别登记支票登记簿。支票登记簿中报销日期为空时，表示该支票未报销，否则系统认为该支票已报销。当支票支出后，在填制凭证时输入该支票的结算方式和结算号，系统就会自动在支票登记簿中将该号支票写上报销日期，该支票即为已报销。

单击"批删"按钮，输入需要删除已报销支票的起止日期，即可删除此期间的已报销支票。单击"过滤"按钮后，即可对支票按领用人或者部门进行各种统计。

4.4.3　期末业务处理

与日常业务相比较，期末会计业务具有数量多、业务种类繁杂等特点。但是由于各会计期间的许多期末业务具有较强的规律性，由计算机处理这些业务可以大大节省工作量，也可以提升财务核算的正确性和规范性。期末会计业务的内容包括转账、对账和结账。

1. 转账

期末会计业务中的转账分为外部转账和内部转账。外部转账是指将其他子系统(如应收应付、薪资管理、固定资产等子系统)生成的凭证转入总账管理系统中；内部转账是指在总账管理系统内部将某个(或某几个)会计科目发生额或余额转到另一个(或多个)会计科目中。比如总账管理系统在月末结账前，有许多成本、费用需要进行转账，软件中设置了自定义转账、对应结转、销售成本结转、汇兑损益结转、期间损益结转等自动转账功能来完成费用分配、费用计提、税金计算、期间损益结转等操作。自动转账分为转账定义和转账生成两个部分。转账定义是先将凭证摘要、会计科目、借贷方向及金额计算用公式的形式设置完成，然后在转账生成环节由系统按转账定义自动生成凭证。转账定义设置完成后可长期使用。在转账内容发生变化时，需重新修改自动转账定义。转账时，一定要注意以下几点：在生成期间损益凭证时，必须保证所有损益类账户已经全部记账。转账科目可以为非末级科目，部门可为空，表示所有部门。如果用户使用了应收应付系统，那么总账管理系统不能按客户、供应商辅助进行结转，只能按科目总数进行结转。

2. 对账

在期末业务中设置了"对账"功能，只要选择对账月份，系统就会自动完成对账。对账包括核对总账与明细账、总账与辅助账、辅助账与明细账。试算平衡时系统会将会计所有账户的期末余额按会计平衡公式"借方余额＝贷方余额"进行平衡检验，输出科目余额表，试算平衡表显示对账信息。结账时，系统也会自动进行对账和试算平衡。

3. 结账

期末业务中的结账就是每月月末计算和结转账簿的本期发生额和期末余额，并且终止本月账务处理工作。结账只能每月进行一次，并且必须按月连续进行。结账时，应进行以下检查：检查本月业务是否已全部记账，有未记账凭证时不能结账；上月未结账，则本月不能结账(实际上，上月未结账的，本月也不能记账，只能填制、复核凭证)；结账前要核对总账与明细账、总账与辅助账，账账不符不能结账。每月对账正确后才可以进行结账；检查科目余额试算是否平衡，检查所有损益账户是否已结转至本年利润。如果余额不平衡或损益未完全结转则不能结账。另外各子系统集成应用时，还应检查所有子系统是否已经结账，如果没有，总账也不能结账。

4.5　总账管理系统实训

4.5.1　总账管理系统初始设置实训

【实训准备】

引入 3.5 节基础设置实训备份数据，将系统时间设置为"2021 年 1 月 1 日"，以账套主管 001 陈浩的身份进入企业应用平台，进行总账管理系统初始设置。

【实训内容及要求】

(1) 总账管理系统参数设置。

(2) 设置外币种类。

(3) 设置会计科目。

(4) 设置项目目录。

(5) 设置凭证类别。

(6) 设置结算方式。

(7) 期初余额录入并试算平衡。

【实训资料】

1. 总账管理系统参数设置

在总账管理系统中进行凭证制单时，应对制单进行序时控制；对支票、资金及往来赤字进行控制；不允许修改、作废他人填制的凭证；凭证审核控制到操作员；可查询他人填制的凭证；出纳凭证必须经由出纳签字。

2. 外币种类

外币及汇率如表 4-2 所示。

表 4-2　外币及汇率

币符	$	币名	美元
汇率小数位	5	1 月份汇率	6.2
最大误差	0.00001	折算方式	外币*汇率=本位币

3. 会计科目设置

(1) 指定会计科目。指定"1001 库存现金"为现金总账科目,"1002 银行存款"为银行总账科目。

(2) 增加会计科目明细,如表 4-3 所示。

表 4-3　增加的会计科目明细

科目编码	科目名称	方向	辅助账类型
100201	工行存款	借	日记账、银行账
100202	中行存款	借	日记账、银行账、外币核算
112101	银行承兑汇票	借	客户往来
112201	西安市××有限公司	借	客户往来
112202	西安××制钢有限公司	借	客户往来
122101	刘飞	借	个人往来
122102	李小艳	借	个人往来
140301	原料及主要材料	借	
14030101	不锈钢	借	数量核算(千克)
14030102	涂饰助剂	借	数量核算(千克)
14030103	电机	借	数量核算(台)
140501	A 产品	借	数量核算(台)
140502	B 产品	借	数量核算(台)
160401	专用材料	借	项目核算
160402	专用设备	借	项目核算
220101	商业承兑汇票	贷	供应商往来
220201	西安市北大街××有限公司	贷	供应商往来
220202	西安西咸区××包装制品公司	贷	供应商往来
220203	甘肃平凉××带钢有限公司	贷	供应商往来
220204	河南省洛阳××化工有限公司	贷	供应商往来
220205	山西省运城市××厂	贷	供应商往来
222101	应交增值税	贷	
22210101	进项税额	贷	
22210102	销项税额	贷	
22210103	已交税金	贷	
222102	未交增值税	贷	
222103	应交消费税	贷	
400101	新天地××公司	贷	
400102	丰瑞××公司	贷	

科目编码	科目名称	方向	辅助账类型
410401	未分配利润	贷	
500101	直接材料	借	项目核算
500102	直接人工	借	项目核算
500103	其他	借	项目核算
510101	折旧	借	部门核算
510102	工资	借	部门核算
510103	其他费用	借	部门核算
600101	A产品	贷	数量核算
600102	B产品	贷	数量核算
605101	材料销售	贷	
605102	其他	贷	
640101	A产品	借	数量核算
640102	B产品	借	数量核算
660101	广告费	借	部门核算
660201	办公费	借	部门核算
660202	差旅费	借	部门核算
660203	工资	借	部门核算
660204	折旧费	借	部门核算
660205	福利费	借	部门核算
660206	招待费	借	部门核算
660207	维修费	借	部门核算

4. 设置项目目录

项目目录如表 4-4、表 4-5 所示。

表 4-4 项目大类表 1

项目大类	指定核算科目	项目分类	项目目录
在建工程	专用材料 专用设备	1 号工程	1 在建厂房
			2 设备安装
		2 号工程	

表 4-5 项目大类表 2

项目大类	指定核算科目	项目分类	项目目录
生产成本	直接材料 直接人工 其他	1 自制产品	A 产品
			B 产品
		2 委托加工产品	

5. 凭证类别

凭证类型如表 4-6 所示。

表 4-6　凭 证 类 型

类别字	类别名称	限制类型	限制科目
收	收款凭证	借方必有	1001，1002
付	付款凭证	贷方必有	1001，1002
转	转账凭证	凭证必无	1001，1002

6. 结算方式

结算方式如表 4-7 所示。

表 4-7　结 算 方 式

编码	结算方式	编码	结算方式	编码	结算方式
1	现金结算	3	汇票	401	信汇
*2	支票结算	301	银行承兑汇票	402	电汇
*201	现金支票	302	商业承兑汇票	5	网银
*202	转账支票	4	汇兑		

(编码前带 "*" 代表票据管理标志 "是")

7. 录入期初余额

期初余额明细如表 4-8 至表 4-12 所示。

表 4-8　期初余额明细

科 目 名 称	方向	期初余额	备　注
1001 库存现金	借	550	现金日记账
1002 银行存款	借	152 650	银行存款日记账
100201 工行账户	借	140 250	银行存款日记账
100202 中行账户	借	12 400	银行存款日记账
		2 000	美元
1121 应收票据	借	58 500	
112101 银行承兑汇票	借	58 500	客户往来
1122 应收账款	借	163 800	客户往来
1221 其他应收款	借	550	个人往来
1403 原材料	借	69 930	
140301 原料及主要材料	借	69 930	
14030101 不锈钢	借	36 750	@12.25，3000 千克[①]
14030102 涂饰助剂	借	2 380	@7，340 千克
14030103 电机	借	30 800	@308，100 台
1405 库存商品	借	253 000	
140501 A 产品	借	105 000	@3500，30 台
140502 B 产品	借	148 000	@3700，40 台

续表

科 目 名 称	方 向	期初余额	备 注
1601 固定资产	借	370 000	
1602 累计折旧	贷	38 060	
1604 在建工程	借	500 000	
160401 专用材料②	借	100 000	项目核算
160402 专用设备	借	400 000	项目核算
2202 应付账款	贷	130 950	供应商往来
2001 短期借款	贷	200 000	
2221 应交税费	贷	7 951	
222102 未交增值税	贷	5 566	
222103 应交营业税	贷	2 385	
4001 实收资本	贷	850 000	
400101 新天地××公司	贷	400 000	
400102 丰瑞××公司	贷	450 000	
4101 盈余公积	贷	274 000	
4104 利润分配	贷	168 019	
410401 未分配利润	贷	168 019	
5001 生产成本	借	100 000	
500101　A 产品	借	80 000	钢料@12.25，4800 涂材@7，550，人工费 17 350 元
500102　B 产品	借	20 000	钢料@12.25，800 涂材@7，150，人工费 9 150 元

注：① @12.25，3 000 为数量核算，表示单价 12.25 和数量 3 000，其余相同。

② 专用材料(160401)、专用设备(160402)余额均为 1 号工程期初余额。

表 4-9　应收银行承兑汇票期初明细

日 期	凭证	客户名称	摘 要	方 向	金额
2020-12-31	转-2	西安市××公司	销售 A 产品	借	58 500

表 4-10　应收账款期初明细

日 期	凭证	客户名称	摘 要	方 向	金额
2020-12-31	转-7	西安市××公司	售 A 产品@4212，25	借	105 300
2020-12-31	转-9	北京××有限公司	售 B 产品@4875，12	借	58 500

表 4-11　其他应收账款期初明细

日期	凭证	人员	摘　要	方向	金额
2020-12-31	转-6	刘飞	个人借款	借	350
2020-12-31	转-8	李小艳	个人借款	借	200

表 4-12　应付账款期初明细

日期	凭证	业务员	供 应 商	方向	金额
2020-12-31	转-10	刘飞	甘肃平凉××带钢有限公司	贷	105 950
2020-12-31	转-15	刘飞	河南省洛阳××化工有限公司	贷	7 000
2020-12-31	转-22	刘飞	山西省运城市××厂	贷	3 000
2020-12-31	转-26	刘飞	西安市北大街××有限公司	贷	15 000

【操作指导】

1. 总账管理系统参数设置

总账管理系统的参数设置将决定总账管理系统的输入控制、处理方式、数据流向、输出格式等，设定后一般不能随意改变。

(1) 以账套主管"001 陈浩"身份进入"企业应用平台"，将系统时间设为 2021 年 1 月 1 日。单击"业务工作"选项卡，执行"财务会计"中的"总账"命令，打开总账系统。

(2) 在总账系统中，执行"设置"中的"选项"命令，如图 4-9 所示，弹出 "选项"对话框，单击"编辑"按钮，进入参数修改状态。

(3) 根据资料要求，分别进行凭证、权限的设置。要求中未指明的，在此采用系统预置值，不做修改，如图 4-10、图 4-11 所示。

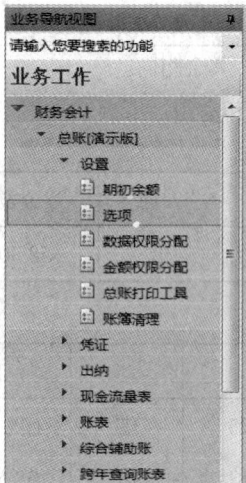

图 4-9　选项菜单

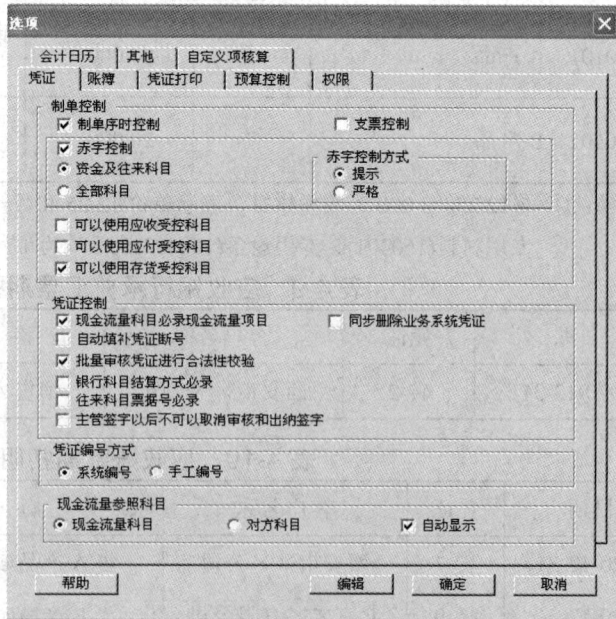

图 4-10　凭证选项的设置

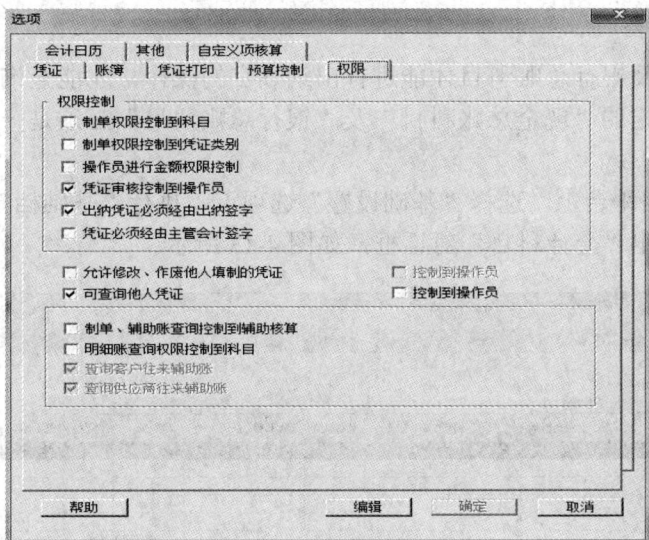

图 4-11 权限选项的设置

(4) 设置完毕，单击"确定"按钮并保存设置，退出选项设置界面。

2. 设置外币及汇率

(1) 在设置外币及汇率之前，先检查一下在建立账套时，是否在"基础信息"对话框中"有无外币核算"前的方框中勾选，若勾选，才可以进行外币设置。

(2) 执行"基础设置"选项中的"基础档案"/"财务"/"外币设置"命令，弹出"外币设置"对话框。

(3) 单击"增加"按钮，录入币符"$"、币名"美元"，其他各项默认，单击"确认"按钮，如图 4-12 所示。

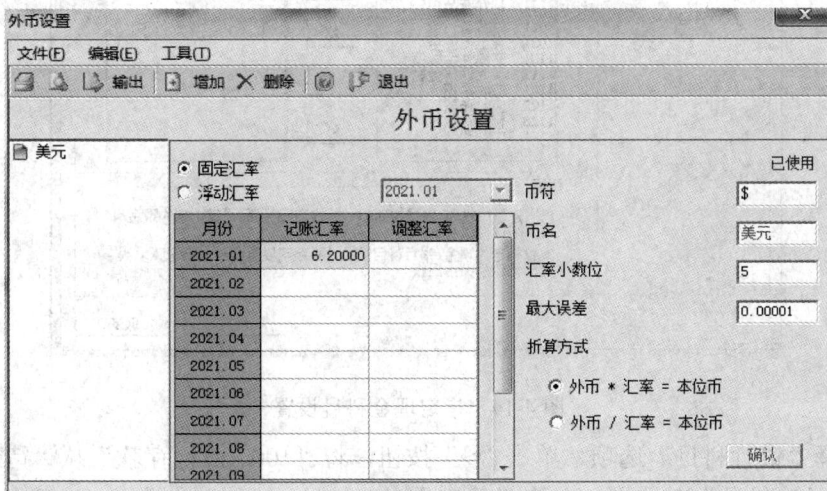

图 4-12 外币及汇率设置

(4) 根据表 4-2 资料，在记账月份 2021.01 一行，录入"记账汇率"6.2，单击"退出"按钮。

3. 指定会计科目

只有指定现金及银行总账科目才能进行出纳签字的操作，才能查询现金日记账和银行存款日记账。被指定的"现金总账科目"及"银行总账科目"必须是一级会计科目。指定会计科目的步骤如下：

(1) 在企业应用平台上，选择"基础设置"选项卡，执行"基础档案"/"财务"/"会计科目"命令，弹出"会计科目"对话框，如图 4-13 所示。

图 4-13　"会计科目"对话框

(2) 在工具栏中，执行"编辑"/"指定科目"命令，弹出"指定科目"对话框。

(3) 选择"现金科目"选项，单击">"按钮，将"1001 库存现金"从"待选科目"对话框选入"已选科目"对话框，如图 4-14 所示。

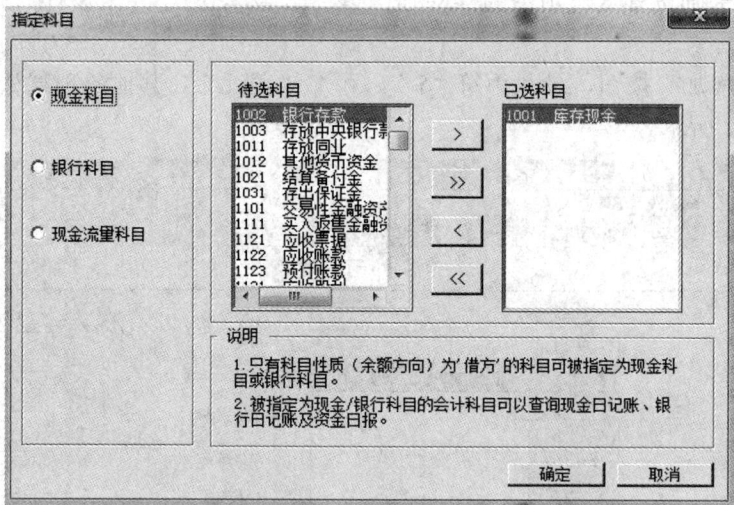

图 4-14　指定现金科目设置

(4) 选择"银行科目"选项，单击">"按钮，将"1002 银行存款"从"待选科目"对话框选入"已选科目"对话框，单击"确定"。

设置完成后，"会计科目"对话框中，库存现金和银行存款一行将出现"Y"标志，如图 4-15 所示。

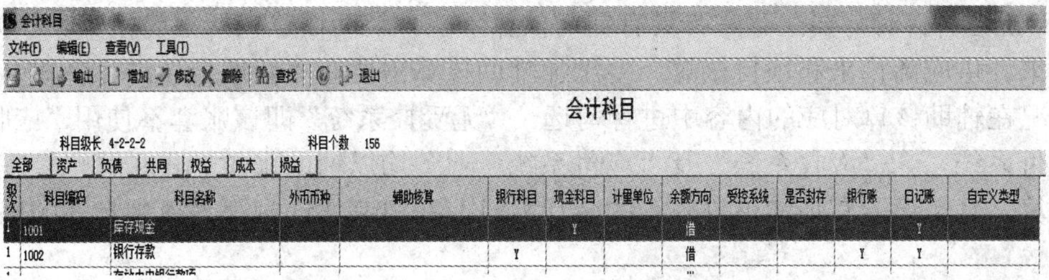

图 4-15　已指定库存现金和银行存款科目

4. 设置会计科目

设置会计科目包括增加会计科目、复制会计科目、修改会计科目的操作。

设置会计科目时，会计科目编码应符合编码规则。应注意会计科目的"账页格式"选项，一般情况下应为"金额式"选项，也有可能是"数量金额式"选项等。如果是"数量金额式"选项还应继续设置计量单位，否则不能进行数量金额的核算。如果科目已经使用，则不能被修改或删除。如果新增科目与原有某一科目相同或类似，则可采用成批复制的方法。

(1) 在"会计科目"对话框中，单击"增加"按钮，打开"新增会计科目"对话框，如图 4-16 所示。

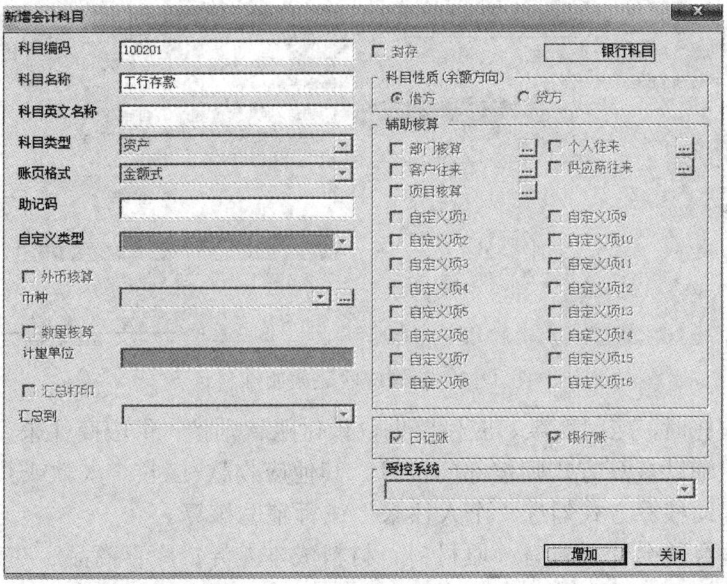

图 4-16　新增会计科目-工行存款

(2) 根据表 4-3 的资料，录入科目编码"100201"、科目名称"工行存款"、账页格式"金额式"、科目性质"借方"，辅助核算类型分别勾选"日记账"选项和"银行账"选项。

(3) 输入完成后，单击"确定"按钮，该科目即存入系统。

(4) 如果需要继续增加会计科目，可以单击"增加"按钮，重复上述操作步骤，不需要增加会计科目时，可以单击对话框右上角"×"按钮返回。

(5) 新增科目时，要注意是否具有辅助核算功能。辅助核算包括部门核算、个人往来、客户往来、供应商往来和项目核算。要添加辅助核算需要在"新增会计科目"对话框中，根据情况在辅助核算对应的内容中进行勾选。"无受控系统"即该账套不使用"应收系统"及"应付系统"。"应收系统"及"应付系统"业务均以辅助账的形式在总账管理系统中进行核算。凡是设置有辅助核算内容的会计科目，在填制凭证时都需填制具体的辅助核算内容。

在表 4-3 所提供的信息中，应收账款、应收票据、其他应收款、预收账款等科目辅助核算方式都勾选"客户往来"选项。勾选"客户往来"辅助核算方式后，这些科目自动成为应收系统的受控科目。如果不需要进行应收系统处理，在此可在"受控系统"选项中选择无受控系统(受控系统中选择空白)，如图 4-17 所示。

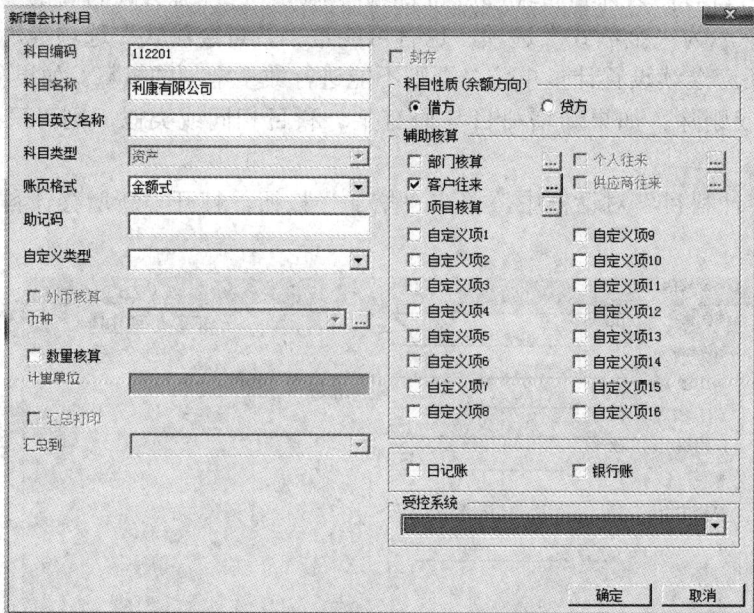

图 4-17　新增应收账款明细科目

设置辅助核算时，应付账款、应付票据、预付账款则按"供应商往来"进行辅助核算。费用类科目设置辅助核算方式则按部门核算。其他应收款-应收个人款或其他应付款-应付个人款科目，辅助核算方式勾选"个人往来"进行辅助核算。

设置项目核算的会计科目有：原材料、材料成本差异、库存商品、在建工程、基本生产成本、主营业务收入、主营业务成本等。这些科目可根据资料要求进行辅助核算方式，即勾选"项目核算"选项，其后还需要在项目目录中增加相应项目大类。具体操作在项目核算中介绍。

(6) 如果新增的会计科目与原有某一科目下属的明细科目相同或类似，则可采用复制科目的方法。在工具栏中，执行"编辑"/"成批复制"命令，弹出"成批复制"对话框。在录入 6001 科目所属明细科目后，若 6401 所属明细科目与 6001 所属明细科目相同，就可以应用成批复制，以节省增加明细科目的时间，即将 6001 所属的明细科目复制到 6401 科目下，单击"确认"按钮完成，如图 4-18 所示。

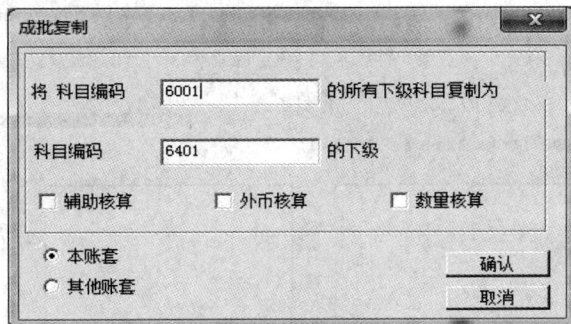

图 4-18　会计科目成批复制

(7) 在会计科目使用前一定要先检查系统预置的会计科目是否能够满足需要，如果不能满足需要，则需要增加新的会计科目及修改已经存在的会计科目。如果系统预置的会计科目中有一些是并不需要的，可以采用删除的方法删除。单击"会计科目"界面中的"修改"按钮即可在弹出的对话框中进行修改，如图 4-19 所示。若把光标移到要删除的科目上，单击"删除"按钮，即可进行科目删除。已经使用的会计科目不能删除。

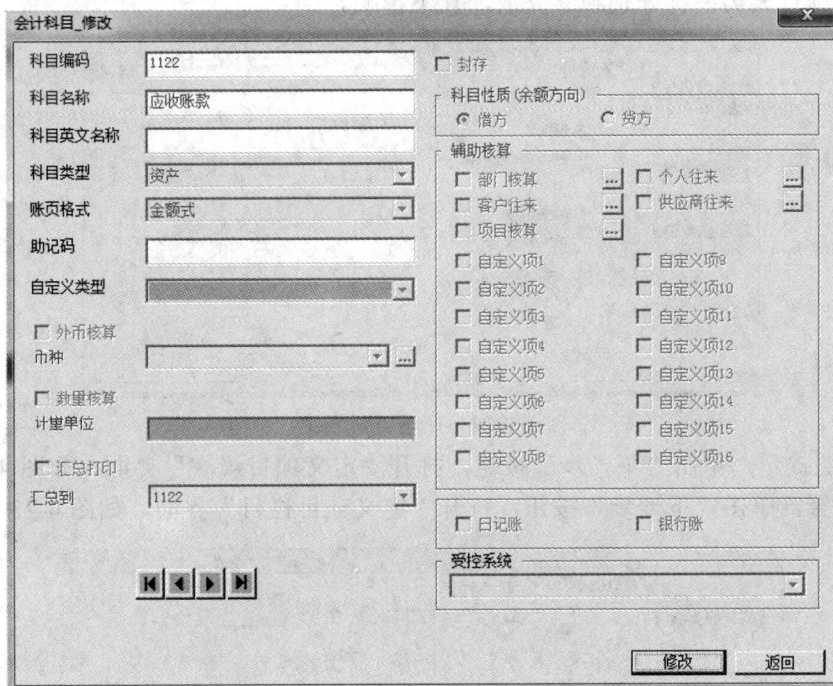

图 4-19　会计科目-修改——应收账款

5. 设置项目目录

设置项目目录分为四步：增加项目大类、指定项目核算科目、定义项目分类和目录项目维护。

1) 增加项目大类

(1) 执行"基础设置"选项卡中的"基础档案"/"财务"/"项目目录"命令，弹出"项目档案"对话框，如图 4-20 所示。

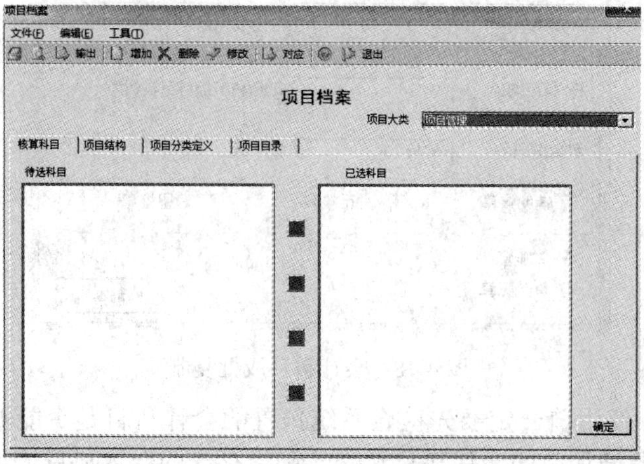

图 4-20　项目档案对话框

　　(2) 单击"增加"按钮，打开"项目大类定义_增加"对话框，如图 4-21 所示。根据表 4-4 和表 4-5 资料，分别在"新项目大类名称"选项中增加"在建工程"和"生产成本"两个大类。各项目大类设置分别独立完成，互不影响。

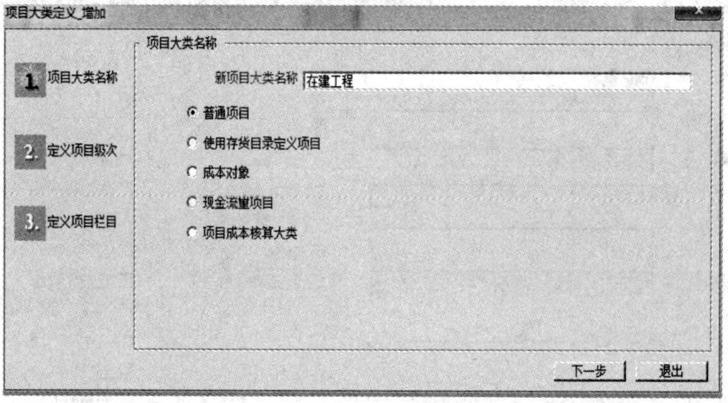

图 4-21　新增项目大类

　　(3) 按照提示，单击"下一步"按钮，打开"定义项目级次"界面，如图 4-22 所示。默认系统设置，单击"下一步"按钮，打开"定义项目栏目"界面，如图 4-23 所示。

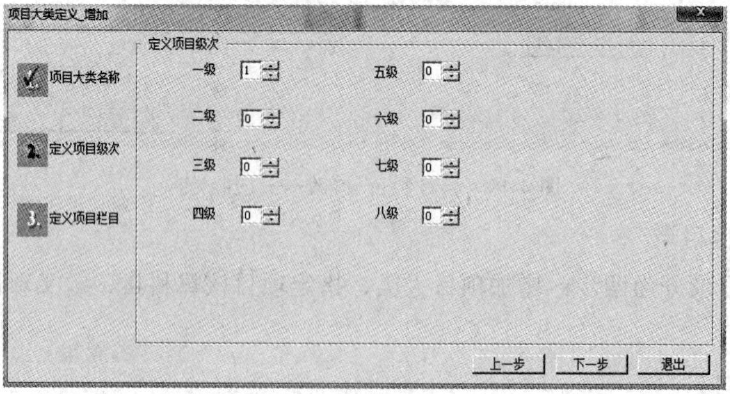

图 4-22　定义项目级次

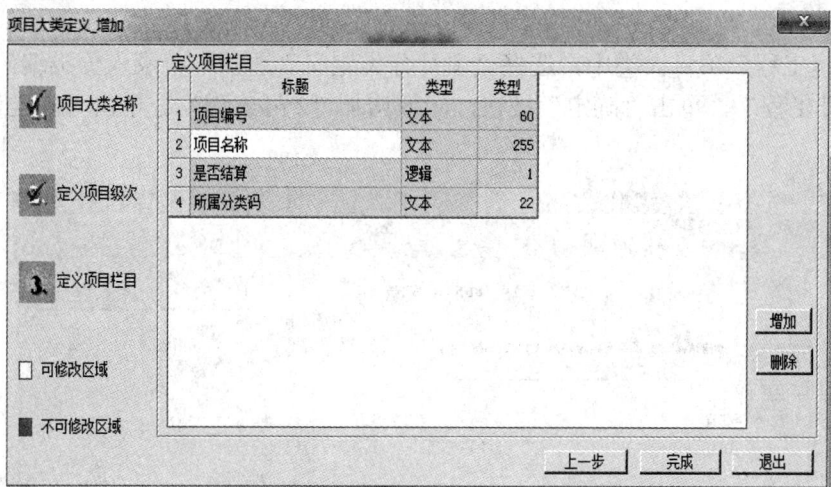

图 4-23　定义项目栏目

在"定义项目栏目"界面中，单击右侧"增加"按钮，可根据实际需要，在"在建工程"大类中可增加"开工日期""负责人""承建单位""预算总金额"四个新字段。在"生成成本"大类中，可增加"商品名称""存放地点"等内容。单击"完成"按钮，返回"项目档案"对话框。

2) 指定项目核算科目

(1) 单击"项目大类"下拉三角按钮，选择已建立的"在建工程"或"生产成本"大类，然后单击"核算科目"选项卡，从待选科目中依次选择项目核算的会计科目，单击">"按钮，将各核算科目添加到"已选科目"中，如图 4-24 所示。

(2) 单击"确定"按钮确认。

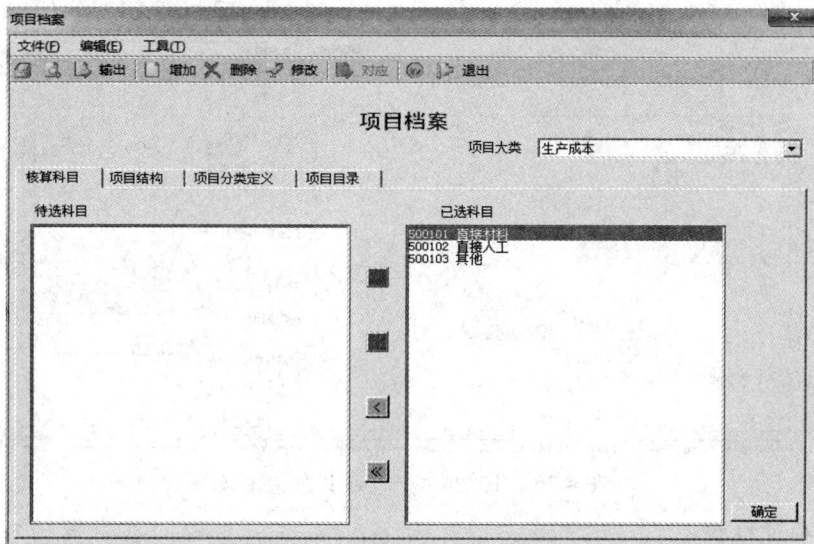

图 4-24　生产成本的核算科目

3) 定义项目分类

在"在建工程"项目大类中,选择"项目分类定义"选项卡,录入分类编码"1",分类名称"1号工程",单击"确定"按钮,同理增加"2号工程",单击"确定"按钮,如图 4-25 所示。

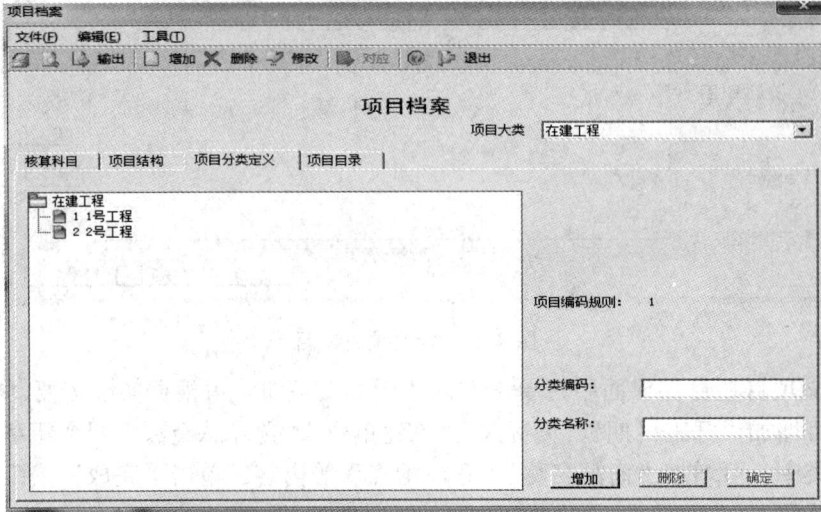

图 4-25   在建工程——项目分类定义

在"生产成本"项目大类中,用同样方法完成"项目分类定义"选项卡的设置,如图 4-26 所示。

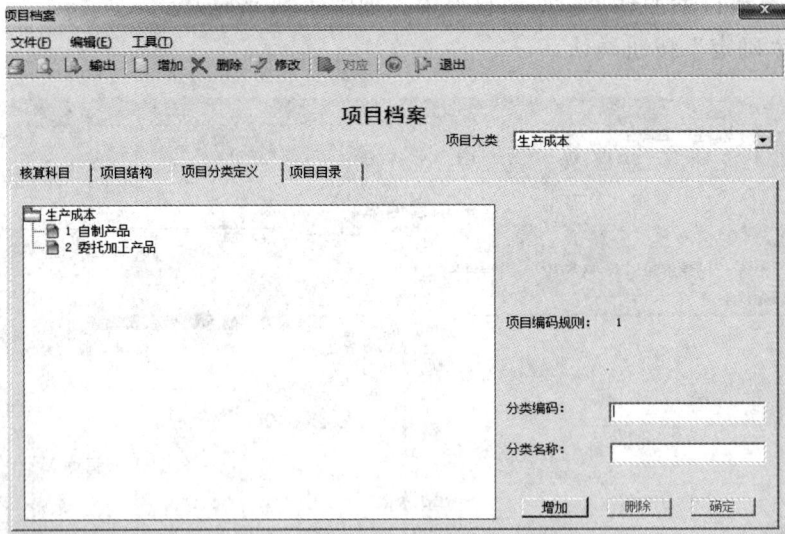

图 4-26   生产成本——项目分类定义

4) 目录项目维护

(1) 选择"项目目录"选项卡,单击"维护"按钮,进入"项目目录维护"对话框,如图 4-27 所示。

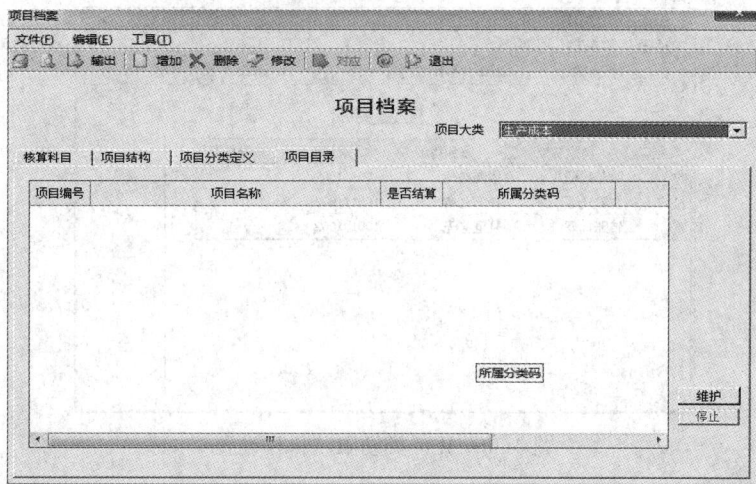

图 4-27 "项目目录"对话框

(2) 单击"增加"按钮，根据资料，录入"生产成本"中项目编号"1"、项目名称"A产品"、所属分类码选择"1 自制产品"。单击"确定"按钮，同理，增加项目目录 B 产品。以同样方法录入"在建工程"项目目录在建厂房和设备安装，如图 4-28 所示。

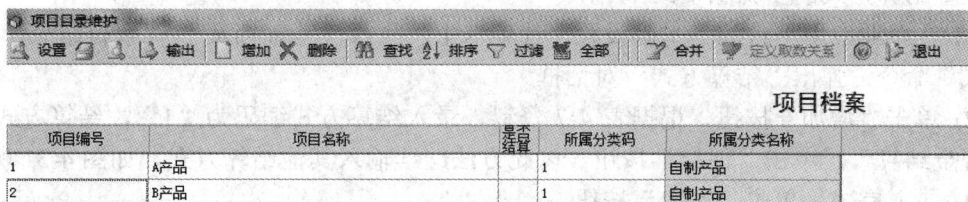

项目档案

项目编号	项目名称	是否结算	所属分类码	所属分类名称
1	A产品		1	自制产品
2	B产品		1	自制产品

图 4-28 "项目目录维护"对话框

(3) 单击"退出"按钮，项目设置完成。

6. 设置凭证类别

(1) 在"基础设置"选项卡中，执行"基础档案"/"财务"/"凭证类别"命令，弹出凭证类别预置对话框，选择"收款凭证 付款凭证 转账凭证"前的单选按钮，如图 4-29 所示。单击"确定"按钮，进入"凭证类别"对话框。

(2) 根据表 4-6 资料，单击"修改"按钮，双击"收款凭证"所在行的"限制类型"栏，出现下拉三角按钮，从下拉列表中选择"借方必有"，在"限制科目"栏中录入"1001，1002"。

(3) 用同样方法完成付款凭证和转账凭证的限制类型和限制科目设置，单击"退出"按钮，如图 4-30 所示。

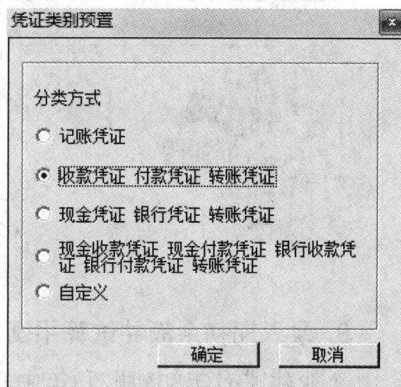

图 4-29 凭证类别预置选择对话框

已使用的凭证类别不能删除，也不能修改类别。如果收款凭证的限制类型为"借方必有"，限制科目为"1001，1002"按钮，则在填制凭证时系统要求收款凭证的借方一级科目至少

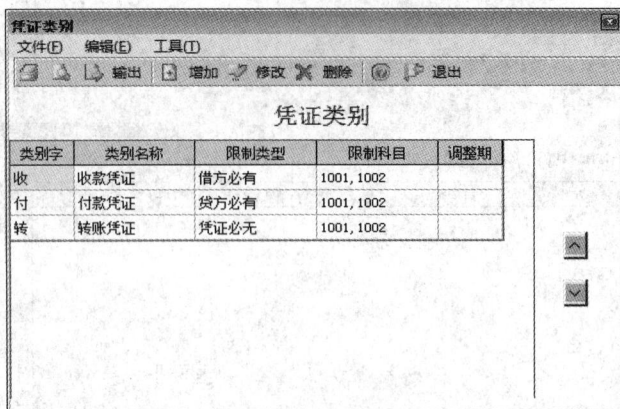

图 4-30　凭证类别限制科目设置

有一个是"1001"或"1002"。否则，系统会判断该张凭证不属于收款凭证类别，不允许保存。付款凭证及转账凭证也应满足相应的要求。如果直接录入科目编码，则编码间的标点符号应为英文状态下的标点符号，否则系统会提示科目编码有错误。

7. 设置结算方式

设置结算方式的步骤如下：

(1) 在企业应用平台的"基础设置"选项卡中，执行"基础档案"/"收付结算"/"结算方式"命令，弹出"结算方式"对话框。

(2) 单击"增加"按钮，根据表 4-7 资料，录入结算方式编码为"1"，结算方式名称为"现金结算"，单击"保存"按钮。以此方法继续输入其他结算方式，如图 4-31 所示。

(3) 录入完成，单击"退出"按钮。

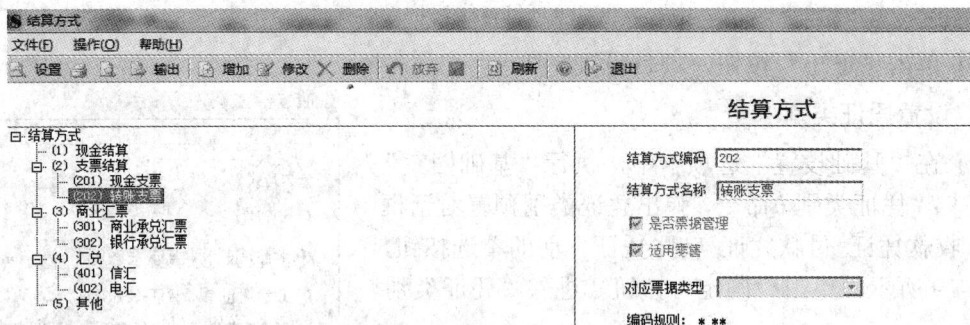

图 4-31　设置结算方式

8. 录入期初余额并试算平衡

企业建账有年初建账和年中建账两种情况，如果是年初建账，可以直接录入年初余额。如果是年中建账，则需要录入所建月份的期初余额和从该年年初到建账月份的借、贷方累计的发生额，年初余额由系统根据月初余额及借贷方累计发生额自动计算生成。

只需输入末级科目的余额，非末级科目的余额由系统自动计算生成；如果要修改余额的方向，可以在未录入余额的情况下，单击"方向"按钮改变余额的方向；总账科目与其下级科目的方向必须一致。如果所录明细余额的方向与总账余额方向相反，则用"-"号表示。

如果录入余额的科目有辅助核算的内容，则在录入余额时必须录入辅助核算的明细内容，而修改时也应修改明细内容。

系统只能对月初余额的平衡关系进行试算，而不能对年初余额进行试算，如果期初余额不平衡，可以填制凭证但是不允许记账；凭证记账后，期初余额变为只读状态，不能再修改。

(1) 录入末级科目期初余额。期初余额界面中白色区域表示末级科目，该区域科目可通过直接输入的方法完成录入。

在企业应用平台的"业务工作"选项卡中，执行"财务会计"/"总账"/"设置"/"期初余额"命令，弹出"期初余额录入"对话框。将光标定位在需要录入非末级科目的期初余额栏上，输入期初余额，如表 4-8 资料中 1001 库存现金为末级科目，直接在期初余额栏中输入金额 550，回车确认即可，如图 4-32 所示。

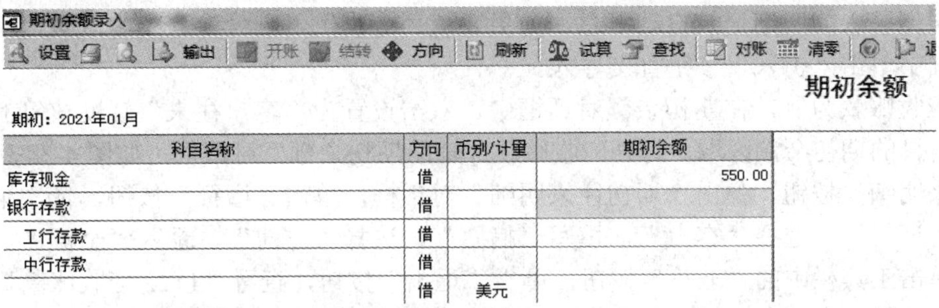

期初余额

期初：2021年01月

科目名称	方向	币别/计量	期初余额
库存现金	借		550.00
银行存款	借		
工行存款	借		
中行存款	借		
	借	美元	

图 4-32　库存现金期初余额录入

(2) 录入非末级科目期初余额。期初余额界面中深灰色区域表示非末级科目，该区域科目余额需要先录入其下属的末级科目期初余额，非末级科目期初余额是由系统根据所属末级科目的金额自动计算填入的。

以 1002 银行存款为例，将光标定位在 1002 所属末级科目"100201 工行存款"期初余额栏，输入金额 140 250，回车确认，系统自动将 1002 银行存款所属的明细科目金额汇总到 1002 银行存款的期初余额栏中，如图 4-33 所示。

期初余额

期初：2021年01月

科目名称	方向	币别/计量	期初余额
库存现金	借		550.00
银行存款	借		140,250.00
工行存款	借		140,250.00
中行存款	借		
	借	美元	

图 4-33　工行存款期初余额录入

(3) 录入辅助项期初余额。涉及辅助核算的科目期初余额栏为浅黄色区域，录入期初余额时可分以下几种情况。

① 外币核算科目的期初余额要先录入人民币金额，再录入外币金额。涉及数量核算科目的期初余额要先录入金额，再录入数量。

例如，100202 中行存款，录入时将光标定位在"100202 中行存款"的期初余额栏上，输入人民币 12 400，再录入外币 2 000，回车确认，总账科目 1002 银行存款期初余额栏处将自动计算后的金额填入，如图 4-34 所示。

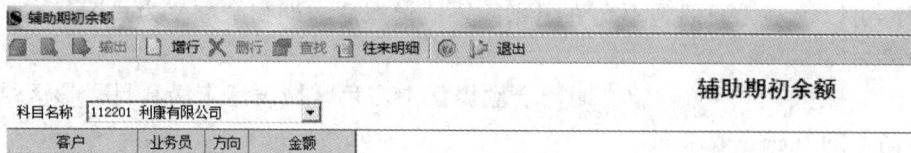

图 4-34　辅助期初余额对话框

② 客户往来科目辅助核算设置为"客户往来""个人往来""供应商往来"选项，期初余额所在的浅黄色区域录入方法都相同。辅助科目需要录入明细记录，辅助科目的期初余额会根据录入的明细记录自动汇总。如果要从"应收""应付"系统中取数，可在期初往来明细中单击"引入"按钮直接导入。

以应收账款为例，在期初余额对话框中，双击设置为"客户往来"辅助核算的"应收账款"科目的期初余额区域，打开应收账款"辅助期初余额"对话框，如图 4-34 所示。单击"往来明细"按钮，弹出"期初往来明细"对话框，单击"增行"按钮，依次录入"日期""凭证号"，选择"客户"，填写"摘要"，选择"方向"，录入"金额"。输入完毕后，单击工具栏中的"汇总"按钮，单击"退出"按钮，查看"1122 应收账款"期初余额栏已自动填入了汇总金额，如图 4-35 所示。

图 4-35　期初往来明细对话框

(4) 调整余额方向。如要调整某科目期初余额方向，可在期初余额录入对话框中，选择需要调整余额方向的科目，单击工具栏中"方向"按钮，系统弹出是否调整提示，如图 4-36 所示。单击"是"按钮，科目方将被调整。

科目如果已录入期初余额，则不能调整余额方向，如需调整，应先删除期初余额，然后再调整方向。

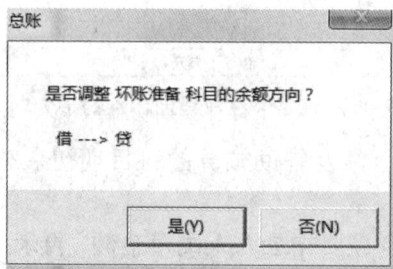

图 4-36　调整余额方向

(5) 试算平衡。期初余额全部录入完毕，可进行试算平衡。

在"期初余额"对话框中，单击工具栏上的"试算"按钮，如果试算平衡，则显示"试算结果平衡"提示。如果显示"试算结果不平衡"提示，则需要返回"期初余额"对话框进行检查，如图 4-37 所示。

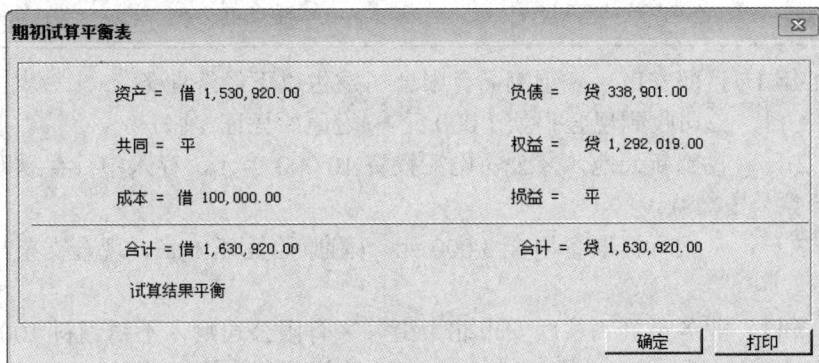

图 4-37 期初试算平衡

9. 账套备份

(1) 退出企业应用平台，以 admin 身份注册进入系统管理，执行"账套"/"输出"命令，账套号为"001 西安市宝特钢制品有限公司"，输出文件位置"E：/账套备份/4.5.1 账套备份"，单击"确定"按钮。

(2) 系统提示"输出成功"，退出系统管理。

4.5.2 总账管理系统日常业务处理

【实训准备】

引入 4.5.1 节实训备份数据，将系统时间设置为"2021 年 1 月 31 日"，以账套主管、总账会计、出纳的身份进入企业应用平台，进行总账管理系统日常业务处理。

【实训内容及要求】

(1) 设置常用摘要。

(2) 设置常用凭证。

(3) 填制记账凭证(以总账会计 002 张明身份操作)。

(4) 审核记账凭证(以账套主管 001 陈浩身份操作)。

(5) 出纳签字、主管签字(分别以出纳 003 李娜和账套主管 001 陈浩身份操作)。

(6) 凭证修改、凭证删除。

(7) 记账。

(8) 查询凭证。

(9) 冲销已记账凭证。

要求：掌握记账凭证处理流程、原理和记账方法。日常业务操作完成进行备份。

【实训资料】

(1) 设置常用摘要(如表 4-13 所示)。

表 4-13　常 用 摘 要

摘要编码	摘要内容
1	购买包装物
2	报销办公费

(2) 2021 年 1 月 西安市××钢制品有限公司发生以下经济业务。

① 1 月 1 日,公司收到现金捐款 1 000 元。(附原始凭证 1 张)

② 1 月 2 日,收到新天地××公司电汇投资 10 000 美元,存入中行存款账户。(附原始凭证 2 张,票号 E728)

③ 1 月 3 日,从银行提取备用金 3 000 元。(附原始凭证 1 张,现金支票号 0621,领用人,刘飞)

④ 1 月 7 日,业务员刘飞从西安市北大街××有限公司购入不锈钢料 1000 千克,每千克 12.25 元,货款尚未支付,材料已验收入库。(附增值税专用发票 1 张,票号:4876432,入库单 1 张)

⑤ 1 月 12 日,业务员李小艳向北京××有限公司出售 A 产品 10 台,每台单价 4 212 元,产品已发出,货款尚未收到。(附增值税专用发票 1 张,票号:6784337,出库单 1 张)

⑥ 1 月 16 日,一车间领用生产 A 产品的不锈钢 2500 千克,单价 12.25 元,共计 30 625 元;领用涂饰助剂 200 千克,单价 7 元,共计 1 400 元;领用电机 50 台,每台 308 元,共计 15 400 元。(附单据 2 张)

⑦ 1 月 20 日,办公室购入打印纸 800 元,现金支付。(附单据 1 张)

⑧ 1 月 21 日,销售部李小艳报销差旅费 500,上月预借 200 元。(附单据 1 张)

⑨ 1 月 22 日,向西安市××公司销售 A 产品 15 台,每台单价 4 212 元,税率 13%,收到转账支票 100000 元,并存入工行存款账户。(附原始凭证 3 张,支票号 5558)

⑩ 1 月 22 日,转账支付销售部广告费 10 000 元。(原始凭证 2 张,支票号 6624)

⑪ 1 月 25 日,通过工行存款账户交纳本月消费税 2 385 元,增值税 5 566 元。(附原始凭证 3 张,电汇票号 6767)

⑫ 修改第 8 笔业务凭证,报销金额为 800 元。

⑬ 删除第 10 笔业务凭证。

(3) 本月记账凭证全部审核、签字,记账。

(4) 冲销本月第 7 笔业务凭证。

(5) 查询日记账、管理费用明细账。

【操作指导】

1. 设置常用摘要

将系统日期修改为“2021 年 1 月 31 日”,以 001 账套主管身份进入企业应用平台,在“基础设置”选项卡中,执行“基础档案”/“其他”/“常用摘要”命令,弹出“常用摘要”对话框,单击“增加”按钮,根据表 4-13 资料录入常用摘要,如图 4-38 所示。

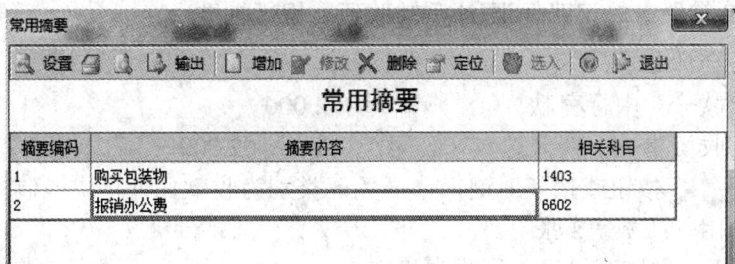

图 4-38 常用摘要设置

设置常用摘要后可以在填制凭证时调用，常用摘要中的"相关科目"是指使用该摘要时通常使用的相关科目。如果设置相关科目，则在调用该常用摘要时系统会将相关科目一并列出，可以修改。

2. 填制第 1 笔业务的记账凭证(一般业务处理)

第 1 笔业务会计分录：

借：库存现金　　　　　　　　　　　1 000

　　贷：营业外收入　　　　　　　　　1 000

(1) 在企业应用平台中，单击"重注册"按钮，以"002 张明"的身份进入企业应用平台。在"业务工作"选项卡中，执行"财务会计"/"总账"/"凭证"/"填制凭证"命令，弹出"填制凭证"对话框。单击"增加"按钮或按 F5，单击凭证类别的参照按钮(🔲)符号，从中选择"收款凭证"选项。

(2) 日期选择为"2021.01.01"，在"摘要"栏直接录入"接受现金捐赠"，如果应用常用摘要，只需录入常用摘要编号即可。按回车键或单击"科目名称"栏的参照按钮(或 F2键)，选择资产类"1001"，回车，即显示库存现金，在"借方金额"栏填入金额。同样录入贷方科目"6301"营业外收入。

(3) 录入完毕，单击"保存"按钮，系统弹出"凭证已保存成功"对话框，单击"确定"按钮返回，如图 4-39 所示。

图 4-39 业务 1 记账凭证

3. 填制第 2 笔业务的记账凭证(外币辅助项、银行辅助项)

第 2 笔业务会计分录：

借：银行存款——中行存款　　　　　　　62 000
　　贷：实收资本——新天地××公司　　　　　　62 000

(1) 单击"⎕"按钮或按 F5 键，选择凭证类别为收款凭证，更改制单日期为"2021 年 1 月 2 日"，附件张数"2 张"。

(2) 录入摘要。在摘要栏录入"收到投资"。

(3) 录入会计科目。在借方科目直接输入"100202"或单击"⎕⎕⎕"按钮，打开"科目参照"对话框，选择"资产类"科目"100202"，回车确认。

(4) "辅助项"对话框，单击结算方式下的"⎕⎕⎕"按钮，选择"402 电汇"选项，输入票号"E728"。发生日期：2021-01-02，如图 4-40 所示。单击"确定"按钮，返回填制凭证界面。

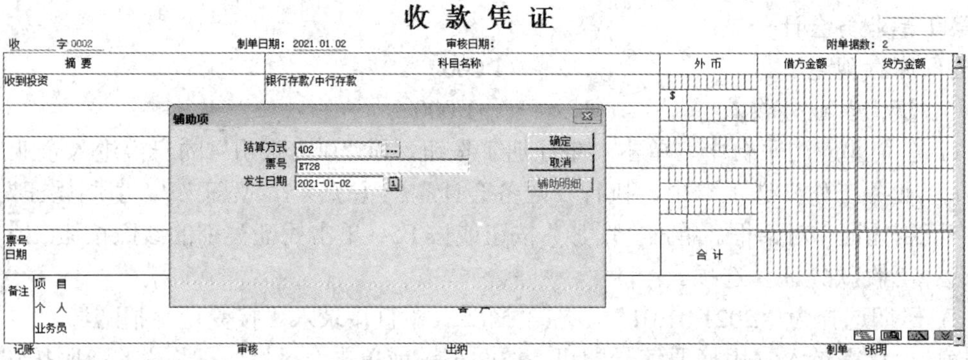

图 4-40　业务 2 记账凭证辅助项填制

(5) 录入借方金额。在外币金额栏录入"10000"，按回车确认，借方金额自动填入"62000"，回车确认。

(6) 同样，录入贷方科目及金额，然后单击"保存"按钮，系统弹出"凭证已保存成功"对话框，单击"确定"按钮，如图 4-41 所示。

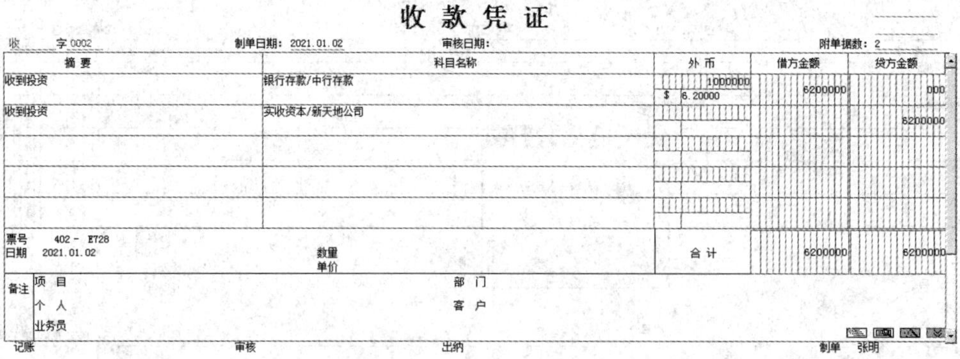

图 4-41　业务 2 记账凭证

注意：系统如果没有弹出辅助项信息对话框或信息对话框错误，则表明辅助项设置错误，需要到设置会计科目对话框进行修改。

4. 填制第 3 笔业务的记账凭证(支票登记、银行辅助项)

第 3 笔业务会计分录：

借：库存现金 3 000

　　贷：银行存款——工行存款 3 000

(1) 单击""按钮或按 F5 键，选择凭证类别为付款凭证，更改时间为"2021 年 1 月 3 日"，录入附件张数"1"，录入摘要"提现"，按回车键。

(2) 录入借方科目"1001"，输入借方金额"3 000"，回车确认。录入贷方科目"100201"，系统弹出"辅助项"对话框，如图 4-42 所示。

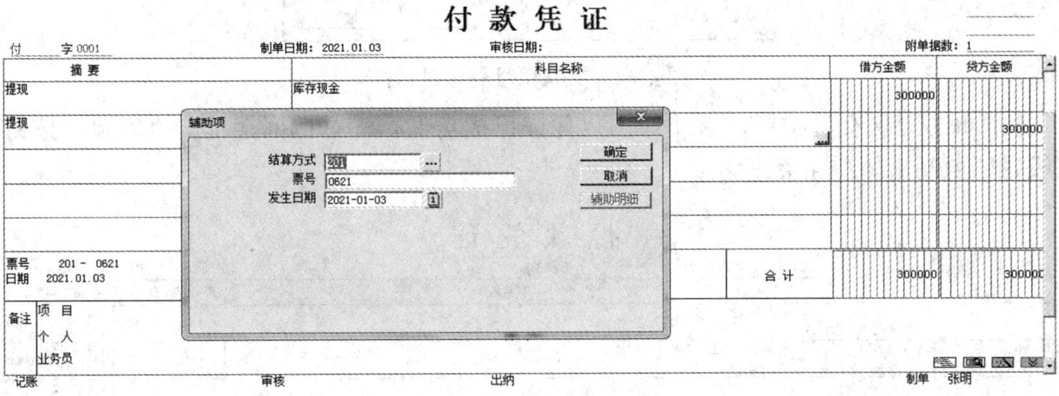

图 4-42　银行存款辅助项填制

填写"辅助项"信息。结算方式"201"；票号"0621"；发生日期：2021-01-03。

(3) 录入贷方金额，回车确认。如果在总账管理系统初始设置中已选择"支票控制"选项，且在结算方式中设置"票据管理"，会计科目中已指定银行账的科目，才能使用支票登记簿。当系统弹出"此支票尚未登记，是否登记"对话框，如图 4-43 所示。单击"是"按钮打开支票登记对话框，需录入支票领用日期、领用单位、姓名、收款人、限额、用途信息。单击"确定"按钮，如图 4-44 所示。当支票登记后，再输入该支票的结算方式和票号，系统会弹出"此支票已报销，是否正确？"对话框，单击"是"按钮，系统会自动在支票登记簿中将该号支票做报销处理。

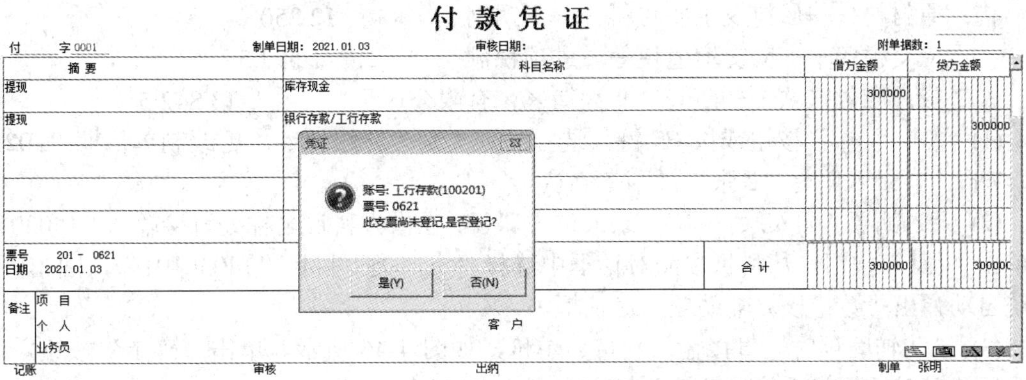

图 4-43　弹出询问支票是否登记对话框

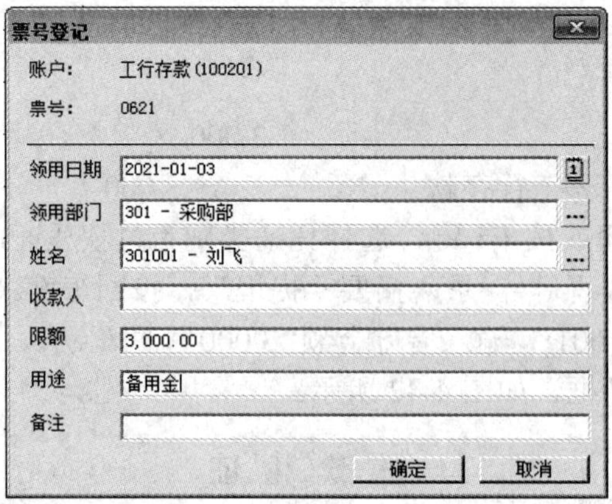
票号登记
账户: 工行存款(100201)
票号: 0621
领用日期 2021-01-03
领用部门 301 - 采购部
姓名 301001 - 刘飞
收款人
限额 3,000.00
用途 备用金
备注
确定
取消

图 4-44 支票票号登记对话框

(4) 单击“保存”按钮，系统弹出“凭证已成功保存”对话框，单击“确定”按钮，完成凭证填制，如图 4-45 所示。

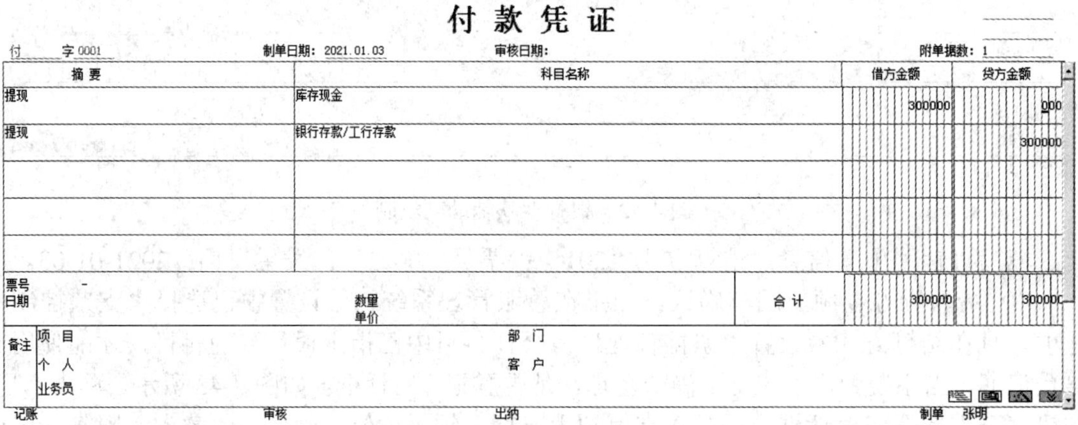
付 款 凭 证
付 字 0001
制单日期: 2021.01.03
审核日期:
附单据数: 1
摘 要
科目名称
借方金额
贷方金额
提现
库存现金
300000
提现
银行存款/工行存款
300000
票号
日期
数量
单价
合 计
300000
300000
备注
项 目
部 门
个 人
客 户
业务员
记账
审核
出纳
制单 张明

图 4-45 业务 3 记账凭证

5. 填制第 4 笔业务的记账凭证(数量核算辅助项、供应商往来辅助项)

第 4 笔业务会计分录：

借：原材料——原料及主要材料——不锈钢　　　　12 250

　　应交税费——应交增值税——进项税额　　　　1 592.5

　　贷：应付账款——西安市北大街××有限公司　　　　13 842.5

(1) 单击“ ”按钮或按 F5 键，选择凭证类别为转账凭证，更改制单日期“2021 年 1 月 7 日”，录入附件“2 张”，回车确认。

(2) 录入摘要“购入原材料”，录入借方科目，在借方科目名称处直接输入“14030101”或单击“ ”按钮，从科目参照对话框中选择“资产类”科目“14030101”，回车确认。系统自动弹出“数量核算辅助项”对话框。

(3) 录入辅助项时，直接输入数量、单价，如图 4-46 所示。单击“确定”按钮，退出辅助项输入对话框，系统自动填入借方金额“12250”。

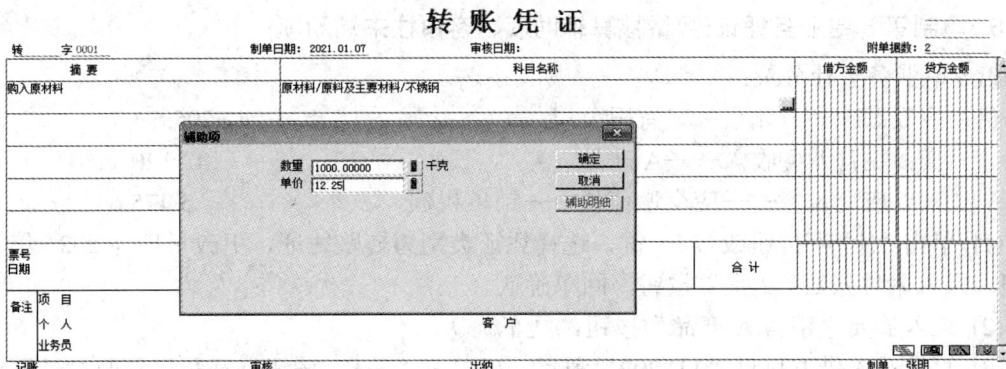

图 4-46 数量核算辅助项对话框

(4) 录入借方第二个科目"22210101",即"应交税费——应交增值税——进项税额"，输入金额，回车确认。

(5) 录入贷方科目"2202 应付账款"，回车确认，系统自动弹出"供应商往来辅助项"对话框，如图 4-47 所示。通过单击"⋯⋯"按钮，分别选择录入"供应商：西安市北大街××有限公司""业务员：刘飞"，填写票号，确认发生日期，单击"确定"按钮，贷方金额栏输入 13842.5。

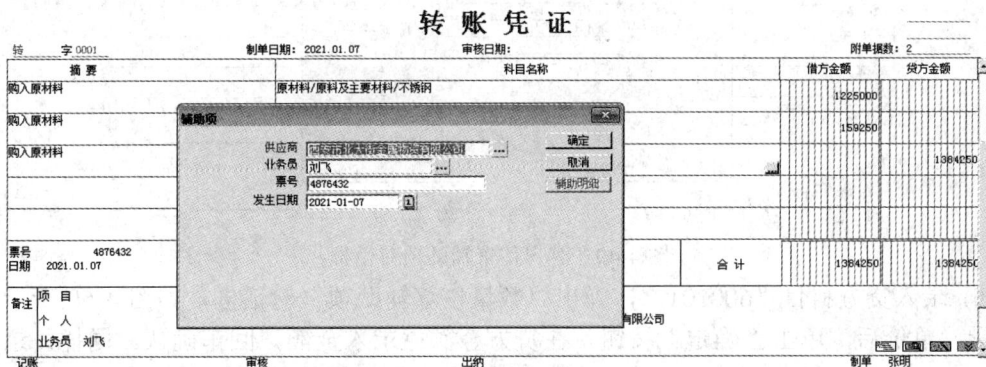

图 4-47 供应商往来辅助项对话框

(6) 单击"保存"按钮，系统弹出"凭证已成功保存"对话框，单击"确定"完成凭证填制，如图 4-48 所示。

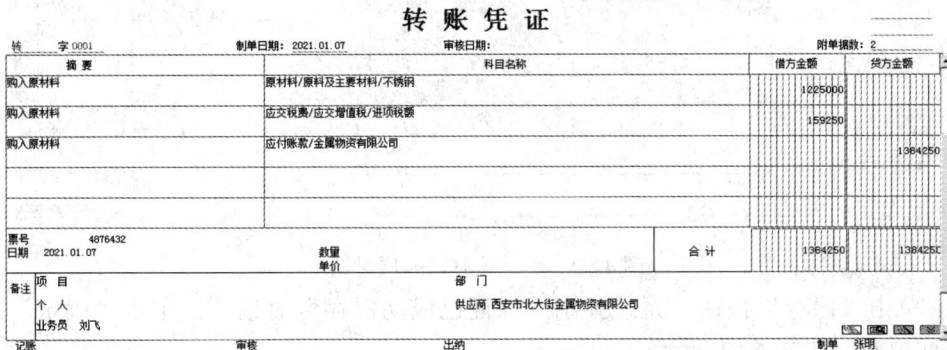

图 4-48 业务 4 记账凭证

6. 填制第 5 笔业务凭证(数量核算辅助项、客户往来辅助项)

第 5 笔业务会计分录:

借: 应收账款——北京××有限公司   47 595.6

    贷: 主营业务收入——A 产品   42 120

        应交税费——应交增值税——销项税额   5 475.6

(1) 单击"⊞"按钮或按 F5 键,选择凭证类别为转账凭证,更改日期为 2021 年 1 月 12 日。录入附件张数"2 张"按钮,回车确认。

(2) 录入摘要"销售 A 产品"按钮,回车确认。

(3) 直接录入借方科目"112202"科目,或单击"⋯"按钮打开科目参照对话框,选择"资产类"科目"112202",回车确认。系统自动弹出"客户往来辅助项"对话框。

(4) 录入辅助信息。依次选择客户: 北京××有限公司;业务员: 李小艳;发生日期: 2021-01-12,票号: 6784337,单击"确认"按钮,如图 4-49 所示。录入借方金额"47595.6",回车确认。

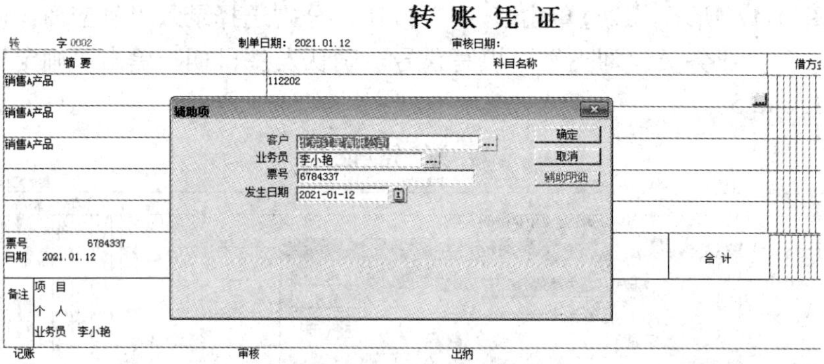

图 4-49　客户往来辅助项对话框

(5) 录入贷方科目"600101",弹出"数量核算辅助项"对话框,如图 4-50 所示。输入数量、单价后,单击"确定"按钮。在贷方金额栏录入金额,回车确认。同样,录入贷方科目"22210102 应交税费——应交增值税——销项税额",录入贷方金额,回车确认。

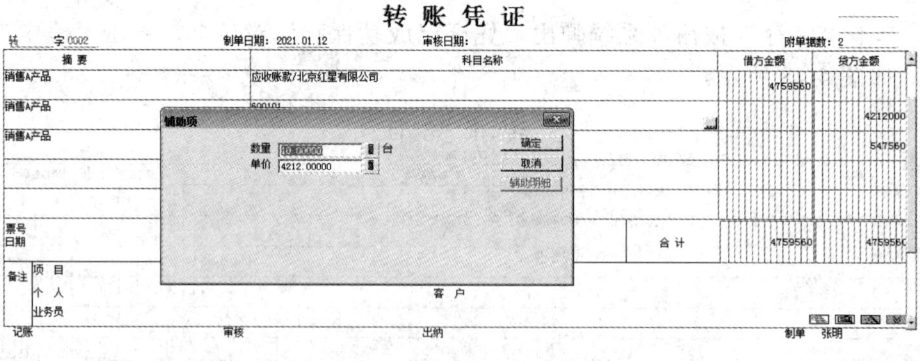

图 4-50　数量核算辅助项对话框

(6) 单击"保存"按钮。系统弹出"凭证已成功保存"对话框,单击"确定"按钮,完成凭证填制,如图 4-51 所示。

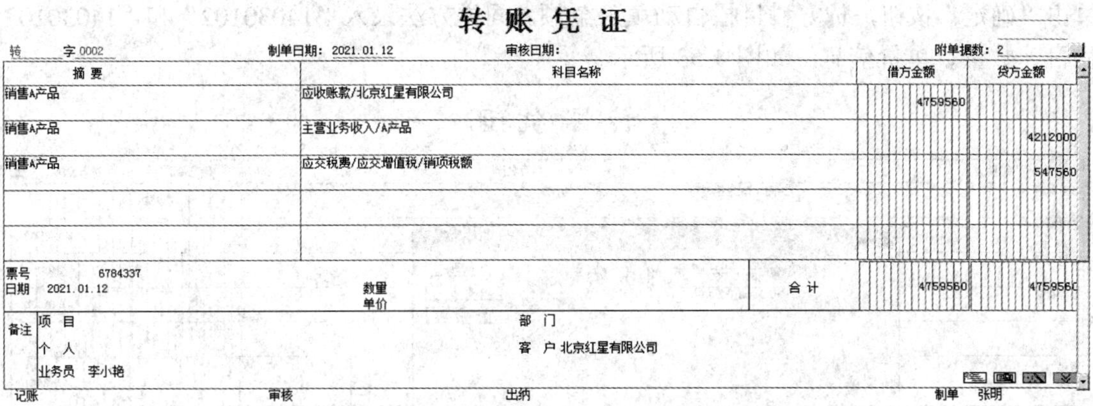

转 账 凭 证

转 字 0002	制单日期: 2021.01.12	审核日期:		附单据数: 2
摘　要	科目名称		借方金额	贷方金额
销售A产品	应收账款/北京红星有限公司		4759560	
销售A产品	主营业务收入/A产品			4212000
销售A产品	应交税费/应交增值税/销项税额			547560
票号　　6784337	数量			
日期　　2021.01.12	单价	合　计	4759560	4759560
备注　项　目	部　门			
个　人	客　户 北京红星有限公司			
业务员 李小艳				
记账　　　　　审核　　　　　出纳			制单 张明	

图 4-51　第 5 笔业务记账凭证

7. 填制第 6 笔业务凭证(项目核算辅助)

第 6 笔业务会计分录:

借:生产成本——直接材料　　　　　　　　　　　　　47 425

　　贷:原材料——原料及主要材料——不锈钢　　　　30 625

　　　　　　　　　　　　　　　　　　——涂饰助剂　　　 1 400

　　　　　　　　　　　　　　　　　　——电机　　　　15 400

(1) 单击"🗅"按钮或按 F5 键,选择凭证类别为转账凭证,日期修改为"2021 年 1 月 16 日",附单据"2"张,回车确认。

(2) 录入摘要"领用材料",回车确认。

(3) 录入借方科目"500101 生产成本——直接材料",回车确认,弹出"辅助项"对话框。项目名称为"A 产品",单击"确定"按钮,如图 4-52 所示。填入借方金额,回车确认。

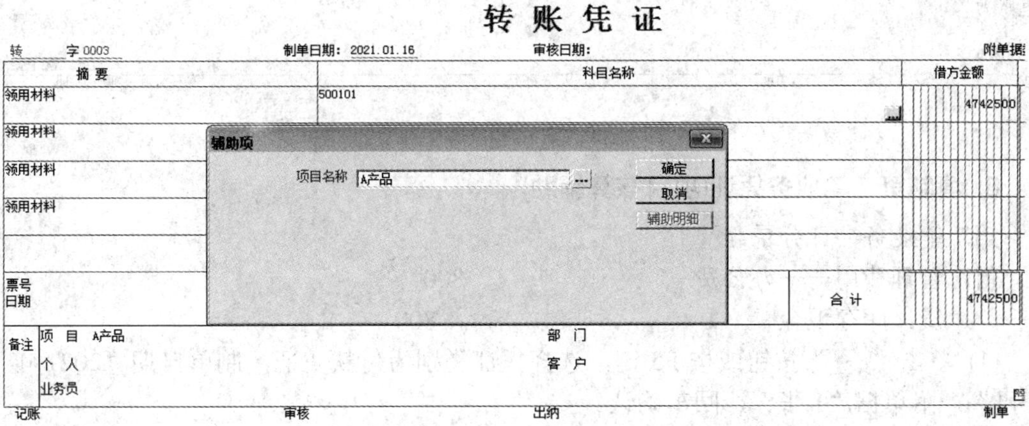

转 账 凭 证

转 字 0003	制单日期: 2021.01.16	审核日期:		附单据
摘　要	科目名称		借方金额	
领用材料	500101		4742500	
领用材料				
领用材料				
领用材料				
票号				
日期		合　计	4742500	
备注　项　目　A产品	部　门			
个　人	客　户			
业务员				
记账　　　　　审核　　　　　出纳			制单	

辅助项

项目名称　A产品　……　　确定 / 取消 / 辅助明细

图 4-52　项目核算辅助项对话框

(4) 录入贷方科目,在科目栏直接输入"14030101",科目显示"原材料/原料及主要材料/不锈钢",回车后,系统弹出"数量核算辅助项"对话框。录入辅助项数量、单价,单击"确定"按钮，贷方科目栏自动填入金额。同样方法录入"14030102"和"14030103"科目、数量、单价信息，如图 4-53 所示。

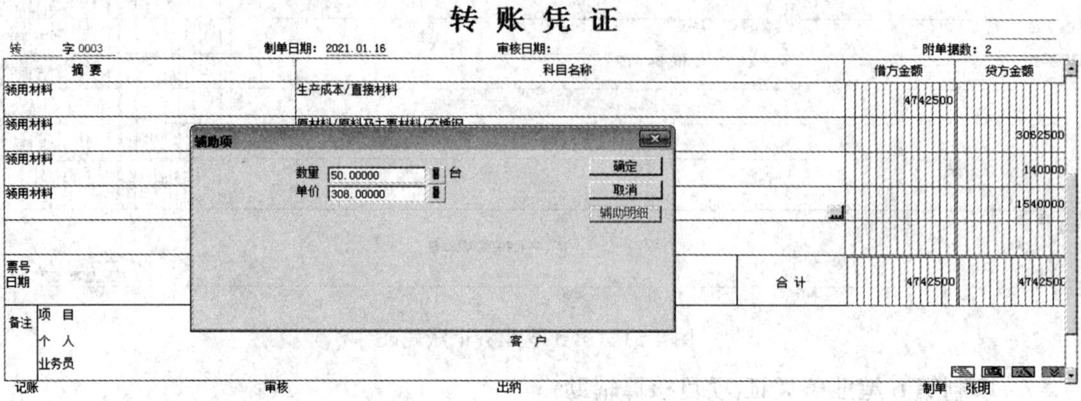

图 4-53 数量核算辅助项对话框

(5) 录入完毕，单击"保存"按钮，待系统弹出"凭证已成功保存"提示后，单击"确定"按钮完成凭证填制，如图 4-54 所示。

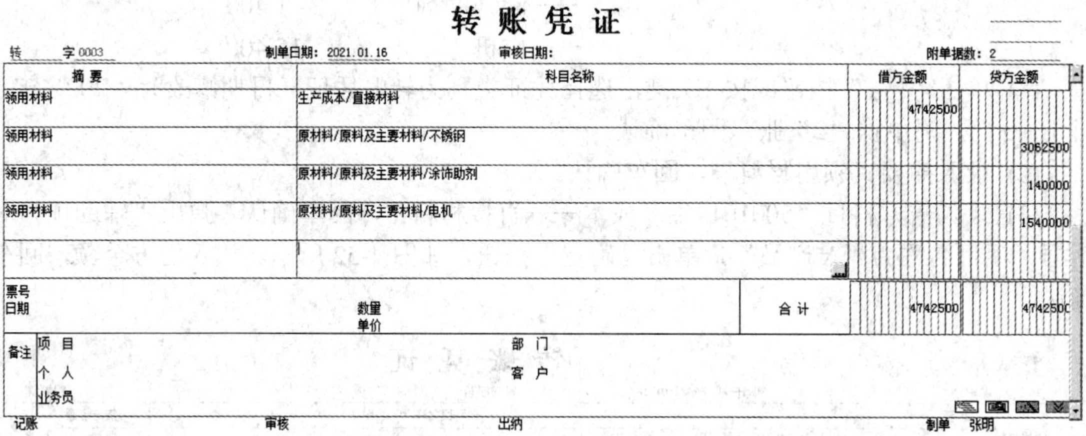

图 4-54 第 6 笔业务记账凭证

8. 填制第 7 笔业务凭证(项目核算辅助)

第 7 笔业务会计分录：

借：管理费用——办公费　　　　　　800

　　贷：库存现金　　　　　　　　　800

(1) 单击" "按钮或按 F5 键，选择凭证类别为付款凭证，制单日期"2021 年 1 月 20 日"，附单据"1 张"，回车确认。

(2) 录入摘要"购入打印纸"，回车确认。

(3) 录入借方科目"660201"，即"管理费用——办公费"科目，回车确认。系统自动弹出"部门辅助项"对话框，选择部门为"办公室"选项，单击"确定"按钮，输入借方金额，回车确认，如图 4-55 所示。

(4) 录入贷方科目"1001"及金额,回车确认。

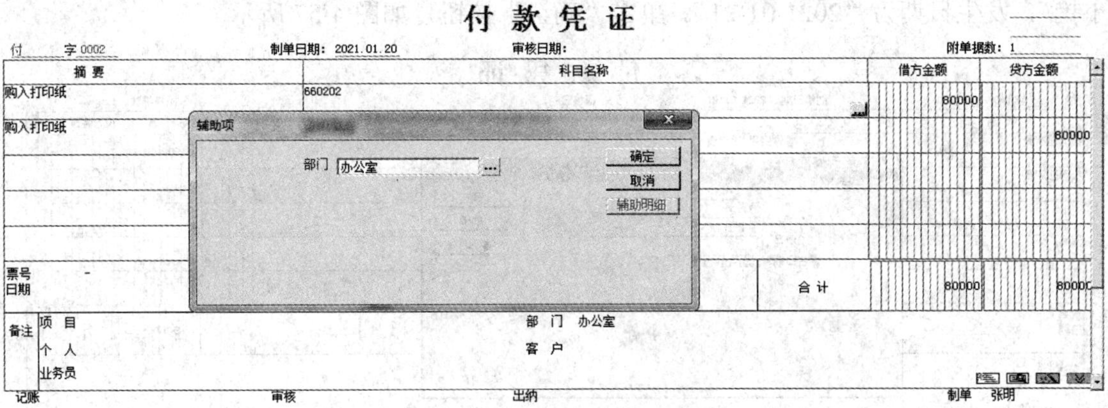

付 款 凭 证

付 字 0002 制单日期: 2021.01.20 审核日期: 附单据数: 1

摘 要	科目名称	借方金额	贷方金额
购入打印纸	660202		80000
购入打印纸			80000

辅助项 ✕

部门 办公室 ···   确定 / 取消 / 辅助明细

票号 日期 -   合 计 80000 80000

备注 项目 个人 业务员   部 门 办公室 / 客 户

记账   审核   出纳   制单 张明

图 4-55 部门核算辅助项对话框

(5) 单击"保存"按钮,如图 4-56 所示。

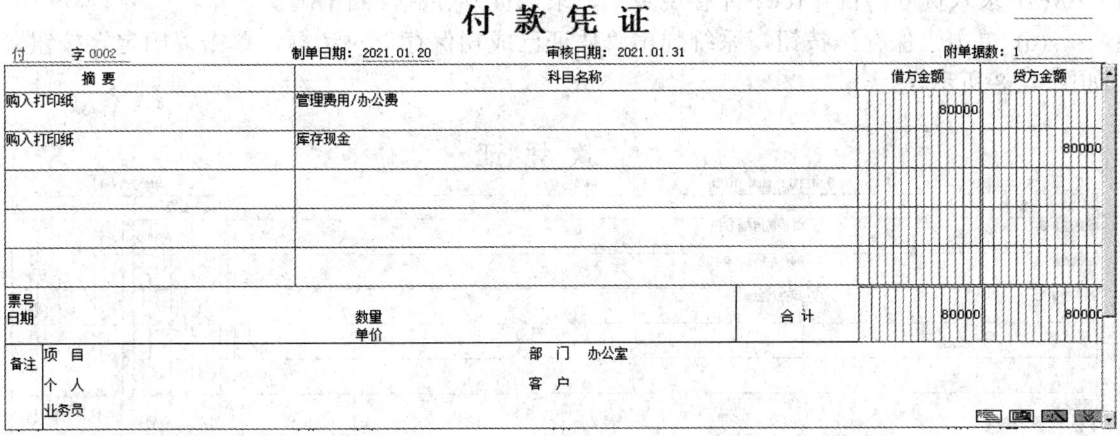

付 款 凭 证

付 字 0002 制单日期: 2021.01.20 审核日期: 2021.01.31 附单据数: 1

摘 要	科目名称	借方金额	贷方金额
购入打印纸	管理费用/办公费	80000	
购入打印纸	库存现金		80000

票号 日期   数量 单价   合 计 80000 80000

备注 项目 个人 业务员   部 门 办公室 / 客 户

图 4-56 第 7 笔业务记账凭证

9. 填制第 8 笔业务凭证(个人往来辅助项)

第 8 笔业务会计分录:

借: 管理费用——差旅费 500
　　贷: 其他应收款——李小艳 200
　　　　库存现金 300

(1) 单击" 🔲 "按钮或按 F5 键,选择凭证类别为付款凭证,更改制单日期为"2021年 1 月 21 日",附单据"1 张",回车确认。

(2) 录入摘要"报销差旅费",回车确认。

(3) 录入借方科目"660202 管理费用——差旅费",或单击" 📊 "按钮打开科目参照对话框,选择"损益类"科目"660202",回车确认。系统弹出"部门辅助项"对话框,录入部门为"销售部",单击"确定"按钮,录入借方金额,回车确认。

(4) 录入贷方科目"122102"科目,或打开科目参照对话框进行选择。回车确认。系统自动弹出"个人往来辅助项"对话框。录入辅助项信息,部门为"销售部",业务员为"李小艳",发生日期为"2021-01-21"。单击"确认"按钮,如图 4-57 所示。

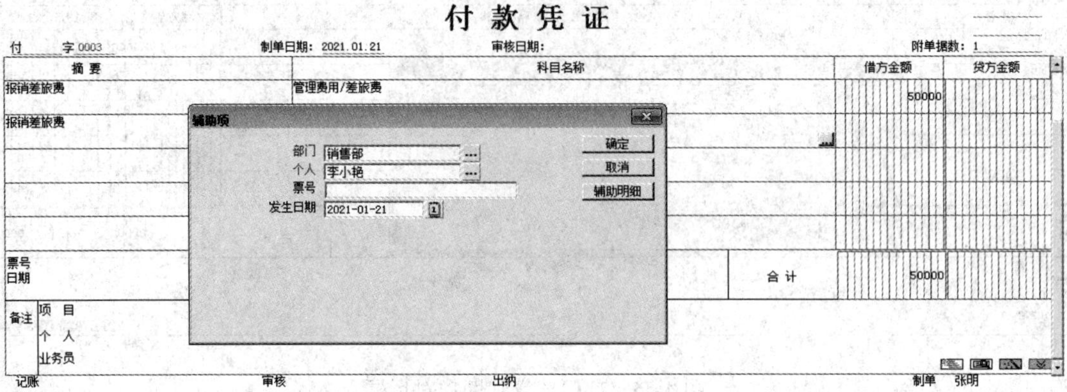

图 4-57　个人往来辅助项对话框

(5) 录入贷方科目"1001 库存现金",录入贷方金额,回车确认。

(6) 单击"保存"按钮,系统弹出"凭证已成功保存"对话框,单击"确定"按钮,如图 4-58 所示。

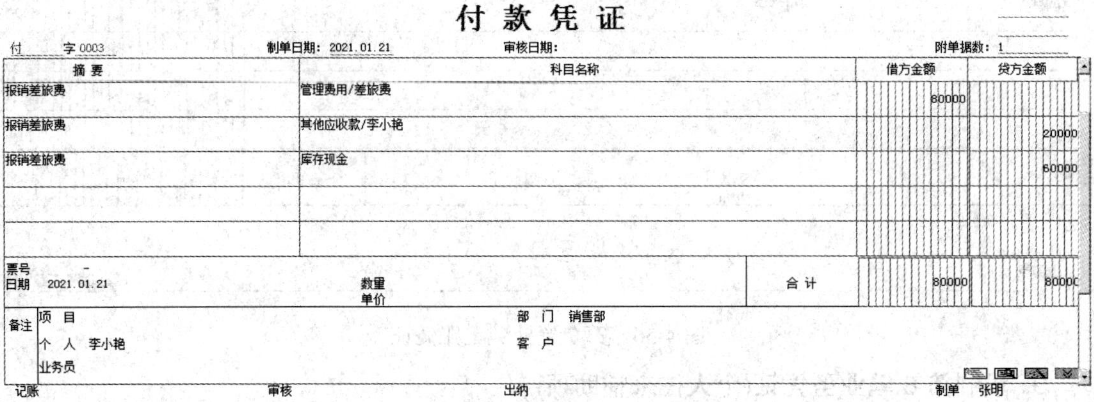

图 4-58　第 8 笔业务记账凭证

10. 填制第 9 笔业务凭证(数量核算辅助项、客户往来辅助项、银行辅助项)

第 9 笔业务会计分录:

借:银行存款——工行存款　　　　　　　　　　　　100 000

　　贷:主营业务收入——A 产品　　　　　　　　　　63 180

　　　　应交税费——应交增值税——销项税额　　　　8 213.4

　　　　应收账款——西安市××公司　　　　　　　　28 606.6

(1) 单击" 🔲 "按钮或按 F5 键,选择凭证类别为收款凭证,更改制单日期为"2021年 1 月 22 日",录入附件"3 张",回车确认。

(2) 录入摘要"销售 A 产品",回车确认。

(3) 录入借方科目"100201 银行存款——工行存款",回车确认。系统弹出"辅助项"对话框,点开 ▦ 选择结算方式:转账支票,票号 5558,单击"确定"按钮,在借方金额栏录入金额,回车确认,如图 4-59 所示。

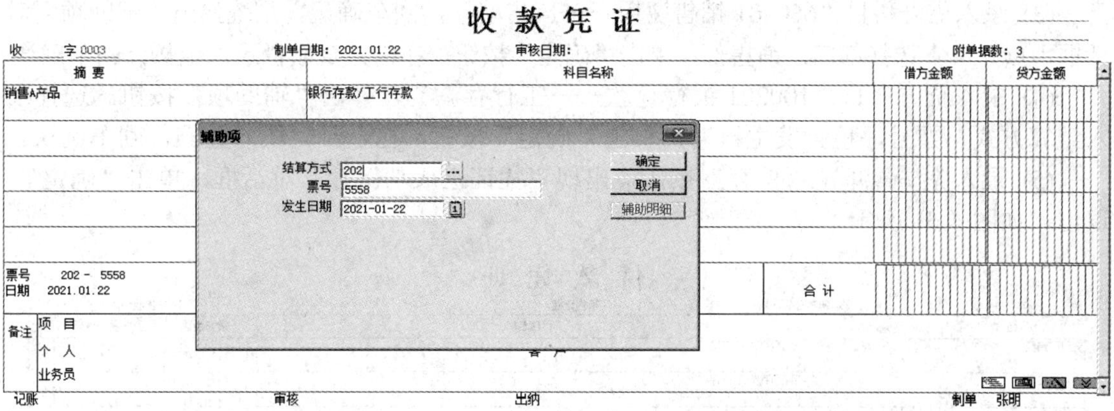

图 4-59 辅助项录入对话框

(4) 录入贷方科目"600101 主营业务收入——A 产品",弹出"数量核算辅助项"对话框。输入 A 产品数量、单价信息,单击"确定"按钮,金额自动填入,回车确认。录入贷方科目"22210102 应交税费——应交增值税——销项税额",在贷方金额栏录入金额。回车确认。继续录入贷方科目"112201 应收账款——利康公司",回车确认。系统弹出辅助项对话框,录入辅助项信息。客户:利康公司;业务员:李小艳;票号 5558。单击"确定"按钮,录入贷方金额,回车确认。

(5) 录入完毕,单击"保存"按钮,出现"凭证已成功保存"对话框,单击"确定"按钮退出,如图 4-60 所示。

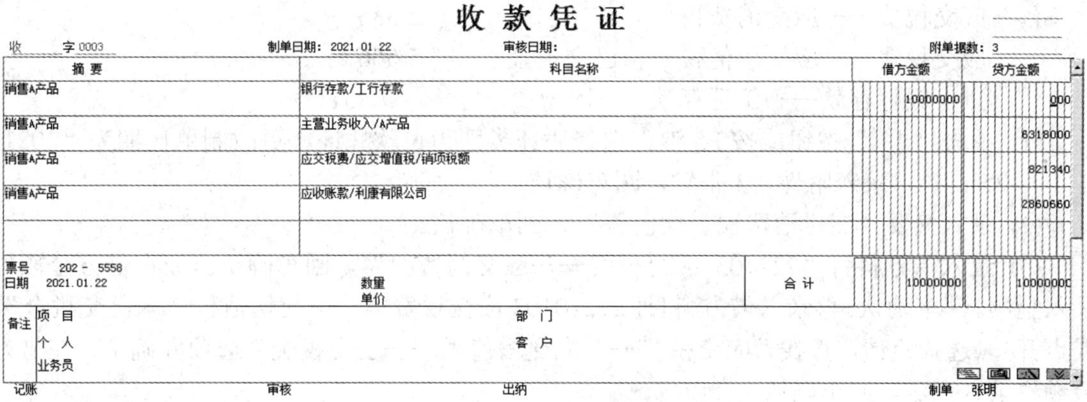

图 4-60 第 9 笔业务记账凭证

11. 填制第 10 笔业务凭证(部门辅助项、银行辅助项)

第 10 笔业务会计分录:

借:销售费用——广告费　　　　　　　　10 000

　　贷:银行存款——工行存款　　　　　　10 000

(1) 单击 "⊞" 按钮或按 F5 键,选择凭证类别为付款凭证,更改制单日期为 "2021 年 1 月 22 日",录入附件 "2 张",回车确认。

(2) 录入摘要 "支付广告费",回车确认。

(3) 录入借方科目 "660101 销售费用——广告费",回车确认。系统弹出 "辅助项" 对话框,点开 选择部门:销售部,单击 "确定" 按钮,在借方金额栏录入金额,回车确认。

(4) 录入贷方科目 "100201 银行存款——工行存款",弹出 "辅助项" 按钮。选择录入结算方式、票号,检查发生日期,单击 "确定" 按钮,在金额栏填入金额,回车确认。

(5) 录入完毕,单击 "保存" 按钮,出现 "凭证已成功保存" 对话框,单击 "确定" 退出,如图 4-61 所示。

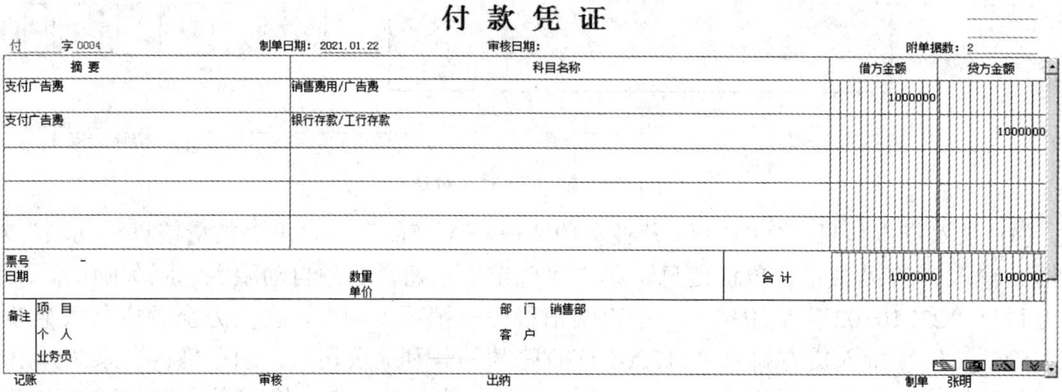

付 款 凭 证

摘　要	科目名称	借方金额	贷方金额
付 字 0004　制单日期:2021.01.22　审核日期:　附单据数:2

摘　要	科目名称	借方金额	贷方金额
支付广告费	销售费用/广告费	1000000	
支付广告费	银行存款/工行存款		1000000
票号 日期	数量 单价　合　计	1000000	1000000
备注	项　目　　部　门　销售部 个　人　　客　户 业务员		

记账　　　审核　　　出纳　　　　　　　　　　制单　张明

图 4-61　第 10 笔业务记账凭证

12. 填制第 11 笔业务凭证(银行辅助项)

第 11 笔业务会计分录:

借:应交税费——应交消费税　　　　　　　　2 385
　　应交税费——应交增值税——已交税金　　5 566
　　贷:银行存款——工行存款　　　　　　　　　　7 951

(1) 单击 "⊞" 按钮或按 F5 键,选择凭证类别为付款凭证,更改制单日期为 "2021 年 1 月 25 日",录入附件 "3 张",回车确认。

(2) 录入摘要 "支付消费税、增值税",回车确认。

(3) 录入借方科目 "222103 应交税费——应交消费税",回车确认。或在借方金额栏录入金额。回车确认。再录入借方科目 "22210103 应交税费——应交增值税——已交税金",或点开 选择负债,查找 "应交税费——应交增值税——已交税金" 选项并确定,在借方金额栏录入金额,回车确认。

(4) 录入贷方科目 "100201 银行存款——工行存款",弹出 "辅助项" 对话框。选择录入结算方式:402 电汇,票号:6767。单击 "确定" 按钮,在贷方金额栏填入金额,回车确认。

(5) 录入完毕,单击 "保存" 按钮,出现 "凭证已成功保存" 对话框,单击 "确定" 按钮退出,如图 4-62 所示。

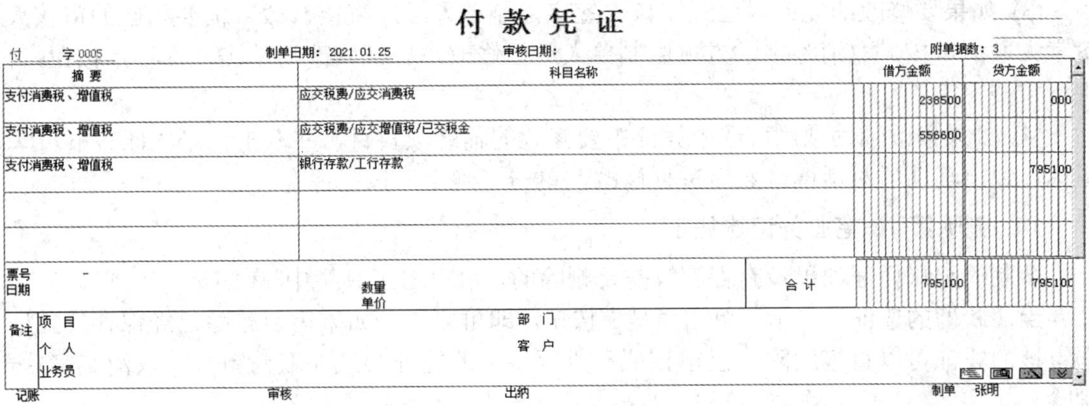

付 款 凭 证

付　字 0005　　　　制单日期：2021.01.25　　审核日期：　　　　　　　　　　　　　　　　附单据数：3

摘　要	科目名称	借方金额	贷方金额
支付消费税、增值税	应交税费/应交消费税	2385500	000
支付消费税、增值税	应交税费/应交增值税/已交税金	556600	
支付消费税、增值税	银行存款/工行存款		795100
	合　计	795100	795100

票号　－
日期　　　　　　　　　　　　　　数量　　单价

备注　项　目　　　　　　　　　　部　门
　　　个　人　　　　　　　　　　客　户
　　　业务员
记账　　　　　审核　　　　　出纳　　　　　制单　张明

图 4-62　第 11 笔业务记账凭证

13. 修改第 8 笔业务凭证

未记账的凭证可以采用以下方式进行修改。

(1) 打开"填制凭证"的对话框，通过工具栏中 ⟵⟵ ⟵ ⟶ ⟶⟶ 按钮查找需要修改的凭证，或者打开"凭证查询"对话框，选择按"凭证类别"或"月份""日期"条件进行查询，如图 4-63 所示。

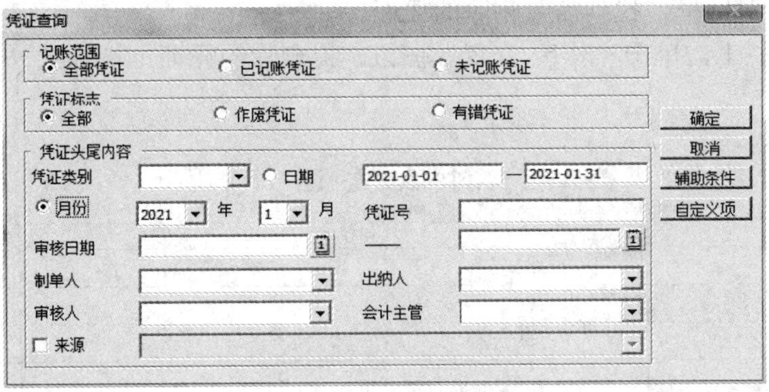

图 4-63　凭证查询对话框

(2) 找到要修改的凭证后，没有审核、签字的凭证，可由制单人直接修改。将光标定位在需要修改的金额处直接改正即可，如图 4-64 所示。修改后单击"保存"按钮并退出。

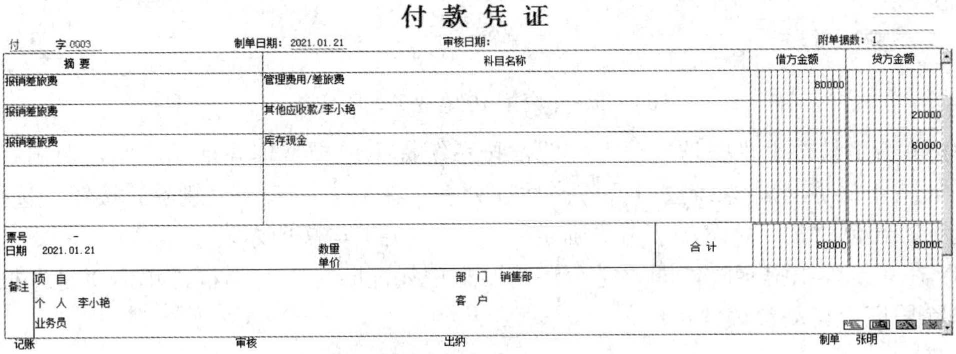

付 款 凭 证

付　字 0003　　制单日期：2021.01.21　　审核日期：　　　　　　　附单据数：1

摘　要	科目名称	借方金额	贷方金额
报销差旅费	管理费用/差旅费	80000	
报销差旅费	其他应收款/李小艳		20000
报销差旅费	库存现金		60000
	合　计	80000	80000

票号　－
日期　2021.01.21　　　数量　单价
备注　项　目　　　　部　门　销售部
　　　个　人　李小艳　客　户
　　　业务员
记账　　审核　　出纳　　制单　张明

图 4-64　第 8 笔业务修改的记账凭证

(3) 如果要修改的凭证，已经审核、签字，制单人不能直接修改，需要相应的审核人、签字人取消审核、取消签字，方可由制单人进行修改。凭证修改后单击"保存"按钮，再进行审核签字。

(4) 如果修改辅助项，可选中凭证中要修改的辅助项科目，并双击记账凭证右下角 ![] 图标，弹出辅助项对话框，然后进行修改，单击"确定"按钮保存。

14. 删除第 10 笔业务记账凭证

填制的记账凭证如果没有保存，需要删除的，可单击工具栏中 ![] 图标，出现"确实要放弃当前新增的凭证"提示，单击"是"按钮，即可删除。如果需要删除已经保存的凭证，未审核的凭证可以直接删除，已审核或已进行签字的凭证必须在取消审核、取消签字后再删除。

若要删除凭证，必须先进行"作废"操作，而后再进行整理。如果在总账管理系统的选项中选中"自动填补凭证断号"及"系统编号"选项，那么在对作废凭证整理时，若选择不整理断号，则再填制凭证时可以由系统自动填补断号。否则，将会出现凭证断号。

对于作废凭证，可以单击"作废/恢复"按钮，取消"作废"标志。作废凭证不能修改、不能审核，但可参与记账。账簿查询时查不到作废凭证的数据。

(1) 打开"填制凭证"的对话框，通过工具栏中 ![] 按钮查找修改的凭证或打开"凭证查询"对话框，找到需要删除的凭证。

(2) 在工具栏上，单击"作废/恢复"按钮。拟删除的凭证上被标上"作废"字样，如图 4-65 所示。

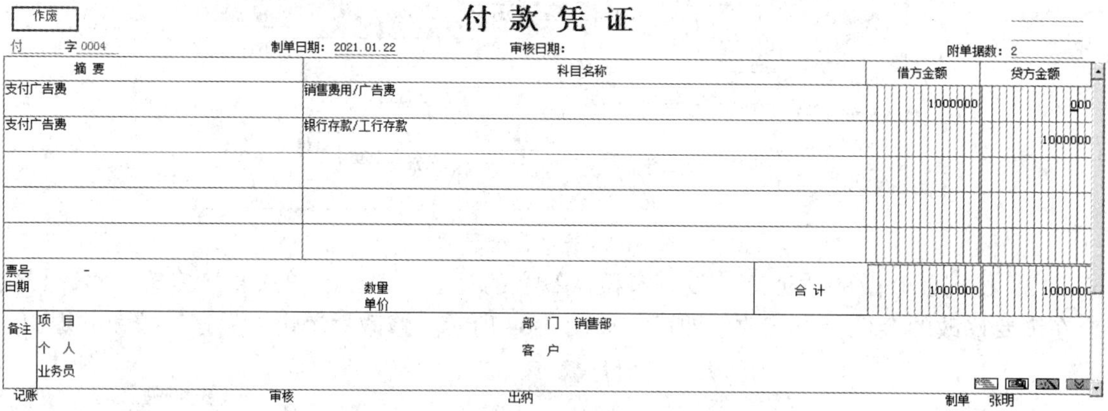

图 4-65　作废第 10 笔业务记账凭证

(3) 单击工具栏上"整理凭证"按钮，按系统提示选择整理凭证的区间，单击"确定"按钮，如图 4-66 所示。系统会打开作废凭证列表，在列表中双击"删除"按钮，选择要作废的凭证，出现"Y"标识，单击"确定"按钮，如图 4-67 所示。

(4) 在系统弹出提示时，即"是否还需要整理凭证断号"对话框，单击"是"按钮，系统删除凭证后自动整理凭证编号。

图 4-66 凭证期间选择

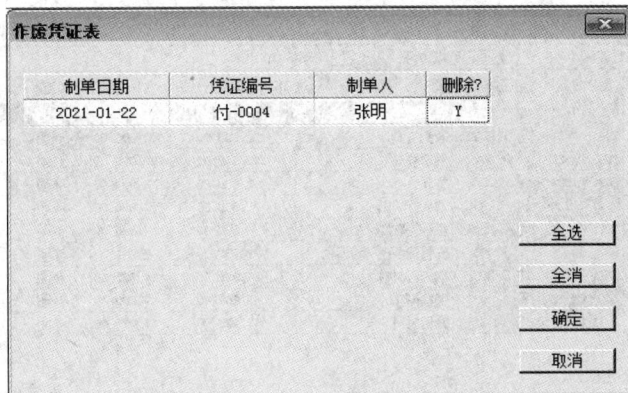

图 4-67 作废凭证列表对话框

15．审核记账凭证

凭证审核包括出纳签字、主管签字和审核凭证。系统要求制单人和审核人不能是同一个人，因此在审核凭证前一定要首先检查一下，当前操作员是否是制单人。如果是，则应更换操作员。在凭证审核的功能中除了可以分别对单张凭证进行审核外，还可以执行"成批审核凭证"的功能，对符合条件的待审核凭证进行成批审核。在审核凭证的功能中还可以对有错误的凭证进行"标错"处理，还可以取消审核。已审核的凭证将不能直接修改，只能在取消审核后才能在填制凭证的功能中进行修改。

出纳、主管签字的操作既可以在"凭证审核"后进行，也可以在"凭证审核"前进行。签字、审核凭证之间没有先后顺序。

(1) 审核凭证。

① 以账套主管 001 陈浩的身份，登录企业应用平台。

② 执行"财务会计"/"总账"/"凭证"/"审核凭证"命令，系统弹出"凭证审核"查询条件对话框，如图 4-68 所示。

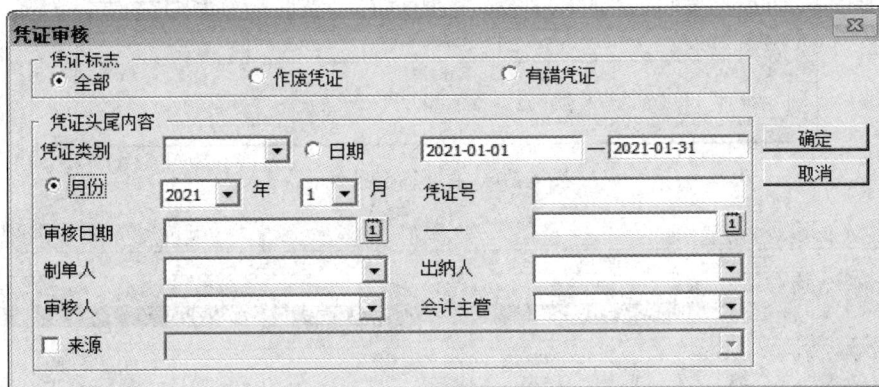

图 4-68 凭证审核条件

③ 在凭证审核对话框，输入凭证过滤条件(也可采用默认条件)，单击"确定"按钮，系统列出符合条件的凭证列表，如图 4-69 所示。

凭证审核列表

凭证共 10张		已审核 0 张	未审核 10 张				⊙ 凭证号排序	○ 制单日期排序			
制单日期	凭证编号	摘要	借方金额合计	贷方金额合计	制单人	审核人	系统名	备注	审核日期	年度
2021-01-01	收 - 0001	收到现金捐款	1,000.00	1,000.00	张明					2021
2021-01-02	收 - 0002	收到投资	62,000.00	62,000.00	张明					2021
2021-01-22	收 - 0003	销售A产品	100,000.00	100,000.00	张明					2021
2021-01-03	付 - 0001	提现	3,000.00	3,000.00	张明					2021
2021-01-20	付 - 0002	购入打印纸	800.00	800.00	张明					2021
2021-01-21	付 - 0003	报销差旅费	800.00	800.00	张明					2021
2021-01-25	付 - 0004	支付消费税、增值税	7,951.00	7,951.00	张明					2021
2021-01-07	转 - 0001	购入原材料	14,332.50	14,332.50	张明					2021
2021-01-12	转 - 0002	销售A产品	49,280.40	49,280.40	张明					2021
2021-01-16	转 - 0003	领用材料	47,425.00	47,425.00	张明					2021

图 4-69　凭证审核列表

④　双击需审核的凭证，系统打开该张凭证，确认凭证无误后，单击工具栏"审核"按钮，在凭证下方"审核"后出现"陈浩"字样。如所有凭证都确认无误，也可单击工具栏中"批处理"按钮，点开批处理后下拉三角，选择"成批审核凭证"按钮，弹出"凭证"对话框，单击"确定"按钮，所有凭证"审核"后都出现"陈浩"字样。系统弹出"是否刷新凭证列表数据"对话框，单击"是"按钮，凭证审核完成。

(2)　主管签字。

①　以账套主管 001 陈浩身份，登录企业应用平台。

②　执行"财务会计"/"总账"/"凭证"/"主管签字"命令，弹出"主管签字"条件对话框，如图 4-70 所示。输入过滤条件(也可采用默认条件)，单击"确定"按钮，系统弹出符合条件的凭证记录，如图 4-71 所示。

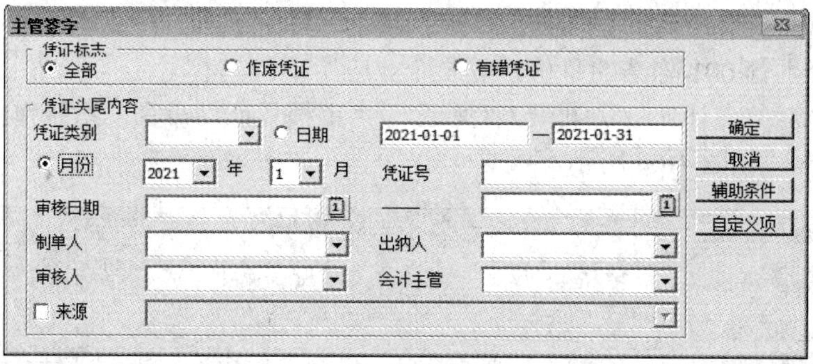

图 4-70　主管签字条件

主管签字列表

凭证共 10张		已签字 0张	未签字 10张				⊙ 凭证号排序	○ 制单日期排序			
制单日期	凭证编号	摘要	借方金额合计	贷方金额合计	制单人	签字人	系统名	备注	审核日期	年度
2021-01-01	收 - 0001	收到现金捐款	1,000.00	1,000.00	张明				2021-01-31	
2021-01-02	收 - 0002	收到投资	62,000.00	62,000.00	张明				2021-01-31	2021
2021-01-22	收 - 0003	销售A产品	100,000.00	100,000.00	张明				2021-01-31	2021
2021-01-03	付 - 0001	提现	3,000.00	3,000.00	张明				2021-01-31	2021
2021-01-20	付 - 0002	购入打印纸	800.00	800.00	张明				2021-01-31	2021
2021-01-21	付 - 0003	报销差旅费	800.00	800.00	张明				2021-01-31	2021
2021-01-25	付 - 0004	支付消费税、增值税	7,951.00	7,951.00	张明				2021-01-31	2021
2021-01-07	转 - 0001	购入原材料	14,332.50	14,332.50	张明				2021-01-31	2021
2021-01-12	转 - 0002	销售A产品	49,280.40	49,280.40	张明				2021-01-31	2021
2021-01-16	转 - 0003	领用材料	47,425.00	47,425.00	张明				2021-01-31	2021

图 4-71　主管签字列表

③ 双击需要签字的凭证，系统打开待签字的凭证，确认准确无误后，单击工具栏“签字”按钮，在该凭证的右上角出现主管“陈浩”签章。如果所有需签字的凭证都无误，也可单击工具栏中“批处理”按钮，选择“成批主管签字”按钮。单击“确定”按钮，并弹出“凭证”对话框，单击“确定”按钮，出现“是否重新刷新凭证列表数据”对话框，单击“是”按钮。所有凭证右上角出现主管“陈浩”签名，如图4-72所示。

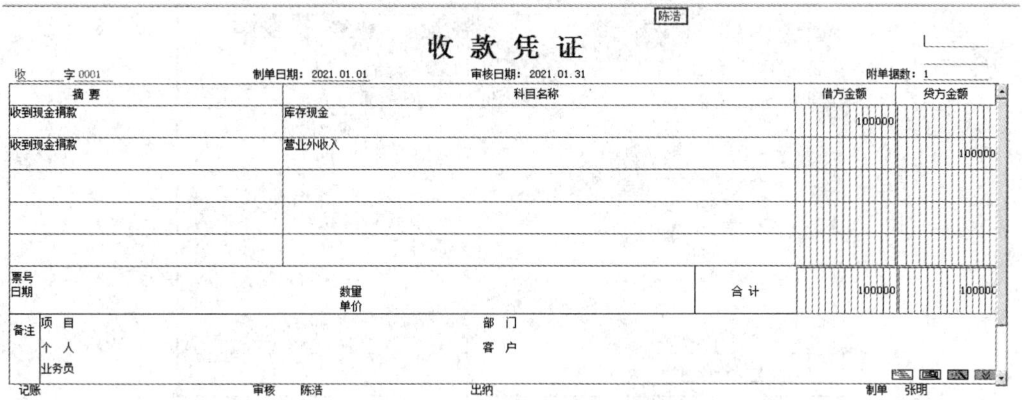
陈浩

收款凭证

收　字 0001　制单日期：2021.01.01　审核日期：2021.01.31　附单据数：1

摘要	科目名称	借方金额	贷方金额
收到现金捐款	库存现金	100000	
收到现金捐款	营业外收入		100000
票号 日期	数量 单价 合计	100000	100000

备注　项目　部门　个人　客户　业务员

记账　审核 陈浩　出纳　制单 张明

图4-72　主管签字凭证

(3) 出纳签字。同上述审核凭证、主管签字的方法和步骤一致。

① 以出纳003李娜身份，登录企业应用平台。执行“业务工作”/“财务会计”/“总账”/“凭证”/“出纳签字”命令，弹出“出纳签字”条件对话框。

② 确认日期条件无误后(或采用默认条件)，单击“确定”按钮，弹出“出纳签字列表”对话框，双击需要签字的凭证，系统打开待签字凭证，单击工具栏中“签字”按钮，凭证下方出纳后出现“李娜”名字。也可执行工具栏中“批处理”命令，选择“成批出纳签字”按钮，单击“确定”按钮，即可在所有凭证上出现出纳“李娜”签名，如图4-73所示。

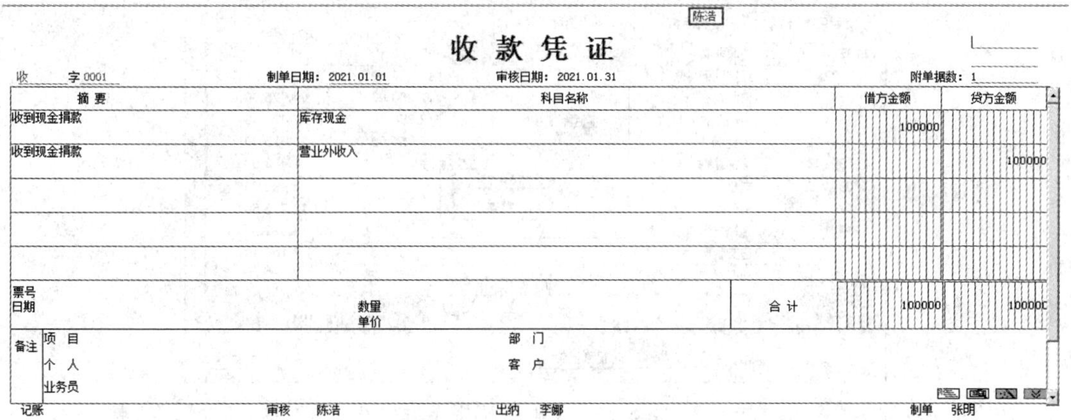
陈浩

收款凭证

收　字 0001　制单日期：2021.01.01　审核日期：2021.01.31　附单据数：1

摘要	科目名称	借方金额	贷方金额
收到现金捐款	库存现金	100000	
收到现金捐款	营业外收入		100000
票号 日期	数量 单价 合计	100000	100000

备注　项目　部门　个人　客户　业务员

记账　审核 陈浩　出纳 李娜　制单 张明

图4-73　出纳签字凭证

(4) 记账。记账之前，应检查期初余额是否平衡、本期记账凭证是否审核签字。期初余额试算不平衡不允许记账，有未审核的凭证不允许记账。另外，上月未结账本月不能记账。如果不输入记账范围，系统默认为所有凭证，记账后不能整理断号。已记账的凭证不能在“填制凭证”功能中查询。作废的凭证不需要审核可直接记账。记账的步骤如下：

① 以账套主管"001 陈浩"身份进入"企业应用平台",在"业务工作"选项卡下,执行"财务会计"/"总账"/"凭证"/"记账"命令,弹出"记账"选择范围对话框,如图 4-74 所示。

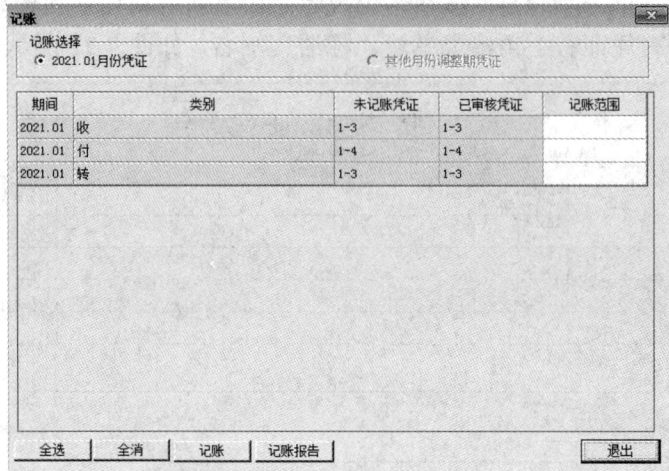

图 4-74　记账凭证选择范围

② 单击"全选"按钮,或按需要输入所需记账的凭证范围,再单击"记账"按钮,系统弹出"期初试算平衡表"对话框,查看是否平衡。

③ 单击"确定"按钮,系统自动记账,完成后,弹出"记账完毕"对话框,单击"确定"按钮完成,如图 4-75 所示。

图 4-75　记账完毕提示框

16. 冲销凭证

已记账的凭证,要修改可以有两种处理方法,一是无痕修改,先取消记账,再取消审核签字,然后由制单人进行修改。另一种是有痕修改,即采用红字冲销的方法进行修改。应该注意冲销凭证是针对已记账凭证由系统自动生成的一张红字冲销凭证。冲销凭证相当于填制了一张凭证，只要进入新的状态就由系统将冲销凭证自动保存。已冲销凭证仍需审核、签字后记账。

冲销第 7 笔业务凭证采用上述第二种方法。

(1) 以账套主管"001 陈浩"身份进入"企业应用平台"，在"业务工作"选项卡下，执行"财务会计"/"总账"/"凭证"/"填制凭证"命令，进入"填制凭证"对话框。单击工具栏中"冲销凭证"按钮，系统进入"冲销凭证"选择界面，如图 4-76 所示。分别录入月份、凭证类别、凭证号。

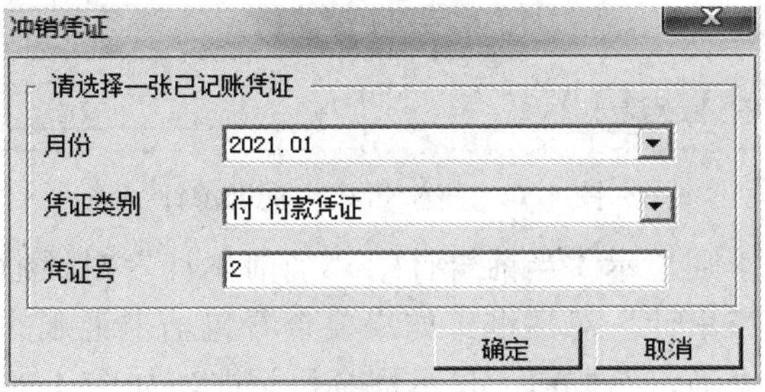

图 4-76　冲销凭证对话框

(2) 单击"确定"按钮。系统自动生成一张红字冲销凭证，如图 4-77 所示。

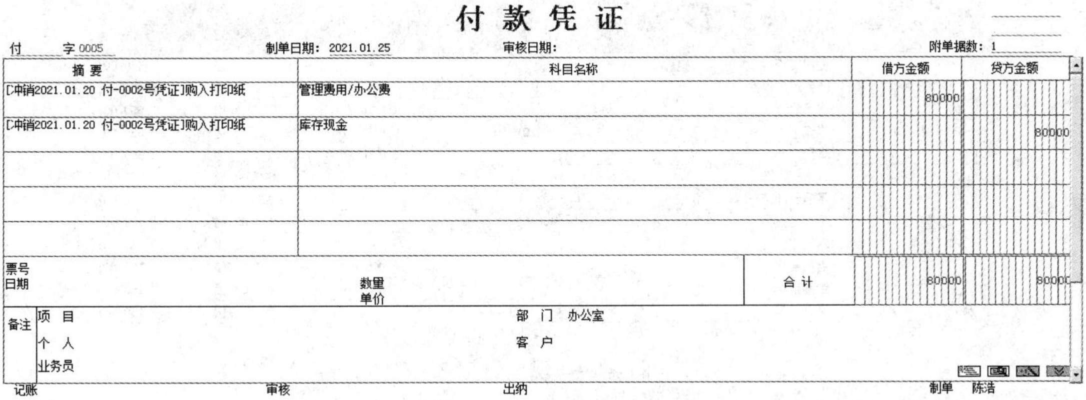

图 4-77　红字冲销凭证

17. 查询日记账、管理费用明细账

科目账查询时，可以由多种形式显示，主要有总账、余额表、序时账、多栏账、综合多栏账和日记账。

(1) 查询现金日记账：

① 以"出纳 003 李娜"的身份进入企业应用平台，登录时间设为"2021 年 1 月 31 日"。

② 在"业务工作"选项卡下，执行"财务工作"/"总账"/"出纳"/"现金日记账"命令，系统弹出"现金日记账查询条件"对话框。

③ 在对话框中输入查询条件，然后单击"确认"按钮，系统会列出所有符合条件的记录，如图 4-78 所示。

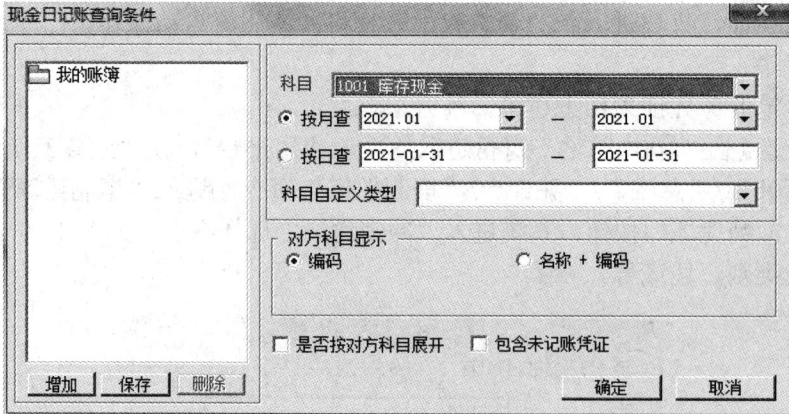

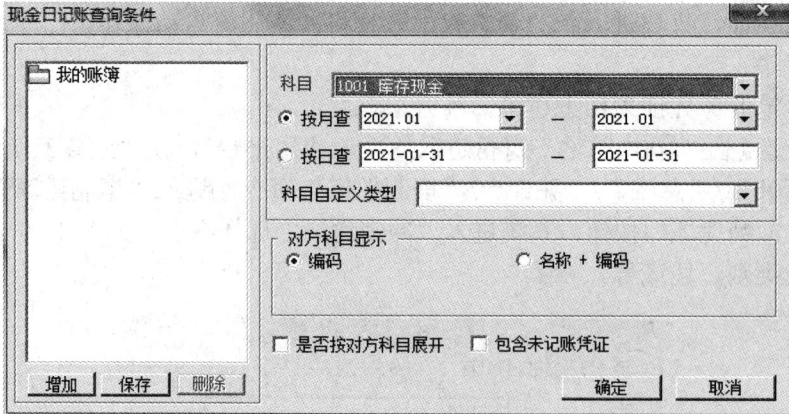

图 4-78　现金日记账查询条件

如果本月尚未结账，则显示"当前合计""当前累计"对话框，如果本月已结账，则显示"当月合计""本年累计"对话框。如果要查看包括未记账的内容，则选中"包括未记账凭证"选项。单击"确定"按钮，显示现金日记账，如图 4-79 所示。

现金日记账

科目　1001 库存现金

2021年 月 日	凭证号数	摘要	对方科目	借方	贷方	方向	余额
		上年结转				借	550.00
01 01	收-0001	收到现金捐款	6301	1,000.00		借	1,550.00
01 01		本日合计		1,000.00		借	1,550.00
01 03	付-0001	提现	100201	3,000.00		借	4,550.00
01 03		本日合计		3,000.00		借	4,550.00
01 20	付-0002	购入打印纸	660201		800.00	借	3,750.00
01 20		本日合计	本日合计		800.00	借	3,750.00
01 21	付-0003	报销差旅费	660202		600.00	借	3,150.00
01 21		本日合计			600.00	借	3,150.00
01		当前合计		4,000.00	1,400.00	借	3,150.00
01		当前累计		4,000.00	1,400.00	借	3,150.00
		结转下年				借	3,150.00

图 4-79　现金日记账

银行存款日记账的查询方法与现金日记账方法相同。

(2) 查询管理费用明细账：管理费用可运用综合多栏账查询明细。综合多栏账是以科目为分析栏目查询明细账，也可用辅助项及自定义项为分析栏目查询明细账，并且可以完成多组借贷栏目在同一账表中的查询。要进行综合多栏目查询，首先要进行定义，可以定义并查询综合多栏账的科目有"管理费用""主营业务收入""在建工程"等。

① 以"账套主管 001 陈浩"的身份进入企业应用平台，执行"财务工作"/"总账"/"账表"/"科目账"/"多栏账"命令，进入"多栏账"对话框。

② 单击"增加"按钮，打开"多栏式定义"对话框。

③ 单击"核算科目"栏下的三角按钮，选择"6602 管理费用"选项，单击"自动编制"按钮，出现自定义内容，如图 4-80 所示。单击"确定"按钮，完成管理费用多栏账的设置。

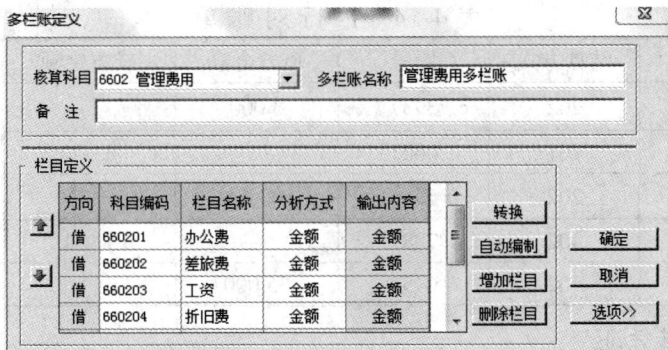

图 4-80　管理费用多栏账定义对话框

④ 单击"查询"按钮，打开"多栏账查询"对话框，选择"管理费用多栏账"选项，单击"确定"按钮，显示管理费用多栏账，如图 4-81 所示。

图 4-81　管理费用明细账查询结果

4.5.3　总账管理系统期末业务处理

【实训准备】

引入 4.5.2 小节的备份数据，将系统时间设置为"2021 年 1 月 31 日"。以出纳 003 李娜身份进行银行对账业务的操作；以总账会计 002 张明的身份进行自动转账凭证的设置。

【实训内容及要求】

(1) 银行对账。

(2) 期末转账凭证定义。

(3) 生成期末转账凭证并审核记账。

(4) 进行 2021 年 1 月对账。

(5) 进行 2021 年 1 月结账。

要求：熟悉期末业务处理工作，掌握银行对账、期末转账凭证定义和转账凭证生成，正确进行对账、结账。

【实训资料】

1. 执行本月银行对账

银行对账资料如下：

(1) 企业日记账期初余额为 152 650 元，银行对账单期初余额为 149 650，有企业已收而银行未收的期初未达账项 3 000 元(2020 年 12 月 26 日，收字 12 号，转账支票票号 3937)。

(2) 银行对账单，如表 4-14 所示。

表 4-14　银 行 对 账 单

日期	结算方式	票号	借方金额	贷方金额	余额
2021-01-01	202	3937	3 000		152 650
2021-01-03	201	0621		3 000	149 650
2021-01-22	202	5558	100 000		249 650
2021-01-25	402	7887		7 951	200 199
2021-01-27	402	6453	35 000		235 199

2．自定义结转凭证

(1) 按短期借款贷方期末余额的 0.5%计提短期借款利息，借方取值公式为：QM(2001，月，贷)，贷方取值公式采用结果函数：JG( )。

(2) 将当月应交未交的增值税从"应交税费——应交增值税——转出未交增值税(22210104)"科目转到"应交税费——未交增值税(222102)"科目。借方取值公式为：QM(22210102，月，贷)——QM(22210101，月，借)。贷方取值公式采用差额函数：CE( )。

(3) 销售成本结转采用期末自动转账生成。

(4) 期间损益结转采用期末自动转账生成。

3．对西安市××钢制品有限公司 2021 年 1 月份的记账凭证对账并结账

【操作指导】

1．银行对账

(1) 录入银行期初数据。

① 以出纳"003 李娜"身份注册进入企业应用平台，执行"出纳"/"银行对账"/"银行对账期初录入"命令，打开"银行科目选择"对话框，如图 4-82 所示。

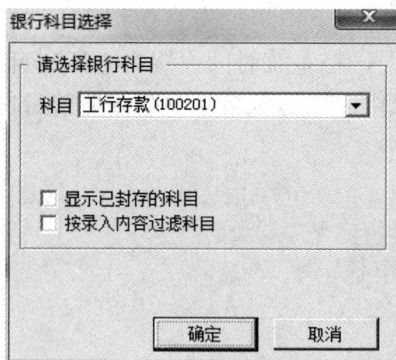

图 4-82　银行科目选择对话框

② 选择"100201 工行存款"选项，单击"确定"按钮，系统弹出"银行对账期初"对话框。

③ 在单位日记账的"调整前余额"栏录入"152 650"；在银行对账单"调整前余额"栏录入"149 650"。

④ 单击右侧的"日记账期初未达项"按钮，打开"企业方期初"对话框。单击"增加"按钮，录入或选择凭证日期"2020.12.26"，票号"3937"，在借方金额栏录入"3 000"。

⑤ 单击“保存”按钮，单击“退出”按钮，返回“银行对账期初”对话框，如图 4-83 所示。

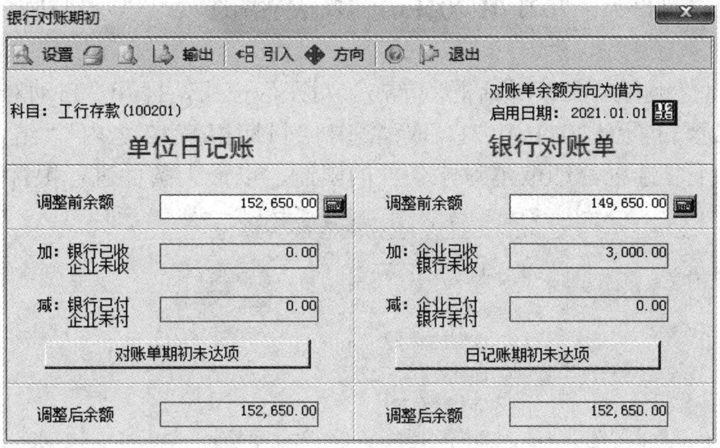

图 4-83　银行对账期初对话框

(2) 录入银行对账单：

① 执行“出纳”/“银行对账”/“银行对账单”命令，打开“银行科目选择”对话框，如图 4-84 所示。

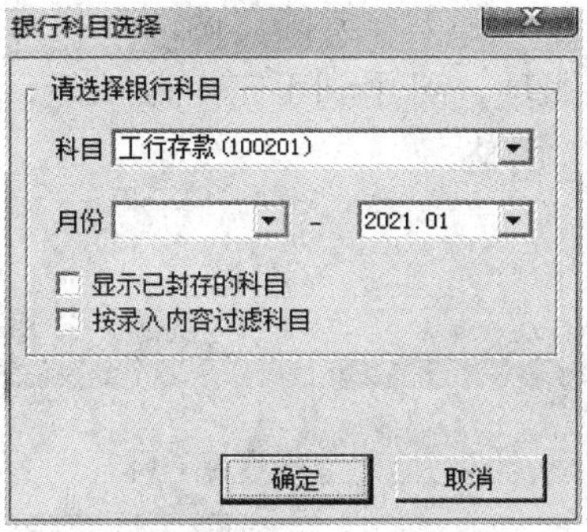

图 4-84　银行科目选择对话框

② 单击“确定”按钮，进入银行对账单对话框，单击“增加”按钮。录入或选择日期、选择结算方式、录入票号及金额，按回车键确认，如图 4-85 所示。关闭银行对账单。

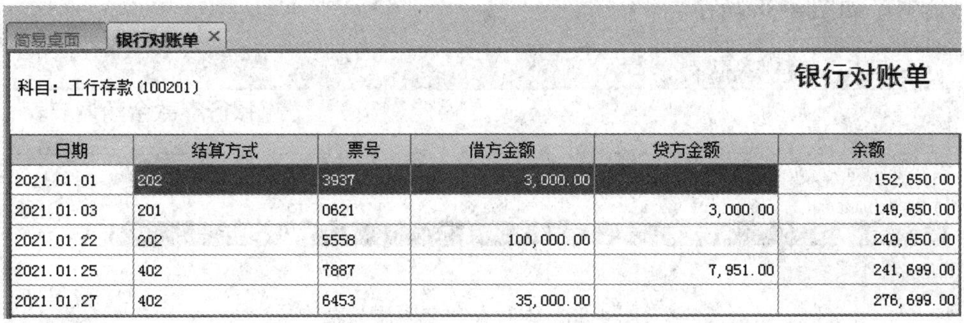
简易桌面　银行对账单

科目：工行存款(100201)　　银行对账单

日期	结算方式	票号	借方金额	贷方金额	余额
2021.01.01	202	3937	3,000.00		152,650.00
2021.01.03	201	0621		3,000.00	149,650.00
2021.01.22	202	5558	100,000.00		249,650.00
2021.01.25	402	7887		7,951.00	241,699.00
2021.01.27	402	6453	35,000.00		276,699.00

图 4-85　银行对账单对话框

(3) 自动对账：

① 执行"出纳"/"银行对账"命令，打开"银行科目选择"对话框，选择"100201 工行存款"选项，月份为：2021.01-2021.01，默认系统选项：显示已达账。单击"确定"按钮。

② 系统弹出"银行对账"对话框，单击"对账"按钮，打开"自动对账"对话框，如图 4-86 所示。截至日期为 2021-01-31，取消选中"日期相差 12 之内""结算方式相同""结算票号相同"三个复选框，即取消对账条件的限制，以最大条件进行银行对账。

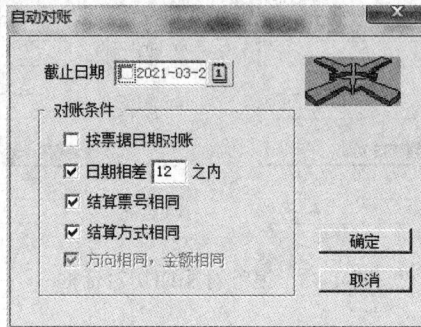

图 4-86　自动对账条件设置对话框

③ 在"自动对账"对话框中，单击"确定"按钮，显示对账结果。对于已达账项，系统自动在银行存款日记账和银行对账单双方的"两清"栏打上圆圈标志，如图 4-87 所示。对于一些无法自动对账勾销的账项，可用到手工对账功能，分别在两清栏，双击鼠标，出现红色的"Y"标志，进行手工调整。

科目: 100201 (工行存款)

			单位日记账								银行对账单			
票据日期	结算方式	票号	方向	金额	两清	凭证号数	摘　要		日期	结算方式	票号	方向	金额	两清	对账序号
2021.01.22	202	5558	借	100,000.00	○	收-0003	销售A产品		2021.01.01	202	3937	借	3,000.00	○	2021032100001
2021.01.03	201	0621	贷	3,000.00	○	付-0001	提现		2021.01.03	201	0621	贷	3,000.00	○	2021032100002
2021.01.25	402	6787	贷	7,951.00	○	付-0004	支付消费税、增值税		2021.01.22	202	5558	借	100,000.00	○	2021032100003
	202	3937	借	3,000.00	○	收-0012			2021.01.25	402	7887	贷	7,951.00	○	2021032100004
									2021.01.27	402	6453	借	35,000.00		

图 4-87　自动对账结果

(4) 输出余额调节表：

① 执行"出纳"/"银行对账"/"余额调节表查询"命令，弹出"银行存款余额调节表"对话框，如图 4-88 所示。

银行科目（账户）	对账截止日期	单位账账面余额	对账单账面余额	调整后存款金额
工行存款(100201)	2017.01.31	241,699.00	276,699.00	276,699.00
中行存款(100202)		10,000.00	0.00	10,000.00

图 4-88　银行存款余额调节表

② 将光标定在"100201 工行存款"科目上，单击"查看"按钮或双击该行，即显示

该银行账户的银行存款余额调节表，如图 4-89 所示。

图 4-89　银行存款余额调节表

③ 单击"退出"按钮，关闭银行存款余额调节表界面。

2. 期末结转

(1) 自定义转账-计提利息：

① 以"会计 002 张明"的身份进入企业应用平台，登录时间 2021 年 1 月 31 日。

② 在"业务工作"选项卡中，执行"财务会计"/"总账"/"期末"/"转账定义"/"自定义转账"命令，打开"自定义转账"对话框。

③ 单击"增加"按钮，出现"转账目录"对话框，填写转账序号"0001"，转账说明"计提短期借款利息"，凭证类别处选择"转账凭证"选项，单击"确定"按钮，如图 4-90 所示。

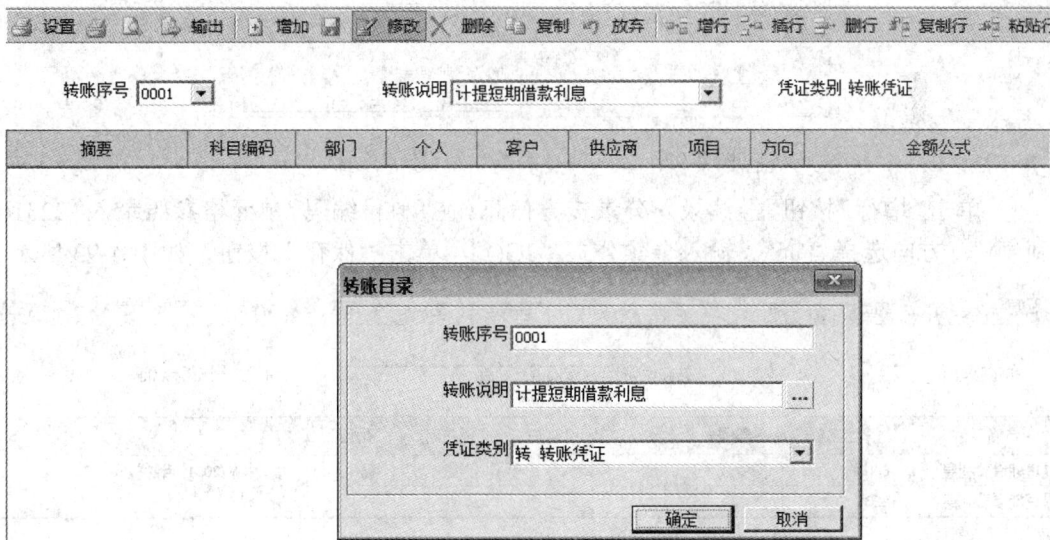

图 4-90　转账目录设置对话框

④ 在"自定义结转设置"对话框中单击"增行"按钮，在新增行"科目编码"处录入"6603(财务费用)"；方向选择"借"；双击"金额公式"按钮，出现选择"参照录入"选项，打开"公式向导"对话框，选择"期末余额 QM()"选项，单击"下一步"按钮，继续

设置公式，如图 4-91 所示。

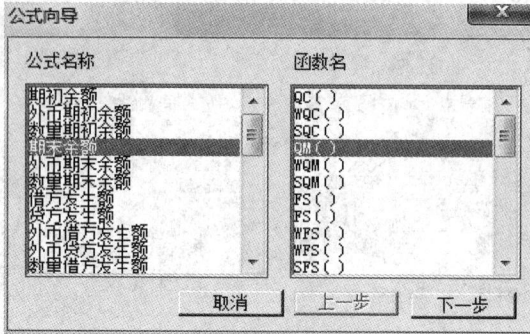

图 4-91　公式向导选择函数对话框

⑤ 选择科目"2001"，方向选择"贷"，如图 4-92 所示。选择公式向导界面左下角"继续输入公式"选项，选择运算符"*"选项，单击"下一步"按钮，选择"常数"选项，在常数位置输入 0.005，单击"完成"按钮。

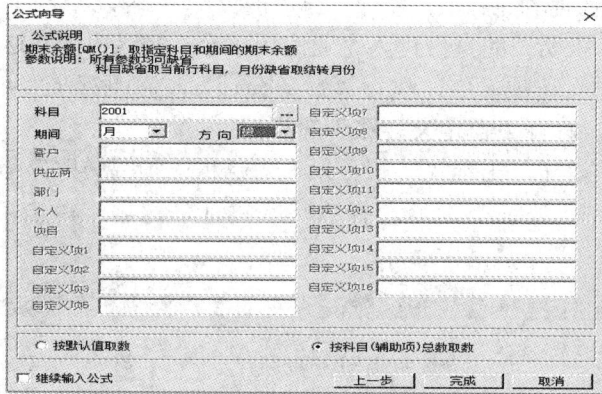

图 4-92　公式向导函数参数设置对话框

⑥ 单击"增行"按钮，继续录入分录贷方信息。在"科目编码"单元格参照录入"2231(应付利息)"，方向选择"贷"。输入金额公式"JG()"，单击"保存"按钮，如图 4-93 所示。

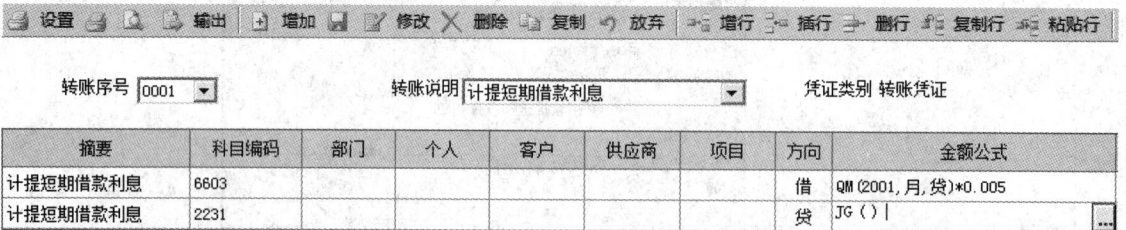

摘要	科目编码	部门	个人	客户	供应商	项目	方向	金额公式
计提短期借款利息	6603						借	QM(2001,月,贷)*0.005
计提短期借款利息	2231						贷	JG()	

图 4-93　自定义公式设置

⑦ 完成公式设置后，单击"退出"按钮。执行"期末"/"转账生成"命令，出现图 4-94 界面，在"是否结账"一栏勾选，显示"Y"标志，单击"确定"按钮，生成凭证，单击"保存"即完成，如图 4-95 所示。

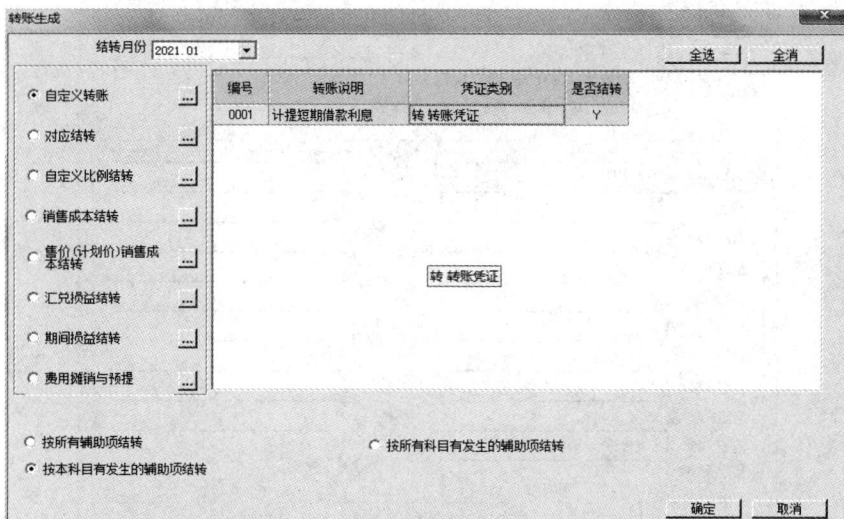

图 4-94　自定义转账凭证生成对话框

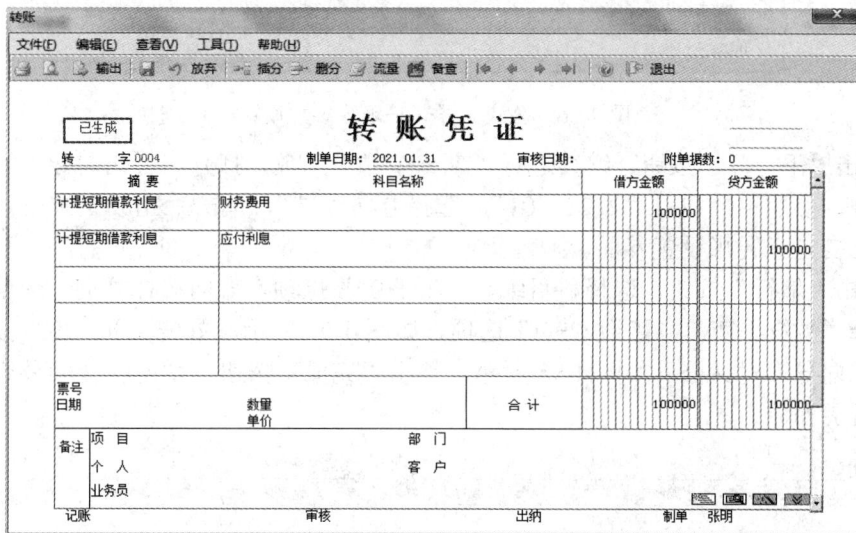

图 4-95　生成计提短期借款利息转账凭证

(2) 自定义转账-转出未交增值税：

① 与上述"自定义-计提利息"操作流程相同，以"会计 002 张明"身份进入企业应用平台，打开"自定义转账"对话框。

② 单击"增加"按钮，出现"转账目录"对话框，填写转账序号"0002"。单击转账说明"转出未交增值税"按钮，凭证类别处选择"转账凭证"选项，单击"确定"按钮。

③ 在自定义转账设置对话框，单击"增行"按钮。在科目编码栏录入"22210104"(若没有此科目，则以 001 身份进入基础设置，增加此科目。)，方向选择"借"。

④ 单击"金额公式"栏中选择按钮，弹出"公式向导"对话框。选择期末余额(QM)。单击"下一步"按钮，打开"公式向导"的函数参数设置对话框，参照科目输入"22210102"，方向选择"贷"。在"继续输入公式"前的方框中打勾，并在运算符单选框中选择减"-"选项，如图 4-96 所示。

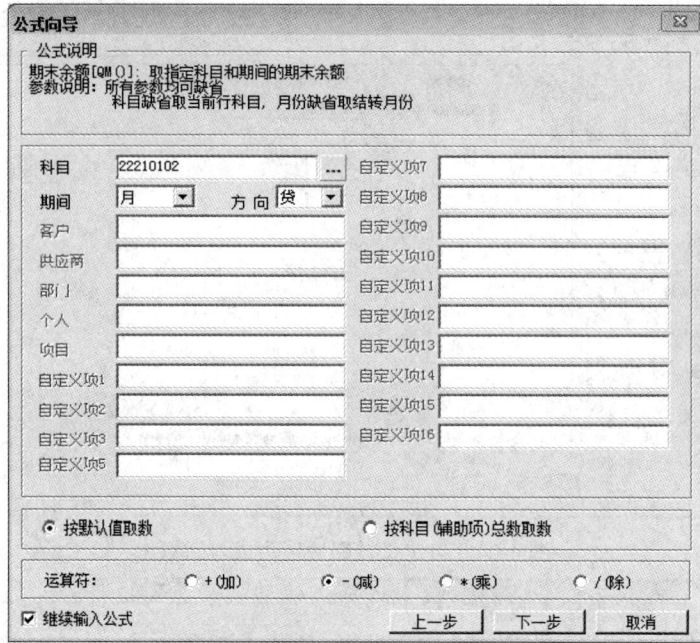

图 4-96　公式向导——函数参数设置

⑤ 单击"下一步"按钮，继续选择"期末余额"函数，打开"公式向导"的函数参数设置对话框，参照输入科目"22210101"，选择方向"借"，单击"完成"按钮。系统将金额公式带回自定义转账设置界面。

⑥ 单击"增行"按钮，选择科目编码"222102"选项，方向选择"贷"选项。双击金额栏，选择"借贷平衡差额函数 CE()"选项，如图 4-97 所示。单击"下一步"按钮，系统弹出"公式向导"对话框，如图 4-98 所示。单击"完成"按钮，系统将金额公式带回自定义转账设置界面。

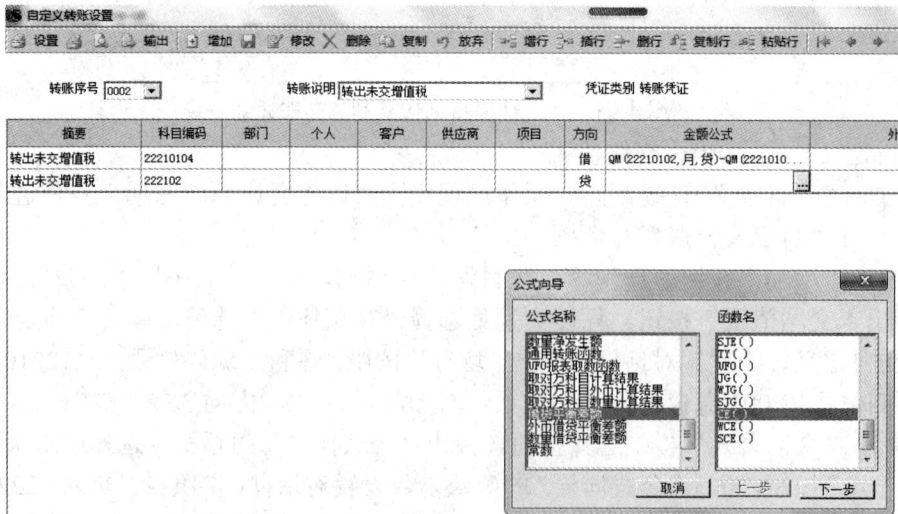

图 4-97　公式向导差额函数选择对话框

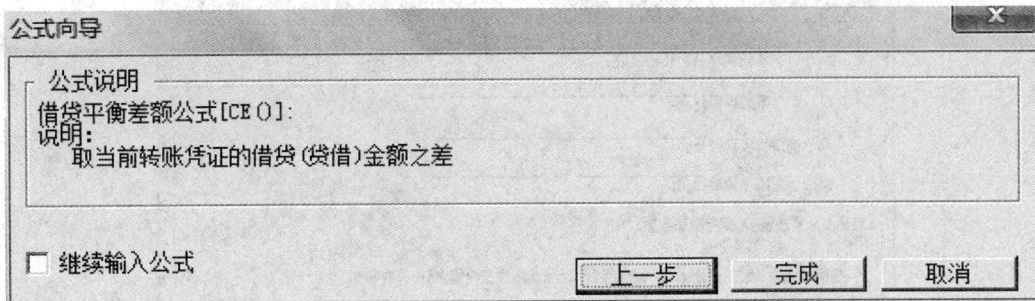

图 4-98 差额函数公式说明对话框

⑦ 完成公式设置后，单击"退出"按钮。执行"期末/转账生成"对话框。在编号为 0002 行的"是否结账"一栏勾选，显示"Y"标志。单击"确定"按钮，生成凭证，单击"保存"按钮即完成，如图 4-99 所示。

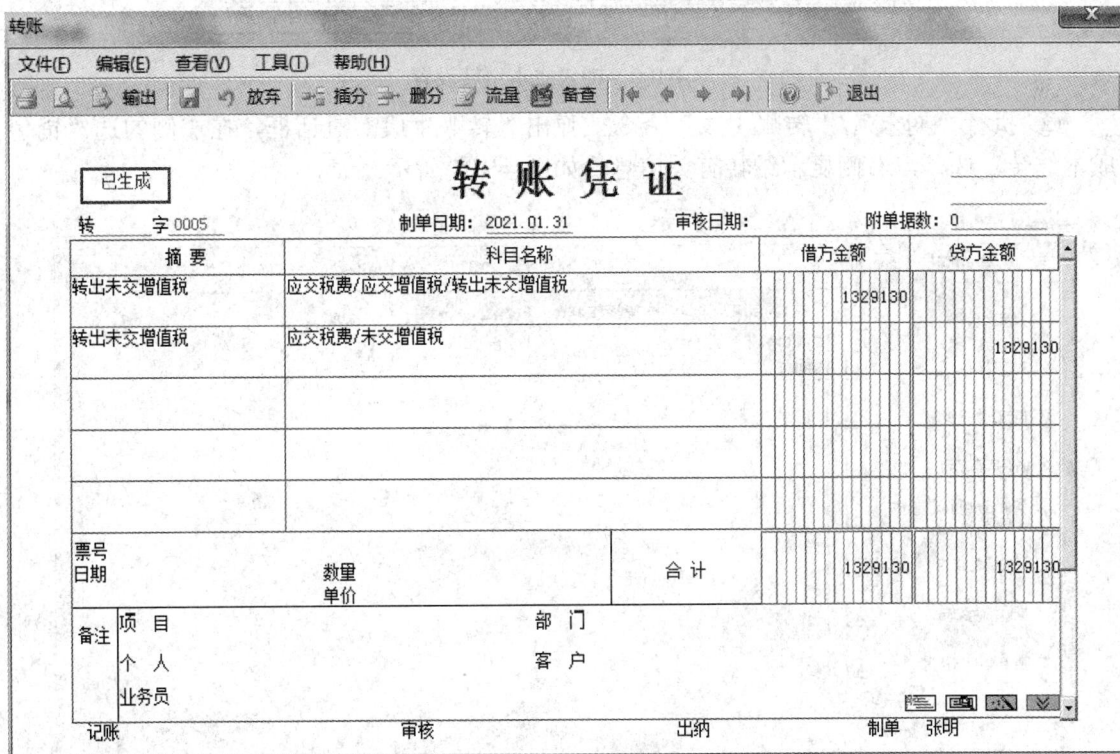

图 4-99 生成转出未交增值税转账凭证

(3) 转账定义-销售成本自动结转：

① 执行"期末"/"转账定义"/"销售成本结转"命令，弹出"销售成本结转设置"对话框。设置凭证类别为"转账凭证"、库存商品科目为"1405"、商品销售收入科目为"6001"和商品销售成本科目为"6401"。当商品销售数量大于库存商品数量时，选择"按商品销售（贷方）数量结转"选项，如图 4-100 所示，单击"确定"按钮。

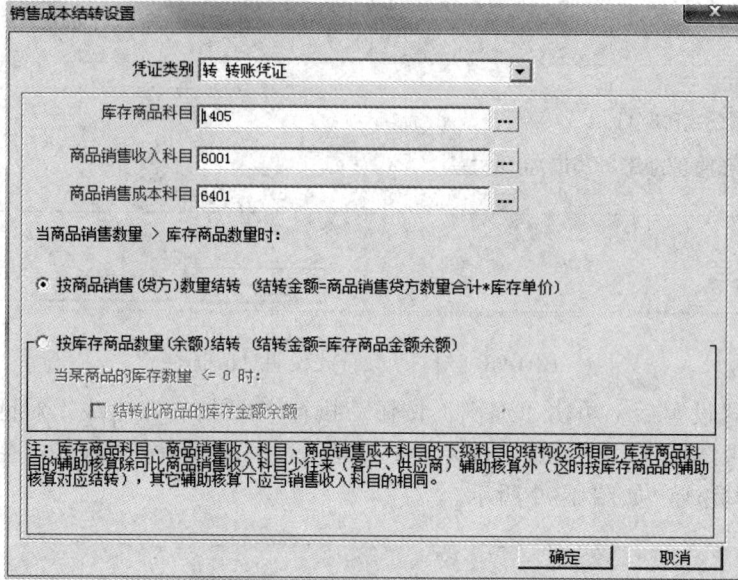

图 4-100　销售成本结转设置

　　② 执行"期末"/"转账生成"命令，弹出"转账生成"对话框，在左侧勾选"销售成本结转"选项，右侧显示结转有关信息，如图 4-101 所示。

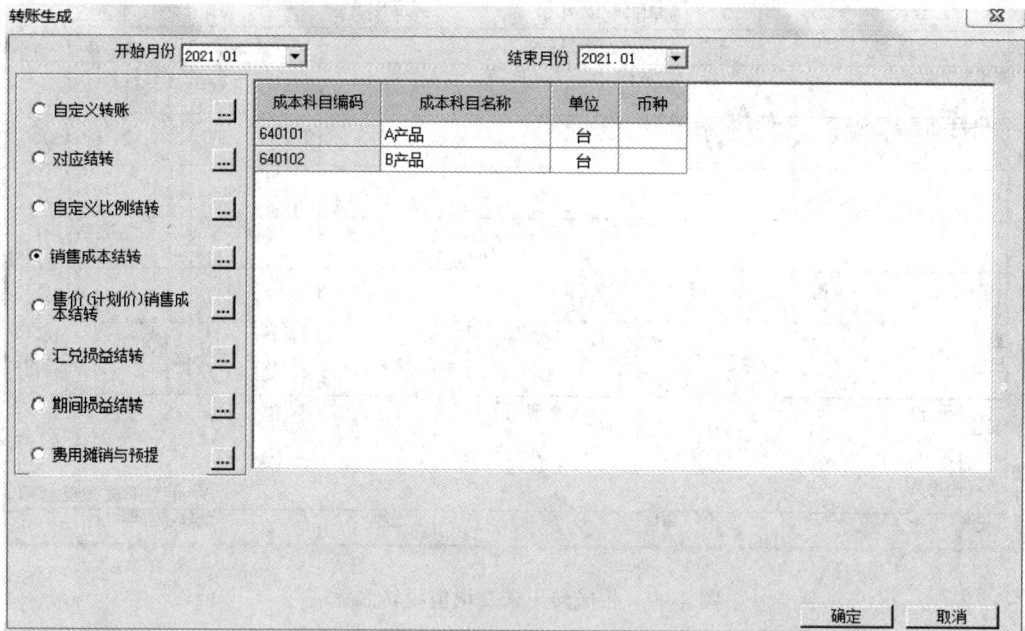

图 4-101　销售成本结转生成对话框

　　③ 单击"确定"按钮，弹出提示"2021 年 01 月或之前月有未记账凭证，是否继续结转？"对话框，选择"是"选项。弹出"销售成本结转一览表"对话框，单击"确定"按钮，出现"转账凭证"对话框。单击"保存"按钮，则生成销售成本凭证，如图 4-102 所示。

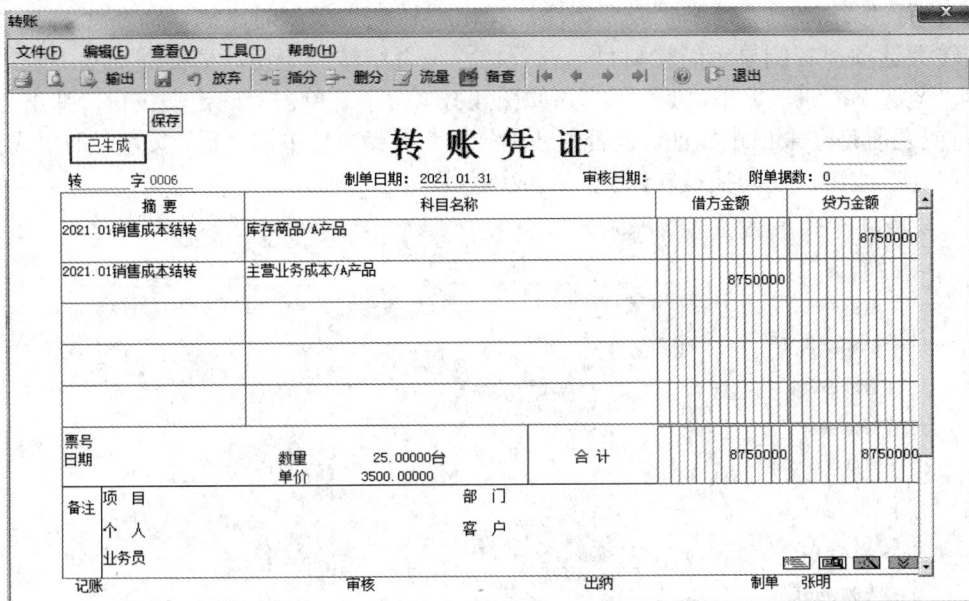

图 4-102　生成销售成本结转凭证

(4) 转账定义-期间损益自动结转：

进行期间损益结转前，应将所有凭证审核签字并记账。

① 执行"期末"/"转账定义"/"期间损益"命令，弹出"期间损益结转设置"对话框。"凭证类别"选择"转账凭证"，"本年利润科目"录入"4103"，如图 4-103 所示。单击"确定"按钮，系统自动返回转账定义界面。

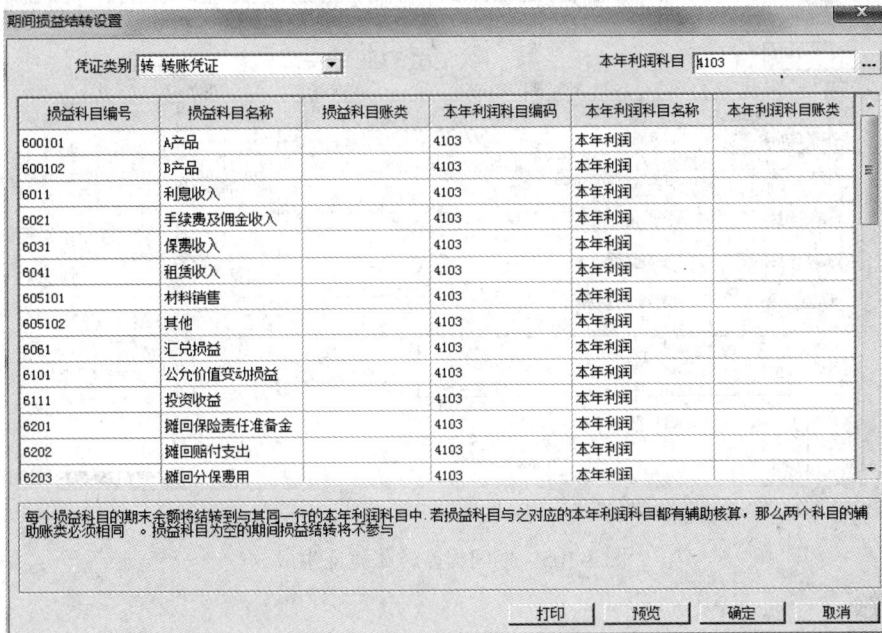

图 4-103　期间损益结转设置对话框

② 执行"期末"/"转账生成"命令，弹出"转账生成"对话框，在左侧勾选"期间损益结转"选项，右侧显示结转科目，并且在"是否结转"一栏，根据需要双击确定。可以点击"全选"按钮，显示"Y"标志，如图 4-104 所示。单击"确定"按钮，弹出"2021年 01 月或之前月有未记账凭证，是否继续结转？"对话框。单击"是"按钮，则生成凭证，单击"保存"按钮，期间损益转账凭证生成，如图 4-105 所示。

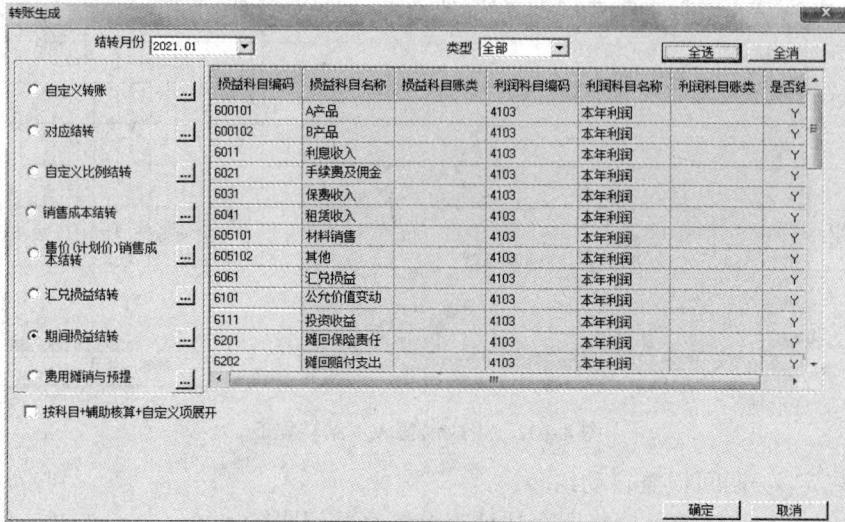

图 4-104　期间损益结转凭证生成对话框

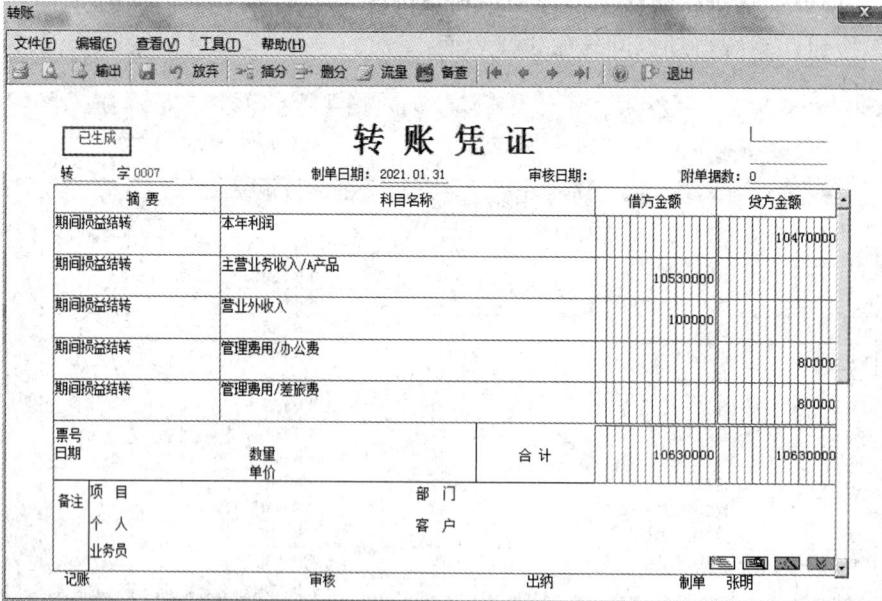

图 4-105　期间损益转账凭证生成

3. 对账

(1) 试算平衡。

① 执行"期末"/"对账"命令，打开"对账"对话框。

② 单击"试算"按钮，出现"2021.01 试算平衡表"对话框，单击"确定"按钮，如图 4-106 所示。

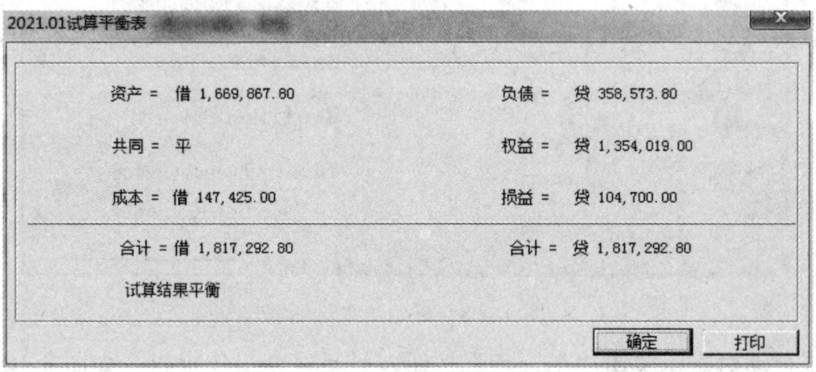

図 4-106　试算平衡对话框

(2) 对账。

① 选择要对账的月份并单击"选择"按钮，或在要结账的月份的"是否对账"栏中双击，出现"Y"标志表示要对该月对账。

② 单击"对账"按钮，系统开始自动对账，显示对账结果。如果没有错误，显示对账完成，如图 4-107 所示。

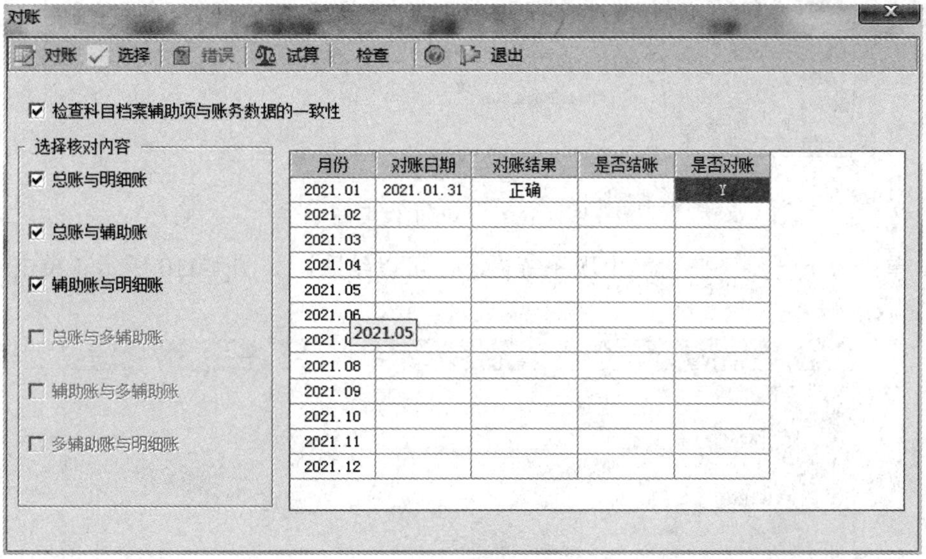

図 4-107　对账对话框

4. 结账

(1) 执行"期末"/"结账"命令，弹出"结账"对话框，如图 4-108 所示。选择要结账的月份"2021.01"选项，单击"下一步"按钮。

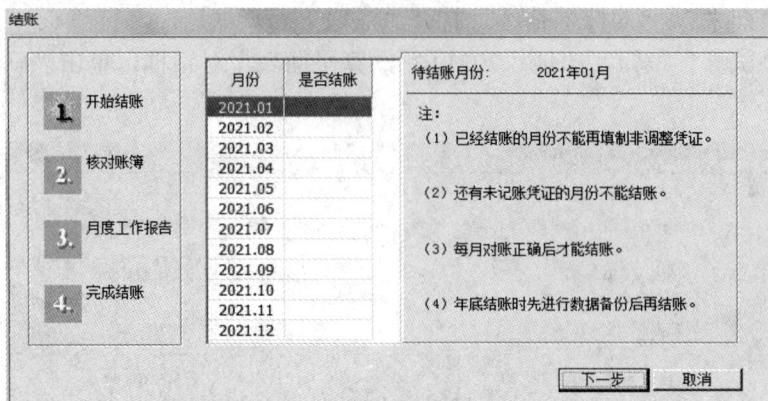

图 4-108　开始结账对话框

(2) 系统自动对账，单击"下一步"按钮，显示月度工作报告，如图 4-109 所示。

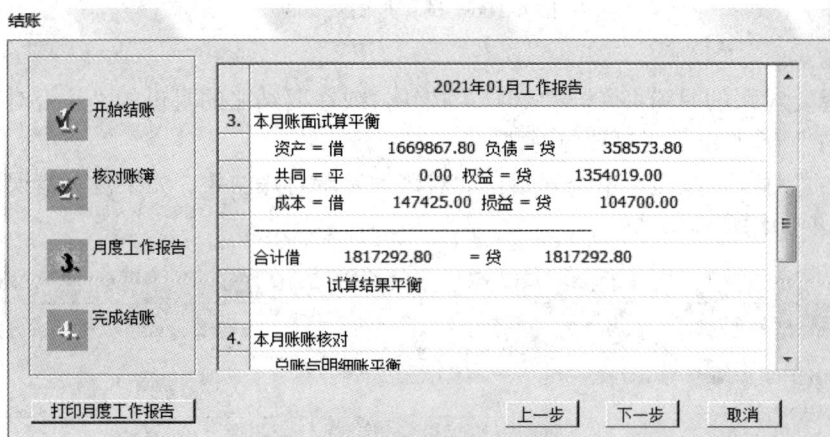

图 4-109　月度工作报告

(3) 单击"下一步"按钮，出现系统提示，可以结账，如图 4-110 所示。单击"结账"按钮，完成结账。

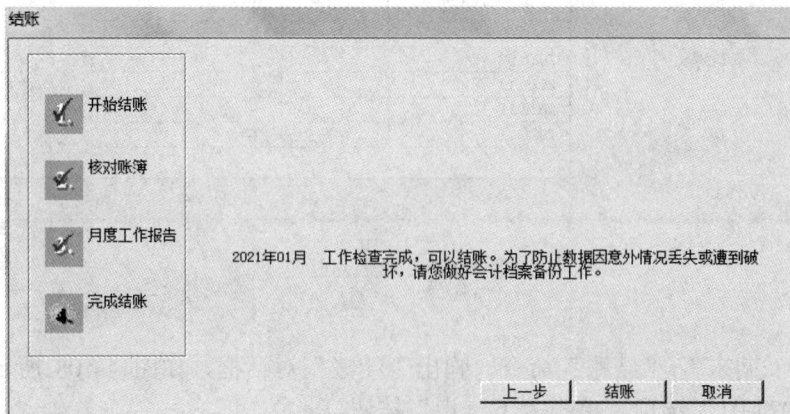

图 4-110　工作检查完成提示对话框

应该注意的是，已结账的月份不能再填制凭证。有未记账的凭证不能结账，上月未结账的本月不能结账，其他子系统未全部结账，则总账不能结账。

思 考 题

1. 总账管理系统有哪些主要功能？
2. 总账选项设置的意义是什么？内容是什么？
3. 计算机系统需要哪些期初数据？年初建账和年中建账有何不同？
4. 日常业务处理包括哪些主要内容？
5. 凭证处理的关键步骤是什么？
6. 凭证录入的主要项目包括哪些？系统提供了哪些控制手段？
7. 凭证查询时能查到哪些相关信息？
8. 总账管理系统中包括哪些基本会计核算账簿？
9. 出纳管理包括哪些主要功能？
10. 什么是转账定义？系统提供了哪些转账定义？
11. 如何进行转账定义？
12. 结账前需要进行哪些检查？
13. 对比手工处理和计算机处理在账务处理上的异同。

第 5 章

UFO 报表管理

【学习目标】

◆ 了解电算化环境下报表系统的基本概念;

◆ 掌握报表格式设置和公式设置的方法;

◆ 掌握使用常用报表模板生成报表的方法;

◆ 掌握报表数据生成报表的方法。

5.1 UFO 报表管理系统的功能

随着会计电算化应用的日益广泛,企业财务部门和业务部门迫切需要利用计算机处理日常工作中庞杂的报表数据。会计报表子系统的主要功能是依据会计准则和有关法规,定期编制与报送规定的会计报表和企业内部管理所需的各种报表,并利用会计报表数据,对经济活动与财务收支状况进行全面、系统的分析。

会计报表子系统的基本设计原理是帮助用户定义各项报表要素和计算报表中的数据,由此编制和输出不同用户所需的各类报表,并完成会计报表的分析,这也是会计报表子系统的主要功能之一。

5.1.1 UFO 会计报表编制功能

UFO 报表管理系统是一个灵活的报表生成工具,用户可以自由定义各种财务报表、管理汇总表、统计分析表等。它可以通过取数公式从数据库中挖掘数据,也可以定义表页与表页以及不同表格之间的数据勾稽运算、制作图文混排的报表。UFO 报表管理系统是广大会计工作者不可多得的报表工具。UFO 与用友其他系统运行时,可以作为通用财经报表系统使用,适用于各行业的财务、会计、人事、计划、统计、税务、物资等部门,会计报表管理系统的主要功能如图 5-1 所示。

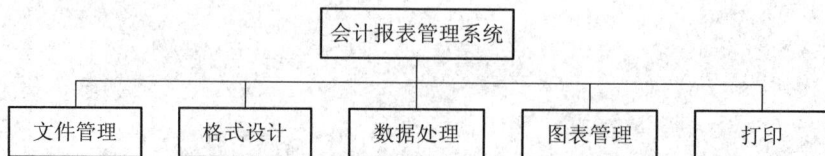

```
                    会计报表管理系统
        ┌──────────┬──────────┼──────────┬──────────┐
     文件管理    格式设计    数据处理    图表管理      打印
```

图 5-1 会计报表管理系统的功能

1. 文件管理功能

UFO 报表管理系统提供了各类文件管理功能,除能完成一般的文件管理外,还能将报表的数据文件转换为不同的文件格式,如文本文件(*.txt)、数据库文件(*.dbf)、Access 文件(*.mdb)或者 Excel 文件(*.xls)。该系统支持多个对话框同时显示和处理,可以同时打开的文件和图形对话框多达 40 个。此外,通过 UFO 报表管理系统提供的"导入"和"导出"功能,可以实现和其他财务软件之间的数据交换。

2. 格式设计功能

UFO 报表管理系统提供了丰富的格式设计功能,如设置组合单元、画表格线(包括斜线)、调整行高列宽、设置字体和颜色、设置显示比例等,可以制作各种形式要求的报表。同时 UFO 报表管理系统还内置了 11 种套用格式并提供 21 个行业的标准财务报表模板,方便用户制作标准报表。财务报表模板中包括最新的现金流量表,可轻松生成复杂报表。通过自定义模板的新功能,用户还可以根据本单位的实际需要定制模板。

3. 数据处理功能

UFO 以固定的格式管理大量不同的表页,能将多达 99 999 张具有相同格式的报表资料统一在一个报表文件中管理,并且在每张表页之间建立有机的联系。UFO 报表管理系统具有排序、审核、舍位平衡、汇总功能;提供了绝对单元公式和相对单元公式,可以方便、迅速地定义计算公式;提供了种类丰富的函数;可以从用友其他业务员系统中提取数据,生成财务报表。UFO 报表管理系统报表数据处理流程如图 5-2 所示。

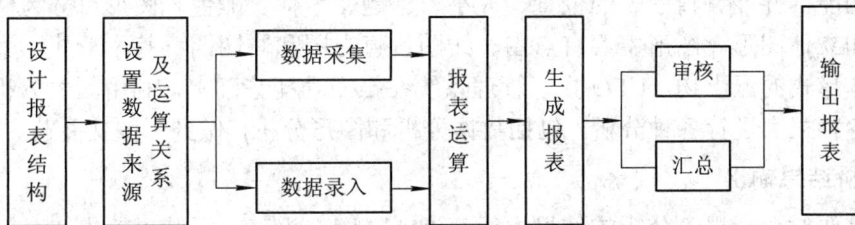

图 5-2　报表数据处理流程

4. 图表管理功能

UFO 报表管理系统将数据以图形的形式进行表示,采用"图文混排"的方法,可以很方便地进行图形数据组织,制作包括直方图、立体图、圆饼图、折线图等 10 种图式的分析图表,还可以编辑图表的位置、大小、标题、字体、颜色等,并且打印输出图表。

5. 打印功能

在系统中报表和图形都可以打印输出,系统还提供打印预览,可以随时观看报表或图形的打印效果。报表打印时,可以选择打印格式或数据、设置财务表头和表尾、在 0.3 到 3 倍之间缩放打印或者横向或纵向打印等,同时还支持对象的打印及预览(包括 UFO 生成的图表对象和插入 UFO 中的嵌入和链接对象)。

6. 二次开发功能

UFO 报表管理系统提供批命令和自定义菜单。在自动记录命令窗中输入的多个命令，可将有规律性的操作过程编制成批命令文件，同时还提供了 Windows 风格的自定义菜单。通过综合利用批命令，可以在短时间内开发出本企业的专用系统。

5.1.2　UFO 会计报表分析功能

1. 报表分析定义

报表分析定义主要从两方面进行定义：分析指标定义、分析指标数据来源定义。

(1) 分析指标定义，即确定要分析的项目。用户要根据实际需要，按照系统的提示，选择设置自己需要的分析指标。

(2) 分析指标数据来源定义，与会计报表数据来源定义一样，要确定分析指标数据的来源公式。分析指标的数据来源有两类：一类是从会计报表系统本身及账务处理子系统等获得的；另一类是从系统外部获取的辅助信息，如计划数据、预算数据、标准数据等。

2. 报表分析数据处理

在 UFO 报表数据处理下，报表的数据可生成分析数据和分析图形。

(1) 生成分析数据。根据已定义的报表数据来源公式，计算得到分析指标项目数值，填入分析表中指定的位置。会计核算软件基本功能是根据会计凭证和据以登记相应账簿生成的各种机内会计报表数据，会计报表数据的变动只能依靠数据来源的变动而变动。

(2) 生成分析图形。图形有比较直观、醒目、易理解等特点，在会计报表分析中提供图形分析功能，并能编辑图表的位置、大小、标题、字体、颜色。图形可分为两大类，即平面图形和立体图形。图形主要有点图、线图、直方图和饼图四种基本形式，其余各种图形都是基本形式的派生物。UFO 报表管理系统在报表功能基础上，利用图表分析功能可以对编制的各种报表进行各种分析，包括数据分析和图形分析，做到了图文并茂、简单明了。

3. 分析结果输出

根据需要对会计报表分析的结果进行查询或打印。报表分析结果输出比会计报表的输出复杂，不仅有表格形式，还有图形形式。

UFO 报表对外输出的报表具有规范性。UFO 报表管理系统的报表输出是为了满足经营管理和预测、决策的需要，因而要保证其输出的规范性。UFO 报表管理系统提供了打印输出功能，并且能使打印输出的会计报表格式和内容符合国家统一会计制度的规定。此外，UFO 报表管理系统在进行会计分析时，使用的财务指标也是按规定设置的。例如，比率分析指标就是使用财政部公布的评价企业的多项财务指标。

4. 分析结果管理

分析结果的管理功能主要包括分析结果的删除、备份、恢复、复制等。与对外的会计报表相比，企业对内的会计报表有很大的灵活性。不同的管理单位通常具有不同的报表内容、格式、编制要求和编制依据，企业可以随管理的不同需要而改变。

目前，用友 ERP-U8V10.1 软件中的报表子系统提供了二次开发功能，以及批命令和自定义菜单，利用该功能可以开发出适合本企业的专用系统。

5.2　会计报表的编制流程

5.2.1　建立空白报表

在使用 UFO 报表管理系统处理会计报表之前，应首先启动 UFO 系统，并且建立一张空白的报表，然后在这张空白报表的基础上设计报表的格式。建立新表后，将得到一张系统默认格式的空表，报表名默认为 Report1.rep。空白报表建立后，里面没有任何内容，所有单元的类型均默认为数值单元。

新报表建立后，默认的状态栏为格式状态，在此状态下定义报表的格式，如报表尺寸、行高列宽、单元属性、组合单元、设置公式、关键字设置等。在数据状态下管理报表的数据，如输入数据、增加或删除表页、审核、舍位平衡、汇总、合并报表等。

5.2.2　设计报表格式

设计表样主要包括设计报表的表格、输入报表的表间项目、定义报表中各项目的显示风格以及定义单元属性。通过设置报表表样可以确定整张报表的大小和外观。报表表样设置的具体内容一般包括设置报表尺寸，定义报表行高和列宽，画表格线，定义组合单元，输入表头、表体、表尾内容和定义单元属性等。

1. 设置报表尺寸

报表尺寸是指设置报表的行数和列数。每张表页为 9999 行和 255 列，报表的尺寸设置完之后，还可以单击"编辑"菜单中的"插入"或"删除"选项，增加或减少行或列来调整报表大小。行高和列宽的定义可以通过菜单操作，也可以直接利用鼠标拖动某行或某列来调整。

2. 录入表内文字

录入表内文字包括表头、表体、表尾(关键字值除外)。在录入报表文字时，编制单位、日期一般不需要录入，UFO 报表管理系统将其单独设置为关键字。在格式状态下定义了单元内容自动默认为表样型，定义为表样型的单元在数据状态下不允许修改或删除。

3. 定义组合单元

报表中有些内容如标题、编制单位、日期及货币单位等信息可能一个单元容纳不下，为了实现这些内容的输入和显示，需要定义组合单元。组合单元实际上就是一个大的单元，所有针对单元的操作对组合单元均有效。组合单元可以用该区域名或者区域中的任一单元名来加以表示。若要将所定义的组合单元取消，可以在"组合单元"对话框中单击"取消组合"按钮实现。

4. 设置单元属性

单元属性的设置主要指单元类型、数据格式、对齐方式、字型、字体、字号及颜色、边框样式等内容的设置。新建报表时，所有单元的单元类型均默认为数值型。格式状态下，录入的内容均默认为表样单元。"字符"单元类型和"数值"单元类型录入以后，只对本表页有效。"表样"单元类型录入以后，对所有的表页有效。设置完之后可以在预览对话框中查看效果。

5. 画表格线

报表的尺寸设置完之后，在报表输出时，该报表是没有任何表格线的。为了满足查询和打印的需要，还需要在适当的位置上画表格线。画好的表格线在格式状态下变化并不明显，操作完以后可以在数据状态下查看效果。

5.2.3　报表数据处理

在会计报表的编制过程中，报表数据处理包括：设置关键字、编辑公式、保存报表和计算报表数据。

1. 设置关键字

关键字是游离于单元之外的特殊数据单元，可以唯一标识一个表页，用于在大量表页中快速选择表页。关键字主要包括单位名称、单位编号、年、季、月、日及自定义关键字，可以根据用户的实际需要任意设置相应的关键字。定义关键字主要包括设置关键字和调整关键字在表页上的位置。关键字是在格式状态下定义的，关键字的值则在数据状态下录入。每张报表可以同时定义多个关键字，关键字(如年、月等)会随同报表数据一起显示。在定义关键字时既要考虑编制报表的需要，又要考虑打印的需要。关键字在一张报表中只能定义一次，即同一张报表中不能有重复的关键字。如果关键字的位置设置错误，可以单击"数据/关键字/取消"按钮，取消后重新设置。

2. 编辑公式

在 UFO 表中，由于各种报表之间存在着密切的数据间的逻辑关系，所以报表中各种数据的采集、运算的勾稽关系的检测就用到了不同的公式。报表中的公式主要有单元公式、审核公式和舍位平衡公式。

3. 保存报表

报表的格式设置完成之后，为了确保今后能够随时调出使用并生成报表数据，应将会计报表的格式保存起来。REP 为用友报表文件设置了专用扩展名。如果没有保存就退出，系统将弹出"是否保存报表？"信息提示对话框。

4. 计算报表数据

进入报表数据处理状态既可以使用菜单进入，也可以直接使用"数据/格式"切换按钮进入。关键字是表页定位的特定标志，每一张表页均对应不同的关键字，输出时随同单元一起实现。日期关键字可以确认报表数据取数的时间范围，即确定数据生成的具体日期。在格式状态下设置完成关键字后，只有在数据状态下对其实际赋值才能真正成为表页的鉴别标志，为表页间、表间的取数提供依据。

当完成报表的格式设计并完成关键字的录入之后，就可以计算指定账套并指定报表时间的报表数据了。计算报表数据是在数据处理状态下进行的，它既可以在报表的关键字录入完成后直接计算，也可以使用菜单功能计算，具体过程如图 5-3 所示。

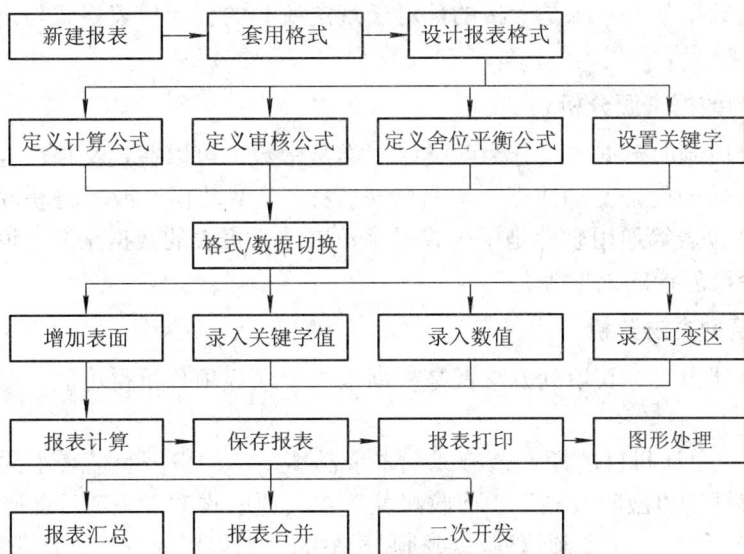

图 5-3　报表编制流程

由图 5-3 可以看出：启动 UFO 报表管理系统后，首先可以利用软件中的报表模板或自行设计报表格式和报表公式，然后设计报表的格式、定义各类公式，最后进行报表数据处理。进行报表的计算，是按照定义的公式计算出对应数据(如果报表公式发生变化或账务数据进行了调整，则需重新计算，可整表重算或表页重算；进行报表图形处理、表页管理(如增加表页、删除表页、整理表页)、报表保存、打印等。在实际应用时，要视情况再确定具体的操作步骤。

5.3　UFO 报表管理系统与其他系统的关系

UFO 报表管理系统是会计信息系统中的一个独立的子系统。它为企业内部各管理部门及外部相关部门提供综合反映企业一定时期财务状况、经营成果和现金流量的会计信息。用友 ERP-U8V10.1 版 UFO 报表管理系统是报表事务处理的工具。

利用 UFO 报表管理系统既可编制对外报表，又可编制各种内部报表，还可支持多个对话框同时显示和处理，可同时打开的文件和图形对话框多达 40 个。UFO 报表管理系统提供了标准财务数据的"导入"和"导出"功能，可以和其他流行财务软件交换数据。它的主要任务是设计报表的格式和编制公式，从总账系统或其它业务系统中取得有关会计信息并自动编制各种会计报表，对报表进行审核、汇总并生成各种分析图，按预定格式输出各种会计报表。

在电算化会计信息系统中，账簿数据以账簿文件的形式存在。账簿文件是总账管理系统和会计报表管理系统的接口。UFO 报表数据主要来源于电算化会计信息系统中的其他系统账务处理数据。

填制报表数据时，按照报表要求填列有关内容，不仅要逐一分析其构成、来源，还要依据报表要求，逐项分析并确定填列方法。手工会计信息系统和电算化会计信息系统所编制的会计报表的数据基本来源是一致的，对于规定编制的会计报表格式与内容的要求也是相同的。

1. 从报表的数据来源分析

报表内需要填制的数据可以分为两类：一类是常数，可以在定义报表格式时在表元中逐个直接填入；另一类是变动数据，通常从账(表)中获取数据，或者将获取的数据进一步加工生成。UFO 报表等通用软件是用公式或函数来定义报表的数据来源，说明从什么地方取数、数据要经过怎样的处理等。

2. 从报表填列方法分析

对于一张会计报表，其填列方法都是根据报表要求逐项分析得出的，可以总结为以下几类：

(1) 根据单一会计科目的期初余额或期末余额填列，如资产负债表中的"交易性金融资产""应收票据""应收股利""应收账款""其他应收款"等项目都属单科目填列。

(2) 根据单一科目的发生额填列，如利润表中的"销售费用""管理费用"等项目。

(3) 根据多个科目的期初余额或期末余额计算填列，如资产负债表中的"货币资金"项目的期末余额，应该根据"库存现金""银行存款""其他货币资金"三个科目的期末余额合计填列。此类项目还有"存货"等。

(4) 根据其他报表的数据填列，如所有者权益变动表中的数据，均取自其他报表。

(5) 根据表中不同行次数据计算填列，如资产负债表中的"流动资产合计""非流动资产合计""总资产合计""流动负债合计""非流动负债合计""负债合计"和"所有者权益合计"等项目。利润表中的"营业利润""利润总额""净利润"等项目都属于运算。

从以上可以看出，填列的所有财务数据均从各子系统登记记录，即在报表管理系统中，会计报表的数据来源通常有总账系统的账簿和会计凭证、其他报表、人工直接输入等；也可从应收应付、工资、固定资产、销售、采购、库存等系统中提取数据、生成报表。需填列的账务数据还可来源于 UFO 报表管理系统本身，如报表项目间的传递结果和报表间报表项目的运算结果。还有些数据来源于电算化会计信息系统外部的数据输入。UFO 报表管理系统与其他系统的关系如图 5-4 所示。

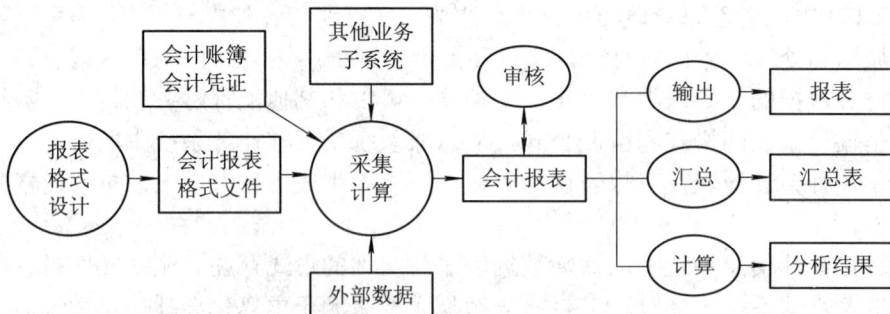

图 5-4　UFO 报表管理系统与其他系统的关系

5.4　UFO 报表管理系统的业务处理

5.4.1　新建报表

创建新表就是在 UFO 会计报表管理系统中建立一个新的报表文件，这是编制会计报表的前提。

UFO 报表管理系统有三个重要对话框，分别是系统对话框、报表对话框和图表对话框。

系统对话框是启动 UFO 报表后的对话框，其中包含"文件""工具""帮助"等系统菜单。在系统菜单对话框中，只要执行"文件"/"新建"命令就可进入报表对话框。

报表对话框是对报表进行格式设计和数据处理等一系列报表操作的重要对话框。它包含的报表菜单有"文件""编辑""格式""数据""工具""对话框"和"帮助"。

图表对话框与报表对话框相似，区别在于工作区和工具栏图标的设置。图表区用于显示图表，工具栏图标用于图表的相关操作。它包含的图表菜单有"图表""编辑""格式"和"帮助"。

在企业应用平台中，启动即为系统对话框。执行"业务工作"/"财务会计"/"UFO 报表"命令，即进入 UFO 报表管理系统，执行"文件"/"新建"命令，建立一张空白报表，报表名默认为"report1"。

5.4.2　报表格式设计

设计报表格式是指对报表行数、列数、标题、表头、表体、表尾以及报表内各个单元属性和风格等内容的定义。报表格式是报表编制的基础，它决定了报表的外观、结构和数据录入的属性。

1. 设置格式状态与数据状态

UFO 报表管理系统将报表制作分为两大部分来处理，这两部分包括报表格式设计工作与报表数据处理工作。UFO 报表管理系统在报表格式状态下进行有关格式设计的操作，如表尺寸、行高、列宽、单元属性、单元风格、组合单元、关键字及定义报表的单元公式(计算公式)、审核公式、舍位平衡公式等。在格式状态下，所能看到的是报表的格式，报表的数据全部隐藏，并且在格式状态下进行的操作对本报表所有的表页都发生作用。但应当注意，格式状态下不能进行数据的录入、计算等操作。UFO 报表管理系统在报表数据状态下主要管理报表的数据，如输入数据、增加或者删除表页、审核、舍位平衡、制作图形、汇总、合并报表等。在数据状态下不能修改报表的格式，看到的是报表的全部内容，包括格式和数据。

在报表工作区的左下角有一个"格式/数据"按钮，单击此按钮可以在格式状态和数据状态之间进行切换，在数据状态下不能修改报表的格式。格式状态与数据状态切换方法如下：

(1) 单击对话框左下角"格式"与"数据"切换按钮。

(2) 编辑菜单下的"格式"/"数据状态"。

(3) 利用快捷键 Ctrl + D。

2. 设置表格

报表按照结构的复杂性，可分为简单报表和复合报表两类。简单报表是由若干行和列组成二维表。复合报表由若干简单表组合而成。会计报表大多都是简单报表，如资产负债表、利润表和现金流量表等。

简单报表一般由四个基本要素组成：标题、表头、表体和表尾。

1) 标题设计

标题即报表名称。报表的标题可能不止一行，有时还有副标题、修饰线等内容。标题栏位于每张报表上端，一般用于填写报表的名称、编号、编制单位、编制日期、计量单位、报表栏目名称等。

2) 表头设计

表头是指表中第一行或第一列列出的表格行或列的内容名称。它是会计报表中描述报表整体性质的部分，即报表的栏目。报表的表头栏目名称是表头的最主要内容，它决定着报表的纵向结构、列数以及每一列的宽度。有的报表表头栏目比较简单，只有一层，而有的报表表头栏目却比较复杂，需要分若干层次。

3) 表体设计

表体即报表的主体，也是报表的核心，它由若干项目和相关数据组成。表体的内容决定报表的横向组成，它是报表数据的表现区域。表体在纵向上由若干行组成，这些行称为表行；在横向上由若干栏目构成，这些栏目称为表列。

4) 表尾设计

表尾是表体以下进行辅助说明的部分。表尾指表后的各种落款、日期等其他说明，还包括编制人与审核人姓名、编制日期等内容。

5) 设置表格尺寸

表格尺寸是指设定报表的行数和列数。报表的行数是将报表的标题、表头、表体和表尾所占的行数加总所得的行数，报表的列数是指报表所设的栏目数。

在"UFO 报表"对话框格式状态下，执行"格式"/"表尺寸"命令，打开"表尺寸"对话框，输入行数、列数，单击"确认"按钮，对话框即显示出所设行数和列数，如图 5-5 所示。

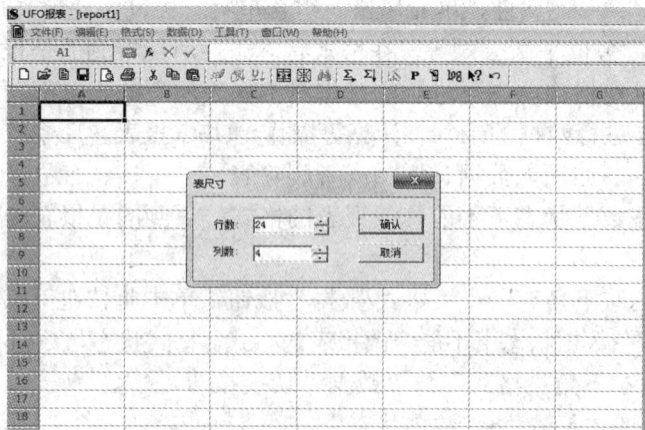

图 5-5　设置表尺寸

通过执行"编辑"/"插入"命令，可对报表尺寸进行修改，即可在选定行的上方增加行或在选定列的左方增加列。同样，执行"编辑"/"追加"命令，可在报表最后一行或最后一列增加行或列。执行"编辑"/"删除"命令，可删除选定的行或列。

6) 设置行高和列宽

在一张报表中，出于美观考虑，对不同的行可能会设置不同的行高。对列宽的设置也要考虑相应的单元内容。尤其是数据单元，其列宽应能放下本栏中最宽的数据。

系统默认的行高值是 5 mm，列宽值是 25 mm。对行高和列宽的设置有两种方式：一是在对话框中直接将鼠标光标放在行标间或列标间，然后按住鼠标左键拖动鼠标进行调整。二是通过执行菜单命令，对选定区域进行整体行高和列宽的设置。这种方法设置精确，并且易实现整体格式的统一。

在"UFO 报表"对话框格式状态下，执行"格式"/"行高"命令，打开"行高"对话框，输入行高数，单击"确认"按钮即可。同样，执行"格式"/"列宽"命令，可设置列宽，如图 5-6 所示。

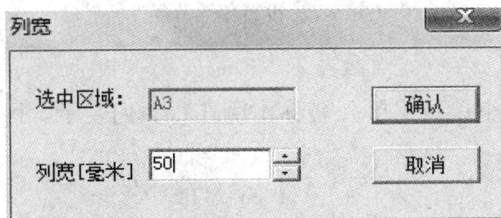

图 5-6　列宽设置

7) 画表格线

新建的报表虽然在对话框中显示有浅灰色的表格线，但是在报表输出时是没有任何表格线的，为了便于对打印输出的报表的阅读，还应根据需要在报表适当位置添加表格线。

在"UFO 报表"对话框格式状态下，执行"格式"/"区域画线"命令，打开"区域画线"对话框，可根据要求，选定"网线"或"横线"等单选框，单击"确认"按钮，将所选区域画上表格线或横线。

8) 定义组合单元

定义组合单元就是将几个单元合并为一个单元。通常报表的标题、表头和表尾的设置会用到组合单元。在一些比较复杂的报表表体中也会用到组合单元。

输入文字内容是指报表文字内容包括标题、表头、表体栏目和表尾内容。其中表头的"编制单位""年""月"一般不按文字内容输入，而作为"关键字"来设置。文字输入的方法有两种：一是双击选定单元，将光标放在单元格中，直接在单元格输入内容。二是选定单元格后，将光标定位在对话框上方的编辑栏中进行输入。

在报表格式状态下，选定需要组合的单元区域，执行"格式"/"组合单元"命令，打开"组合单元"对话框，如图 5-7 所示。

选择按行或列或整体方式组合单元后，所选区域即可合并成一个单元格。单击"取消组合"按钮，也可取消已组合的单元。

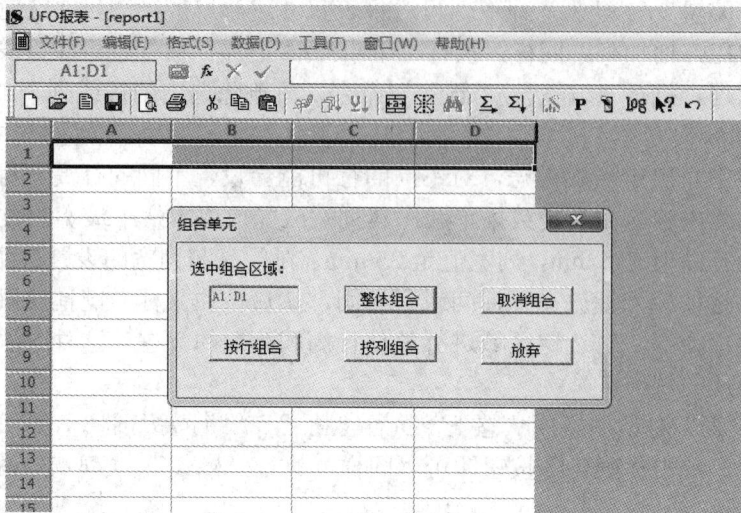

图 5-7　设置组合单元

3. 设置单元属性

单元是组成报表的最小单位，单元名称由所在行、列表示。行号用数字 1～9999 表示，列标用字母 A～IU 表示。

1) 单元类型

单元类型分为数值单元、字符单元和表样单元 3 种类型。

(1) 数值单元用于存储报表的数据，在数据状态下输入。数字可以直接输入或由单元中存储的单元公式运算生成。在建立一个新表时，所有单元的类型默认为数值型。

(2) 字符单元同数值单元相似，也用于存储报表的数据，在数据状态下输入，只不过不一定是数值数据。字符单元的内容可以是汉字、字母、数字及由各种键盘可输入的符号组成的一串字符。一个单元中最多可输入 63 个字符或 31 个汉字。字符单元的内容也可由单元公式生成。

(3) 表样单元是报表的格式，用来定义一个没有数据的空白表所需的所有文字、符号或数字。一旦单元被定义为表样，则在其中输入的内容对所有表页都有效。表样单元可在格式状态下输入和修改，在数据状态下不允许修改。

选中某单元或组合单元，执行"格式"/"单元属性"命令，打开"单元格属性"对话框。在"单元类型"列表框中，有数值、字符、表样三种单元类型供用户选择。

在格式状态下，已输入文字内容的单元，系统自动将其属性设置为表样单元；未输入文字内容的单元，系统自动将其属性设置为数值单元。数值单元的属性设置包括数值表示方式的内容，它包括设置是否有逗号、百分号、货币符号，还包括字符单元设置，用于存放字符型数据，其内容可以是汉字、字母、数字等。

2) 单元风格

单元风格是指表格单元内容在字体、字号、字型、颜色、对齐方式等方面的设置内容。设置单元风格的目的是使表格外观更加美观，符合阅读习惯。

执行"格式"/"单元属性"命令,打开"单元格属性"对话框。单击"字体图案"选项卡,分别在"字体""字号""字型""颜色图案"列表框中按要求设置,如图 5-8 所示。单击"对齐"选项卡,分别按"水平方向""垂直方向"要求设置。

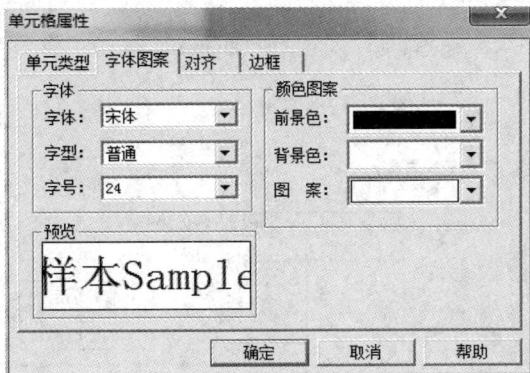

图 5-8　单元格属性对话框

4. 设置关键字

关键字是游离于单元之外的特殊数据单元。关键字可以唯一表示一个表页,可用于在大量表页中快速选择表页。例如,一个利润表的表文件可存放一年甚至多年的利润表,要从中准确定位出某一张表页,就需要设置一些定位标志,这些标志在报表系统中称为关键字。关键字的显示位置在格式状态下设置,关键字的值则在数据状态下录入。每个报表可以定义多个关键字,报表系统提供了以下六种关键字:

(1) 单位名称:字符型(最多 30 个字符),报表编制单位的名称;

(2) 单位编号:字符型(最多 10 个字符),报表编制单位的编号;

(3) 年:数字型(1980~2099),该报表的年度;

(4) 季:数字型(1~4),该报表的季度;

(5) 月:数字型(1~12),该报表的月份;

(6) 日:数字型(1~31),该报表的日期。

除此之外,报表系统还增加了一个自定义关键字,用户可在实际工作中灵活运用这些关键字。

如果设计的报表是由多页组成的,为了便于区别表页和对表页进行公式取值,应当考虑将报表中的某些关键性的文字定义为特殊的关键字,使其具有标识表页和取值的功能。定义多个关键字后,为防止关键字叠放在一起,还可以通过"偏移"调整关键字的位置。关键字位置是通过设置关键字的偏移量来调整的,偏移量为负值表示向左移动,正值则表示向右移动。偏移量单位为"像素"。

用户可以根据自己的情况任意设置关键字,但是一个关键字在该表中只能定义一次。关键字是在格式状态下设置的,关键字的值必须在数据状态下录入。

在报表格式状态下,选择报表(如资产负债表)要设置的关键字(年、月、日)的区域,执行"数据"/"关键字"/"设置"命令,打开"设置关键字"对话框,选择或自定义一个关键字名称(一种关键字在一张报表中只能定义一次,一张报表可以定义多个关键字),单击

"确定"按钮，则选中的关键字就成为定位标志。关键字显示的位置在格式状态下设置，关键字的值则在数据状态下录入，如图 5-9 所示。

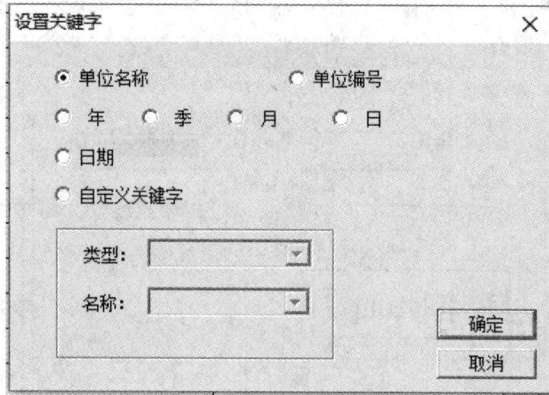

图 5-9   设置关键字对话框

执行"数据"/"关键字"/"偏移"命令，可移动关键字在报表中的位置。负数表示向左，正数表示向右。

执行"数据"/"关键字"/"取消"命令，即可删除选定单元中的关键字。

5.4.3   UFO 报表编制公式

报表编制公式是报表数据单元计算依据的规则，主要包括单元计算公式、报表中数据关系的审核公式和舍位平衡公式。

1. 定义单元计算公式

单元公式主要用于定义报表数据来源以及运算关系，也是编制报表使用最多的公式。单元公式一般由目标单元、取数单元、函数和运算符系列组成，用于从账簿、凭证、本表或其他报表中调用、运算所需的数据，将结果填入对应的报表单元中。常用的报表数据一般来源于总账系统和报表系统本身，报表取数可以分为从本表取数或从其他表页取数两种方式。由报表数据来源分析，可将单元公式归纳为以下四种。

1) 财务取数

财务取数公式沟通了报表系统和总账系统的数据传递，实现了报表系统从账簿、凭证中采集会计数据并生成报表及账表的一体化过程。UFO 报表可以从总账、应收、应付、薪资、固定资产、销售、采购库存等系统中提取数据，共提供 230 个业务函数。

财务取数函数基本格式为：

    函数名("会计科目"，会计期间，["方向"]，[账套号]，[会计年度]，[编码 1]，
      [编码 2])

科目编码也可用科目名称，但必须使用双引号括起来，会计期间可以用"年""季""月"等变量，也可用具体数字表示。

财务取数函数格式是相同的，不同的是函数名。函数名决定取数的类型，如"期初""期末""发生额"等，如表 5-1 所示。

表 5-1 主要财务取数函数表

函数名	金额式	数量式	外币式
期初余额函数	QC( )	SQC( )	WQC( )
期末余额函数	QM( )	SQM( )	WQM( )
发生额函数	FS( )	SFS( )	WFS( )
累计发生额函数	LFS( )	SLFS( )	WLFS( )
条件发生额函数	TFS( )	STFS( )	WTFS( )
对方科目发生额函数	DFS( )	SDFS( )	WDFS( )
净额函数	JE( )	SJE( )	WJE( )
汇率函数	HL( )		

例如，库存现金期初余额=QC（"1001"，月)，库存现金借方发生额=FS（"1001"，月，"借"），其他货币资金期末余额=QM（"101201"，月)等。

从总账取数时，应在格式状态下，选定需要定义的公式单元，单击"fx"或执行"数据"/"编辑公式"/"单元公式"命令，打开"定义公式"对话框。

单击"函数向导"按钮，打开"函数向导"对话框，在"函数分类"列表框中选择"用友财务函数"，在"函数名"列表框中选中需要取数的类型，如"发生(FS)"，则取财务发生额数值，如图 5-10 所示。

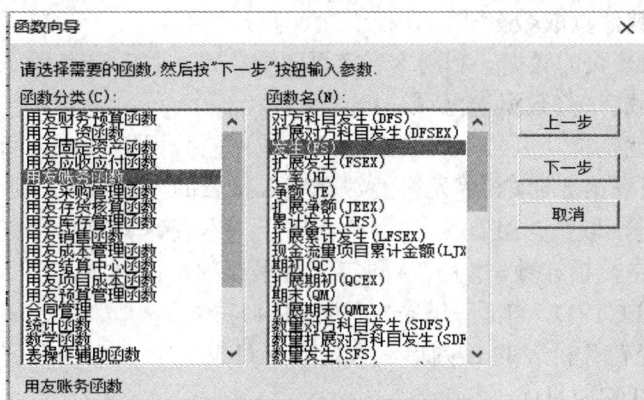

图 5-10 函数向导对话框

单击"下一步"按钮，打开"用友财务函数"对话框，单击"参照"按钮，打开"财务函数"对话框，在"财务函数"对话框中设置公式内容，如科目、期间、方向以及辅助核算项目等。设置完毕，单击"确定"按钮返回。

2) 表内取数

表内取数指数据源限于表内，通过加减乘除或统计函数、数学函数的运算生成数据。它主要用于在本表页的指定区域内求和、求平均值、计数、求最大值或最小值、求统计方差等运算，实现表页中相关数据的计算和统计。例如资产负债表中涉及的合计数据，利润表中的营业利润、利润总额、净利润数据都是通过表内单元的加减运算生成的。常见的表页内运算公式如表 5-2 所示。

表 5-2　表页内运算公式

函数名	固定区	可变区
求和	PTOTAL( )	GTOTAL( )
平均值	PAVG( )	GAVG( )
计数	PCOUNT( )	GCOUNT( )
最大值	PMAX( )	GMAX( )
最小值	PMIX( )	GMIX( )
方差	PVAR( )	GVAR( )
偏方差	PSTD( )	GSTD( )

选定需要定义的公式单元，单击"fx"或执行"数据"/"编辑公式"/"单元公式"命令，打开"定义公式"对话框。

单击"函数向导"按钮，打开"函数向导"对话框。在"函数分类"列表框中选择"统计函数"，在右边的"函数名"列表框中选中运算的类型，如"PTOTAL"，单击"下一步"按钮，打开"固定区统计函数"对话框，在固定区区域文本框中输入定义统计公式的单元，单击"确认"按钮返回，定义公式，再单击"确认"按钮返回。

3) 本表其他页取数公式

在日常编制报表时，通常将有密切联系的报表叠放在一起，形成一个三维表。例如，将本年度经营分析表放在一个报表文件中，这样既有利于查阅对比各项的报表数据，也有利于通过编辑本表其他页取数公式而在报表之间直接取数。

(1) 取确定页号表页的数据。利用本表它页取数公式，取确定表号、表页数据的格式为：

〈目标区域〉=〈数据源区域〉@〈页号〉

该公式的作用就是将〈页号〉和〈数据源区域〉的数据填入〈目标区域〉。

例如，将当前报表第 2 页 C6 单元格的数据填入报表的当前页 B8，则表示为 B8= C6@2。

(2) 按一定关键字取数。SELECT()函数常用于从本表他页取数计算。

在"损益表"中，累计数=本月数+同年上月累计数，可表示为：

D=C+SELECT (D，年@=年 and 月@=月+1)

例如，将本月经营分析表的 B 列单元数值取上月表页中 C 列的数值，其公式表达式为：

B=SELECT(C，月@=月+1)

4) 报表之间取数公式(又称他表取数)

报表之间取数公式主要用于从另一报表采集数据，即在不同报表之间定义取数关系，适用于报表文件存放于同一磁盘中的情况，在报表之间采集数据时要指定表名、表页、单元格。其格式为：

〈目标区域〉="〈报表名[.rep]〉"-〈数据源区域〉[@<页号]

例如：取"资产负债表"文件第 3 页的 D6 单元数值到当前表页的 C8 单元，其公式表达为：

C8="资产负债表"D6@3

2. 审核公式

在会计报表中，数据之间一般都存在某种勾稽关系。根据这种勾稽关系定义审核公式，检查报表编制结果的正确性。例如，资产负债表中的"资产合计=负债合计+所有者权益合计"。若要定义审核公式,需要执行"数据"/"编辑公式"/"审核公式"命令。

审核公式可验证表页中的数据关系,也可验证同表中不同表页之间或不同表之间的数据勾稽关系。审核公式把报表中某一单元或某一区域与另一单元或某一区域或其他字符之间用逻辑运算符连接起来。

审核公式格式为:

〈表达式〉〈逻辑运算符〉〈表达式〉[MESS "提示信息"]

逻辑运算符可使用=、>、<、>=、<=、<>运算符。

例如,在资产负债表中,假设要求反映期初资产总计在 C38 单元,反映期初负债和所有者权益合计在 G38 单元,则该检验内容相应的审核公式为:

C38=G38

MESS "期初数据不符合平衡关系!"检验结果十分清楚。

在格式状态下,单击"fx"或执行"数据"/"编辑公式"/"审核公式"命令,打开"审核公式"对话框。在文档框中输入公式内容和不满足审核关系的提示信息。

在数据状态下,执行"数据"/"审核"命令,系统按照审核公式进行审核,完成后在状态栏显示审核结果。

注意:在文档框中输入公式内容和不满足审核关系的提示信息时,错误信息可输可不输;一行只能定义一个审核公式;上下紧挨的审核公式之间要用英文状态下的逗号隔开。

3. 舍位平衡公式

舍位平衡公式主要用于解决已编制的正确报表,由于货币计量单位的转换而导致的不平衡问题,即用来重新调整报表数据进位后的小数位平衡关系的公式。编制会计报表时,编制单位一般以元作为计量单位。在进行汇总时,计量单位可能要转换为"千元"或"万元",这种操作会因小数位的四舍五入而破坏报表的平衡关系,因此还需要对计量单位转换之后报表的数据平衡关系进行调整,使舍位之后的数据符合制定的平衡公式。

舍位平衡公式格式为:

REPORT "〈舍位表文件名〉"

RANGE〈区域〉[, 〈区域〉]*

WEI〈位数〉

[FORMULA〈平衡公式〉[, 〈平衡公式〉]*[FOR〈页面筛选条件〉]]

具体操作通过在格式状态下执行"数据"/"编辑公式"/"舍位公式"命令来完成。

舍位平衡公式参数说明是指必须指明舍位表名、舍位范围、舍位位数和平衡公式。舍位位数为 1,区域中的数据除 10;舍位位数为 2,区域中的数据除 100;以此类推。书写平衡公式时要遵从倒序,每个公式一行,各公式之间用逗号隔开,最后一条公式不用逗号。公式中只能用"+""-"符号,不能使用其他运算符及函数。等号左边只能为一个单元(不带页号和表名),一个单元只允许在右边出现一次。

5.4.4 UFO 报表输出与维护

1. 报表的输出

通过会计报表格式、公式的定义和报表的编制后,生成了各种会计报表数据库文件。

为便于使用者阅读会计报表，需对生成的会计报表数据进行输出处理。

(1) 会计报表输出内容：输出报表结构(包括报表结构空白的表格)、输出编制完整的报表(包括报表结构和报表数据)、输出能被其他系统接受的数据(即转换成其他软件使用的数据格式或标准的数据库格式)、输出报表的指定区域。

(2) 会计报表的输出方式：屏幕显示输出、打印输出、磁盘输出、网络传输等。

2. 会计报表维护

1) 报表删除

每次编制报表时，会计报表子系统都将生成一系列的报表文件，系统长时间运行后积累大量无用的报表文件，而这些文件占用系统的存储空间，需要删除系统中以前年度的报表文件。

通常只删除报表数据而不删除报表结构，否则，报表结构包含已设置的报表格式和数据来源公式，就需重新定义，费时费力。故即使不再需要的报表结构，也要制作备份，必要时恢复使用。

2) 报表备份与恢复

报表备份是将系统产生的报表数据保存到存储介质中，以保护会计档案和系统数据安全。备份时应注明备份数据的时间，避免恢复时发生错误。

将备份的会计报表数据复制到计算机系统硬盘上，即为报表恢复。

3) 报表结构复制

报表种类较多，结构定义复杂，且报表的定义花费时间较长，为方便用户定义新的报表，系统提供报表结构复制功能。当用户定义与复制报表结构(包括报表格式和数据来源公式)相近，或只需少量修改即可重新定义新的报表结构时，使用此功能则可以减少报表定义工作量。

5.5　UFO 报表管理系统实训

5.5.1　自定义报表

【实训准备】

引入第四章账套备份数据，将系统日期修改为"2021 年 1 月 31 日"，以账套主管 001 陈浩的身份登录企业应用平台，进入 UFO 报表。

【实训内容及要求】

(1) 按要求设计利润表的格式。

(2) 按 2007 新会计制度设计利润表的计算公式。

要求：掌握报表格式定义、公式定义的操作方法。

【实训资料】

以账套主管"001 陈浩"的身份，进入 UFO 报表。按照表 5-3 格式自定义利润表，并完成以下操作内容。

表 5-3 利 润 表

编制单位：　　　　　　　　　　年　　月　　　　　　　　　　　　单位：元

项　　　　目	行数	本月数	本年累计数
一、主营业务收入	1		
减：主营业务成本	2		
主营业务税金及附加	3		
销售费用	4		
管理费用	5		
财务费用	6		
资产减值损失	7		
加：公允价值变动收益	8		
投资净收益	9		
其中：对联营企业与合资企业的投资收益	10		
二、营业利润(亏损以"－"填列)	11		
加：营业外收入	12		
减：营业外支出	13		
其中：非流动资产处置损失净损失	14		
三、利润总额(亏损以"－"填列)	15		
减：所得税费用	16		
四、净利润	17		
五、每股收益	18		
基本每股收益	19		
稀释每股收益	20		

制表人：

(1) 设置报表尺寸：行数 24，列数 4。

(2) 定义组合单元：按行组合 A1:D1；A2:B2。

(3) 定义行高和列宽：A1:D1 行高为 14；A3:D24 行高为 6；A3 单元所在行列宽为 50；B3 列宽为 10；C2 和 D2 列宽为 30。

(4) 划表格线：在 A3:D23 进行区域划线。

(5) 按表 5-3 的内容输入报表项目。

(6) 设置单元格属性：A1 格，字号设置为 24，"水平方向"设置为"居中"，"垂直方向"设置为"居中"；A3:D23 字号设置为 14，"水平方向"设置为"居中"，"垂直方向"设置为"居中"。

(7) 设置关键字：A2 关键字设置为"单位名称"；C2 关键字设置为"年"；D2 关键字设置为"月"。

(8) 按照表 5-4 的内容设置单元公式。

(9) 生成报表并保存报表格式，将文件名称设置为"自制利润表"。

表 5-4　报表单元计算公式

位置	单 元 公 式	位置	单 元 公 式
C4	Fs(6001，月，"贷"，，年)+Fs(6051，月，"贷"，，年)	D4	Select(?C4，年@=年+1 and 月@=月)
C5	Fs(6401，月，"借"，，年)+Fs(6402，月，"借"，，年)	D5	Select(?C5，年@=年+1 and 月@=月)
C6	Fs(6403，月，"借"，，年)	D6	Select(?C6，年@=年+1 and 月@=月)
C7	Fs(6601，月，"借"，，年)	D7	Select(?C7，年@=年+1 and 月@=月)
C8	Fs(6602，月，"借"，，年)	D8	Select(?C8，年@=年+1 and 月@=月)
C9	Fs(6603，月，"借"，，年)	D9	Select(?C9，年@=年+1 and 月@=月)
C10	Fs(6701，月，"借"，，年)	D10	Select(?C10，年@=年+1 and 月@=月)
C11	Fs(6101，月，"借"，，年)	D11	Select(?C11，年@=年+1 and 月@=月)
C12	Fs(6111，月，"借"，，年)	D12	Select(?C12，年@=年+1 and 月@=月)
C13		D13	
C14	?C5-?C6-?C7-?C8-?C9-?C10-?C11+?C12+?C13	D14	Select(?C14，年@=年+1 and 月@=月)
C15	Fs(6301，月，"贷"，，年)	D15	Select(?C15，年@=年+1 and 月@=月)
C16	Fs(6711，月，"贷"，，年)	D16	Select(?C16，年@=年+1 and 月@=月)
C17		D17	
C18	?C15+?C16-?C17	D18	Select(?C18，年@=年+1 and 月@=月)
C19	Fs(6801，月，"贷"，，年)	D19	Select(?C19，年@=年+1 and 月@=月)
C20	?C19-?C20	D20	Select(?C20，年@=年+1 and 月@=月)

　　注：累计数公式中的 and 前后应该有空格。

【操作指导】

1. 设置表尺寸

(1) 以账套主管 001 陈浩的身份登录企业应用平台，在"业务工作"选项卡中，执行"财务会计"/"UFO 报表"命令，进入 UFO 报表管理系统，单击"关闭"，如图 5-11 所示。

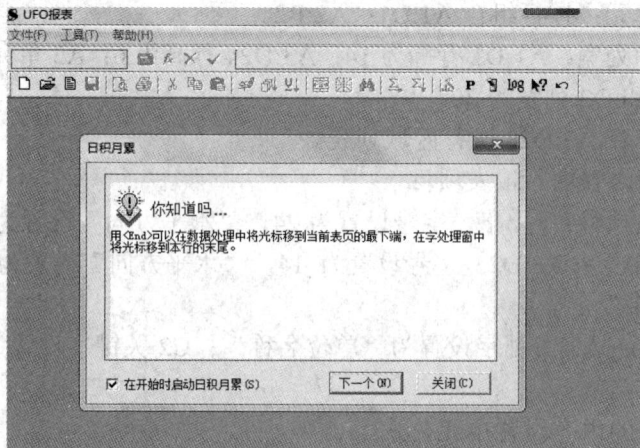

图 5-11　进入 UFO 报表管理系统

(2) 执行"文件"/"新建"命令，进入报表"格式"状态对话框。执行"格式"/"表尺寸"命令，打开"表尺寸"对话框，如图 5-12 所示。

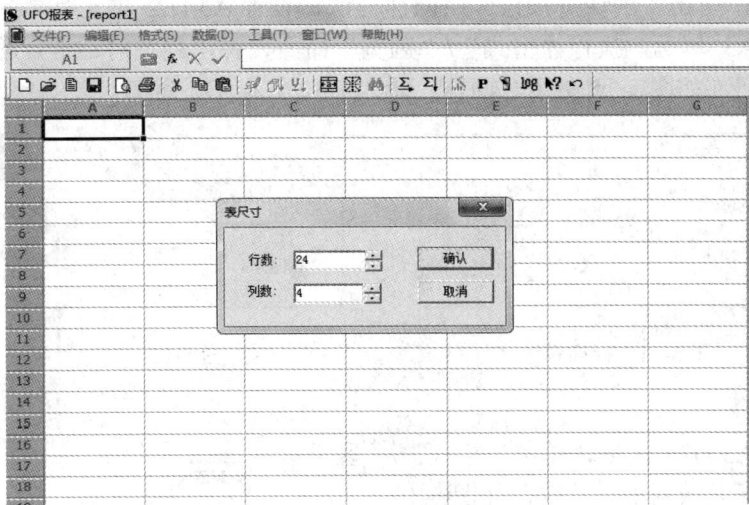

图 5-12 设置表尺寸

(3) 录入行数 24，列数 4，单击"确认"按钮。

2. 定义组合单元

(1) 选中 A1 单元格后拖动鼠标到 D1 单元单元格，执行"格式"/"组合单元"命令，打开组合单元对话框，如图 5-13 所示。

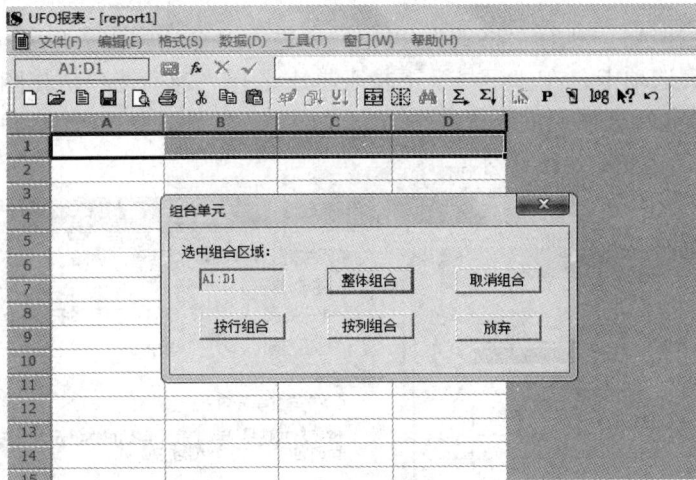

图 5-13 设置组合单元

(2) 单击"按行组合"按钮，将 A1:D1 组合为一个单元。

(3) 用同样方法，选中 A2 单元格后拖动鼠标到 B2 单元格，单击"组合单元"按钮，单击"按行组合"按钮，将 A2:B2 组合为一个单元。

3. 定义行高和列宽

(1) 选中 A1:D1 区域，执行"格式"/"行高"命令，弹出行高对话框，录入"14"，如图 5-14 所示。单击"确认"按钮。用同样方法，设置 A3:D23 单元行高。

(2) 选中 A3 单元，执行"格式"/"列宽"命令，弹出列宽对话框，输入"50"，单击"确认"按钮，如图 5-15 所示。同样，录入 B3、C2、D2 列宽。

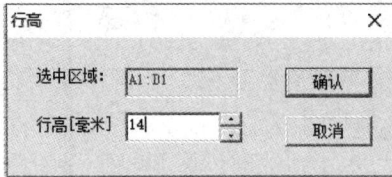

图 5-14　行高设置　　　　　　　　图 5-15　列宽设置

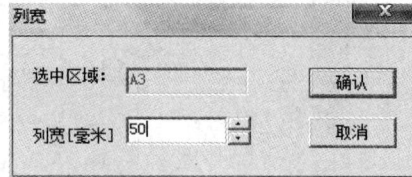

4. 划表格线

(1) 选中 A3:D23 区域，单击"格式"/"区域画线"按钮，打开区域画线对话框，如图 5-16 所示。

(2) 选定"网线"选项，单击"确认"按钮。

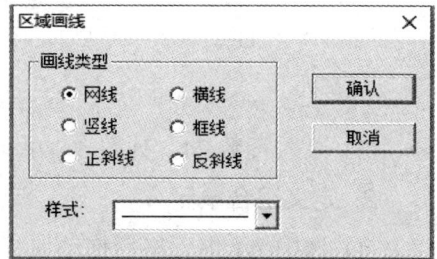

5. 录入利润表项目

按照表 5-4 的内容在对应单元格输入相应内容，或者将电子版所列项目内容复制、粘贴到报表项目对应位置。

图 5-16　区域划线

6. 设置单元格属性

(1) 选中单元格 A1，执行"格式"/"单元属性"命令，弹出"单元格属性"对话框。单击"字体图案"选项卡，在"字号"下拉表框中选择"24"选项，如图 5-17 所示。

(2) 单击"对齐"选项卡，选择水平方向"居中"按钮，选择垂直方向"居中"按钮，单击"确定"按钮，如图 5-18 所示。

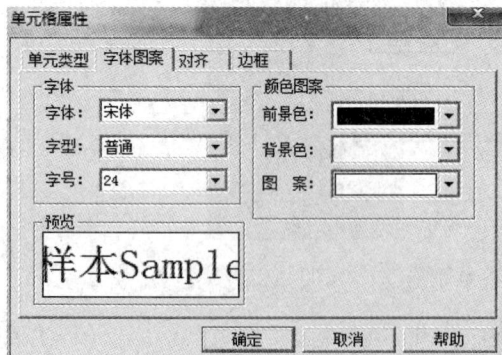

图 5-17　字体图案选项卡　　　　　　图 5-18　对齐选项卡

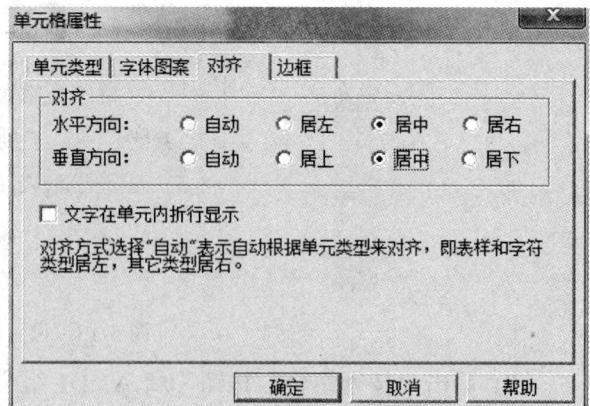

(3) 用同样的方法，设置 A3:D23 单元格区域字号和对齐方式。

7. 设置关键字

(1) 选中 A2:B2，执行"数据"/"关键字"/"设置"命令，弹出"设置关键字"对话框，如图 5-19 所示。选中"单位名称"选项，单击"确定"按钮。

(2) 同上方法，选中 C2，执行"数据"/"关键字"/"设置"命令。在"设置关键字对话框"中选择"年"选项，并单击"确定"按钮。再以同样方法，设置 D2 关键字"月"。设置完成后，如图 5-20 所示。

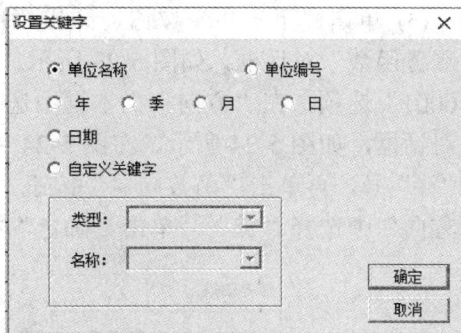

图 5-19　设置关键字对话框

利润表

单位名称：xxxxxxxxxxxxxxxxxxxxxxxxxxxxxx		xxxx 年	xx 月
项目	行数	本月数	本年累计数

图 5-20　设置关键字

8. 设置单元公式

根据表 5-4 资料，分别录入公式。

(1) 单击 C4 单元，执行"数据"/"编辑公式"/"单元公式"命令，弹出"定义公式"对话框，如图 5-21 所示。

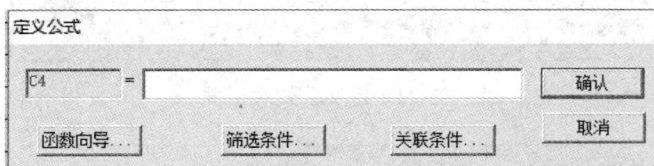

图 5-21　定义公式

(2) 单击"函数向导"按钮，弹出"函数向导"对话框。在"函数分类"选项组中选择"用友账务函数"，在"函数名"选项组中选择"发生(FS)"，如图 5-22 所示。

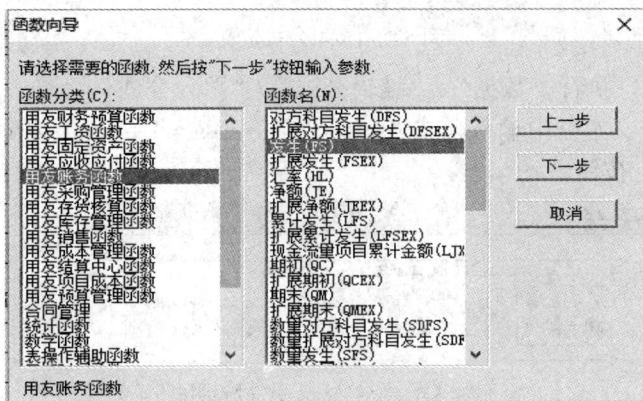

图 5-22　函数向导

(3) 单击"下一步"按钮，弹出"用友账务函数"对话框。单击"参照"按钮，弹出"账务函数"对话框，如图 5-23 所示。在"科目"文本框中直接输入或在下拉表框中选择"6001"选项，在"方向"文本框中选择"贷"，单击"确定"按钮，页面返回到定义公式对话框，如图 5-24 所示。在图 5-24 中公式"FS("600101"，月，"贷"，，，，)"后输入"+"号，再单击"函数向导"按钮。与上述方法相同，在"科目"中选择"6051"，在"方向"中选择"贷"，单击"确定"按钮。C4 公式输入完成，如图 5-25 所示。

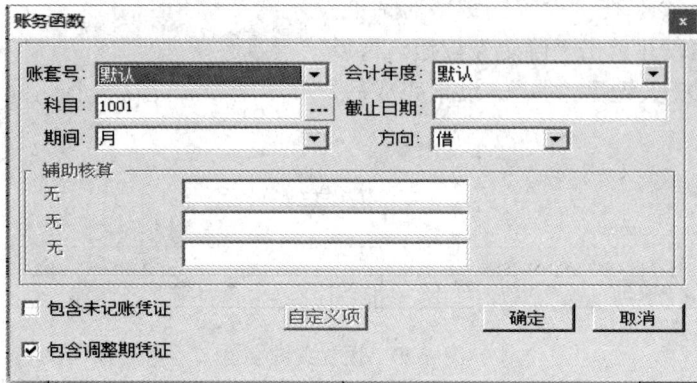

图 5-23　账务函数对话框

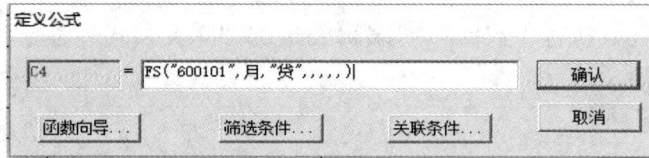

图 5-24　定义公式对话框

图 5-25　C4 公式定义

(4) 在 D4 单元，执行"数据"/"编辑公式"/"单元公式"命令，弹出"定义公式"对话框。在"公式"文本框中输入公式"select(?C4，年@=年+1 and 月@=月)"，如图 5-26所示。单击"确认"按钮。

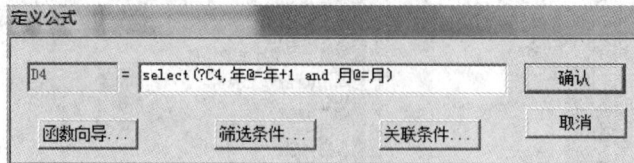

图 5-26　定义公式对话框

(5) 以同样的方法，继续输入其他单元的计算公式，如图 5-27 所示。

图 5-27　录入单元计算公式

（6）单元公式全部输入完成后，执行"文件"/"保存"命令，选择保存文件路径为"E:\账套备份\自制利润表"，并修改文件名为"自制利润表.rep"。

应注意的是，自制报表可反复使用已经设置的报表公式，在不同会计期间可以生成具有不同结果的报表。

9. 生成报表并保存

（1）在 UFO 报表管理系统中，执行"文件/打开"命令，或者单击" 📂 "按钮，打开自制利润表。查看屏幕左下角，单击红色字符，报表由" 格式 "状态转入" 数据 "状态，如图 5-28 所示。

图 5-28　自制利润表的数据状态

(2) 执行“数据”/“关键字”/“录入”命令，打开录入关键字对话框，如图 5-29 所示。录入“单位名称”“年”“月”，单击“确认”按钮。

(3) 系统提示“是否重算第一页”对话框，单击“是”按钮。系统自动计算报表数据，显示计算结果，如图 5-30 所示。

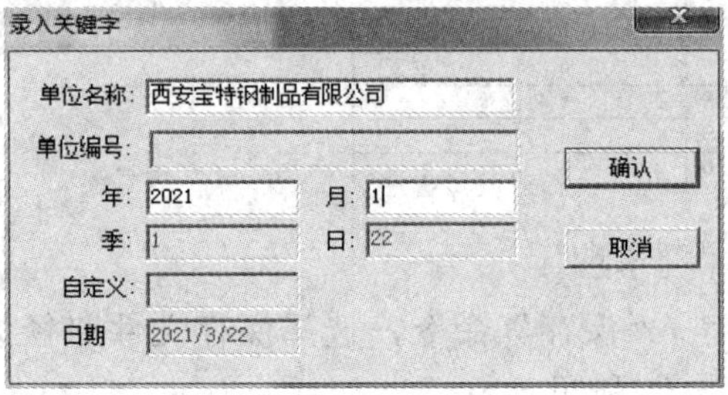

图 5-29　录入关键字的值

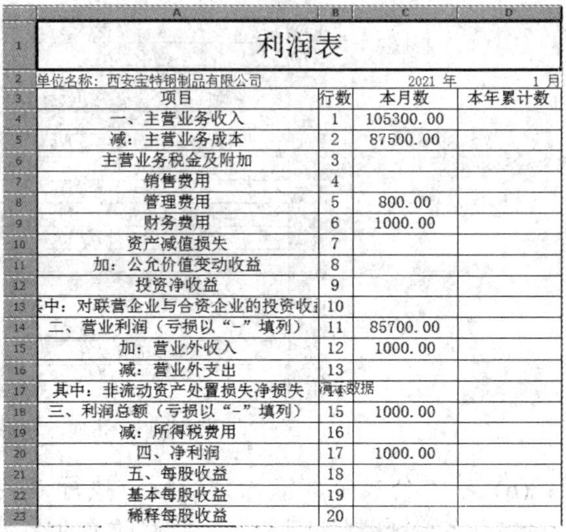

利润表			
单位名称：西安宝特钢制品有限公司		2021 年	1 月
项目	行数	本月数	本年累计数
一、主营业务收入	1	105300.00	
减：主营业务成本	2	87500.00	
主营业务税金及附加	3		
销售费用	4		
管理费用	5	800.00	
财务费用	6	1000.00	
资产减值损失	7		
加：公允价值变动收益	8		
投资净收益	9		
中：对联营企业与合资企业的投资收	10		
二、营业利润（亏损以“-”填列）	11	85700.00	
加：营业外收入	12	1000.00	
减：营业外支出	13		
其中：非流动资产处置损失净损失	14		
三、利润总额（亏损以“-”填列）	15	1000.00	
减：所得税费用	16		
四、净利润	17	1000.00	
五、每股收益	18		
基本每股收益	19		
稀释每股收益	20		

图 5-30　计算利润表数据

5.5.2　利用报表模板生成报表

【实训准备】

本小节的实训准备与 5.5.1 小节相同。

【实训内容及要求】

(1) 按报表模板编制资产负债表。

(2) 修改报表中的计算公式。

(3) 录入关键字。

(4) 生成资产负债表并保存。

要求：掌握利用模板编制报表，学会使用报表中的公式，理解 UFO 软件提供的报表模板的作用。

【实训资料】

(1) 单位名称：西安市××钢制品有限公司。

(2) 编制时间：2021 年 1 月 31 日。

【操作指导】

1. 建立资产负债表

(1) 在 UFO 报表管理系统中，执行“文件”/“新建”命令，进入“格式”对话框。

(2) 执行“格式”/“报表模版”命令，打开“报表模版”对话框。单击“您所在行业”栏的下三角按

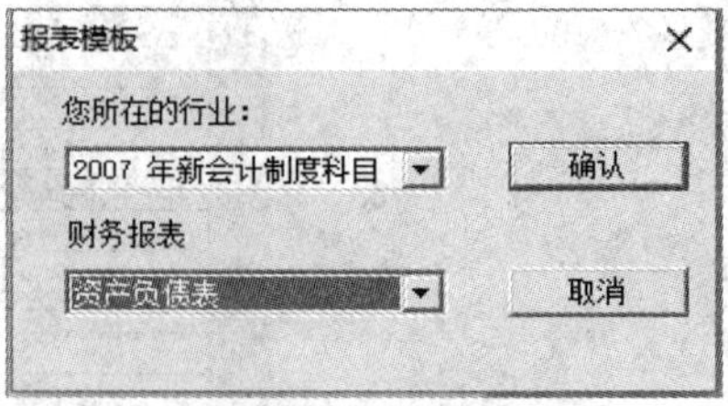

图 5-31　报表模版

钮，选择“2007 年新会计制度科目”。再单击“财务报表”的下三角按钮，选择“资产负债表”选项，如图 5-31 所示。

(3) 单击“确认”按钮，系统出现“模版格式将覆盖本报表格式！是否继续？”对话框，单击“确定”按钮。

应该注意的是，在调用报表模版时，一定要正确选择所在行业的会计报表。如果被调用的报表模版与实际需要的报表格式或公式不完全一致，可在此模版基础上进行适当修改。

2. 设置关键字

(1) 在报表“格式”状态对话框中，单击选中 A3 单元，将“编制单位”删除。

(2) 在 A3 单元，执行“数据”/“关键字”/“设置”命令，打开“设置关键字”对话框。设置关键字“单位名称”，单击“确定”按钮。

3. 录入关键字值并计算报表数据

(1) 在报表“格式”状态对话框中，执行“数据”/“整表重算”命令，系统提示“是否确定全表重算？”对话框。单击“否”按钮，进入报表的“数据”状态对话框。

(2) 执行“数据”/“关键字”/“录入”命令，打开“录入关键字”对话框。

(3) 录入单位名称“西安市××钢制品有限公司”、年“2021”、月“01”、日“31”。

(4) 单击“确认”按钮，系统提示“是否重算第一页”对话框，单击“是”按钮，如图 5-32 所示。执行“文件”/“保存”命令，保存文件路径为“E: \账套备份\资产负债表”。

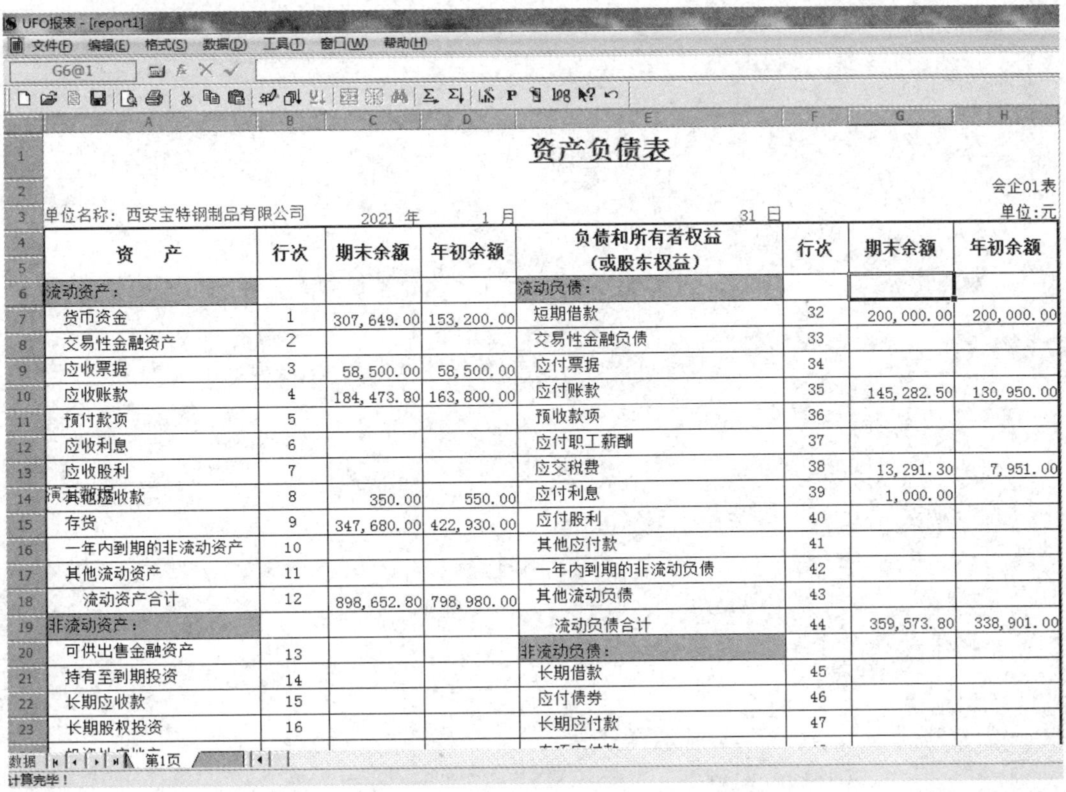

资　产	行次	期末余额	年初余额	负债和所有者权益（或股东权益）	行次	期末余额	年初余额
流动资产：				流动负债：			
货币资金	1	307,649.00	153,200.00	短期借款	32	200,000.00	200,000.00
交易性金融资产	2			交易性金融负债	33		
应收票据	3	58,500.00	58,500.00	应付票据	34		
应收账款	4	184,473.80	163,800.00	应付账款	35	145,282.50	130,950.00
预付款项	5			预收款项	36		
应收利息	6			应付职工薪酬	37		
应收股利	7			应交税费	38	13,291.30	7,951.00
其他应收款	8	350.00	550.00	应付利息	39	1,000.00	
存货	9	347,680.00	422,930.00	应付股利	40		
一年内到期的非流动资产	10			其他应付款	41		
其他流动资产	11			一年内到期的非流动负债	42		
流动资产合计	12	898,652.80	798,980.00	其他流动负债	43		
非流动资产：				流动负债合计	44	359,573.80	338,901.00
可供出售金融资产	13			非流动负债：			
持有至到期投资	14			长期借款	45		
长期应收款	15			应付债券	46		
长期股权投资	16			长期应付款	47		

图 5-32　生成资产负债表数据

思　考　题

1. 报表子系统的主要功能有哪些?
2. 制作一张报表的流程是怎样的?

3. 报表格式设计包括哪些内容?
4. 单元类型分为哪几种? 如何运用?
5. 报表公式分为哪几类? 各自的作用是什么?
6. 什么是关键字? 关键字是如何进行设置的?
7. "编制单位"需要设置为关键字吗? 请说明理由。
8. 报表数据处理包括哪些内容?
9. 如何利用报表模板生成资产负债表? 如果生成的资产负债表不平应如何查找原因?
10. 利用总账中的项目辅助核算功能生成现金流量表的主要步骤是什么?

第 6 章

固定资产管理

【学习目标】
- ◆ 了解固定资产系统的基本功能;
- ◆ 熟悉固定资产管理系统业务流程;
- ◆ 掌握固定资产管理系统初始设置;
- ◆ 掌握固定资产管理系统日常业务处理方法;
- ◆ 掌握固定资产折旧处理;
- ◆ 掌握固定资产期末业务处理。

6.1　固定资产管理系统的功能

固定资产是企业进行生产经营活动的物质基础,在企业资产总额中占有相当大的比重。由于固定资产种类繁多、构成复杂,又用于企业生产经营活动,因此与其他会计核算系统相比,固定资产的核算和管理有其固有的特点。

由于企业经营性质不同,经营规模各异,对固定资产的分类不可能完全一致,因此企业的固定资产可以根据不同的管理需要和核算要求进行分类。通常固定资产可以按照经济用途和使用情况综合分为 7 类,即生产经营用固定资产(如生产经营用房屋、建筑物、机器、设备、工具等)、非生产经营用固定资产(如职工宿舍、食堂等房屋及设备等)、租出固定资产、不需用固定资产、未使用固定资产、融资租入固定资产、土地。

固定资产管理系统主要提供固定资产管理、折旧核算和统计分析等功能,并且为总账管理系统和成本管理等系统提供核算信息和成本信息。固定资产管理主要包括原始资产管理、新增资产管理、资产减少、内部调动的处理、资产变动的管理等,并且提供资产评估及计提固定资产减值准备功能,支持折旧变更,可以按月自动计算折旧并生成折旧分配凭证,同时输出有关报表和账簿。固定资产核算系统可以用于固定资产总值、累计折旧数据的动态管理,协助设备管理部门做好固定资产实物的各项指标管理、分析工作。固定资产管理系统具体包括的功能如图 6-1 所示。

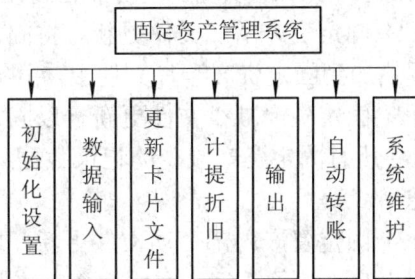

图 6-1　固定资产管理系统

6.1.1　固定资产初始化设置功能

初始化设置是在系统运行之初要完成的重要基础工作。用户可以根据本单位的实际需要设置会计处理规则、方法输入系统使用前的基础数据。初始化设置主要包括以下内容：

(1) 卡片结构设置。根据企业对固定资产管理的需要，设置固定资产卡片的详细项目，形成新的卡片文件结构。

(2) 部门设置。将企业所有部门代码和部门名称的对照关系输入计算机系统，也可从总账子系统中导入。

(3) 资产类别设置。按照固定资产分类标准设置资产类别编码表。

(4) 折旧科目设置。设置按部门计提固定资产折旧所对应的成本费用科目，数据保存在折旧计算文件中。

(5) 原始卡片数据录入。把开始使用固定资产系统时就已经存在的固定资产卡片中的各项数据输入、存储在固定资产卡片文件中。

6.1.2　固定资产数据输入功能

固定资产管理系统应提供可以灵活进行固定资产卡片的增加、删除、修改、查询、统计和汇总的功能，并且可以随时输出固定资产的各种综合性统计信息。固定资产管理系统可对固定资产增减变动进行管理，更新固定资产卡片，按月得出分部门、分类别、分增减变动种类的汇总数据，并且打印出固定资产增减变动汇总表和增减变动明细表。

数据输入功能是在系统投入运行后，进行固定资产原始数据的日常输入，主要包括以下内容：

(1) 固定资产增加。当发生固定资产增加业务时，应填制固定资产增加通知单，把日常的固定资产增加的数据经过审核后输入计算机系统，数据保存到固定资产增加文件中。

(2) 固定资产减少。当发生固定资产减少业务时，应填制固定资产减少通知单，把日常的固定资产减少的数据经过审核后输入计算机系统，数据保存到固定资产减少文件中。

(3) 固定资产内部变动。当发生固定资产内部调配业务时，应填制固定资产内部变动通知单，把日常的固定资产内部变动数据经过审核后输入计算机系统，数据保存到固定资产内部变动文件中。

6.1.3　更新卡片文件功能

在会计期末，系统自动更新固定资产卡片文件，具体包括：

(1) 固定资产增加文件更新。将固定资产增加文件中登记标志为"未登记"的所有记录数据追加到固定资产卡片文件中，并把该记录中的"未登记"改为"已登记"。

(2) 固定资产减少文件更新。以固定资产减少文件中登记标志为"未登记"的记录为依据，将所有固定资产减少的记录数据从固定资产卡片文件中删除，并把"未登记"改为"已登记"。

(3) 固定资产内部变动文件更新。以固定资产内部变动文件的"原部门代码"和"资产代码"为查找关键词，在固定资产卡片文件中找到相应记录将此记录的部门代码改为新使用部门的代码，并把"未登记"改为"已登记"。

6.1.4　计提折旧功能

根据月初固定资产卡片文件的数据，按照固定资产卡片文件中定义的折旧方法，自动计算出单项固定资产应计提的折旧额，并按部门汇总，将计算结果存储在折旧计算文件中。

按照会计制度的规定：计提折旧的依据是月初固定资产原值，所以应以当月固定资产卡片文件更新前的数据作为计提折旧的依据。

6.1.5　自动转账功能

自动转账包括如下内容：

(1) 定义自动转账分录。预先根据固定资产业务设置好对应的会计科目，按定义转账分录，自动实现固定资产折旧计提和分配。

(2) 生成记账凭证并自动转账。根据固定资产折旧文件里固定资产增加、减少文件统计的转账数据，即生成折旧计提分配表。固定资产管理系统可以根据固定资产折旧分配表，自动编制机制凭证，并且可自动将其传递到总账管理系统和成本管理系统。

6.1.6　输出功能(查询和打印功能)

输出功能就是从屏幕上或打印输出固定资产核算与管理的信息，可以按不同的条件和要求在屏幕上显示查询结果，或者用打印机打印输出；同时还可以实现固定资产卡片、部门固定资产明细表、固定资产登记簿、固定资产增减变动部门折旧统计表、折旧费用分配表、固定资产增减变动表等固定资产变动资料的综合查询。

6.1.7　系统维护功能

系统维护功能包括数量备份、数据恢复、操作员权限、系统帮助等。

6.2　固定资产管理系统的操作流程

一般企业新启用固定资产管理系统时，操作流程可按图 6-2 所示进行。

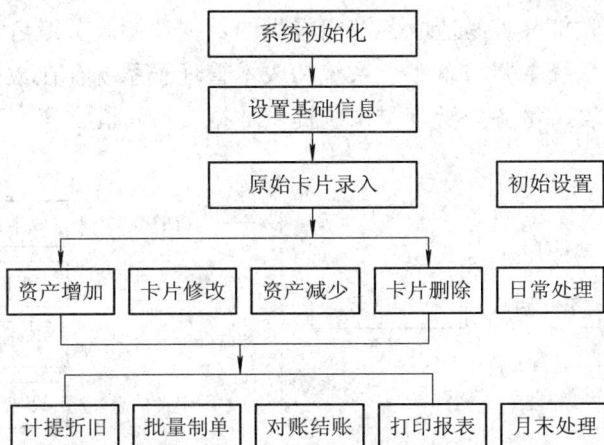

图 6-2　固定资产管理系统操作流程

1. 初始卡片的录入

固定资产管理系统启用之前，需要将原手工方式下的固定资产卡片信息全部录入计算机，并存入固定资产卡片文件，以此作为一个基本数据库文件使用。初始卡片信息包括卡片项目定义、卡片样式定义、折旧方法定义、资产类别定义、部门设置、部门对应的折旧科目、增加方式设置以及使用状况设置。

2. 固定资产增减变动单录入

月内发生固定资产增减变动后，应将相应的增减变动根据原始凭证输入计算机，并且存入固定资产增加文件、固定资产减少文件和固定资产调动文件。

3. 更新固定资产卡片文件

月末分别用固定资产增加文件、固定资产减少文件以及固定资产调动文件更新固定资产卡片文件，即将增加的固定资产记录插入卡片文件，减少的固定资产记录从卡片中删除，发生内部调动的固定资产改变在卡片中的使用部门。

4. 计提折旧、转账生成及输出

月末处理时，根据月初的固定资产卡片文件，计提折旧，生成折旧计算文件。根据折旧计算文件、增减变动文件统计的转账数据，自动生成转账凭证，并传入总账系统和成本管理系统，供计算成本时使用同时。同时输出各种固定资产分析表，如固定资产卡片、增减变动表、折旧计算表等。

6.3 固定资产系统与其他系统的关系

固定资产不是存放在一个特定场所进行集中管理，而是分散在企业不同的部门，这种情况造成了固定资产的使用、管理和核算的分离。固定资产管理部门管理的只是固定资产台账和卡片，固定资产实物的使用分散在企业所有部门。

固定资产的核算工作由财务部门负责。由于固定资产数据来源分散，同一固定资产的数据在不同部门归纳收集，容易造成各部门提供的数据遗漏脱节或者信息不完整、产生较大差异。固定资产子系统主要与总账子系统和成本管理子系统存在数据传递关系，同时也为项目管理、会计报表、财务分析等子系统提供数据支持。固定资产子系统与其他系统关系如图 6-3 所示。

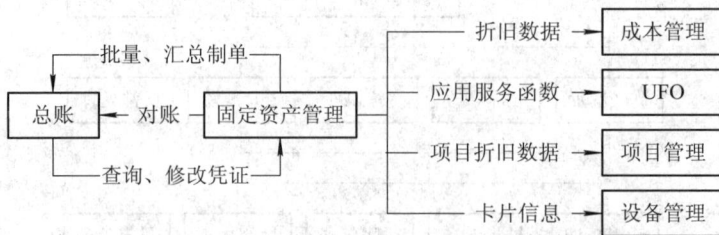

图 6-3 固定资产管理系统与其他系统的关系

由于固定资产的价值是随着固定资产的使用而逐渐转移的，这就构成了企业的成本费用。为了保证企业将来有能力在重置固定资产的同时实现收入费用配比，企业必须在固定资产的有效使用年限内计提一定数额的折旧费用。同时为了严格地对固定资产进行管理，固定资产的增减变化以及固定资产修理、改良也是固定资产核算的重要内容。

固定资产的增加(外购、自行建造、投资者投入)、原值和累计折旧的调整、计提固定资产折旧及减值准备、固定资产后续支出(资本化后续支出、费用化后续支出)、固定资产的投资和租出、固定资产清理(转让、报废、毁损等)、固定资产清查盘点等，所有涉及固定资产的业务都要通过记账凭证的形式传输到总账系统，同时通过对账保持固定资产与总账账目的平衡，可以修改、删除、查询凭证。固定资产子系统可以为成本管理子系统、项目管理子系统提供计提折旧有关费用的数据信息，还可为设备管理子系统提供固定资产卡片信息。会计报表子系统可通过取数函数从固定资产子系统提取分析数据。

6.4 固定资产管理系统的业务处理

6.4.1 固定资产系统初始化

固定资产初始化主要有建立固定资产子账套、设置部门对应折旧科目、设置资产类别、设置固定资产增减方式的对应科目和录入固定资产原始卡片五项设置任务。

1. 初始化账套向导

初始化账套向导是建立固定资产子账套的主要工作。其内容依次为约定及说明、启用月份、折旧信息、编码方式、账务接口、完成 6 项。

(1) 首次使用固定资产管理系统时，系统自动提示是否进行账套初始化，如图 6-4 所示。单击"是"按钮，打开"初始化账套向导"对话框，选择"约定及说明"选项。仔细阅读后，选择"我同意"选项，单击"下一步"按钮，在"初始化账套向导"对话框中选择"启用月份"选项，系统以账套启用月份开始计提折旧。应该注意的是一般启用月份与企业账套启用日期一致，只能查看启用日期，不可修改。启用日期确定后，在该日期前的所有固定资产都将作为期初数据，在启用月份开始计提折旧。单击"下一步"按钮，如图 6-5 所示。

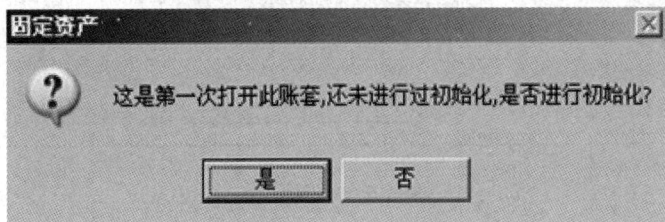

图 6-4 固定资产系统初始化

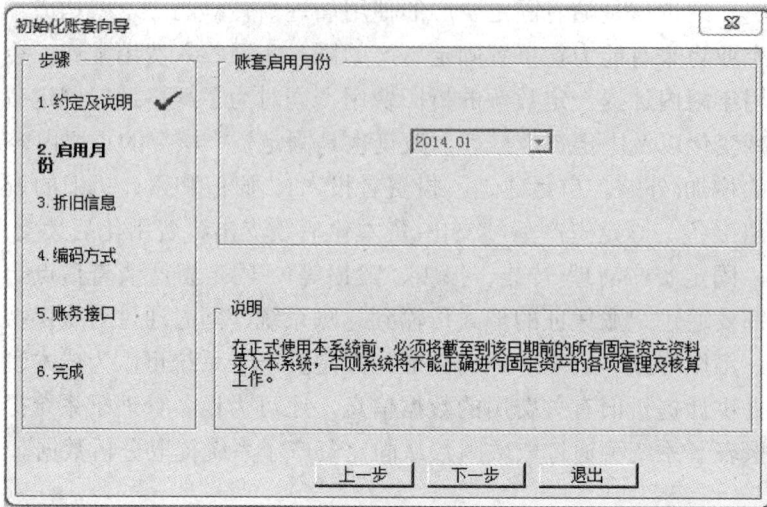

图 6-5　初始化账套向导

(2) 在"初始化账套向导"对话框中选择"折旧信息"选项，在"主要折旧方法"下拉菜单中选择一种折旧方法，其他采用默认设置。当月初已计提月份 = 可使用月份 – 1 时，将剩余折旧全部提足(工作量法除外)。只要上述条件满足，则该月折旧额 = 净值 – 净残值，并且不能手工修改。如果不选该项，则该月不提足折旧，并且可手工修改。但是如果以后各月按照公式计算的月折旧率或折旧额是负数时，认为公式无效。令月折旧率 = 0，月折旧额 = 净值 – 净残值。单击"下一步"按钮，页面如图 6-6 所示。

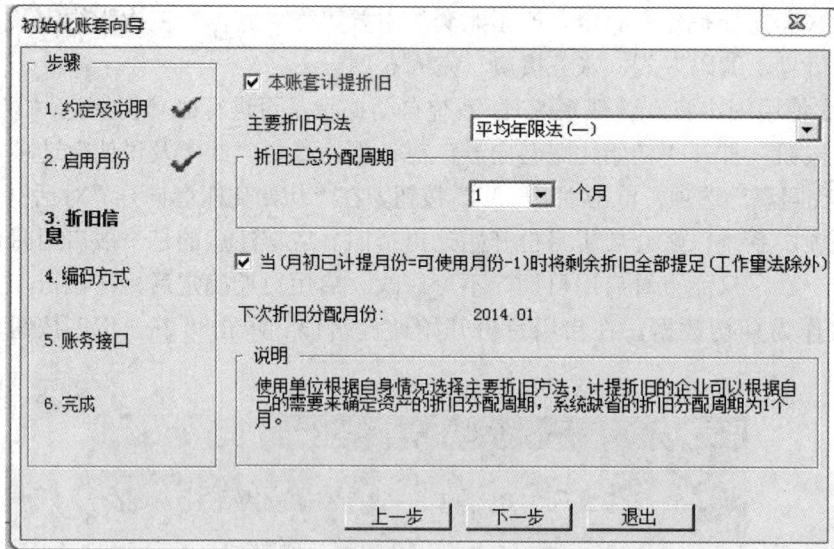

图 6-6　折旧设置

(3) 在"初始化账套向导"对话框中选择"编码方式"选项。固定资产编码方式选择"手工输入"选项，序号长度为"5"，其他采用默认值。单击"下一步"按钮，如图 6-7所示。

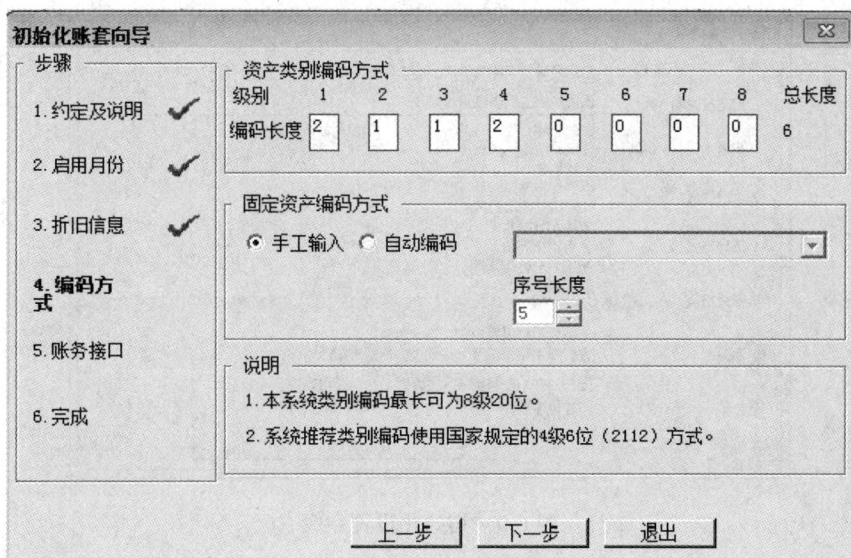

图 6-7　编码方式

(4) 在"初始化账套向导"对话框中选择"账务接口"选项。在"对账科目"选项区，参照输入"固定资产对账科目"为"1601"，"累计折旧对账科目"为"1602"，其他采用默认设置。单击"下一步"按钮，如图 6-8 所示。

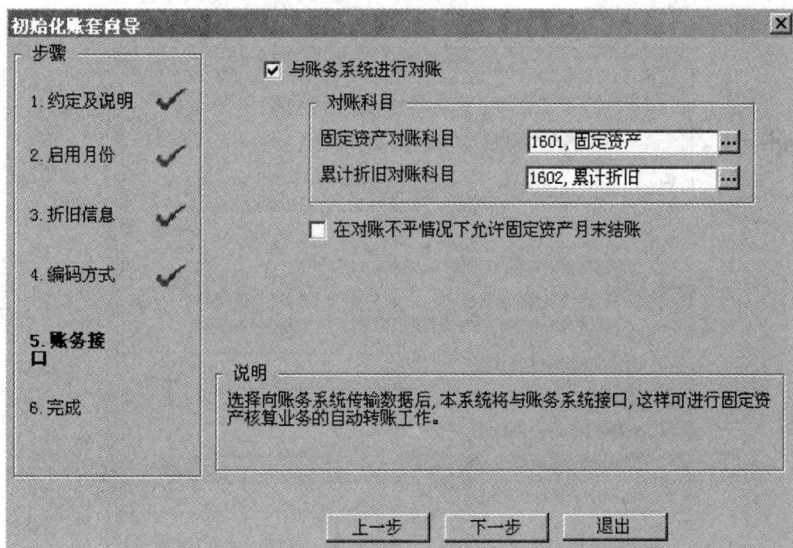

图 6-8　账务接口

(5) 在"初始化账套向导"对话框中选择"完成"选项，如图 6-9 所示对话框，显示已经完成初始化设置。系统提示"是否确定所设置的信息完全正确并保存对新账套的所有设置"对话框，单击"是"按钮。系统提示"已成功初始化本固定资产账套"，单击"确定"按钮，返回企业应用平台对话框。

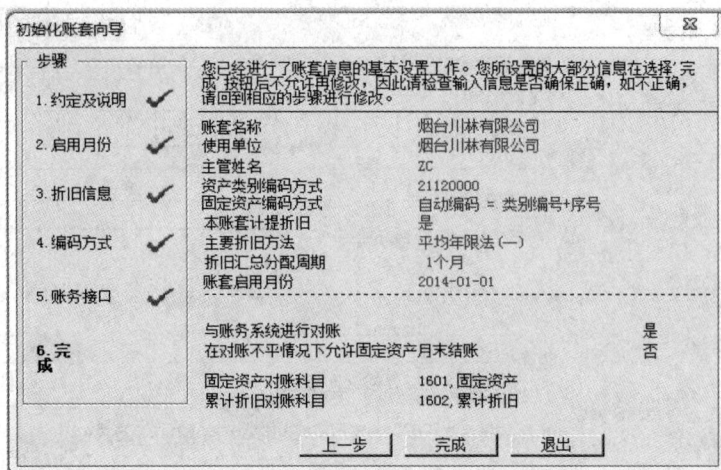

图 6-9　初始化设置完成

2. 设置固定资产系统选项

初始化账套向导设置完成后，要进行固定资产系统选项设置。

(1) 单击"固定资产"系统，执行"设置"/"选项"命令，打开"选项"对话框，单击"编辑"按钮，选择"与账务系统接口"页签，勾选"业务发生后立即制单"选项。依次在"固定资产缺省入账科目"中输入"1601"，在"累计折旧缺省入账科目"中输入"1602"，如图 6-10 所示。

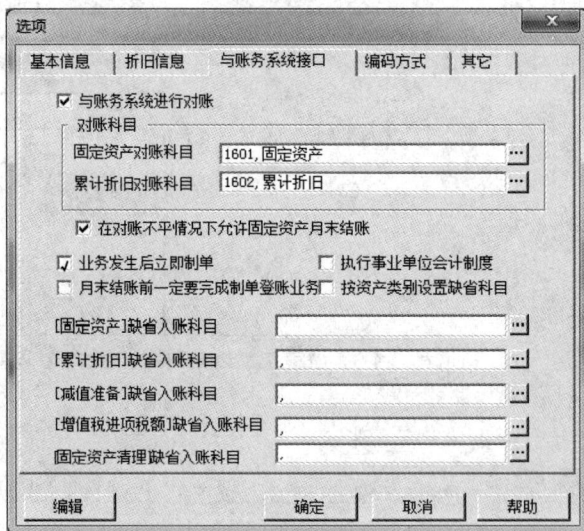

图 6-10　设置固定资产系统选项

(2) 固定资产建账完成后，如果需要修改或补充一些业务处理控制参数，则在"设置"/"选项"功能中进行重新设置。如果发现系统不允许修改的参数设置是错误的，需要修改时，可以通过选择"维护"/"重新初始化账套"命令实现。但是应该注意此操作将删除之前固定资产账套的信息。

3. 设置部门对应折旧科目

固定资产计提折旧后必须把折旧归入成本或费用，因此计提的折旧率根据不同使用者的具体情况按部门或按类别进行归集。部门对应折旧科目的设置就是给部门选择一个比较固定的折旧科目，在录入卡片时，该科目自动显示在卡片中，不必一个一个输入，之后每一部门按折旧科目汇总生成部门折旧凭证。打开如图 6-11 所示的对话框，在对话框左侧"固定资产部门编码目录"中选择要设置对应科目的部门。单击"修改"按钮或选择右键菜单中"编辑"项，在对话框右侧"单张视图"页签中，输入折旧科目编码或单击"参数"按钮参照选择折旧科目，单击"保存"按钮，就完成了设置。应该注意的是因本系统录入卡片时只能选择明细级部门，所以设置折旧科目也只有进行明细级设置才有意义。如果某一上级部门设置了对应的折旧科目，下级部门应继承上级部门的设置。如将生产部对应的折旧科目设置为"5101　制造费用"时，系统会提示"是否将生产部的所有下级部门的折旧科目替换为'制造费用'？如果选择是，请在成功保存后单击'刷新'按钮查看"。单击"是"按钮，即将生产部的三个下级部门的折旧科目一并设置完成。设置部门对应的折旧科目时，必须选择末级会计科目。设置上级部门的折旧科目，则下级部门可以自动继承，也可以选择不同的科目，即上下级部门的折旧科目可以相同，也可以不同。

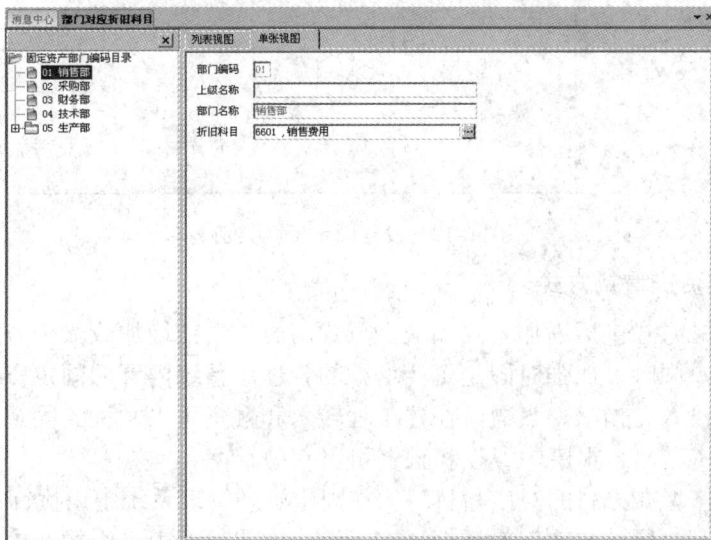

图 6-11　设置部门对应折旧科目

4. 设置固定资产类别

固定资产的种类繁多，规格不一。要强化固定资产管理，及时准确地做好固定资产核算，必须科学地做好固定资产分类，为核算和统计管理提供依据。企业可根据自身特点和管理要求，确定一个较为合理的资产分类方法。

在固定资产管理系统中，执行"设置"/"资产分类"命令，打开"资产类别"对话框，单击"增加"按钮，显示单张视图页签。类别编码自动给出，按要求输入类别名称，其他采用默认设置，如图 6-12 所示。单击"保存"按钮保存设置。

定义资产类别时，应先建立上级固定资产类别后再建立下级类别。由于在建立上级类别"房屋与建筑物"时就设置了使用年限和净残值率，下级类别如果与上级类别设置相同就自动继承不用修改。如果下级类别与上级类别设置不同，可以修改。类别编码、名称、计提属性及卡片样式不能为空。非明细级类别编码不能修改和删除，明细级类别编码修改时只能修改本级的编码。使用过的类别的计提属性不能修改，系统已使用的类别不允许增加下级和删除。

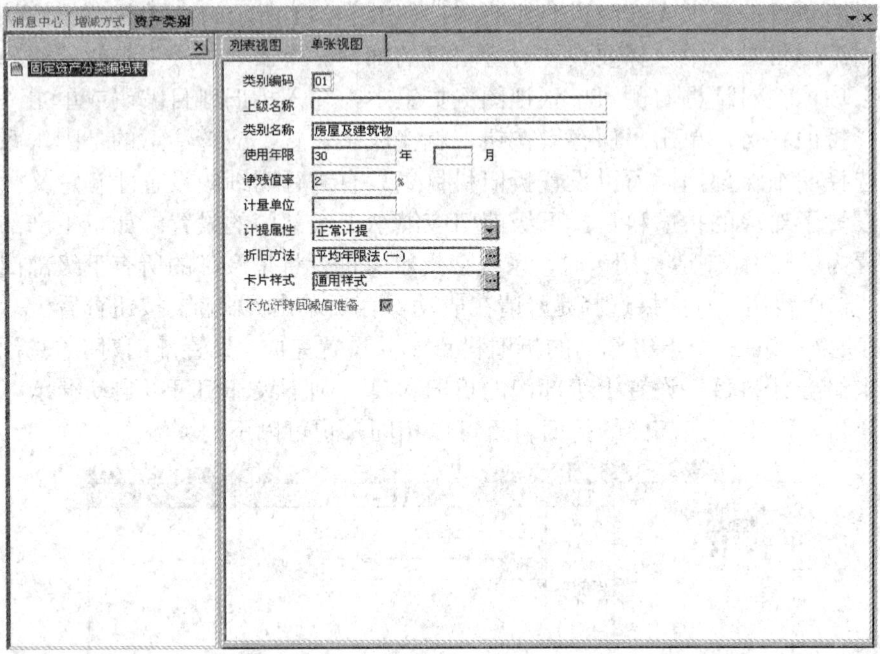

图 6-12　设置固定资产类别

5. 设置固定资产增减方式

固定资产增减方式包括增加方式和减少方式两类。资产增加或减少方式用以确定资产计价和处理原则，同时可加强对固定资产增减的管理。系统内置的固定资产增加方式有直接购买、投资者投入、捐赠、盘盈、在建工程转入和融资租入六种。固定资产减少方式有出售、盘亏、投资转出、报废、毁损和融资租出六种。

设置固定资产增减方式的对应科目时，在固定资产管理系统中，执行"设置"/"增减方式"命令，打开"增减方式"对话框，在"增减方式目录表"中按要求进行选择后，单击"修改"按钮。在"对应入账科目"处输入相应科目，单击"保存"按钮，然后返回上一级对话框。用同样方法设置其他增减方式，待全部完成后单击"退出"按钮，如图 6-13 所示。

需要注意的是，此处设置的对应入账科目是为了生成凭证时缺省科目(即默认)。例如，资产增加时，以购入方式增加资产，该科目可设置为"银行存款"。在投资者投入时，该科目可设置为"实收资本"。

系统缺省的增减方式中，"盘盈、盘亏、毁损"不能修改和删除，因为系统提供的报表中有固定资产盘盈盘亏报告表；非明细增减方式不能删除；已使用的增减方式不能删除；生成凭证时，如果入账科目发生了变化可以即时修改。

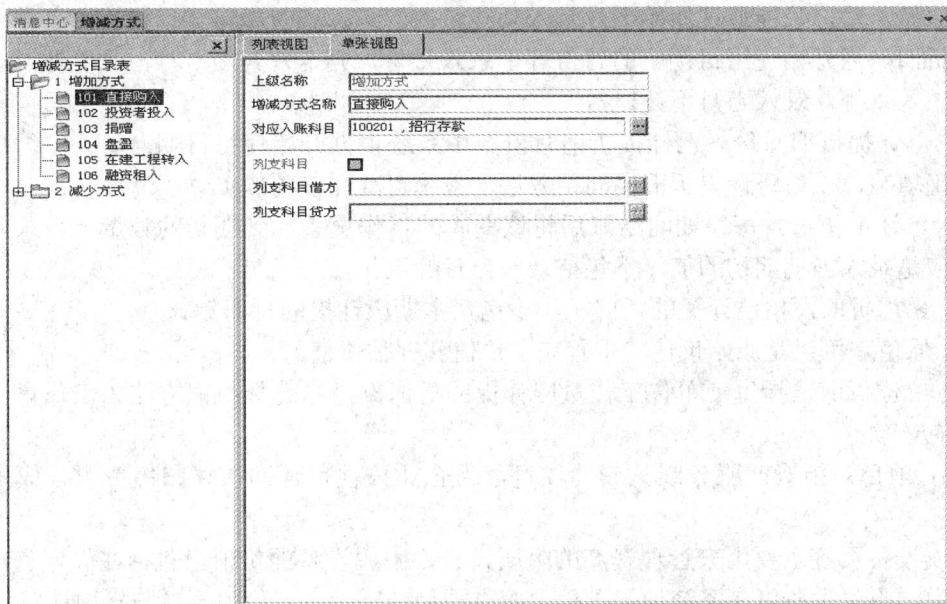

图 6-13　设置固定资产增减方式

6. 录入固定资产原始卡片

原始卡片是指所记录资产的开始使用日期的月份，要先于固定资产系统的启用月份的固定资产卡片。

固定资产卡片是固定资产核算和管理的基础依据。为了保证固定资产资料的连续性，在使用固定资产管理系统进行核算前，除了必要的基础工作外，还必须将建账日期以前的数据录入系统，以保持历史数据的连续性。但是，原始卡片的录入不限制在第一个期间结账前，任何时候都可以录入原始卡片。

例如，一台机器是 2019 年 1 月 1 日开始使用，固定资产管理系统是在 2020 年 1 月 1 日开始启用，则该卡片录入可以是启用日期后的任何时间。在执行原始卡片录入或资产增加功能时可以为一个资产选择多个使用部门，当资产为多部门使用时，原值、累计折旧等数据可以在多部门间按设置的比例分摊。当单个资产对应多个使用部门时，卡片上的对应折旧科目处不能输入，默认为选择使用部门时设置的折旧科目。

在固定资产卡片界面中，除"固定资产"主卡片外，还有若干的附属对话框。附属对话框上的信息只供参考，不参与计算也不回溯。主卡主要项目及附属页签包括以下项目内容。

(1) 卡片编号。卡片编号是由系统根据编码方案自动给出，不能修改。若删除最后一张卡片，系统将保留该卡片号，并且不能再使用(会计制度规定删除的固定资产资料至少保存 5 年)。

(2) 固定资产名称，应该为所录卡片的设备名称。

(3) 类别编号及名称，应该为类别设置中已定义的明细级编号和相对应的名称。

(4) 开始使用日期。固定资产的开始使用日期直接影响到固定资产以哪种方式录入系统，也直接影响到录入系统当月的折旧计提。当开始使用日期中的月份小于录入月份，则卡片为原始卡片,只能通过原始卡片录入功能录入。录入当月如符合计提折旧条件则该月应计提折旧。当开始使用日期中的月份等于录入月份,则卡片为新卡片,只能通过资产增加功能录入系统,录入当月不计提折旧。

(5) 已计提折旧月份。已计提折旧月份数由系统根据开始使用日期自动计算得出,该项要正确填写,以后每计提折旧期间结账后,系统自动在该项加 1。

(6) 累计工作量。每一期间结账后将该期间的工作量累加到期初的数量上,录入时输入的数应是录入当期期初的值,不包括录入当月的工作量。

(7) 累计折旧,指已计提的折旧额,不包括本期应计提的折旧额。

(8) 原值,可以是原始价值、重置完全价值和评估价值。

(9) 单位折旧,指每一单位工作量应计提的折旧额,当选择折旧方法为工作量法时卡片上才有该项。

(10) 项目,指资产服务或从属的项目,为企业按项目辅助核算归集费用或成本提供方便。

附属设备页签主要用来管理资产的附属设备,附属设备的价值已包括在固定资产卡片的原值中。附属设备可在资产使用过程中随时添加或减少,其价值不参与折旧计算。

减少信息页签是在固定资产减少后,系统根据输入的清理信息自动生成“减少信息页签”表格。该表格中只有清理收入和费用可以手工输入,其他则不能手工输入。

大修理记录、资产转移记录、停启用记录和原值变动页签均以列表形式显示。第一次结账后或者第一次做过相关的变动后根据变动单自动填写,不得手工输入,如图 6-14 所示。

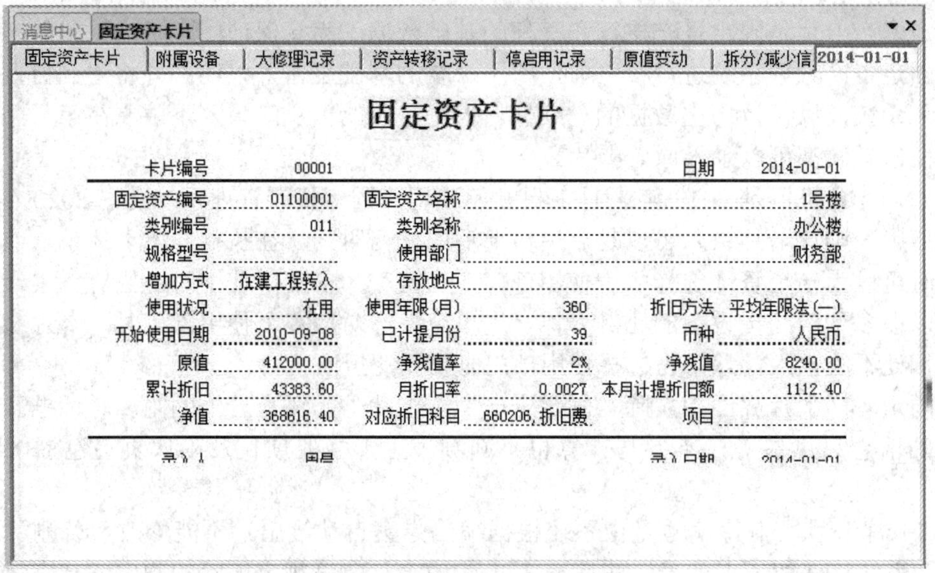

图 6-14　固定资产原始卡片录入

6.4.2　固定资产管理系统日常业务

固定资产在日常管理过程中的主要业务包括资产增减变动、折旧处理以及记账凭证填制。

1. 新增固定资产

固定资产增加是一种新卡片的录入，与原始卡片录入相对应。卡片的录入应在资产的开始使用日期之后，只有当开始使用日期的期间与录入期间一致时，才能通过"资产增加"录入，其录入过程与"原始卡片录入"相同，但卡片中"开始使用日期"栏的年份和月份不能修改。因为是资产增加，该资产需要入账，所以可执行制单功能。

新卡片录入时，在固定资产管理系统中，选择"卡片"/"资产增加"命令，打开"固定资产类别档案"对话框，选择要增加的类别名称，单击"确定"按钮。在打开的"固定资产卡片"对话框，依次录入固定资产名称、使用部门、增加方式、使用情况、折旧方法、原值和净残值率等，如图 6-15 所示。

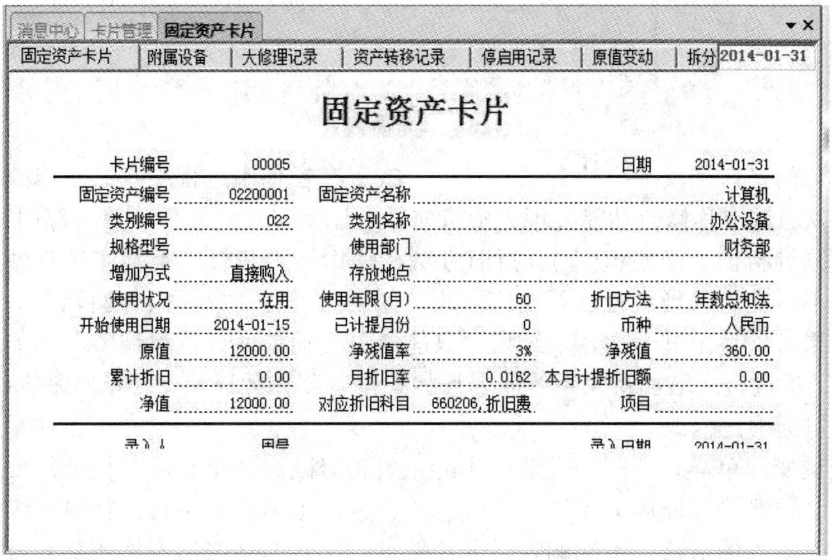

图 6-15　新增固定资产录入卡片

新卡片录入的第一个月不提折旧，折旧额为空或零。原值录入必须是卡片录入月的月初价值，否则会出现计算错误。如果录入的累计折旧、累计工作量不是零，说明是旧资产，该累计折旧或累计工作量是录入本系统前的数值。已计提折旧月份必须按照资产在其他单位已计提或估计已计提的月份数，不包括使用期间停用等不计提折旧的月份。另外，只有当资产开始计提折旧后才可以使用资产减少功能，否则，减少资产只有通过删除卡片来完成。若想恢复已减少的资产，可以在卡片管理界面中，选择"已减少的资产"选项，选中要恢复的资产，单击"卡片"菜单下面的"撤消减少"按钮即可。通过资产减少的固定资产，只有在减少的当月可以恢复。如果资产减少操作已制成凭证，必须删除凭证才可以恢复。

2. 固定资产变动

固定资产在使用过程中，可能会调整卡片上的某些项目，如原值的变动、部门转移、使用状况的变动、净残值(率)等调整。这种变动要求留下原始凭证，为此制作的原始凭证称为"变动单"。以上项目变动在固定资产管理系统中通过变动单进行操作，其他项目如名称、编号、自定义等的变动可直接在卡片上进行修改，如图 6-16 所示。

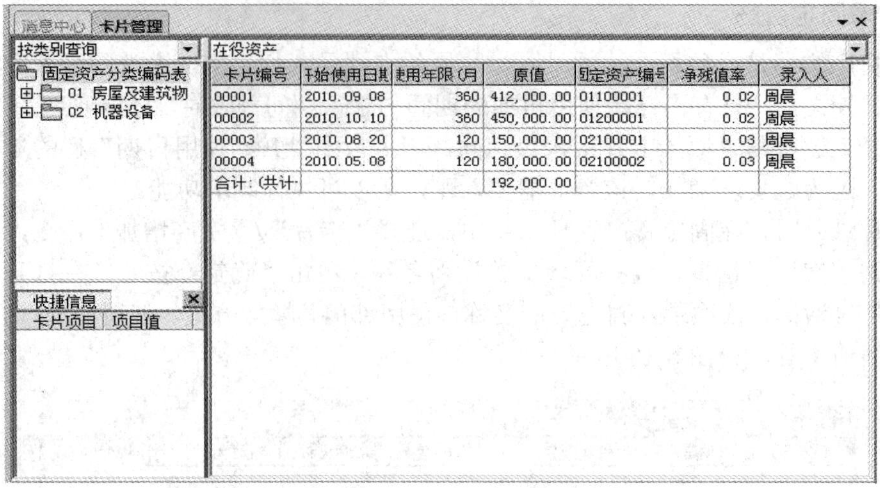

图 6-16　固定资产变动

应该注意的是，当发现卡片有录入错误，或资产在使用过程中有必要修改卡片的一些内容时，可以通过卡片修改功能实现无痕迹修改。原始卡片的原值、使用部门、工作总量、使用状况、累计折旧、净残值(率)、折旧方法、使用年限和资产类别在没有做变动单或评估单的情况下，在录入当月可以无痕迹修改。如果做过变动单，只有删除变动单才能无痕迹修改。如果各项目做过一次月末结账，只能通过变动单或评估单调整，不能通过卡片修改功能改变。通过资产增加录入系统的卡片如果没有制作凭证和变动单、评估单的情况下，录入当月可以无痕迹修改。

如果做过变动单，只有删除变动单才能无痕迹修改。如果已制作凭证，要修改原值或累计折旧，必须删除凭证后，才能无痕迹修改。卡片上的其他项目，任何时候均可无痕迹修改。非本月录入的卡片，不能删除。卡片做过一次月末结账后不能删除。做过变动单或评估单的卡片删除时，系统会提示先删除相关的变动单或评估单。

(1) 原值变动。固定资产在使用过程中原值有五种情况变动：一是重新估价；二是增加补充设备或改良设备；三是将固定资产一部分拆除；四是根据实际价值调整原来暂估价值；五是发现原记录固定资产价值是错误的。相关的变动单信息输入完毕后进行保存，此时卡片上相应项目(原值、净残值、净残值率)将根据变动单而改变。如果选项中选择了"业务发生后立即制单"选项，可制作成记账凭证。

(2) 部门转移。因内部调配而发生部门变动应及时处理，否则影响部门的折旧计算。部门转移可通过系统提供的"变动单"下的"部门转移"功能完成调整，部门转移和类别调整的资产当月计提的折旧分配到变动后的部门和类别。

(3) 使用状况调整。固定资产使用状况分为在用、未使用、不需用、停用和封存五种。固定资产使用状况的改变会影响到设备折旧计算，应该及时调整。使用状况调整可通过系统提供的"变动单"下的"使用状况变动"功能完成调整。

(4) 使用年限调整。由于固定资产的重估、大修等原因调整固定资产的使用年限，可通过系统提供的"变动单"下的"使用年限调整"功能完成调整。进行使用年限调整的固定资产在调整当月就应按调整后的使用年限计提折旧。

(5) 折旧方法的调整。一般来说，固定资产折旧方法一年之内很少改变。但是如有特殊情况需调整改变的，可通过系统提供的"变动单"下的"折旧方法调整"功能完成调整。

(6) 变动单管理。变动单管理可以对系统制作的变动单进行综合管理，包括查询、修改、制单和删除等。因为本系统遵循严格的序时管理、删除变动单必须从该资产制作的编号最大的开始依次删除，如图 6-17 所示。

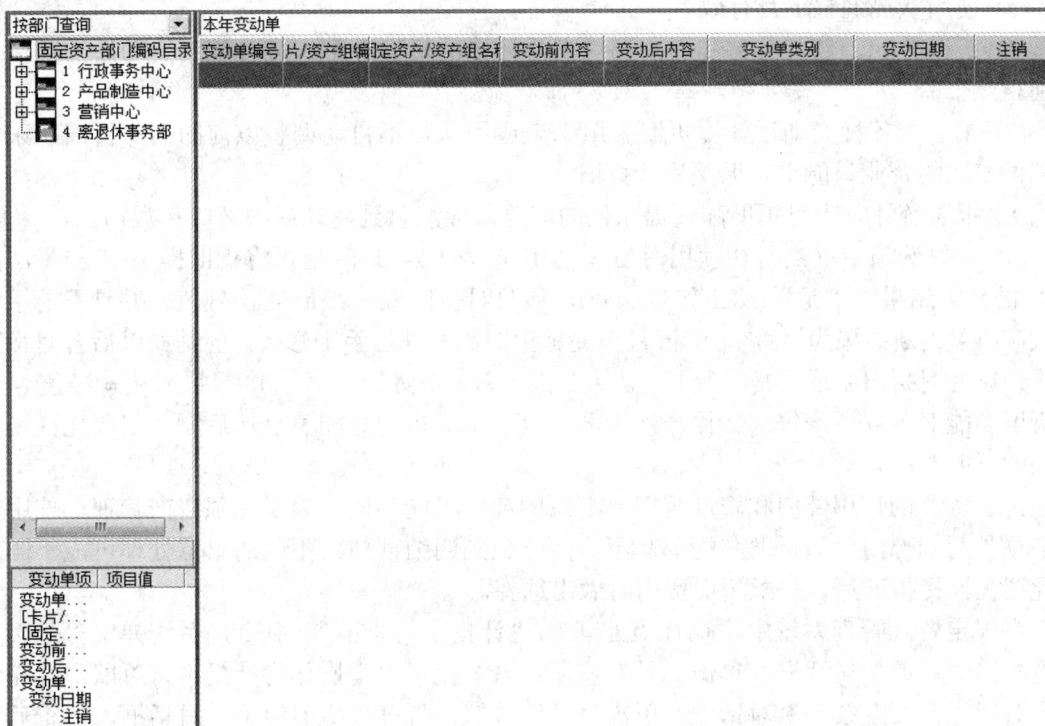

图 6-17　固定资产变动单管理

6.4.3　固定资产期末业务处理

固定资产期末业务处理主要有计提折旧、批量制单、对账与结账、账表管理。固定资产系统生成凭证后，自动传递到总账管理系统，在总账管理系统中经凭证审核、主管签字和科目汇总后进行记账。当总账记账完毕，固定资产系统才进行对账。若对账平衡，就可以开始月末结账。

1. 计提固定资产折旧

自动计提折旧是固定资产管理系统主要功能之一。在固定资产使用寿命期内，按照确定方法对应计提的折旧额进行系统分摊。系统每期计提折旧一次，根据已录入系统的资料计算固定资产折旧，并且自动生成折旧分配表，然后制作记账凭证，自动录入本期的折旧费用。

各种变动后折旧计算和分配汇总原则如下：

(1) 本系统发生与折旧计算有关的变动后，加速折旧法在变动生效的当期以净值作为计提原值，以剩余使用年限为计提年限计算折旧。直线法还以原公式计算(因公式中已考虑了价值变动和年限调整)。以前修改的月折旧额或单位折旧的继承值无效。

(2) 与折旧计算有关的变动是除了部门转移、类别调整外的由变动单引起的变动。

(3) 原值调整、累计折旧调整、净残值(率)调整根据系统选项设置及变动单中的变动单生效期选项确定生效期间。

(4) 折旧方法调整、使用年限调整当月生效。

(5) 使用状况调整下月有效。

(6) 折旧分配。部门转移和类别调整当月计提的折旧分配,应分配到变动后的部门和类别。

(7) 本系统各种变动后计算折旧采用未来适用法,不自动调整以前的累计折旧,采用追溯调整法的企业只能手工调整累计折旧。

(8) 报表统计。当月折旧和计提原值的汇总,应汇总到变动后的部门和类别。

(9) 如果选项中"当月初使用月份 = 使用年限*12 − 1 时是否将折旧提足(工作量法除外)"的判断结果为"是"(除工作量法外),该月月折旧额 = 净值 − 净残值,并且不能手工修改。如果判断结果为"否",则该月不提足折旧,并且可手工修改。但是如以后各月按照公式计算的月折旧率或额是负数时,认为公式无效。令月折旧率 = 0,月折旧额 = 净值 − 计提折旧功能对各项资产每期计提一次折旧,自动生成折旧分配表。然后制作记账凭证,将本期的折旧费用自动登账。

由于资产的使用部门和资产折旧要汇总的部门可能不同,为了加强资产管理,使用部门必须是明细部门,但折旧分配部门不一定分配到明细部门。不同的单位处理可能不同,因此要在计提折旧后,分配折旧费用时做出选择。

在固定资产管理系统中,执行"处理"/"计提本月折旧" 命令,系统弹出"是否要查看折旧清单?"对话框,单击"是"按钮。系统提示"本操作将计提本月折旧,并花费一定时间,是否继续?"对话框,单击"是"按钮,打开"折旧清单"对话框。检查后,单击"退出"按钮,系统提示计提折旧完成。在折旧费用分配表界面,可以单击"制单"按钮制单,也可以在之后利用"批量制单"功能进行制单。

应当注意的是,在一个期间内可以多次计提折旧。每次计提折旧后,只是将计提的折旧累加到月初的累计折旧上,不会重复累计。若上次计提折旧已制单并已传递到总账系统,必须删除该凭证才能重新计提折旧。计提折旧后又对账套进行了影响折旧计算或分配的操作,必须重新计提折旧,否则系统不允许结账。

2. 批量制单

批量制单的目的是将固定资产增加、减少等业务,自动生成凭证,生成的凭证将会自动传递到账务处理系统中。

固定资产管理系统和总账管理系统之间存在着数据的自动传输,通过记账凭证向总账管理系统传递有关数据。因此,通过固定资产管理系统制作的凭证必须保证借方、贷方合计数与原始单据数值相等。通常制作记账凭证的情况主要包括资产增加、资产减少、卡片修改(涉及原值和累计折旧)、资产评估(涉及原值和累计折旧)、原值变动、累计折旧调整以及折旧分配等。固定资产管理系统实现制作记账凭证的方法有两种。一种是立即制单,另一种是批量制单。如果在选项中设置了业务发生后立即制单,以上需要制单的相关业务发生后，系统自动调出凭证供修改。如果在选项中未设置业务发生后立即制单的，可以采用批量制单功能完成制单任务。批量制单功能可同时将一批需要制单的业务连续制作凭证并传输到账务系统，减少了制单工作量。如果在业务发生时没有制单的，业务自动排列在批量制单表中。表中会列示应制单的业务发生日期、类型、原始单据号、缺省的借贷方科目和金额以及制单选择标志。

如果在选项中选择"业务发生时立即制单"选项，摘要根据业务情况自动输入。如果使用批量制单方式，则摘要为空，需要手工输入。修改凭证时，能修改的内容仅限于摘要、用户自行增加的凭证分录、系统默认的分录的折旧科目，系统默认的分录的金额与原始的不能修改。

在固定资产管理系统中，执行"处理"/"批量制单"命令，打开"制单选择"对话框，双击"选择栏"按钮，选中要制单的记录。打开"制单设置"对话框，通过"下张"选项查看制单科目设置。单击"制单"按钮，选中凭证类别，录入摘要，单击"保存"按钮。制单完成后，单击"退出"按钮，如图 6-18、图 6-19 所示。

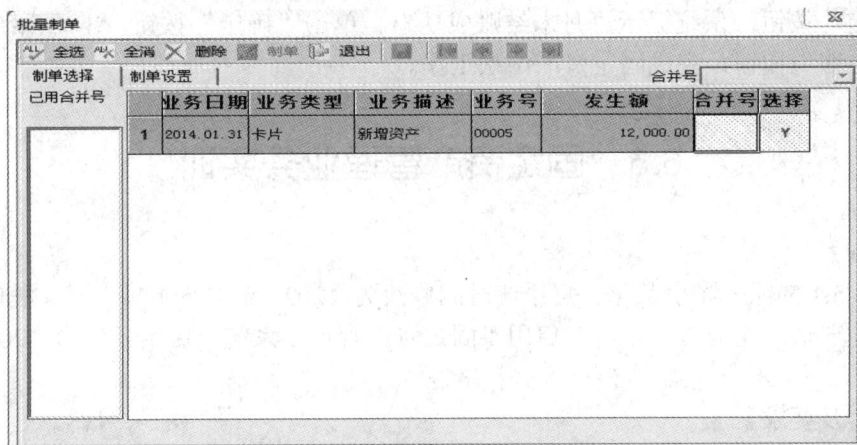

图 6-18　固定资产制单设置

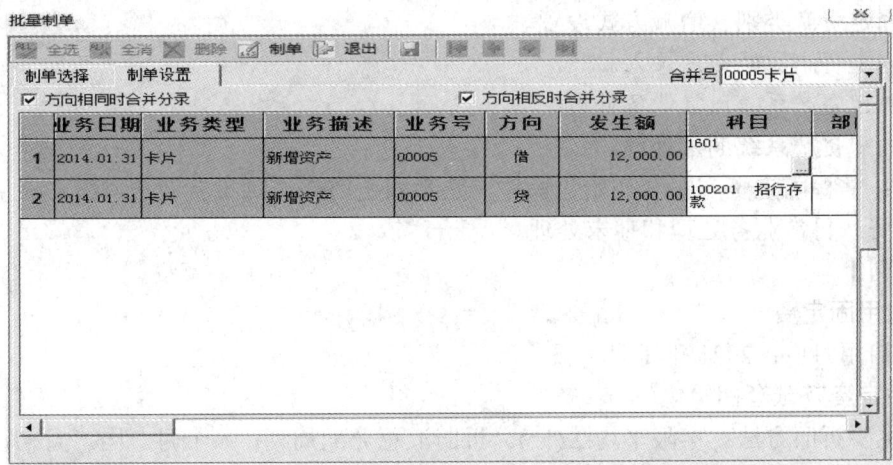

图 6-19　固定资产批量制单

3. 对账与结账

在初始化或设置账套参数中选择"与账务系统进行对账"选项，可以使用固定资产管理系统的对账功能。固定资产管理系统资产价值与总账如果对账不平，需要根据初始化是否选中"在对账不平情况下允许固定资产月末结账"来判断是否可以进行结账处理。对账的操作不限制时间，系统在执行月末结账时会自动对账一次，并给出对账结果。

当固定资产管理系统完成本月全部制单业务后，可以进行月末结账。月末结账每月进行一次，结账后当期数据不能修改。本期不结账，将不能处理下期的数据。结账前一定要进行数据备份，否则数据一旦丢失，将造成无法挽回的后果。如果结账后发现有未处理的业务或者需要修改的事项，可以通过系统提供的"恢复月末结账前状态"功能进行反结账。但是，不能跨年度恢复数据。本系统年末结转后，不能利用本功能恢复年末结转。恢复到某个月月末结账前状态后，本账套对该结账后所做的所有工作都可以无痕迹删除。

在固定资产管理系统中，执行"处理"/"对账"命令，打开"与财务对账结果"对话框，单击"确定"按钮。同样，执行"月末结账"命令，出现"与总账对账结果"对话框，单击"确定"按钮，系统提示"月末结账成功"。单击"确定"按钮，出现系统提示，单击"开始结账"按钮，完成固定资产结账工作。

6.5 固定资产管理业务实训

【实训准备】

引入 4.5.1 的账套备份数据。将系统时间修改为"2021 年 1 月 1 日"，以账套主管 001 陈浩身份注册进入企业应用平台，启用"固定资产管理"系统，启用日期为"2021 年 1 月 1 日"。

【实训内容及要求】

(1) 固定资产账套初始化。
(2) 固定资产账套参数设置。
(3) 固定资产类别、增减方式设置。
(4) 固定资产原始卡片录入。
(5) 固定资产系统日常业务处理。
(6) 固定资产系统期末处理。

要求：掌握固定资产账套初始化操作，熟悉固定资产选项设置及部门折旧设置，能够进行固定资产日常业务处理和期末处理。

【实训资料】

1. 启用固定资产系统

账套启用月份：2021 年 1 月 1 日。

2. 固定资产账套初始化

(1) 主要折旧方法：年限平均法(一)。折旧汇总分配周期：1 个月。当"月初已计提月份 = 可使用月份 – 1"时，将剩余折旧全部提足。

(2) 资产类别编码方式 2-1-1-2。固定资产编码方式：自动编码。编码方式：类别编号+序号。序号长度：4。

(3) 与账务系统对账：固定资产对账科目 1601。累计折旧对账科目 1602。在对账不平情况下不允许固定资产月末结账。

3. 固定资产选项设置

(1) "与账务系统接口"对话框：固定资产默认入账科目为 1601 固定资产。累计折旧默认入账科目为 1602 累计折旧。月末结账前一定要完成制单登账业务。

(2) "编码方式"对话框：将"固定资产编码方式"的序号长度修改为"2"。

(3) 部门对应折旧科目设置(见表 6-1)。

表 6-1　部门对应折旧科目

部门名称	折旧科目
行政事务中心	
办公室	管理费用——折旧费(660204)
人力资源部	管理费用——折旧费(660204)
财务部	管理费用——折旧费(660204)
产品制造中心	
一车间	制造费用——折旧费(510101)
二车间	制造费用——折旧费(510101)
营销中心	
采购部	管理费用——折旧费(660204)
销售部	销售费用(6601)
质检部	管理费用——折旧费(660204)
离退休事务部	管理费用——折旧费(660204)

(4) 固定资产类别设置(见表 6-2)。

表 6-2　资 产 类 别

类别编码	类别名称	使用年限	净残值率	计提属性	折旧方法	卡片样式
01	房屋建筑物	30 年	1%	正常计提	年限平均法(一)	通用样式
011	行政楼	30 年	1%	正常计提	年限平均法(一)	通用样式
012	厂房	30 年	1%	正常计提	年限平均法(一)	通用样式
02	生产线		3%	正常计提	年限平均法(一)	通用样式
021	1 号生产线	10 年	3%	正常计提	年限平均法(一)	通用样式
022	2 号生产线	8 年	3%	正常计提	年限平均法(一)	通用样式
03	设备			正常计提		通用样式
031	交通运输设备	10 年	5%	正常计提	年限平均法(一)	通用样式
032	办公设备	5 年	2%	正常计提	年限平均法(一)	通用样式

(5) 固定资产增减方式的设置(见表 6-3)。

表 6-3　固定资产增减方式及对应入账科目

增加方式	对应入账科目	减少方式	对应入账科目
直接购入	银行存款——工行存款(100201)	出售	固定资产清理(1606)
投资者投入	实收资本(400101)	盘亏	待处理财产损溢(1901)
捐赠	营业外收入(6301)	投资转出	长期股权投资(1511)
盘盈	待处理财产损溢(1901)	捐赠转出	营业外支出(6711)
在建工程转入	在建工程(1604)	报废	固定资产清理(1606)

4. 录入固定资产原始卡片

固定资产原始卡片见表 6-4。

表 6-4　固定资产原始卡片

卡片编号	00001	00002	00003	00004	00005
固定资产编号	01101	01201	02101	02201	03101
固定资产名称	办公楼	区厂房	硬件生产线	主生产线	汽车
类别编号	011	012	021	022	031
类别名称	行政楼	厂房	1 号生产线	2 号生产线	交通运输设备
使用部门	办公室/人力资源部/销售部/财务部(各占 20%),采购部/质检部(各占 10%)	二车间	一车间	二车间	人力资源部
增加方式	在建工程转入	在建工程转入	在建工程转入	直接购入	直接购入
使用状况	在用	在用	在用	在用	在用
使用年限	30 年	30 年	10 年	8 年	10 年
折旧方法	年限平均法(一)	年限平均法(一)	年限平均法(一)	年限平均法(一)	年限平均法(一)
开始使用日期	2019 年 3 月 10 日	2019 年 3 月 28 日	2020 年 5 月 30 日	2019 年 4 月 10 日	2020 年 3 月 10 日
原值	20 000	40 000	60 000	160 000	90 000
净残值率	1%	1%	3%	3%	5%
累计折旧	1 176	2 352	3 402	3 0461.6	668.4
月折旧率	0.002 8	0.002 8	0.008 1	0.010 1	0.007 9
月折旧额	56	112	486	1616	711

5. 固定资产日常业务处理

(1) 修改固定资产卡片。2021 年 1 月 18 日发现,将 "00005" 号固定资产的增加方式由 "直接购入" 修改为 "投资者投入"。

(2) 增加固定资产。2021 年 1 月 20 日,直接购入并交付使用了以下设备:

① 电脑 2 台。其中销售部一台,采购部一台,预计使用年限为 5 年,原值 5 950 元,净残值率 2%,采用年限总和法计提折旧。

② 打印机一台,财务部使用,预计使用年限为 8 年,原值 6 000 元,净残值率 2%,

采用双倍余额递减法(一)计提折旧。

③ 空调一台，人力资源部使用，预计使用年限为 8 年，原值 6 000 元，净残值率为 2%，采用"年限平均法(一)"计提折旧。

6. 固定资产期末业务处理

(1) 计提 2021 年 1 月固定资产折旧。

(2) 批量制单。生成增加固定资产和计提折旧的凭证。

(3) 对账。

(4) 结账。

【操作指导】

1. 启用固定资产系统

(1)　以账套主管"001 陈浩"身份注册进入企业应用平台，操作日期为"2021 年 1 月 1 日"。

(2) 在企业应用平台的"基础设置"选项卡中，执行"基本信息"/"系统启用"命令，打开"系统启用"对话框。

(3) 选择"固定资产"选项，启用日期为"2021 年 1 月 1 日"。单击"退出"按钮，退出"系统启用"对话框。

2. 固定资产账套初始化

(1) 在企业应用平台的"业务工作"选项卡中，执行"财务会计"/"固定资产"命令，弹出提示信息，如图 6-20 所示。

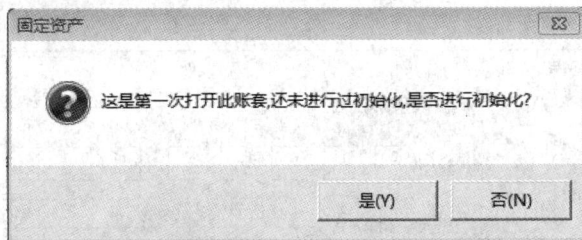

图 6-20　固定资产初始化提示信息

(2) 单击"是"按钮，弹出"初始化账套向导"对话框，如图 6-21 所示。选中"我同意"选项。

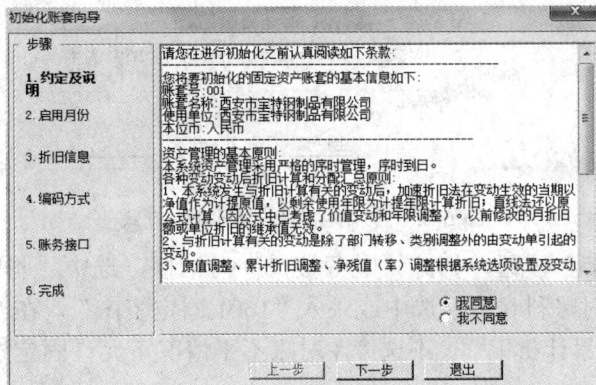

图 6-21　初始化向导

(3) 单击"下一步"按钮，选择"启用月份"为"2021 年 1 月 1 日"。

(4) 单击"下一步"按钮，打开"折旧信息"对话框。选中"本账套计提折旧"选项，选择主要折旧方法为"平均年限法(一)"。折旧汇总分配周期为"1 个月"。当"月初已计提月份＝可使用月份－1"时，将剩余折旧全部提足，如图 6-22 所示。

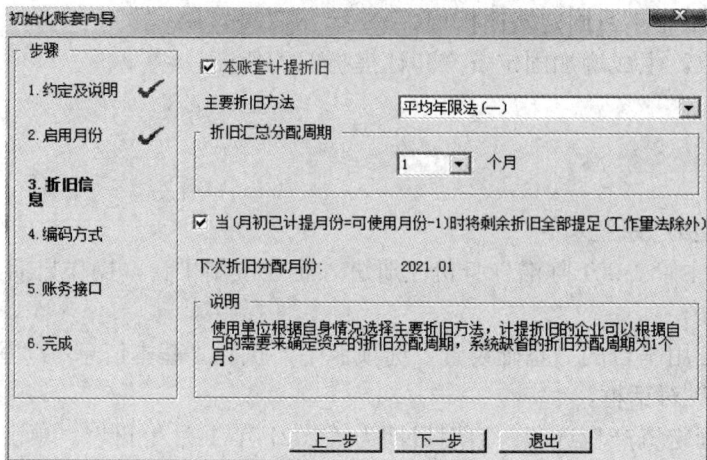

图 6-22　初始化向导——折旧信息

(5) 单击"下一步"按钮，打开"编码方式"对话框。设置资产类别编码方式为 2112。固定资产编码方式为"自动编码"和"类别编号+序号"。序号长度为"4"，如图 6-23 所示。

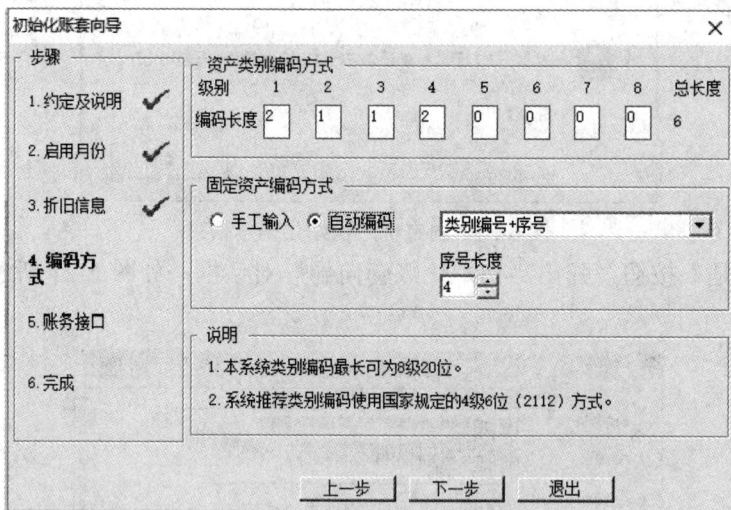

图 6-23　初始化向导——编码方式

(6) 单击"下一步"按钮，打开"财务接口"对话框。选中"与财务系统进行对账"选项，在"固定资产对账科目"栏选中或录入"1601 固定资产"。在"累计折旧对账科目"栏选中或录入"1602 累计折旧"。不选"在对账不平情况下允许固定资产月末结账"按钮，如图 6-24 所示。

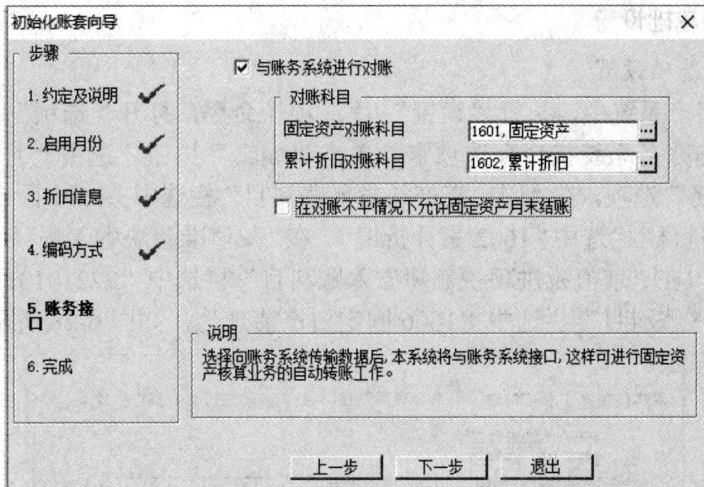

图 6-24　初始化向导——账务接口

（7）单击"下一步"按钮，打开"初始化向导-完成"对话框，如图 6-25 所示。

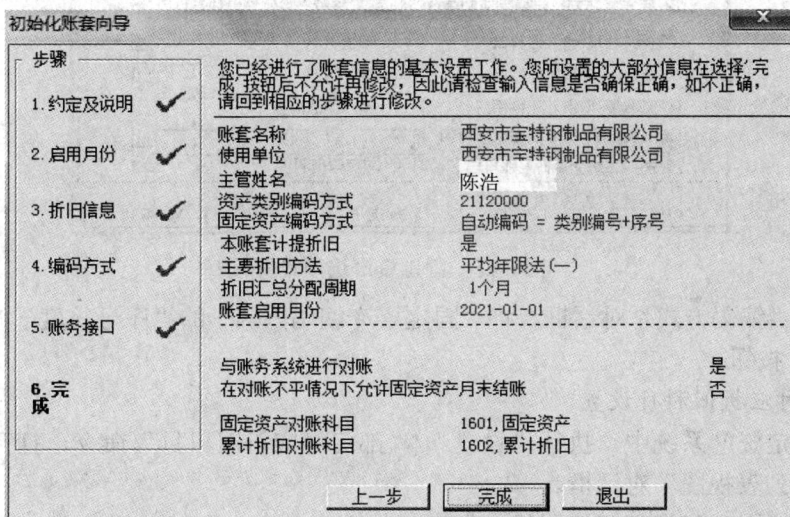

图 6-25　初始化向导——完成

（8）单击"完成"按钮，弹出图 6-26 提示，单击"是"按钮，弹出图 6-27 所示提示，单击"确定"按钮。

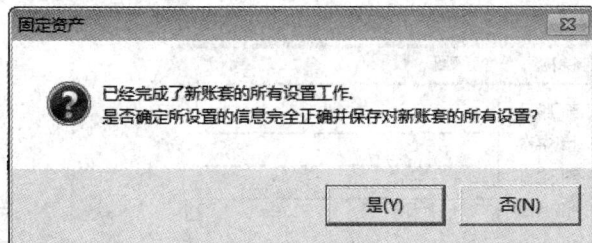

图 6-26　固定资产初始化信息提示

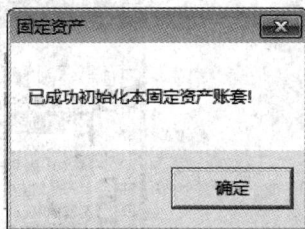

图 6-27　初始化本固定资产账套

3. 固定资产基础设置

1) 固定资产选项设置

(1) 在固定资产系统中，执行"设置"/"选项"命令，打开"选项"对话框。

(2) 选择"与账务系统接口"选项卡，单击"编辑"按钮。选中"月末结账前一定要完成制单登账业务"选项，在"固定资产缺省入账科目"栏选中"1601 固定资产"，在"累计折旧缺省入账科目"栏选中"1602 累计折旧"，在"减值准备缺省入账科目"栏选中"6701 资产减值损失"，在"增值税进项税额缺省入账科目"栏选中"22210101 进项税额"，在"固定资产清理入账科目"栏选中"1606 固定资产清理"，如图 6-28 所示。

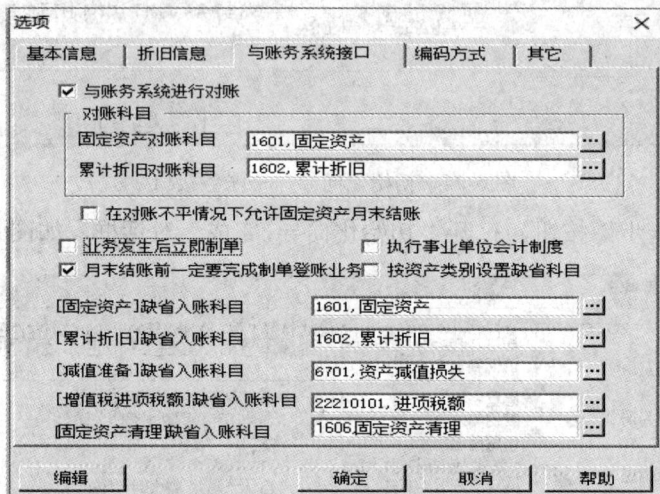

图 6-28　固定资产选项设置

(3) 打开"编码方式"对话框，将"固定资产编码方式"的"序号长度"修改为"2"，单击"确定"按钮。

2) 部门对应折旧科目设置

(1) 在固定资产系统中，执行"设置"/"部门对应折旧科目"命令，打开"部门对应折旧科目——列表视图"对话框。

(2) 选择"固定资产部门编码目录"中"行政事务中心"/"办公室"，单击"修改"按钮，打开"部门对应折旧科目单张视图"对话框，在"折旧科目"栏选择或录入"660204"，如图 6-29 所示。单击"保存"按钮。

(3) 参照表 6-1，以此方法继续设置其他部门对应折旧科目。

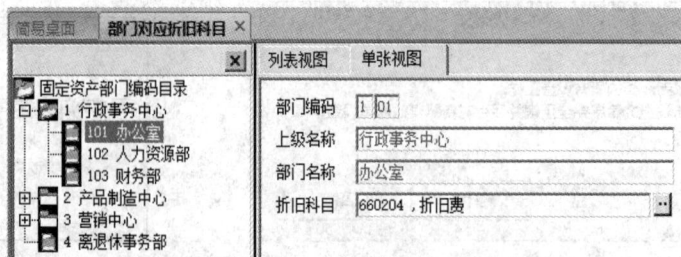

图 6-29　行政事务中心部门对应科目

3) 固定资产类别设置

(1) 在固定资产系统中，执行"设置"/"资产类别"命令，打开"资产类别——列表视图"对话框。

(2) 单击"增加"按钮，打开"资产类别——单张视图"对话框。参照表 6-2 所示，在"类别名称"栏录入"房屋建筑物"。在"使用年限"的"年"一栏录入"30"。在"净残值率"栏录入"1"。"计提属性"栏录入"正常计提"。"折旧方法"栏录入"平均年限法(一)"。"卡片样式"栏录入"通用样式"，如图 6-30 所示。

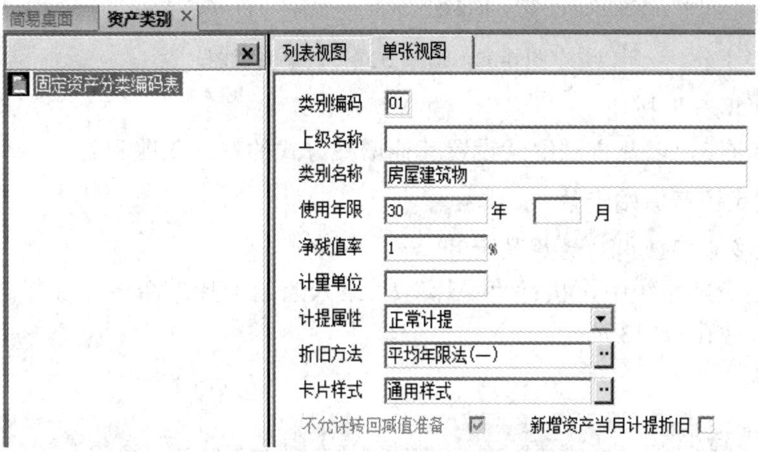

图 6-30 资产类别——单张视图

(3) 单击"保存"按钮。

(4) 以此方法，继续录入 02 号(生产线)、03 号(设备)资产类别信息并保存。

(5) 选中"01 房屋建筑物"分类，再单击"增加"按钮。在"类别名称"栏录入"行政楼"，单击"保存"按钮。

(6) 以此方法继续录入其他固定资产类别信息，如图 6-31 所示。

图 6-31 资产类别设置

4) 固定资产增减方式设置

(1) 在固定资产系统中，执行"设置"/"增减方式"命令，打开"增减方式——列表视图"对话框。

(2) 选中增加方式中的"直接购入"选项，单击"修改"按钮，打开"增减方式——单张视图"对话框。在"对应入账科目"栏选择或录入"100201"，如图 6-32 所示。

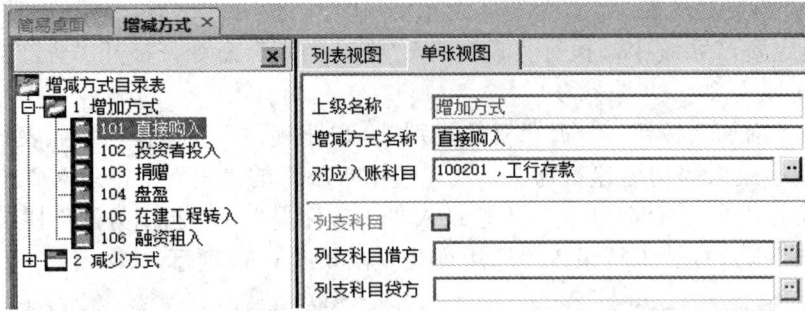

图 6-32　增减方式——单张视图

(3) 单击"保存"按钮。

(4) 参照表 6-3，以此方法继续设置其他增减方式的对应入账科目。

4. 录入固定资产原始卡片

1) 录入"多部门使用"的原始卡片

(1) 在固定资产系统中，执行"卡片"/"录入原始卡片"命令，打开"固定资产类别档案"对话框，如图 6-33 所示。

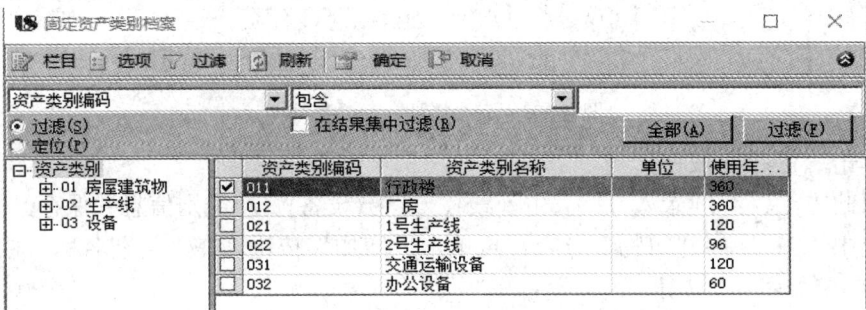

图 6-33　固定资产类别档案

(2) 勾选"011 行政楼"选项，单击"确定"按钮。打开"固定资产卡片"对话框，如图 6-34 所示。

图 6-34　固定资产卡片

(3) 单击"使用部门"按钮，弹出"固定资产——本资产部门使用方式"对话框。选择"多部门使用"选项，单击"确定"按钮，再弹出"使用部门"对话框，如图 6-35 所示。

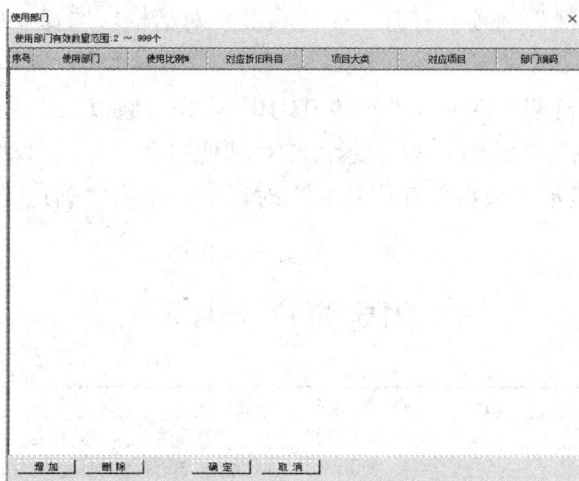

图 6-35　使用部门对话框

(4) 单击"增加"按钮，自动添加序号为"1"的一个空行。双击"1"行的使用部门。依据表 6-4，打开"部门基本参照"对话框，勾选"办公室"选项。

(5) 单击"确定"按钮，返回"使用部门"对话框。在"使用比例"栏录入"20"，"对应折旧科目"选择"660204 折旧费"选项。

(6) 单击"增加"按钮，继续增加其他使用部门，如图 6-36 所示。

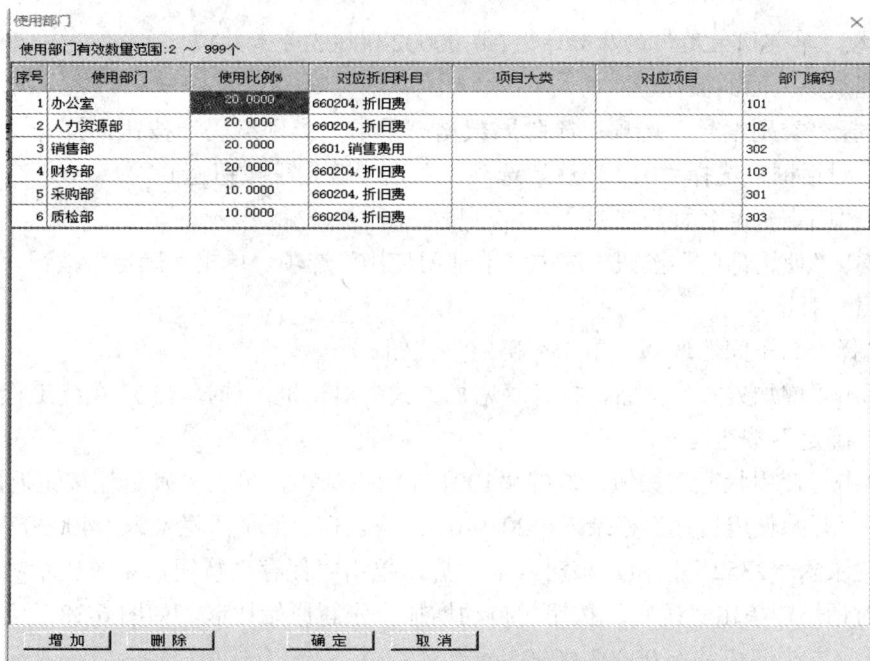

序号	使用部门	使用比例%	对应折旧科目	项目大类	对应项目	部门编码
1	办公室	20.0000	660204,折旧费			101
2	人力资源部	20.0000	660204,折旧费			102
3	销售部	20.0000	6601,销售费用			302
4	财务部	20.0000	660204,折旧费			103
5	采购部	10.0000	660204,折旧费			301
6	质检部	10.0000	660204,折旧费			303

图 6-36　多部门使用设置

(7) 单击"确定"按钮,返回录入"固定资产卡片"对话框。单击"增加方式"按钮,打开"增加方式"对话框。选择"105 在建工程转入",单击"确定"按钮返回。

(8) 选择"使用状况"选项,打开"使用状况"对话框。选择"1001 在用"按钮,单击"确定"按钮返回。

(9) 在"开始使用日期"栏录入"2019-03-10",在"原值"栏录入"20000"。在"累计折旧"栏录入"1176",如图 6-37 所示。核对其他自动计算或自动显示的数据并且单击"保存"按钮。系统显示"数据保存成功!"对话框中单击"确定"按钮,自动增加一张新的原始卡片。

固定资产卡片

卡片编号	00001			日期	2021-01-01
固定资产编号	01101	固定资产名称			行政楼
类别编号	011	类别名称	行政楼	资产组名称	
规格型号		使用部门	办公室/人力资源部/销售部/财务部/采购部/质检部		
增加方式	在建工程转入	存放地点			
使用状况	在用	使用年限(月)	360	折旧方法	平均年限法(一)
开始使用日期	2019-03-10	已计提月份	21	币种	人民币
原值	20000.00	净残值率	1%	净残值	200.00
累计折旧	1176.00	月折旧率	0.0028	本月计提折旧额	56.00
净值	18824.00	对应折旧科目	(660204,折旧费)	项目	
录入人	陈洁			录入日期	2021-01-01

图 6-37　录入 00001 号原始卡片

2) 录入"单部门使用"的原始卡片(第 00002-00005 号卡片)

此过程类似上面的操作。

(1) 选择"类别编号"选项,删除原数据。单击"类别编码"按钮,打开"固定资产类别档案"对话框,选择"012 厂房"选项,单击"确定"按钮返回。

(2) 在"固定资产名称"栏录入"区厂房"。

(3) 单击"使用部门"按钮,选中"单部门使用"选项。单击"确定"按钮,弹出"部门基本参照"对话框。

(4) 选择"二车间"选项,单击"确定"按钮。

(5) 单击"增加方式"按钮,打开"增加方式"对话框。选择"105 在建工程转入"选项,单击"确定"按钮返回。

(6) 单击"使用状况"按钮,选择"1001 在用"选项,单击"确定"按钮返回。

(7) 在"开始使用日期"栏录入"2019-03-28"。在"原值"栏录入"40000"。在"累计折旧"栏录入"2352"按钮。核对其他数据,单击"保存"按钮,系统提示"数据保存成功!"对话框,单击"确定"按钮。自动增加一张新原始凭证,如图 6-38 所示。

(8) 以此方法继续录入 00003-00005 号卡片。

固定资产卡片

卡片编号	00002				日期	2021-01-01
固定资产编号	01201	固定资产名称				区厂房
类别编号	012	类别名称	厂房	资产组名称		
规格型号		使用部门				二车间
增加方式	在建工程转入	存放地点				
使用状况	在用	使用年限(月)	360	折旧方法		平均年限法(一)
开始使用日期	2019-03-28	已计提月份	21	币种		人民币
原值	40000.00	净残值率	1%	净残值		400.00
累计折旧	2352.00	月折旧率	0.0028	本月计提折旧额		112.00
净值	37648.00	对应折旧科目	510101,折旧	项目		

录入人	陈浩		录入日期	2021-01-01

图 6-38 录入 00002 号原始卡片

5. 固定资产系统日常业务处理

1) 修改固定资产卡片

(1) 在固定资产系统中,执行"卡片"/"卡片管理"命令,弹出"查询条件选择-卡片管理"对话框,去掉"开始使用日期"的勾选,打开"卡片管理"对话框,如图 6-39 所示。

简易桌面	卡片管理 ×						
按部门查询		在役资产					
固定资产部门编码目录		卡片编号	开始使用日期	使用年限(月)	原值	固定资产编号	净残值率	录入人
1 行政事务中心		00001	2019.03.10	360	20,000.00	01101	0.01	陈浩
2 产品制造中心		00002	2019.03.28	360	40,000.00	01201	0.01	陈浩
3 营销中心		00003	2020.05.30	120	60,000.00	02101	0.03	陈浩
4 离退休事务部		00004	2019.04.10	96	160,000.00	02201	0.03	陈浩
		00005	2020.03.10	120	90,000.00	03101	0.05	陈浩
		合计:(共计			370,000.00			

图 6-39 卡片管理

(2) 选中"00005"号卡片,单击"修改"按钮,打开"固定资产卡片"对话框。

(3) 选中"增加方式"删除原有的增加方式内容。单击"增加方式"按钮,打开"固定资产增加方式"对话框。

(4) 选中"102 投资者投入"按钮,单击"确定"按钮返回"固定资产卡片"对话框。

(5) 单击"保存"按钮,系统提示"数据保存成功!"对话框,单击"确定"按钮。

2) 增加固定资产

(1) 在固定资产系统中,执行"固定资产"/"卡片"/"资产增加"命令,打开"固定资产类别档案"对话框。

(2) 选择"032 办公设备"按钮,单击"确定"按钮,打开"固定资产卡片"对话框。

(3) 在"固定资产名称"栏录入"电脑",选择使用部门为"销售部",增加方式为"直接购入","使用状况"为"在用",在"原值"栏录入"5950"。核对其他信息,如图 6-40 所示。

固定资产卡片

卡片编号	00006			日期	2021-01-31
固定资产编号	03201	固定资产名称			电脑
类别编号	032	类别名称	办公设备	资产组名称	
规格型号		使用部门			销售部
增加方式	直接购入	存放地点			
使用状况	在用	使用年限(月)	60	折旧方法	年数总和法
开始使用日期	2021-01-20	已计提月份		币种	人民币
原值	5950.00	净残值率	2%	净残值	119.00
累计折旧	0.00	月折旧率		本月计提折旧额	0.00
净值	5950.00	对应折旧科目	660101,广告费	项目	
录入人	陈洁			录入日期	2021-01-31

图 6-40　固定资产增加(电脑)

(4) 单击"保存"按钮，系统提示"数据保存成功"，再单击"确定"按钮。

(5) 以此方法继续增加其他固定资产，如图 6-41、图 6-42 所示。

固定资产卡片

卡片编号	00007			日期	2021-01-31
固定资产编号	03202	固定资产名称			打印机
类别编号	032	类别名称	办公设备	资产组名称	
规格型号		使用部门			财务部
增加方式	直接购入	存放地点			
使用状况	在用	使用年限(月)	96	折旧方法	双余额递减法(一)
开始使用日期	2021-01-20	已计提月份	0	币种	人民币
原值	6000.00	净残值率	2%	净残值	120.00
累计折旧	0.00	月折旧率	0	本月计提折旧额	0.00
净值	6000.00	对应折旧科目	660204,折旧费	项目	
录入人	陈洁			录入日期	2021-01-31

图 6-41　固定资产增加(打印机)

固定资产卡片

卡片编号	00008			日期	2021-01-31
固定资产编号	03203	固定资产名称			空调
类别编号	032	类别名称	办公设备	资产组名称	
规格型号		使用部门			人力资源部
增加方式	直接购入	存放地点			
使用状况	在用	使用年限(月)	96	折旧方法	平均年限法(一)
开始使用日期	2021-01-20	已计提月份	0	币种	人民币
原值	6000.00	净残值率	2%	净残值	120.00
累计折旧	0.00	月折旧率	0	本月计提折旧额	0.00
净值	6000.00	对应折旧科目	660204,折旧费	项目	
录入人	陈洁			录入日期	2021-01-31

图 6-42　固定资产增加(空调)

应该注意的是，卡片中开始使用日期的年份和月份不能修改。新卡片录入的第一个月不提折旧，折旧额为空或零。原值录入的必须是卡片录入月月初的价值，否则会出现计算错误。如果录入的累计折旧和累计工作量不是零，说明是旧的资产，该累计折旧或累计工作量是在进入本企业前的值。对于新增的固定资产,已计提月份必须严格按照该资产在其他单位已经计提或估计已计提的月份数,不包括使用期间停用等不计提折旧的月份,否则不能正确计算折旧。

6. 固定资产系统期末处理

1) 计提本月折旧

(1) 在固定资产系统中,执行"处理"/"计提本月折旧"命令,弹出提示信息,如图 6-43 所示。

(2) 单击"是"按钮,弹出图 6-44 所示的提示信息。

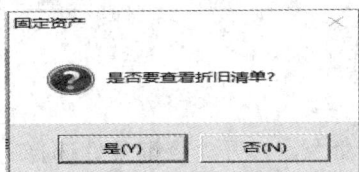

图 6-43 计提折旧提示信息 1

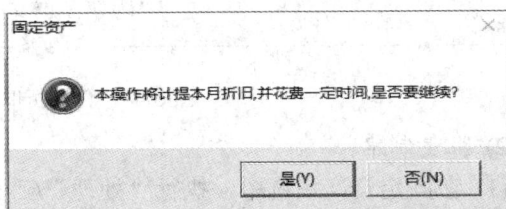

图 6-44 计提折旧提示信息 2

(3) 单击"是"按钮,系统开始计提折旧,计提完毕。打开"折旧清单"对话框,如图 6-45 所示。

卡片编号	资产编号	资产名称	原值	计提原值	本月计提折旧额	累计折旧	本年计提折旧	减值准备	净值	净残值	折旧率	单位折旧	本月工作量	累计工作量
00001	0110001	办公楼	20,000.00	20,000.00	56.00	1,232.00	56.00	0.00	18,768.00	200.00	0.0028		0.000	0.000
00002	0120001	区厂房	40,000.00	40,000.00	112.00	2,464.00	112.00	0.00	37,536.00	400.00	0.0028		0.000	0.000
00003	0210001	硬件生产线	60,000.00	60,000.00	486.00	3,888.00	486.00	0.00	56,112.00	1,800.00	0.0081		0.000	0.000
00004	0220001	主生产线	160,000.00	160,000.00	1,616.00	1,616.00	1,616.00	0.00	158,384.00	4,800.00	0.0101		0.000	0.000
00005	0310001	汽车	90,000.00	90,000.00	711.00	711.00	711.00	0.00	89,289.00	4,500.00	0.0079		0.000	0.000
合计			370,000.00	370,000.00	2,981.00	9,911.00	2,981.00	0.00	360,089.00	1,700.00			0.000	0.000

图 6-45 折旧清单

(4) 单击"退出"按钮,弹出"计提折旧完成!"对话框,如图 6-46 所示。单击"确定"按钮,弹出"折旧分配表"对话框,如图 6-47 所示。

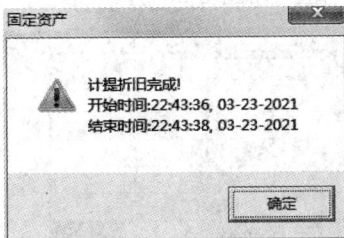

图 6-46 计提折旧完成对话框

部门编号	部门名称	项目编号	项目名称	科目编号	科目名称	折旧额
101	办公室			660204	折旧费	11.20
102	人力资源部			660204	折旧费	722.20
103	财务部			660204	折旧费	11.20
201	一车间			510101	折旧	486.00
202	二车间			510101	折旧	1,728.00
301	采购部			660204	折旧费	5.60
302	销售部			660101	广告费	11.20
303	质检部			660204	折旧费	5.60
合计						2,981.00

图 6-47 折旧分配表

(5) 单击"凭证"按钮,生成一张凭证,如图 6-48 所示。选择凭证类别,单击"保存"按钮,该凭证传递到总账系统中。单击"退出"按钮。

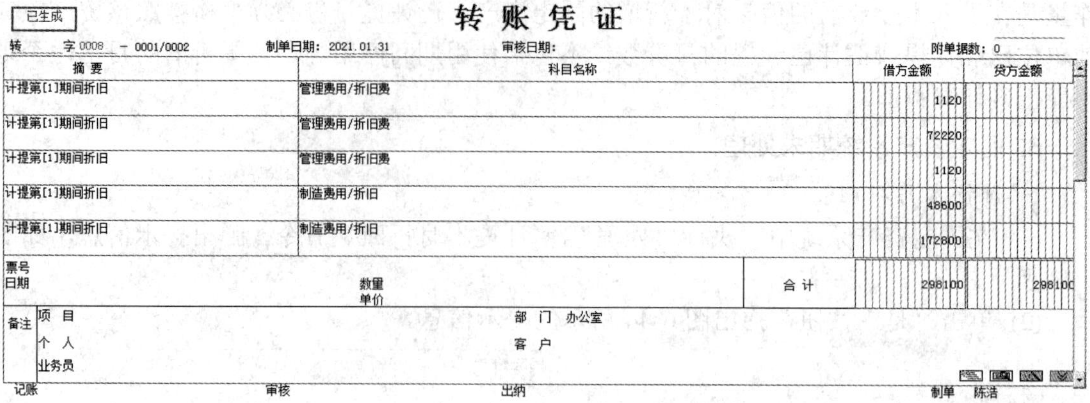

图 6-48　计提折旧生成的记账凭证

2) 批量制单

(1) 在固定资产系统中，执行"处理"/"批量制单"命令，打开"查询条件选择-批量制单"对话框，如图 6-49 所示。

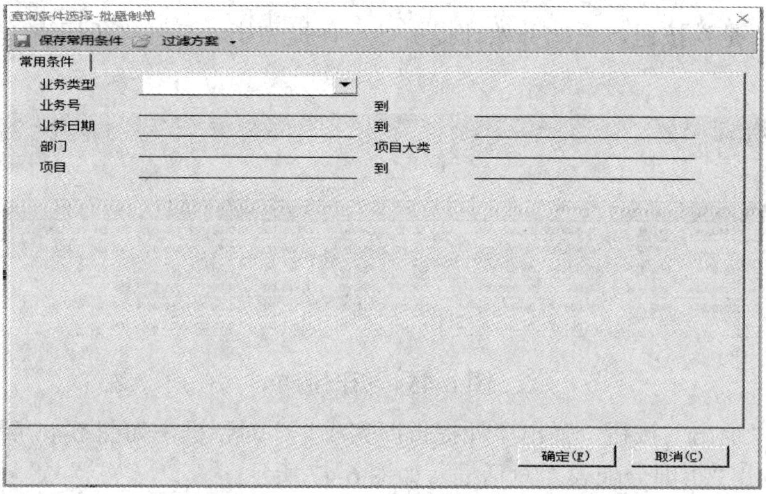

图 6-49　查询条件选择-批量制单

(2) 单击"确定"按钮，弹出"批量制单"对话框。在"批量制单"对话框中，双击第"00006-00009"号业务的"选择"选项，或单击"全选"按钮，如图 6-50 所示。

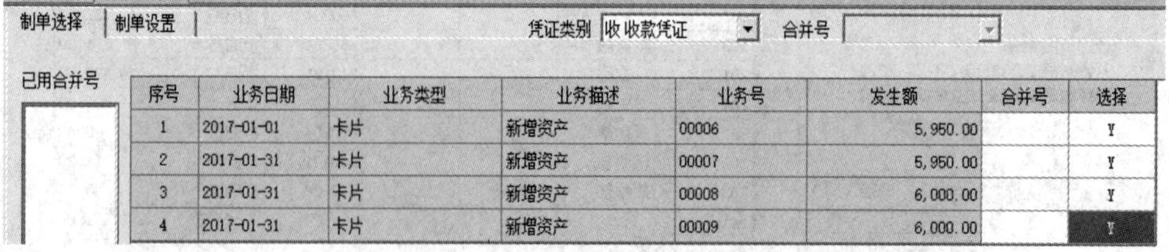

图 6-50　批量制单-制单选择

(3) 选择"制单设置"选项卡，单击"凭证"按钮，弹出"填制凭证"对话框。选择凭证类别为"付款凭证"，如图 6-51 所示。

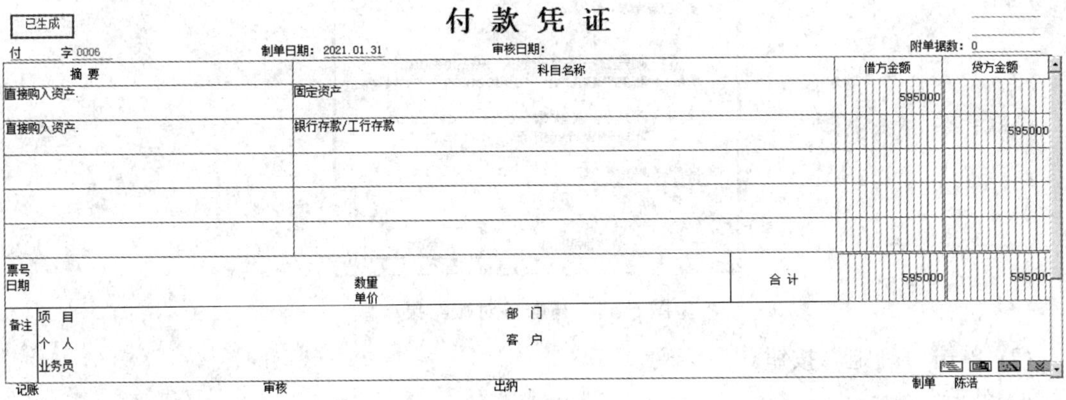

图 6-51　生成付款凭证(购入电脑)

(4) 单击"保存"按钮，再单击"下张凭证"按钮，依照上面的方法，保存其他生成的凭证，如图 6-52、图 6-53 所示。

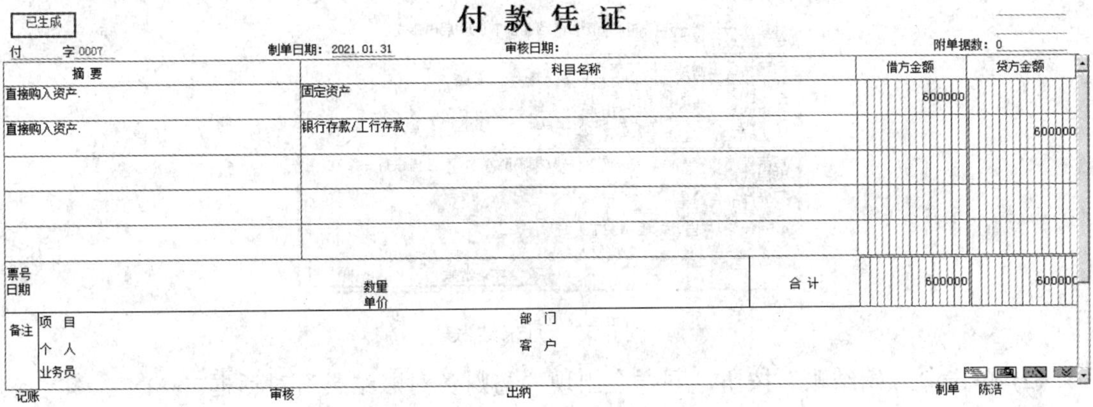

图 6-52　生成付款凭证(购入打印机)

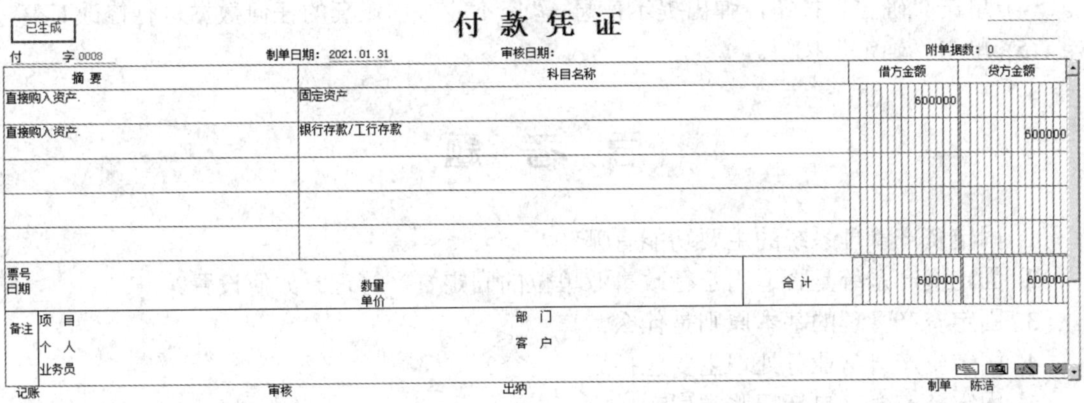

图 6-53　生成付款凭证(购入空调)

(5) 单击"退出"按钮。

3) 对账

(1) 在固定资产系统中，双击"处理"/"对账"按钮，弹出"与财务对账结果"对话框，如图 6-54 所示。

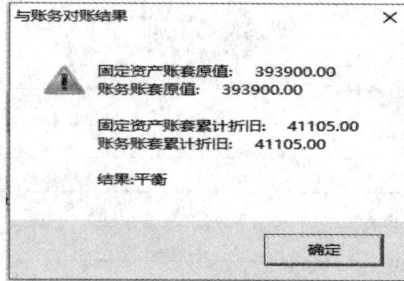

图 6-54　与账务对账结果

(2) 单击"确定"按钮。

4) 结账

(1) 在固定资产系统中，双击"处理"/"月末结账"按钮，弹出"月末结账"对话框，如图 6-55 所示。

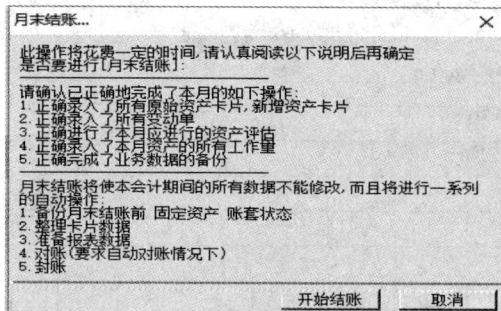

图 6-55　月末结账

(2) 单击"开始结账"按钮，同样会出现"与财务对账结果"对话框。

(3) 单击"确定"按钮，出现提示信息"月末结账成功完成！"对话框。

(4) 单击"确定"按钮，弹出提示信息："您不能对本账套的任何数据进行修改！"

(5) 单击"确定"按钮。

思　考　题

1. 固定资产管理系统的主要功能有哪些？

2. 固定资产系统是否适用于行政事业单位的固定资产管理？如何设置？

3. 固定资产管理的基本原则是什么？

4. 固定资产日常业务处理主要包括哪些内容？

5. 固定资产变动包括哪些类型？

6. 固定资产折旧计提有哪些注意事项？

7. 固定资产期末处理有哪些工作？

8. 固定资产系统与总账对账不平的可能原因有哪些？

9. 固定资产系统中哪些业务可以生成凭证传给总账？

第 7 章

薪 资 管 理

【学习目标】
◆ 了解工资账套管理系统的功能；
◆ 熟悉薪资管理系统初始化设置；
◆ 掌握薪资管理系统人员档案、工资计算设置；
◆ 掌握工资分摊设置方法并且生成转账凭证；
◆ 掌握薪资管理系统日常业务及期末业务处理。

7.1 薪资管理系统的功能

工资是企业职工薪酬的重要组成部分，是构成产品成本的计算内容。在用友ERP-U8V10.1 版管理软件中，薪资管理系统是人力资源管理中的一个子系统。薪资管理系统的主要任务是及时、准确地输入与职工工资核算和管理有关的原始数据，及时处理职工调入、调出、内部调动及工资调整数据，并且以职工个人的工资原始数据为基础，按工资发放单位正确计算职工工资、个人所得税、各种代扣款和实发工资等编制工资结算单，为及时发放工资提供准确的依据；按部门和人员类别进行汇总，进行个人所得税计算和扣缴；提供对工资相关数据的多种方式的查询和分析，打印薪资发放表、各种汇总表和个人工资条；按规定的比例计提福利费、工会经费和其他以工资为基数计提的各项费用；根据工作部门和工作性质，进行工资费用、职工福利费的分配，输出工资分配表，并且实现自动转账处理；将生成的转账凭证传输到总账管理系统和成本管理系统，以便汇总入账和计算产品成本；根据管理需要提供其他有关的工资统计分析。薪资管理系统的功能如图 7-1 所示。

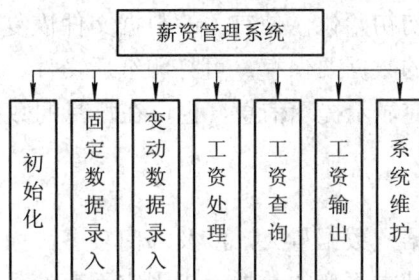

图 7-1 薪资管理系统的功能

7.1.1　初始化

初始化实际上是为薪资管理系统的正常运行提供准备数据,它体现了会计工作规范化的要求。第一次使用薪资系统时需进行以下初始化设置。

1. 工资类别设置

薪资管理系统虽然可以同时处理多个工资类别,但是必须进行统一的薪资核算管理。如单位中一个月多次发放薪资,或者单位中有多种不同类别(部门)的人员,薪资发放项目不同,计算公式也不同,这就需要选择多个工资类别进行薪资核算。如果单位所有人员的工资统一管理,人员的工资项目和工资计算公式全部相同,那么只需建立单个工资类别即可以。

2. 数据库结构设置

数据库结构设置就是定义和修改工资项目。薪资管理系统的数据库文件建立之后,工资项目并不是一成不变的,可能会因需要而改变。通过数据库结构设置,实现对数据库文件结构(即工资项目增加、插入、删除、修改)的维护功能。同时,还可完成对工资项目计算公式的定义功能,即设定工资项目中各种非原始数据项目的计算公式。

3. 部门设置

为满足各部门职工薪资核算的需要,应设置部门代码与部门名称的对应关系以及其他的参数设置,实现部门代码文件的维护功能。当增加部门、减少部门或部门代码变动时,应及时对数据进行更新。

4. 工资费用分配项目设置

根据会计制度规定,输入工资费用分配文件中表明部门代码、工作类别与会计科目对应关系的数据。当对应关系变动时,能对其进行维护。

5. 基本不变数据输入

在第一次使用薪资系统时,输入企业所有职工的全部基本不变数据,这部分数据一经输入便可长期使用。此外,还可设置扣款标准和个人所得税税率文件维护等模块。

6. 月初初始化设置

每月月初,执行一次月初初始化,使有关的数据文件恢复到初始状态,为处理本月工资数据做准备。如果初始化的数据要保存,可打印纸质文件,或者用磁盘备份文件。这项备份工作可由程序在初始化前显示提示信息,也可在每月的数据产生之后马上进行。

7.1.2　固定数据录入

薪资管理系统的原始数据,数据量大,涉及部门较多。为了提高原始数据输入效率,可以对输入数据进行分类。基本不变的数据是指固定不变的数据和在较长时间内很少变动的数据,如参加工作的时间、职工代码、姓名和基本工资等。变动数据是指每月都有可能发生变动的数据，这种变动可以是数值大小的变动，也可以是有无变动，如病假、事假、某种不固定的津贴和代扣款项等。

薪资管理系统不但可以设置人员的基础信息，还具有对人员变动信息进行调整的功能，同时还提供了设置人员附加信息的功能。固定数据的录入是针对工资计算文件中基本不变的数据设计的。

1. 人员调入、调出及内部调动

当有人员调入或调出企业时，就需增加、删除基本不变的数据记录；当发生人员内部调动时，就需修改该职工的部门代码。

2. 基本工资变动

当基本工资调整时，企业职工的基本工资就要有所变动，就需对基本不变的数据进行修改。该功能既可做零星修改(如某员工职务晋升)，也可做成批替换修改(如工资统一调整等)。通常，基本工资调整的频率较低，并不经常发生。

3. 固定津贴调整

调整固定津贴通常是按照相关制度和标准对不同类别的职工统一进行的，是对基本不变的数据的成批替换修改。当新增补贴及所有职工的津贴项目变动时，即可使用此功能。

7.1.3 变动数据录入

变动数据录入功能是为了将工资核算组织的变动数据及时准确地输入计算机系统。它包括变动数据录入、修改及审核。

由于工资数据关系到每位职工的利益、企业的利益和国家的税收，因此必须保证原始数据输入的正确性。为保证原始数据录入正确，可设置总量校验法、输出审核法等检验方法，并对已确认为正确的记录做一个特殊标志来完成对输入数据的审核。在规模较大、人数较多的企业，可以分别建立基本不变数据文件和变动数据文件。基本不变数据文件供系统长期使用，只有在人员调动或调资时，才更新此文件数据。每月核算都可以直接调用这些基本不变的数据，不需重新输入。变动数据文件每月需要在月初初始化后输入。

7.1.4 工资处理功能

工资处理功能是工资核算的核心，所有数据都要经过处理。根据不同单位的薪资核算与管理的需要，可以按人员的不同类别分别设计工资项目和工资计算公式。该系统可以管理所有人员的工资数据，并且对平时发生的工资变动数据进行调整；还可以自动计算并扣缴个人所得税，如果薪资以现金形式发放可以进行扣零处理，如果工资由银行代发可以向银行传输工资数据；此外，还可以自动计算、汇总工资数据，并自动完成工资分配、计提、转账业务。

1. 工资计算

一旦工资数据输入后，就可以采用一定的计算方法计算职工个人的应发工资、实发工资、病/事假扣款、应纳所得税等。若以现金发放工资，则还应有"票面分类计算"功能。

不过，现在大多数企业采用银行卡发放工资，此项工作可以不做。

2. 工资汇总

该系统对各级组织(班组或小组、车间或科室、全厂)逐级进行工资汇总，工资汇总数据由工资计算文件中的工资数据计算、汇总取得。按部门对工资计算文件中的工资项目进行汇总是工资汇总的基本要求，系统还可实现对工资计算文件中的工资数据按指定条件(如按指定工资项目、按部门和工作类别等)进行汇总。

3. 工资分配

此功能可将企业每月发生的全部工资费用按其用途进行分配，形成工资费用分配文件；还可按照相关制度规定的工资总额比例提取五险一金、职工福利费、工会经费、职工教育经费等，同时产生工资分配业务的转账凭证，生成记账凭证数据文件并传输到总账子系统。

7.1.5　工资查询

薪资管理系统应具备快速、灵活的屏幕查询功能，能够按某一特征查询需要的信息。薪资管理系统可提供多层次、多角度的工资数据查询。它不仅可以查询个人工资信息、部门工资信息、工资费用分配信息、工资变动信息和个人所得税信息等，还可以打印输出查询结果。

一般可按主关键字(职工代码)查询，也可按其他数据项查询，对用户极为友好。例如，按职工代码查询、按部门查询、按工作类别查询、按工资项目查询、按自定义方式查询等。

7.1.6　工资输出

工资输出功能即打印输出功能，主要提供有关工资数据打印。薪资子系统具有打印输出工资结算单、工资条、个人所得税计算表、工资汇总表、工资费用分配表、工资统计表等功能。在设计打印输出功能时，应能定义打印的格式，以满足用户的需要。

7.1.7　系统维护功能

系统维护模块中的数据备份、数据恢复、权限设置、更换操作员和系统帮助模块是一些公共模块，与前述设置相同，此处不再重复。

7.2　薪资管理系统操作流程

薪资核算与管理由人力资源部门和会计部门共同完成。人力资源部门设计薪资制度，根据行业性质、企业规模等确定薪酬水平，根据人员结构、组织结构等规划薪资结构，根据行业性质、相关法规等明确薪资构成。在薪资管理系统中，日常任务有：人力资源部门依据薪资制度、考勤及业绩考核等统计信息计算应发放给员工的薪资，并计算由企业扣缴的个人所得税。会计人员据之支付薪资、缴纳税款并进行会计核算。薪资管理系统数据处理流程如图 7-2 所示。

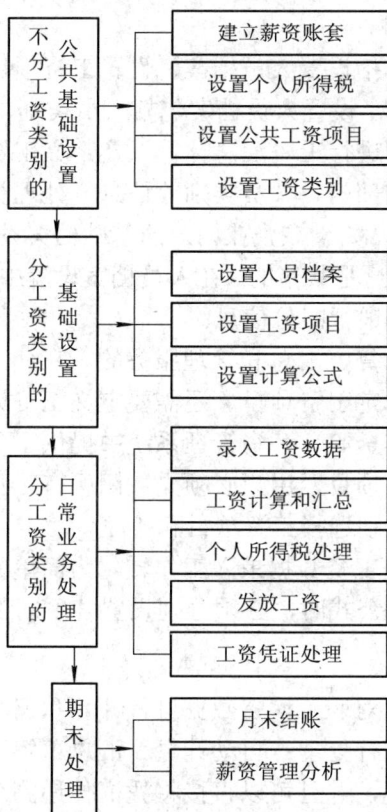

图 7-2 薪资管理系统数据处理流程

在薪资管理系统中，用户需要分别对不同人员设置工资项目，工资发放的计算公式也有很大不同，如果一个月内多次发放工资，则应选择多类别工资，以对不同人员或各期的工资进行分别管理；如果不同类别人员的工资在项目设置和计算公式上具有统一性，则应选择单个类别。

1. 不分工资类别的公共基础设置

无论设置多个工资类别还是单个工资类别，公共基础设置包括：建立薪资账套、设置个人所得税、设置公共工资项目和设置工资类别。

在启用薪资管理系统后，必须建立薪资账套，并分别进行参数设置、扣税设置、扣零设置以及设置人员编码。

设置个人所得税包括税率、速算扣除数、起征额等。个人所得税设置还应包含代扣、代缴个人所得税。

设置公共工资项目用于定义工资项目的名称、类型、宽度，企业可根据需要自由设置工资项目，如固定工资、岗位工资、代扣税等。一般 ERP-U8V10.1 软件已自动设置了部分基本工资项目，如应发工资、扣款合计、实发工资、本月扣零、上月扣零等。

设置工资类别是为了满足薪资管理系统对工资分类管理需要而进行的，对工资类别的维护，包括建立工资类别、打开工资类别、删除工资类别和关闭工资类别。只有建立工资类别，才可以建立人员档案、设置工资项目和计算公式等。

2. 分工资类别的基础设置

分工资类别的基础设置包括设置人员档案、设置工资项目和设置计算公式。

薪资管理离不开具体人员。设置人员档案包括人员类别、人员档案、职工代码的设置。人员类别设置便于按人员类别进行工资汇总计算以及定义工资分摊；人员档案设置用于登记领取工资人员的姓名、所在部门、人员类别等信息，处理员工的增减变动；职工代码可以由部门编号加人员序号形成。如果在企业门户的基础档案设置中进行了人员档案的设置，在薪资子系统中，基础档案信息是共享的。在人员档案设置中可以补充完善人员档案内容，如录入进入日期、银行名称和银行账号信息。

设置工资项目是为工资计算、汇总和管理服务的。在分工资类别下的工资项目设置除了日常工资结算单中所列的固定工资项目，还需要定义工资计算和汇总过程中所涉及的项目，如日工资、请假天数、奖金等。薪资管理系统中提供了参照项目列表，供用户选择设置。如果有系统中没有设置的项目，用户必须先关闭所有工资类别，在添加了相关工资项目后，再在各工资类别中，分别选择工资项目和排序。

设置计算公式是将复杂的工资数据录入工作转化为简单的公式，从而大大简化工资数据录入和管理的工作量。定义公式时，必须分别设置各不同工资类别下的工资计算公式。

3. 日常业务处理

薪资日常业务处理主要是对职工薪资数据进行计算和调整，其内容包括录入工资数据，分别对人员增减、工资变动进行处理；自动计算、汇总工资数据；计算个人所得税；自动完成工资分摊和相关费用计提，并且可以直接将凭证传递到总账系统；提供对不同工资类别的数据进行汇总，实现统一工资核算。

录入工资数据可分为固定数据和变动数据两类。在录入工资数据之前，首先对人员变动如调入、调出或停发及时予以调整；然后对固定数据在薪资账套基础设置阶段逐项录入，也可选择成批编辑工资数据。在日常工作中只有待其发生变化时才重新调整的工资常见的有基本工资、岗位工资等，而变化数据则需要每期发放工资时根据实际情况进调整，如奖金、请假天数、个人所得税等；变动数据的录入可以根据既定公式自动计算生成，还有一些需通过手工逐项录入，如请假天数。

工资计算和汇总是在薪资系统"工资变动"窗口中，通过单击工具栏"计算"或"汇总"按钮，按设定的公式自动计算生成。没有设定公式的项目，需要分别输入，再计算和汇总。

个人所得税的处理是按照公共基础设置进行的，在"扣税设置"标签下，将工资收入额合计设置为"计税基数"，系统按此设置自动计算个人所得税。当个人所得税的计税基数(起征点)、税率发生变动时，应及时更新设置。

工资发放分为现金发放和银行代发两种。采用银行代发，可使用"银行代发"功能，制作符合银行要求的工资发放文件。

工资凭证处理包括薪资发放凭证、薪资费用计提和分摊凭证。工资凭证处理可分为两个阶段：首先在系统中根据业务核算内容设置凭证模板；其次，每期根据实际发生的薪资业务数据在系统中生成相应的凭证。

4. 期末处理

期末处理是薪资管理系统在完成各项工资薪酬核算业务后的最后一项工作，即结账并进行薪资管理分析。

薪资管理期末业务包括月末结转、年末结转和反结账等工作。月末结转是将当月的工资数据经过处理结转到下一个月，并自动生成下月的新的工资明细表。每月工资数据处理完毕后均可以进行月末处理。工资项目中有些项目是变动项目，每月的工资数据均不相同。在每月工资处理时，均可以清零。只有当月工资数据处理完毕后才能进行月末结转，月末结转后系统不允许变动当月工资数据。年末结转是将当年工资数据处理完毕后结转至下年。进行年末结转后，本年数据将不允许变动。在期末结账后，如果要取消结账，可进行反结账。选择需要取消的结账的月份，按"ctrl+shift+F6"，显示取消结账即可。

薪资管理分析是人力资源部门为了解工资水平、构成等信息而进行的一项统计工作。其分析数据主要依据薪资明细文件和薪资汇总文件，以及部门档案文件、人员档案文件等为管理分析提供基础信息。薪资管理分析主要内容有：薪资汇总查询、薪资构成分析、薪资增长分析等。

7.3　薪资管理系统与其他系统的关系

1. 薪资管理系统与基础设置的关系

薪资管理系统与基础设置共享基础数据。薪资管理系统需要的基础数据可以在企业门户中统一设置，也可以在薪资管理系统中自行设定。

2. 薪资管理系统与总账管理系统的关系

薪资管理系统将工资费用的分配以及各种经费计提的结果自动生成转账凭证，传递到总账管理系统，并且可以查询凭证。

3. 薪资管理系统与成本管理系统的关系

薪资管理系统向成本管理系统传送相关费用的合计数据。

薪资管理系统与其他系统的关系如图 7-3 所示。

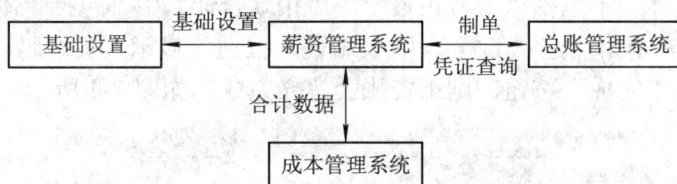

图 7-3　薪资管理系统与其他系统关系

7.4　薪资管理系统业务处理

7.4.1　薪资管理系统初始设置

企业在使用薪资管理系统之前，需要进行初始设置。其内容包括薪资管理系统初始设置、人员附加信息设置、人员档案设置、工资项目设置、工资公式设置、个人所得税计税基数设置等。

1. 薪资系统启用设置

使用薪资管理系统，首先应在系统管理中建立账套，在建立账套后，才能在企业门户中启用薪资管理系统。工资账套与企业核算账套不同，企业核算账套是在系统管理中建立的，是针对整个 ERP 系统的，而工资账套只针对用友 ERP 系统中的薪资管理系统。工资账套仅是企业核算账套的一个组成部分。

在薪资管理系统中，将工资分类别进行核算，可方便有些运用多套工资方案进行核算的企业和集团。为了满足企业按不同标准对工资进行分工处理与集权控制的要求，薪资系统资料较其他财务系统相对独立。应根据不同权限操作不同类别，保证财务信息安全性。例如，可以把工资公式设置功能赋予人事部门，由人事部门来核算工资。但是人事部门无权查看其他财务信息。为了满足企业分工需要，可以分类别录入数据。总账会计选择所有类别就可以查看所有数据进行总控，达到集权和分权目的。也可以对不同类别员工进行不同工资标准核算。例如，对正式职员、合同工和退休人员的工资分不同时期处理。计算标准可以不同，同时也可以将一人按多类处理，还可以对临时立项的工资项目进行核算。

在企业应用平台，执行"业务工作"/"人力资源"命令，单击"薪资管理"按钮，弹出"建立工资套"对话框。在"建立工资套"对话框中进行以下设置：

(1) 参数设置。若核算单位对所有人员的工资集中管理，并且人员工资项目和工资计算公式全部相同，可选"单个"(系统默认)选项。若核算单位每月多次发放工资，并且不同职工发放工资项目不同，可选"多个"选项。

(2) 扣税设置。选中"是否从工资中代扣个人所得税"选项，则工资中扣除项含个人所得税，将依据设置自动扣除。

(3) 扣零设置。在发放现金工资时，将零头扣下，等到积累成整数时再补上。选择"扣零设置"选项后，系统自动在工资项目中生成工资项目"本月扣零"和"上月扣零"。用户不必在计算公式中设置有关扣零处理的计算公式，系统自动计算所扣零头。需要注意的是工资中"应发合计"不包括"上月扣零"，"扣款合计"中不包括"本月扣零"。

(4) 人员编码。单击"建立工资套-人员编码"按钮，显示人员编码同公共平台人员编码保持一致，单击"完成"按钮，则工资账套建立完成，如图 7-4 所示。

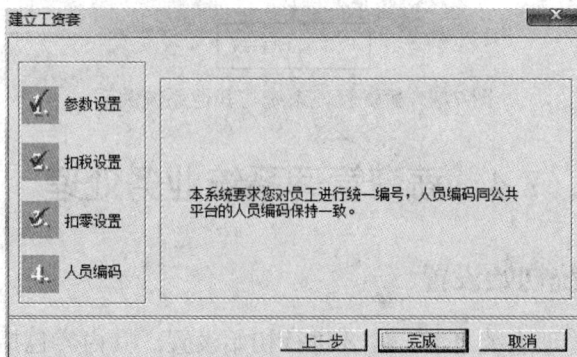

图 7-4 薪资管理系统启用设置

2. 人员附加信息设置

由于各个企业对人员档案所提供的信息要求不一，系统中除了兼顾人员档案管理的基本功能外，还提供了人员附加信息设置功能，丰富了人员档案管理的内容，在一定程度上方便对人员进行更有效的管理。在薪资管理系统中，人员附加信息有人员代码、姓名、出生日期、入职日期、身份证号码、部门和类别等。这些信息除了方便人事管理外，有的信息还关系到薪资管理系统分类、核算和费用分配。

在薪资管理系统中，执行"设置"/"人员附加信息设置"命令，打开"人员附加信息设置"对话框。单击"增加"按钮，输入"工龄"。再单击"增加"按钮，即完成附加信息设置。其他附加信息依次类推。

若人员信息是从总账中引入的，可能有些信息没有设置，用户要通过设置人员附加信息增加相关信息，如图 7-5 所示。

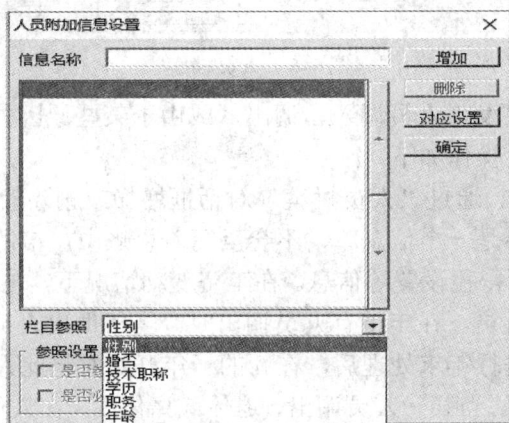

图 7-5　人员附加信息设置

3. 人员档案设置

人员档案设置用于登记工资发放人员的姓名、职工编号、所在部门和人员类别等信息。此外，员工的增减变动都必须先在人员档案设置中进行处理。人员档案的操作是针对某个工资类别的，应该先打开相应的工资类别。

薪资管理系统中，执行"设置"/"人员档案"命令，打开"人员档案"对话框。单击"批增"按钮，打开"人员批量增加"对话框，分别选择人员类别，如"行政管理人员""销售人员""生产人员"等。相关人员的档案显示在"人员批量增加"中，单击"确定"按钮，则人员档案建立完成。单击"人员信息修改"按钮，打开要修改人员档案明细对话框，可以按照要求进行修改选择。在"银行名称"列表中选择相应的银行，在"银行账号"中输入正确的账号。然后单击"附加信息"按钮，修改相应内容。单击"确定"按钮，系统提示"写入该人员档案信息吗？"对话框，单击"确定"按钮，系统自动调入下一人的档案，继续完成其他人员信息的修改。全部修改完成，单击"取消"按钮退出，如图 7-6 所示。

在"人员档案"对话框中，单击"批增"按钮，可以按人员类别批量增加人员档案再进行修改。可以单击"数据档案"按钮，录入薪资数据。

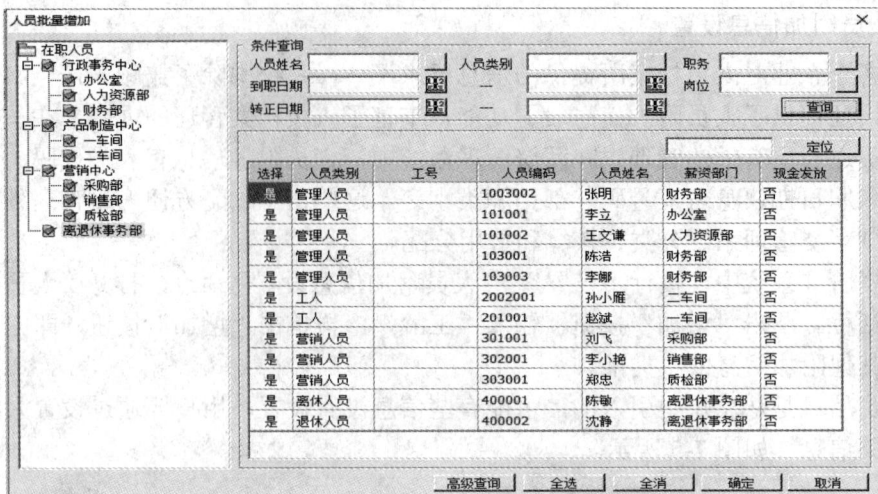

图 7-6　人员档案

在日常经营中，如果发生人员调入、调出，或由于某些原因停发工资时，要及时对发生的人员变动进行调整。操作如下：

(1) 增加与删除人员。通过"人员档案"对话框增加或删除人员编号、人员姓名(此处姓名和总账中人员姓名不是一个信息库，不会反写入总账中)、部门编码、选择人员类别、进入日期、计税及个人所得税设置等信息。在工资变动情况下，在未录入人员工资数据时，可以删除光标所在行的人员。在年中有人员调出时，当年调出人员不可以删除，可以打上"调出"标志，只能在进行年末处理后，在新的一年开始时将此人删除。

(2) 人员调离与停发。当某一人员调出、退休或离休后，在人员类别档案中，打上"调出"或"停发"标志，此人将不参与工资的发放和汇总。已标示调出标志的人员，所有档案信息不可以修改，其编号可以再次使用。调出人员可以在当月末做月末结算前取消调出标志，但是当其编号被其他人员使用时不可以取消。

(3) 人员筛选与定位。人员筛选与定位是为缩小人员档案查询信息而设的。人员筛选要求必须输入相应的条件才能得到结果。人员定位时可以以模糊定位。例如，查询姓李的人员，只输入一个"李"字，单击"确认"按钮，光标定位在第一个姓李的人员处。

4. 工资项目设置

工资数据由各个工资项目体现。薪资管理系统在工资项目设置中定义工资核算时所涉及的项目名称、类型、长度、小数位数、增减项和宽度等。系统提供了一些固定的工资项目，如"应发合计""扣款合计""实发合计"等。如果在工资建账时设置了"扣零处理"选项，系统在工资项目中自动生成"本月扣零"和"上月扣零"两个指定名称的项目，这些项目不能删除和重命名。其他项目可以根据实际需要定义或参照增加，如基本工资和奖金等，还可以修改或者删除工资项目。系统提供若干常用工资项目供参考，可以选择合适的进行输入。对于参照中未提供的工资项目，可以直接输入。

当企业采用银行代发形式发放工资时，需要确定银行名称和账号长度。发放工资的银行可以根据需要设置多个。如果同一工资类别中的人员由于在不同的工作地点，需要不同的银行代发工资，或者不同的工资类别由不同的银行代发，均需将相应的银行名称一并设置。

在薪资管理系统中，执行"设置"/"工资项目设置"命令，打开"工资项目设置"对话框。单击"增加"按钮，并且在右侧"名称参照"下拉列表框中初步选择需要增加的工资项目内容或直接输入工资项目的名称以及设置类型、长度、小数、增减项等。设置完成后单击"上移"或"下移"按钮来排列工资项目的内容，最后单击"确定"按钮，如图7-7所示。

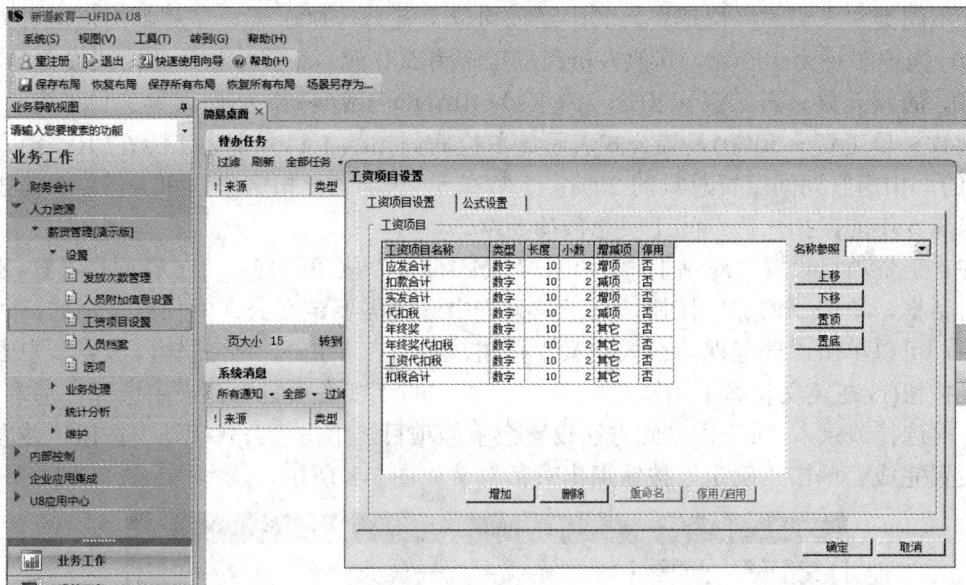

图 7-7　工资项目设置

应该注意的是，必须先对所有工资类别设置需要使用的全部工资项目以后，才能打开各个工资类别，然后再对各个工资类别分别增加其所需要的项目。前者为后者提供备选项，后者只能从工资项目设置的"名称参照"中选择工资项目，不能增加工资项目。另外，工资项目不能重复选择。工资项目的选择顺序不影响计算结果。

5. 定义工资计算公式

由于不同工资类别的工资发放项目不尽相同，计算公式也不相同，因此在进入工资类别后，应当选择工资类别所需要的工资项目，再设置工资项目对应的计算公式。例如，缺勤扣款=基本工资/月工作日×缺勤天数。定义公式可以通过选择工资项目、运算符、关系符、函数等组合完成。对于固定的工资项目(如应发合计、扣款合计和实发合计等)的计算公式，系统会根据工资项目设置的"增减项"自动给出计算公式。用户可以对其他工资项目进行增加、修改和删除计算公式的操作。已经使用的工资项目和系统提供的固定工资项目不可以删除或者修改，也不可以修改数据类型。"增项"类型的数据是工资的增加项目，计量单位是人民币"元"，"减项"正好相反。"其它"类型的数据是不直接参与工资项目计算的，它的单位不是人民币"元"，如"事假天数"。

工资项目计算公式以函数向导法设置公式，适用于那些能用公式直接表达的薪酬项目。如果套用不上系统自带的公式，就需要采用直接录入法。只有在打开工资类别之后，"工资项目设置"对话框才会出现"公式设置"选项。在定义公式时，可以使用函数公式向导输入、函数参照、工资项目参照、部门参照和人员类别参照编辑输入该工资项目的计算公式。工资项目没有的项目不允许在公式中出现，但是可以引用已设置公式的项目。

在工资项目计算公式中，函数的应用是通过 iff 语句实现。例如，全勤奖计算公式设置为 iff(人员类别="经理"，500，300)。该公式表示人员类别是经理的人员的全勤奖是 500元，经理之外的其他各类人员全勤奖是 300 元。岗位工资计算公式设置为 iff(人员类别="经理"，1000，iff(人员类别="工程师"，600，iff(人员类别="会计"，700，500)))。该公式表示不同类别人员的岗位工资，其中经理岗位工资为 1 000 元，工程师岗位工资为 600元，会计岗位工资为 700 元，其他人员岗位工资为 500 元。病假扣款计算公式设置为 iff(工龄>=10，病假天数×日工资×20%，iff(工龄<10AND 工龄>=5，病假天数×日工资×30%，病假天数×日工资×50%))。该公式表示该单位病假扣款工龄分别为工龄在 10 年以上(含10 年)的，扣病假期间工资总额的 20%；工龄在 5～9 年的，扣病假期间工资总额的 30%；工龄未满 5 年的，扣病假期间工资总额的 50%。

在"工资项目设置"对话框中，单击"公式设置"按钮，打开"工资项目设置-公式设置"对话框。单击"增加"按钮，从下拉列表中选择需要定义公式的项目。例如，"养老保险"，可以单击"养老保险公式定义"按钮，单击左下角的"公式输入参照"中的"左括号"按钮(或在英文状态下用键盘录入)，在下方的"工资项目"列表中选择"基本工资"选项，再选择或录入"+"，以此方法设置余下的项目，单击"公式确认"按钮，养老保险公式设置完成。单击"确定"按钮退出对话框，如图 7-8 所示。

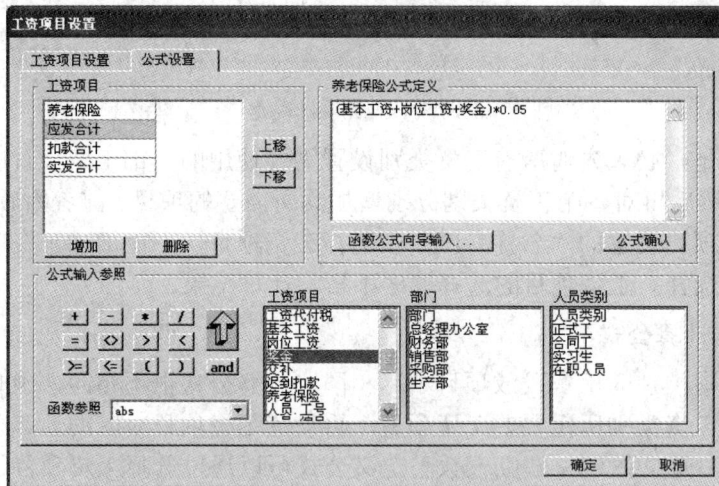

图 7-8 工资公式设置

6. 个人所得税计税基数设置

个人所得税是根据《中华人民共和国个人所得税法》对个人所得征收的一种税。薪资管理系统只提供对工资薪金所得征收所得税的申报。用户只需要定义所得税税率并且设置扣税基数就可以由系统自动计算个人所得税。薪资管理系统提供了所得税申报表的标准栏目、所得项目和对应工资项目。标准栏目包括姓名、所得项目、所得期间、收入额合计、抵减费用额、应纳税所得额、税率、速算扣除数和扣缴所得税额。外币工资账套将增加四

个栏目(包括币名、外币收入额合计、汇率和外币纳税额)进行外币所得税计算。系统默认
"所得项目"初始为"工资"。个人所得税申报表中"收入额合计"项对应的工资项目默
认为"实发合计",可以进行调整。如果个人所得税的税率发生变化,可以进行修改,修
改确认后系统自动重新计算。如果选择了"从工资中代扣个人所得税"选项,在数据录入
过程中系统自动进行扣税计算。

　　在薪资管理系统中,在打开"在编人员"工资后,选择"薪资管理"/"设置"选项。
打开"选项"对话框,选择"扣税设置"选项,单击"编辑"按钮,如图 7-9 所示。单击
"税率设置"按钮,打开"个人所得税申报表-税率表"对话框,查看"基数"栏及其他信
息,单击"确定"按钮,如图 7-10 所示。

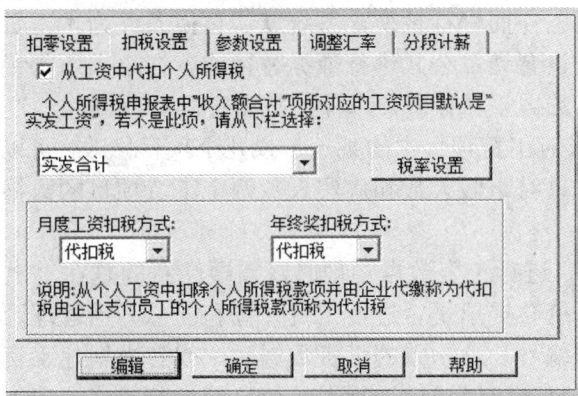

图 7-9　个人所得税扣税的设置

图 7-10　个人所得税税率表

7.4.2　工资业务处理

　　第一次使用薪资管理系统时,必须把所有人员基本工资数据录入系统,同时需要事先
设置好工资项目及计算公式,对每月发生的工资数据变动进行调整,如奖金、扣款等信息
的录入等。待工资数据录入以后进行工资数据计算与汇总,系统会自动计算并且产生每个
人员的应发工资和实发工资。系统不仅可查看扣缴个人所得税报表,还能选择工资发放
形式。

1. 工资变动管理

(1) 工资数据录入。工资数据录入方法较多,根据实际需要,通常有以下几种方法:

① 筛选和定位。如果对部分人员的工资数据进行修改,最好采用此方法。先将所要修改的人员筛选出来,然后进行工资数据修改。修改完毕后,进行重新计算和汇总。这样可以大大提高计算速度。

② 页编辑。工资变动界面提供了页编辑功能,可以对选定的人员的相关数据进行快速录入。

③ 替换。将符合条件的人员的某个工资项目的数据统一替换成某个数据。例如,将生产工人工资上调,若进行数据替换的工资项目已设置了计算公式,在重新计算时以计算公式为准。如未输入替换条件而进行替换,系统默认替换条件为本工资类别的全部人员。修改了某些数据并且重新设置计算公式进行数据替换或者在个人所得税中执行了自动扣税等操作,最好对个人工资数据重新计算,以保证数据正确。

④ 过滤器。如果只对工资项目中的某一个或几个项目修改,可以将要修改的项目过滤出来便于修改。例如,只对事假天数和病假天数两个工资项目的数据进行修改,可以过滤出这两个工资项目。

(2) 工资数据处理。进行工资数据管理时,需要注意的是在退出"工资变动"时,若对数据做变动处理,系统会提示是否进行工资计算和汇总。当管理两个或多个工资类别中人员结构相同并且人员编号长度一致的工资数据时,或者当新建工资类别中人员与已建工资类别中人员信息相同时,可以通过进行人员信息的复制,将已建工资类别中的人员信息复制到新建工资类别中。

在薪资管理系统中,执行"业务处理"/"工资变动"命令,打开"工资变动"对话框,单击"过滤器"下拉列表框。在下拉列表中选择"过滤设置"选项,打开"项目过滤"对话框,选择"工资项目"列表框中所需的工资项目。单击">"按钮,将所需的工资项目选入"已选项目"列表框中,单击"确定"按钮,返回"工资变动"对话框。

(3) 工资数据计算和汇总。单击工具栏中的"计算"按钮和"汇总"按钮,计算和汇总工资数据。单击"退出"按钮,退出"工资变动"对话框。

2. 工资发放管理

工资业务完成后,需要输出相关工资报表数据。系统提供了多种形式的报表反映工资核算的结果,报表格式是工资项目按照一定格式由系统设定的。

(1) 工资表。工资表用于本月工资发放和统计。工资表包括一系列由系统提供的原始表,如工资卡、工资发放条、部门工资汇总表、部门条件汇总表、工资发放签名表、人员类别汇总表和工资变动汇总表等。

(2) 工资分析表。工资分析表是以工资数据为基础,对部门、人员类别的工资数据进行分析和比较而产生的各种分析表,以供决策使用。它包括工资增长分析表、按月分类统计表、部门分类统计表、工资项目分析表、员工工资汇总表和部门工资项目构成分析表等。

(3) 工资类别汇总。在多个工资类别中,以部门编码、人员编码和人员姓名为标准,可将此三项内容相同人员的工资数据操作合计。如果需要统计所有工资类别本月发放工资的合计数,或者要求某些工资类别的人员工资都由一个银行代发,可生成一套完整的工资数据传递到银行就可以使用此项功能。

(4) 设置银行代发的文件格式与输出格式。银行代发文件格式设置，是根据银行的要求设置提供给银行的数据中所包含的项目，以及项目的数据类型、长度和取值范围等。银行代发磁盘输出格式的设置有 txt 文件、dat 文件和 dbf 文件三种类型。

在薪资管理系统中，执行"业务处理"/"工资变动"命令，打开"工资变动"对话框，单击工具栏中"输出"按钮，输入另存文件名，如×年×月工资。选择保存的类别，导出工资数据，并且单击"保存"按钮保存数据。

7.4.3　薪资管理系统期末处理

工资是费用中最主要的部分。在月末需要对工资费用进行工资总额的汇总、分配及各种经费的计提，并且编制会计凭证，供登账处理。

通过薪资管理系统，月末对企业各部门、各类人员的工资费用进行分配核算，设置各项工资费用计提基数，计算应计提的应付福利费、工会经费、职工教育经费等，对各部门工资进行工资费用和其他费用的分配，编制会计分录。为便于采用多种工资类别的企业进行管理，系统提供了汇总工资类别功能，统计所有工资类别本月发放工资的合计数。

月末结账工作是将当月数据经过处理后结转下月，每月工资数据处理完毕后均需月末结账。结账后，保留每月工资明细表为不可以修改状态，同时自动生成下月工资明细账，新增或删除人员将不会对本月数据产生影响。

1. 工资费用分配

工资费用是人工费用的主要部分，需要对工资费用计提分配，编制会计凭证供总账处理之用。职工福利费、工会经费和职工教育经费分别按应发工资的 14%、2% 和 8% 计提，并且按照部门类别分摊到相应成本费用类账户中。

企业月内发生的全部工资，不论是否当月领取都应当按照工资用途进行分摊和计提。由于不同企业进行分摊和计提时对工资总额的计算方法不同，系统允许用户对工资总额进行设置。系统内置了应付福利费、工会经费、职工教育经费计提项目，若有其他项目，可以另行增加。系统提供的四个基本计提项目不能删除，已分摊计提的项目不能删除。计提项目最多为 10 个。其他月份进行工资分摊前，若需要对工资总额和计提基数进行调整，也在此进行。

(1) 工资分摊。每月月末分配工资费用时，根据工资汇总表贷记"应付职工薪酬"科目，借记各有关科目。确定相应的借贷科目后，便可以制单，系统自动生成一张凭证。此凭证转入总账管理系统的未记账凭证库，记入总账。该凭证既可以在薪资管理系统的"凭证查寻"中查询到，也可以在总账管理系统的凭证库中查询到。

(2) 自定义分摊和计提。可以自定义的分摊和计提项目，如大病统筹基金等，其分摊和计提方法同工资分摊和费用计提的方法一样。

(3) 凭证修改。薪资管理系统传输到总账管理系统的凭证，只能在薪资管理系统中通过"凭证查询"功能来修改、删除和冲销。

(4) 薪资数据统计分析。可以通过薪资管理系统中"统计分析"/"账表"命令，查看工资发放明细表、工资条、工资卡等信息，也可以按部门查看"工资项目分析表"等。

在薪资管理系统中，执行"业务处理"/"工资分摊"命令，打开"工资分摊"对话框，单击"工资分摊设置"按钮，打开"分摊类型设置"对话框。单击"增加"按钮，输入"计提类型名称"和"分摊计提比例"，单击"下一步"按钮，打开"分摊构成设置"对话框。分别选择分摊构成的各项内容，单击"完成"按钮，返回到"分摊类型设置"对话框。单击"增加"按钮，继续完成应付福利费、工会经费等各项的凭证计提设置。完毕，单击"返回"按钮，返回到工资分摊对话框。分别选中"工资分摊""应付福利费""工会经费"选项，并且单击各个部门，选中"明细到工资项目"选项，单击"确定"按钮，打开"工资分摊明细"对话框，选中"合并且科目相同、辅助项相同的分录"选项。单击"制单"按钮，选择凭证为"转账凭证"，单击"保存"按钮，单击"退出"按钮。至此，工资分摊凭证生成。同样，可以生成计提福利费、工会经费的转账凭证。

2. 薪资管理系统结账

到了会计期末，工资核算需要进行相应的期末结账。通过期末结账，可以将本期的工资数据经过处理结转到下一期，并且自动生成下期新的工资明细表。期末结转只有在会计年度的 1~11 月份才能进行。如果要对多个工资类别进行处理需要打开多个工资类别，逐个进行期末结算。如果本期的工资数据未汇总，系统将不允许期末结账。同时，如果进行了期末结账，就不能对数据进行修改和删除。

(1) 月末结账。在进行月末处理后，如果发现还有一些业务或其他事项要在已进行月末处理的月份进行账务处理，需要使用反结账功能，取消已结账标志，此操作由账套(类别)主管执行。下列情形不允许反结账：总账管理系统已结账；成本管理系统已经结账；汇总工资类别的会计月份等于反结账会计月份，而且包括需要反结账的工资类别；薪资管理系统的凭证传到总账管理系统后，总账管理系统已签字、记账，需要做红字冲销凭证后，才能反结账；薪资管理系统的凭证传到总账管理系统后，总账管理系统未作任何操作，只需要删除此凭证即可以。若凭证已经由出纳签字、审核或者主管签字，需要取消相应签字并且删除该张凭证，才能反结账。

(2) 年末结账。年末结转是将工资数据经过处理后结转至下年。进行年末结转后，新年度账将自动建立。只有处理完所有工资类别的工资数据(对多个工资类别，应关闭所有工资类别)，才能在系统管理中选择"年度账"选项，进行上年数据结转。其他操作与月末结账相类似。

年末结转只有在当月工资数据处理完毕后才能进行，若当月工资数据未汇总，系统将不允许进行年末结转。进行年末结转后，本年各月数据将不允许变动。若用户跨月进行年末结转，系统将给予提示。年末处理功能只有主管人员才能执行。

在薪资管理系统中，执行"业务处理"/"月末处理"命令，打开"月末处理"对话框。单击"确定"按钮，系统提示"月末处理后，本月工资将不允许变动！继续月末处理吗？"对话框。单击"是"按钮，系统提示"是否选择清零项？"对话框，单击"否"按钮。系统提示月末处理完毕，单击"确定"按钮。

若要反结账，以账套主管身份注册进入企业平台，执行"薪资管理"/"业务处理"命令，双击"反结账"按钮，打开"反结账"对话框。选择工资类别，单击"确定"按钮，系统提示"执行本功能，系统将自动清空该月已完成的工资变动数据"，单击"确定"按钮。弹出提示信息"反结账已成功完成"，单击"确定"按钮。

7.5　薪资管理业务实训

【实训准备】

将系统日期改为 2021 年 1 月 1 日，引入总账系统的"4.5.1 账套备份"数据。以账套主管"001 陈浩"身份进入企业应用平台，启用"薪资管理"系统，启用日期为"2021 年 1 月 1 日"，并且进行薪资管理的初始设置。

【实训内容及要求】

(1) 薪资管理系统初始设置。

(2) 工资项目设置及公式设置。

(3) 工资分摊设置及转账凭证生成。

(4) 薪资期末业务处理。

要求：掌握薪资管理系统功能与操作流程，熟悉工资项目设置及公式设置的方法，能根据要求进行薪资业务的账务处理。

【实训资料】

1. 建立工资账套

(1) 工资类别个数：多个；核算币种：人民币。

(2) 代扣个人所得税；进行扣零处理，扣零至元。

2. 人员附加信息

附加信息为："性别""学历""技术职称""职务"。

3. 工资项目设置

工资项目见表 7-1。

表 7-1　工　资　项　目

工资项目名称	类型	长度	小数	增减项
基本工资	数字	8	2	增项
职务补贴	数字	8	2	增项
工龄工资	数字	8	2	增项
浮动工资	数字	8	2	增项
奖金	数字	8	2	增项
加班费	数字	8	2	增项
交补	数字	8	2	增项
事假天数	数字	8	2	其他
事假扣款	数字	8	2	减项
养老保险	数字	8	2	减项
医疗保险	数字	8	2	减项
住房公积金	数字	8	2	减项

4. 银行档案与工资类别设置

(1) 设置银行名称："中国工商银行"；账号长度：12；自动带出账号长度：8。

(2) 工资类别设为：

　　"在职人员"，所属部门为所有部门。

　　"临时人员"，所属部门为"产品制造中心"。

　　"离退休人员"，所属部门为"离退休事务部"。

5. "在职人员"工资类别的人员档案设置

在职人员档案见表 7-2，附加信息见表 7-3。

表 7-2　西安市××钢制品有限公司在职人员档案

编号	姓名	性别	所属部门	人员类别	雇佣状态
101001	李立	男	办公室	管理人员	在职
101002	王文谦	男	人力资源部	管理人员	在职
103001	陈浩	男	财务部	管理人员	在职
103002	张明	男	财务部	管理人员	在职
103003	李娜	女	财务部	管理人员	在职
201001	赵斌	男	一车间	工人	在职
201002	张玉红	女	一车间	车间管理	在职
202001	孙小雁	女	二车间	工人	在职
202002	谢佳敏	女	二车间	车间管理	在职
301001	刘飞	男	采购部	采购人员	在职
302001	李小艳	女	销售部	销售人员	在职
303001	郑忠	男	质检部	质检人员	在职

表 7-3　西安市××钢制品有限公司人员附加信息

编号	姓名	银行账号	学历	技术职称	职务
101001	李立	000000101001	本科	经济师	总经理
101002	王文谦	000000102002	研究生	经济师	人事主管
103001	陈浩	000000103001	研究生	会计师	会计主管
103002	张明	000000103002	本科	会计师	会计
103003	李娜	000000103003	本科	助理会计师	出纳
201001	赵斌	000000201001	大专	技工	生产工人
201002	张玉红	000000201002	大专	技师	生产主管
202001	孙小雁	000000202001	大专	技工	生产工人
202002	谢佳敏	000000202002	本科	工程师	生产主管
301001	刘飞	000000301001	本科	经济师	采购主管
302001	李小艳	000000302001	本科	经济师	销售主管
303001	郑忠	000000303001	本科	工程师	质检主管
400001	陈敏	000000400001	本科	经济师	科员
400002	沈静	000000400002	本科	经济师	科员

6. 在职人员工资项目及公式设置

(1) 在职人员工资项目包括：基本工资、工龄工资、职务补贴、浮动工资、交补、奖金、加班费、养老保险、医疗保险、住房公积金、事假扣款、事假天数。排列顺序同上。

(2) 公式设置：

① 职务补贴：管理人员 600 元，营销人员 500 元，其他人员 300 元。

② 交补：管理人员和营销人员均为 300 元，其他人员 100 元。

③ 养老保险：养老保险 = (基本工资 + 工龄工资 + 奖金) × 0.05。

④ 医疗保险：医疗保险 = 基本工资 × 0.02。

⑤ 住房公积金：(基本工资 + 工龄工资 + 浮动工资 + 加班费 + 奖金 + 交补) × 0.12。

⑥ 事假扣款：(基本工资 + 工龄工资 + 职务补贴 + 交补 + 奖金 + 加班费)/22 × 事假天数。

7. 个人所得税扣税设置

在职人员个税免征额为 5000 元，修改计算公式为 7 级超额累进税率，个人所得税税率见表 7-4。

表 7-4　7 级超额累进个人所得税税率

级数	全月应纳税所得额	税率(%)	速算扣除数
1	不超过 3000 元	3	0
2	超过 3000 元至 12000 元的部分	10	210
3	超过 12000 元至 25000 元的部分	20	1 410
4	超过 25000 元至 35000 元的部分	25	2 660
5	超过 35000 元至 55000 元的部分	30	4 410
6	超过 55000 元至 80000 元的部分	35	7 160
7	超过 80000 元的部分	45	15 160

8. 临时人员工资类别相关资料

(1) 人员档案。临时人员工资信息见表 7-5。

表 7-5　临时人员工资信息

编号	姓名	性别	银行账号	人员类别	是否计税
201003	李元	男	000000201003	合同工	是
201004	陈丽平	女	000000201004	合同工	是

(2) 工资项目：基本工资、奖金。

(3) 个人所得税税率同在编职工工资类别。

(4) 所在部门：产品制造中心。

9. 工资数据录入

工资数据见表 7-6、表 7-7。

表 7-6　西安市××钢制品有限公司正式人员 2021 年 1 月工资数据

编号	姓名	基本工资	工龄工资	奖金	加班费	请假天数
101001	李立	6 500	150	200	300	
101002	王文谦	5 000	230	200	200	
103001	陈浩	4 300	180	200	300	
103002	张明	3 700	120	200		

续表

编号	姓名	基本工资	工龄工资	奖金	加班费	请假天数
103003	李娜	3 300	100	200		
201001	赵斌	2 800	100	200		2
201002	张玉红	3 600	190	200	200	
202001	孙小雁	2 900	100	200		3
202002	谢佳敏	3 300	160	200		
301001	刘飞	3 400	120	200		
302001	李小艳	3 800	120	200	400	
303001	郑忠	3 500	130	200		

表 7-7   西安市××钢制品有限公司临时人员 2021 年 1 月工资数据

编号	姓名	基本工资	奖金
201003	李元	2 500	1000
201004	陈丽平	2 500	1000

10. 工资分摊设置

工资分摊设置见表 7-8。

表 7-8   工资分摊设置

分摊类型	部门名称	人员类别	借方科目	贷方科目
工资 (应发合计×100%)	办公室、人力资源部、财务部	管理人员	管理费用/工资	应付职工薪酬/ 应付工资 (221101)
	一车间、二车间	车间管理	制造费用/工资	
	一车间、二车间	工人	生产成本/工资	
	采购部、质检部	营销人员	管理费用/工资	
	销售部	营销人员	销售费用	
职工福利费 (应发合计×14%)	办公室、人力资源部、财务部	管理人员	管理费用/福利费	应付职工薪酬/ 应付福利费 (221102)
	一车间、二车间	车间管理	制造费用/福利费	
	一车间、二车间	工人	生产成本/福利费	
	采购部、质检部	营销人员	管理费用/福利费	
	销售部	营销人员	销售费用	
工会经费 (应发合计×2%)	办公室、人力资源部、财务部	管理人员	管理费用/工会经费	应付职工薪酬/ 应付工会经费 (221103)
	一车间、二车间	车间管理		
	一车间、二车间	工人		
	采购部、质检部、销售部	营销人员		
职工教育经费 (应发合计×2.5%)	办公室、人力资源部、财务部	管理人员	管理费用/职工教育经费	应付职工薪酬/ 应付职工教育 经费 (221104)
	一车间、二车间	车间管理		
	一车间、二车间	工人		
	采购部、质检部、销售部	营销人员		

【操作指导】

1. 启用"薪资管理系统"

(1) 在企业应用平台的"基础设置"选项卡中，执行"基本信息"/"系统启用"命令，打开"系统启用"对话框。

(2) 选择"薪资管理"系统，启用日期为"2021-01-01"，确定启用"薪资管理"系统，单击"是"按钮，系统启用。

(3) 单击"退出"按钮，退出"系统启用"对话框。

2. 建立工资账套

(1) 在企业应用平台的"业务工作"选项卡中，执行"人力资源"/"薪资管理"命令，弹出"建立工资套"对话框，如图 7-11 所示。

(2) 在"建立工资套–参数设置"对话框中，选择"多个"选项，币种为"人民币 RMB"。

(3) 单击"下一步"按钮，进入"扣税设置"对话框，选中"是否从工资中代扣个人所得税"选项，如图 7-12 所示。

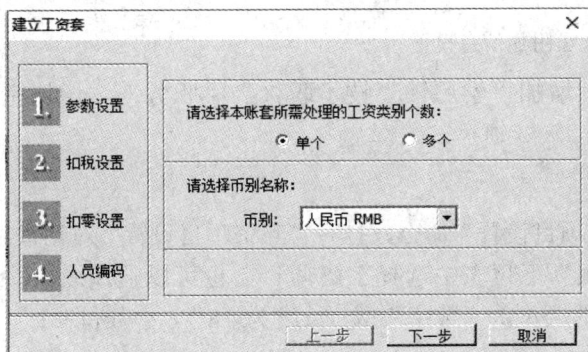

图 7-11　建立工资套(参数设置)　　　　图 7-12　建立工资套(扣税设置)

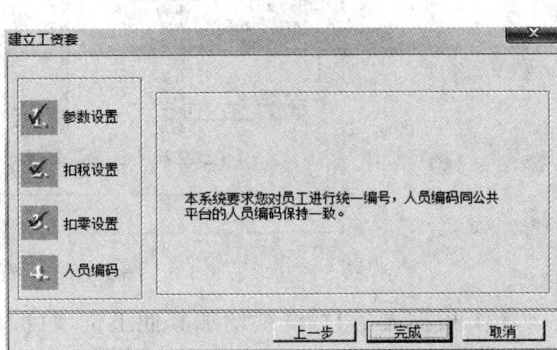

(4) 单击"下一步"按钮，再进入"扣零设置"对话框，在"扣零"选项中打勾，选择"扣零至元"选项，如图 7-13 所示。

(5) 单击"下一步"按钮，打开"人员编码"对话框，单击"完成"按钮。完成建立工资套的过程，如图 7-14 所示。

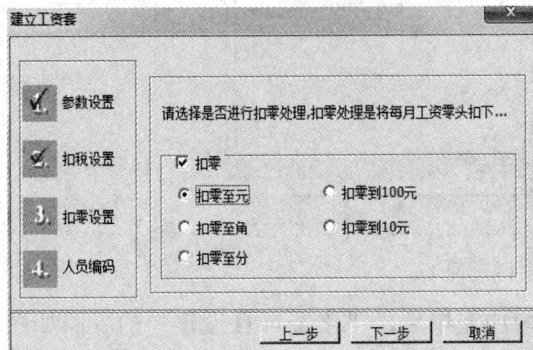

图 7-13　建立工资套(扣零设置)　　　　图 7-14　建立工资套(人员编码设置)

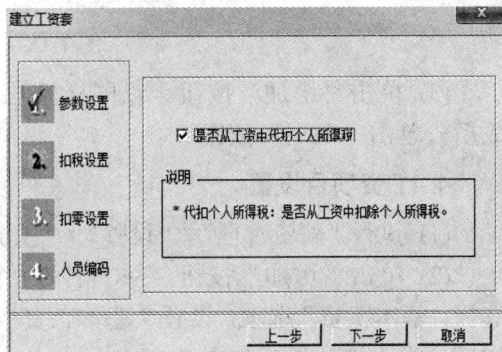

3. 人员附加信息设置

(1) 执行"薪资管理"/"设置"/"人员附加信息设置"命令，打开"人员附加信息设置"对话框。

(2) 单击"增加"按钮，在"栏目参照"的下拉框中选择"性别"选项或者在"信息名称"栏中录入"性别"，如图 7-15 所示。

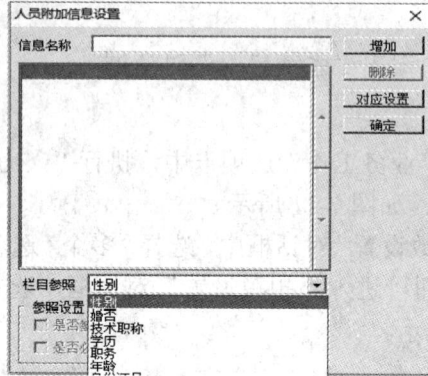

图 7-15　人员附加信息设置

(3) 单击"增加"按钮。以同样方法，增加"学历""技术职称""职务"。增加完成后，单击"确定"按钮。

4. 工资项目设置

(1) 执行"薪资管理"/"设置"/"工资项目设置"命令，打开"工资项目设置"对话框。

(2) 单击"增加"按钮，从"名称参照"下拉表中选择工资项目，也可以直接录入。选择"基本工资"选项，设置"基本工资"的类型为"数字"型，长度为"8"，小数位"2"，增减项为"增项"，如图 7-16 所示。

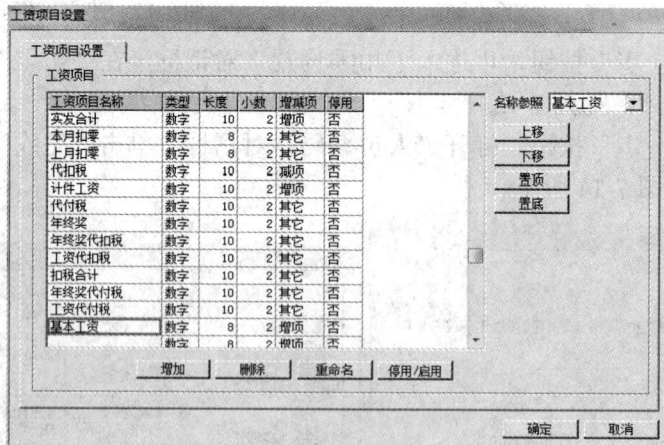

图 7-16　工资项目设置 1

(3) 根据表 7-1，继续增加其他工资项目，增加完毕后，"工资项目设置"的界面如图 7-17 所示。单击"确定"按钮，弹出如图 7-18 所示的提示信息，再单击"确定"按钮。

(4) 全部工资项目设置完毕后，单击"确定"按钮。

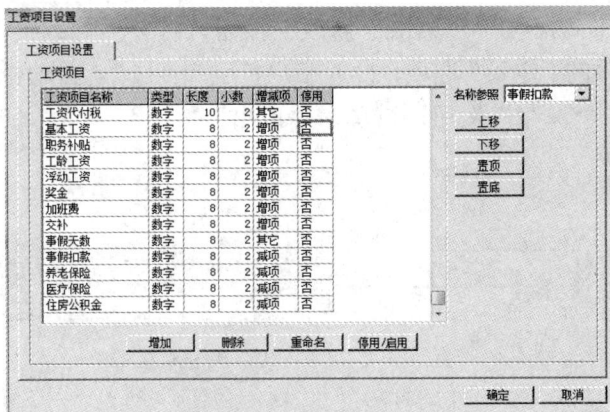

图 7-17　工资项目设置 2

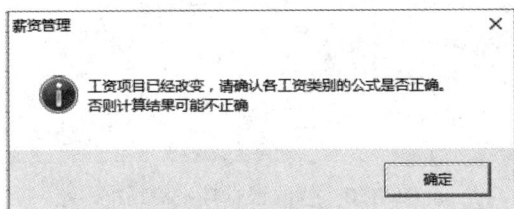

图 7-18　工资项目设置提示

注意：

① 工资项目设置是针对单个工资类别的，即工资账套所使用的全部工资项目。对于多个工资类别的工资账套进行工资项目设置时，在没有打开任何工资类别时，是针对所有工资类别所需要使用的全部工资项目进行设置。在打开某工资类别时，是针对所打开的工资类别进行工资项目设置的。

② 已经使用的工资项目不可以删除，不能修改数据类型。

5. 银行档案与工资类别设置

1）银行档案的设置

(1) 在企业应用平台的"基础设置"选项卡中，执行"基础档案"/"收付结算"/"银行档案"命令，打开"银行档案"对话框，如图 7-19 所示。

图 7-19　银行档案

(2) 选择"中国工商银行",单击"修改"按钮,打开"修改银行档案"对话框。选中"个人账户规则"中的"定长"选项,设置账户长度为"12",自动带出账号长度为"8",如图 7-20 所示。单击"保存"按钮,再单击"退出"按钮。

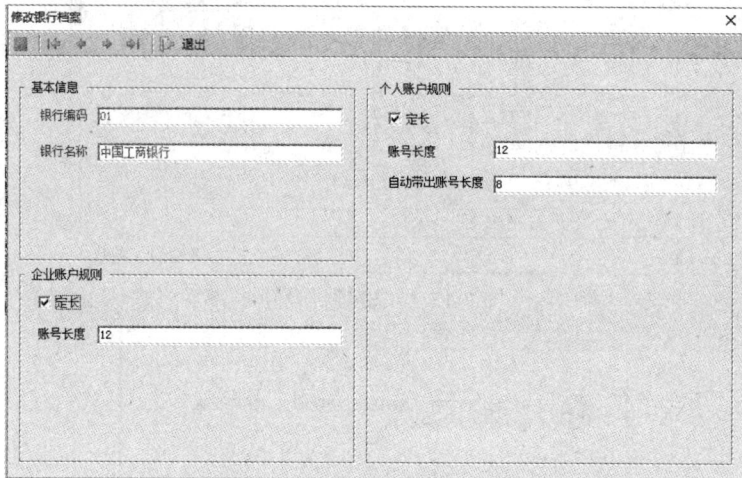

图 7-20　修改银行档案对话框

2) 工资类别的设置

(1) 执行"薪资管理"/"工资类别"/"新建工资类别"命令,打开"新建工资类别"对话框。输入工资类别的名称"在职人员",如图 7-21 所示。

(2) 单击"下一步"按钮,打开"新建工资类别-请选择部门"对话框。分别单击选中各个部门,或者单击选中"选定全部部门"按钮,如图 7-22 所示。单击"完成"按钮,系统提示信息"是否以 2021-01-01 为当前工资类别的启用日期?",单击"是"按钮返回如图 7-23 所示的对话框。

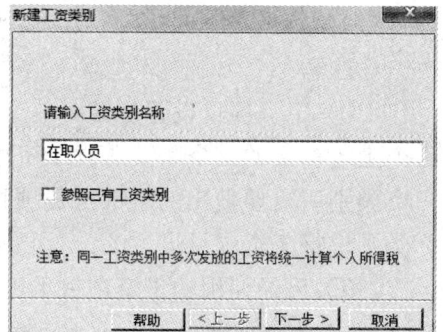

图 7-21　新建工资类别对话框

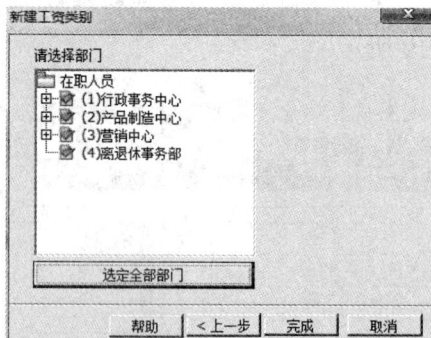

图 7-22　新建工资类别——选择部门对话框

图 7-23　新建工资类别启用日期提示

(3) 执行"工资类别"/"关闭工资类别"命令,关闭"在职人员"工资类别。

(4) 同样方法,建立"临时人员"和"退休人员"工资类别。

6. 在职人员档案的设置

(1) 执行"薪资管理"/"工资类别"/"打开工资类别"命令，弹出"打开工资类别"对话框。选择"在职人员"工资类别，单击"确定"按钮，如图 7-24 所示。

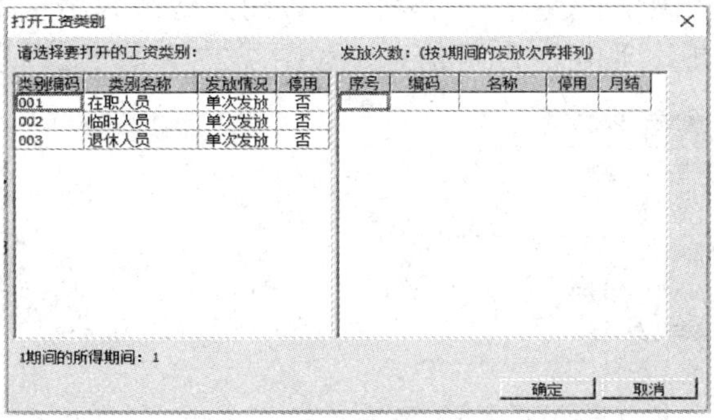

图 7-24　打开工资类别

(2) 执行"薪资类别"/"设置"/"人员档案"命令，打开"人员档案"对话框，如图 7-25 所示。

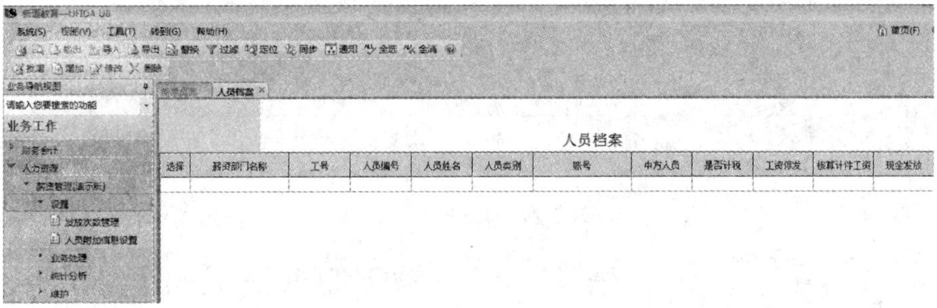

图 7-25　人员档案

(3) 单击"批增"按钮，打开"人员批量增加"对话框，单击"在职人员"各个部门前的选择栏，单击右侧的"查询"按钮。单击"全选"按钮，即在人员所在部门前打钩，如图 7-26 所示。单击"确定"按钮，返回"人员档案"对话框。

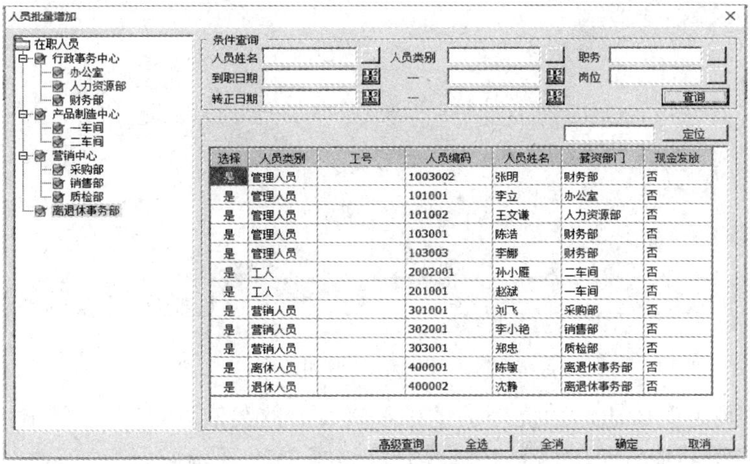

图 7-26　人员批量增加

(4) 在"人员档案"对话框中，选定"400001"和"400002"号人员，在"选择"栏中打勾，单击"删除"按钮，系统提示"是否删除所选人员信息？"，单击"是"按钮，将离退休人员从在职人员中删除。

(5) 选定"100101"号人员，单击"修改"按钮。修改人员基本信息和附加信息，如人员的账号、性别、学历、职称、职务信息，如图 7-27 和图 7-28 所示。

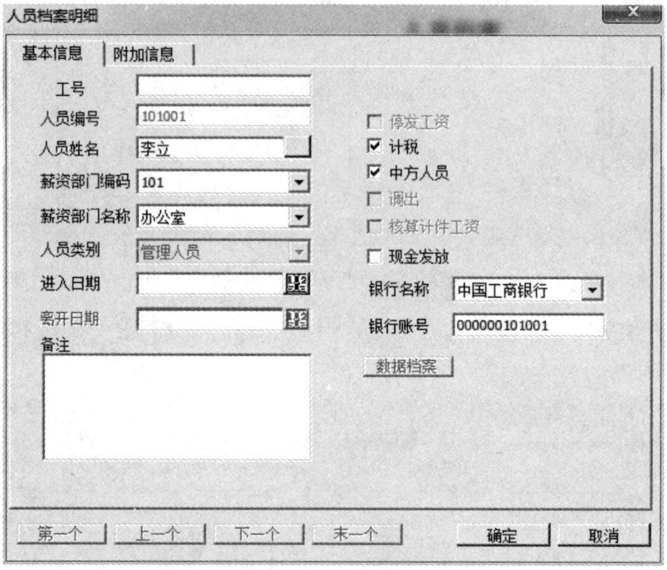

图 7-27　修改基本信息

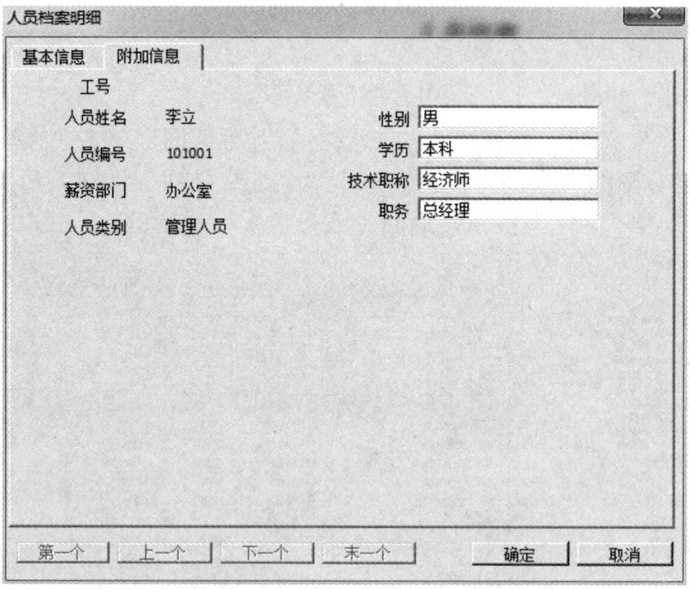

图 7-28　修改附加信息

(6) 单击"确定"按钮，系统提示"写入该人员档案信息吗？"，单击"确定"按钮。依此方法继续修改其他人员的信息。修改完后如图 7-29 所示。

人员档案　　　　　　　　　　　　　　　　　　　　　　　　总人数：12

人员编号	人员姓名	人员类别	账号	中方人员	是否计税	工资停发	核算计件工资	现金发放	进入日期	离开日期	性别	学历	技术职称	职务
101001	李立	管理人员	000000101001	是	是	否	否	否			男	本科	经济师	总经理
101002	王文谦	管理人员	000000102002	是	是	否	否	否			男	研究生	经济师	人事主管
1003002	张明	管理人员	000000103002	是	是	否	否	否			男	本科	会计师	会计
103001	陈浩	管理人员	000000103001	是	是	否	否	否			男	研究生	会计师	会计主管
103003	李娜	管理人员	000000103003	是	是	否	否	否			女	本科	助理会计师	出纳
201001	赵斌	工人	000000201001	是	是	否	否	否			男	大专	技工	生产工人
201002	张玉红	工人	000000201002	是	是	否	否	否			女	大专	技师	生产主管
2002001	孙小丽	工人	000000202001	是	是	否	否	否			女	大专	技工	生产工人
202002	谢佳敏	工人	000000202002	是	是	否	否	否			女	本科	工程师	生产主管
301001	刘飞	营销人员	000000301001	是	是	否	否	否			男	本科	经济师	采购主管
302001	李小艳	营销人员	000000302001	是	是	否	否	否			女	本科	经济师	销售主管
303001	郑忠	营销人员	000000303001	是	是	否	否	否			男	本科	工程师	质检主管

图 7-29　在职人员档案

同样方法，建立临时人员档案、离退休人员档案。

7. 在职人员工资项目及公式设置

1) 在职人员工资项目的设置

(1) 打开"在职人员"工资类别，双击"设置"/"工资项目设置"按钮，打开"工资项目设置"对话框，如图 7-30 所示。

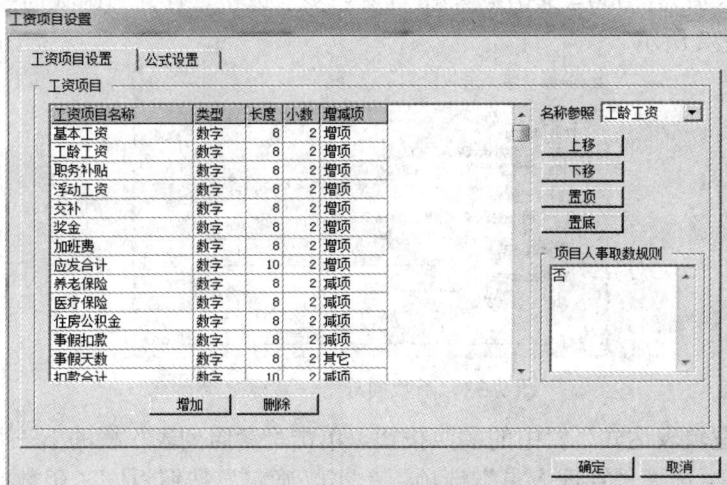

图 7-30　工资项目设置

(2) 单击"增加"按钮，从"名称参照"下拉列表中选择"基本工资""职务补贴""浮动工资"等工资项目。工资项目名称、类型、长度、小数、增减项都自动带出，不能修改。通过"上移"和"下移"按钮可以调整工资项目的排列顺序。

(3) 如果名称参照中没有相应的工资项目，应先关闭"工资类别"对话框。打开"工资项目"对话框，单击"增加"按钮，添加相应的工资项目，然后在打开"工资类别"对话框，进行该工资类别的项目设置。

2) 在职人员职务补贴公式设置

(1) 在"工资项目设置"对话框中，选择"公式设置"选项。

(2) 单击"增加"按钮，在工资项目表中增加一空行，从下拉表中选择"职务补贴"选项。单击"函数公式向导输入"按钮，打开"函数向导——步骤之 1"对话框。单击"函数名"列表中的"iff"函数，如图 7-31 所示。

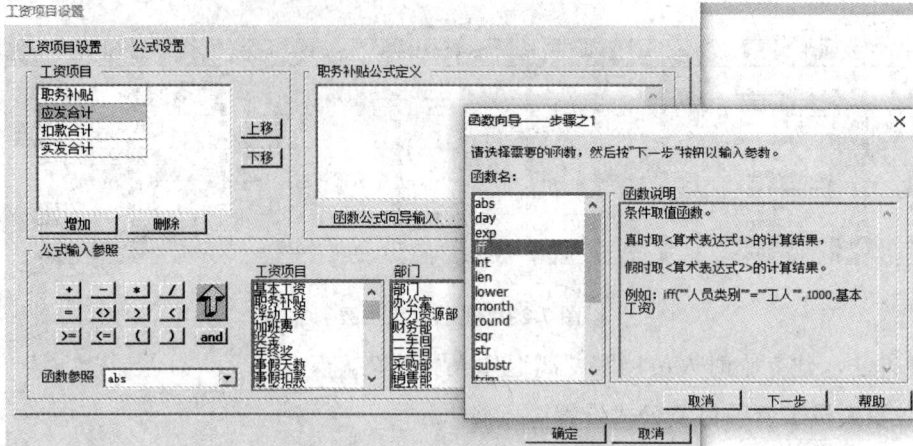

图 7-31　函数向导——步骤之 1

(3) 进行"职务补贴"公式设置：职务补贴=iff[人员类别="管理人员"，600，iff(人员类别="营销人员"，500，300)]。单击"下一步"按钮，打开"函数向导——步骤之 2"对话框，如图 7-32 所示。

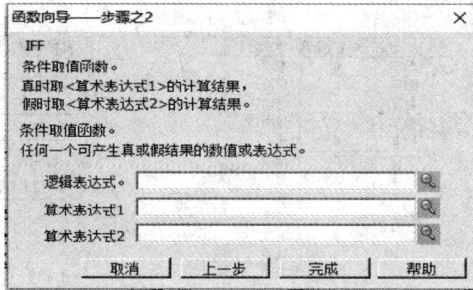

图 7-32　函数向导——步骤之 2

(4) 单击"逻辑表达式"栏中的参照按钮，单击"参照列表"栏的下三角按钮选择"人员类别"选项。再选择"管理人员"选项，单击"确定"按钮返回"函数向导——步骤之 2"对话框。

(5) 在"算术表达式 1"文本框中输入"600"，如图 7-33 所示。单击"完成"按钮，返回公式设置界面。

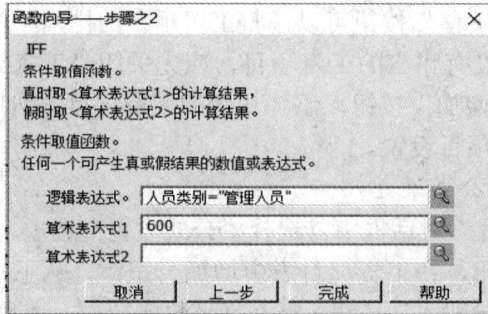

图 7-33　逻辑表达式与算术表达式

（6）将光标定位到右括号之前，继续单击"函数公式向导输入"按钮。同前面操作相似，选择"营销人员"选项。在"算术表达式 1"中输入"500"，在"算术表达式 2"中输入"300"。然后单击"完成"按钮返回公式设置界面，如图 7-34 所示。

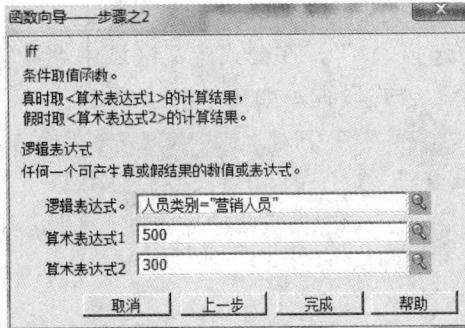

图 7-34　嵌套的 iff 函数向导

（7）单击"公式确认"按钮，如图 7-35 所示。

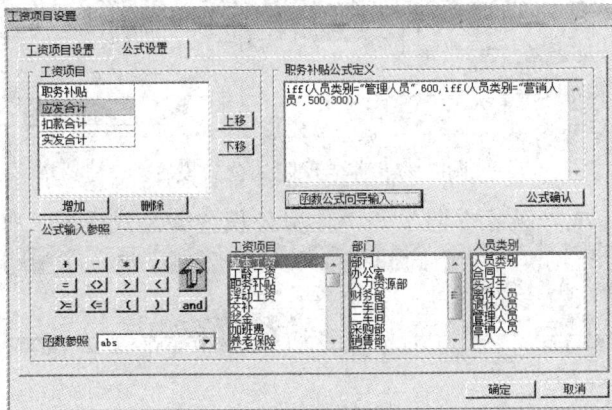

图 7-35　职务补贴公式设置

3）交补公式设置

在职人员工资项目中交补的设置同上，如图 7-36 所示。

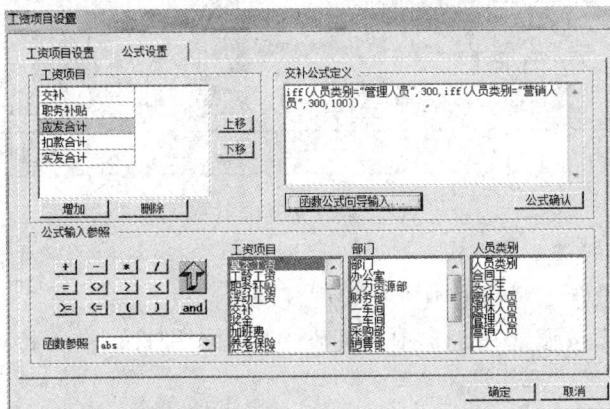

图 7-36　交补公式设置

4) 养老保险、医疗保险和住房公积公式设置

(1) 在"工资项目设置"对话框中，选择"公式设置"选项。

(2) 继续单击"增加"按钮，从下拉列表中选择"养老保险"选项。

(3) 单击"养老保险公式定义"区域，单击下方"工资项目"列表中选择"基本工资"，左下角"公式输入参照"中选择"*"，在公式定义区域中继续输入 0.05，再单击"公式确认"按钮。完成"养老保险"公式设置，如图 7-37 所示。

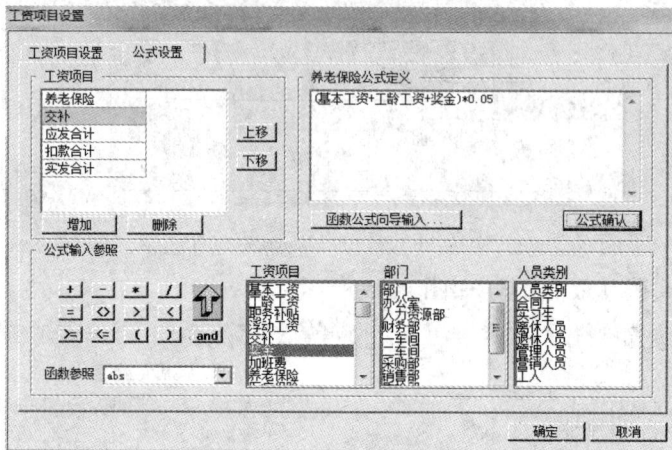

图 7-37　养老保险的公式设置

(4) 同样方法，完成"医疗保险"和"住房公积金"公式设置，如图 7-38 所示。

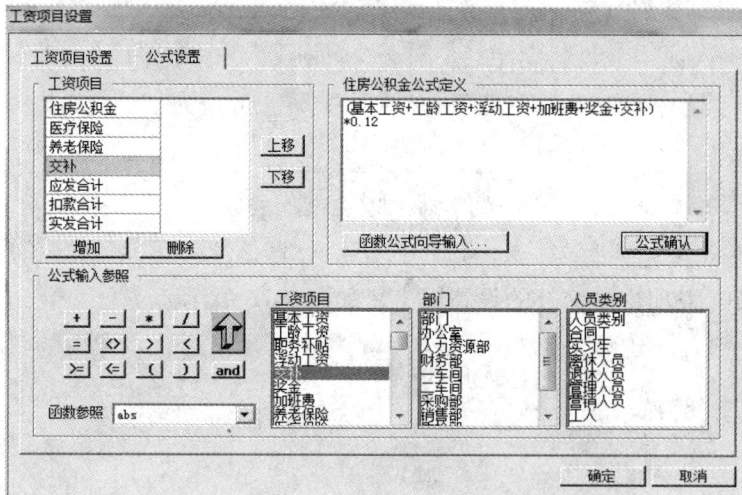

图 7-38　住房公积金的公式设置

5) 事假扣款公式设置

(1) "工资项目设置"对话框中"公式设置"对话框。

(2) 单击"增加"按钮，在工资项目列表中增加一空行，在下拉列表中选择"事假扣款"选项。

(3) 单击"事假扣款公式定义"文本框，输入请假扣款公式：(基本工资+工龄工资+职务补贴+交补+奖金+加班费)/22×事假天数，结果如图 7-39 所示。

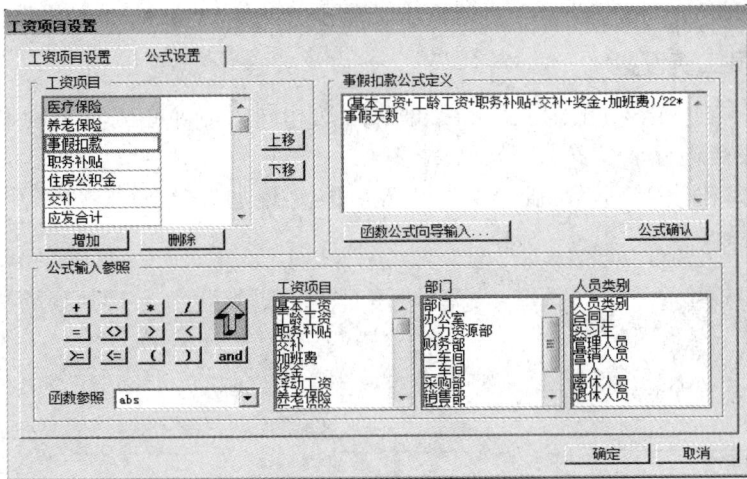

图 7-39　事假扣款公式设置

8. 个人所得税扣税设置

(1) 在"薪资管理"中，执行"设置" / "选项"命令，选择"扣税设置"选项，如图 7-40 所示。在"选项"对话框中的"从工资中代扣个人所得税"选项前打勾。

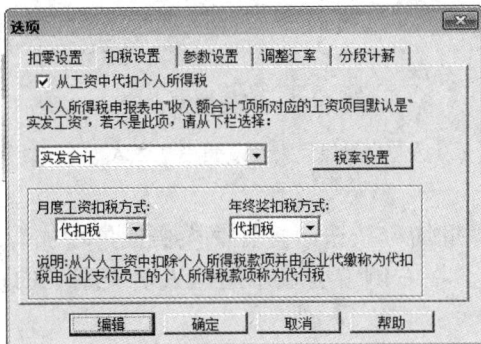

图 7-40　个人所得税扣税设置

(2) 单击"税率设置"按钮，打开"个人所得税申报——税率表"对话框，修改所得税纳税基数为 5000，如图 7-41 所示，单击"确定"按钮。

图 7-41　个人所得税申报——税率表

(3) 在"选项"/"扣税设置"对话框中,单击"确定"按钮。

9. 临时人员工资设置

(1) 临时人员的档案与正式人员档案增加方法相同。前面在工资类别设置时,已将正式人员和临时人员进行了设置。

(2) 执行"基础设置"/"基础档案"/"人员档案/增加"命令,依次增加李元、陈丽平,如图 7-42 所示。

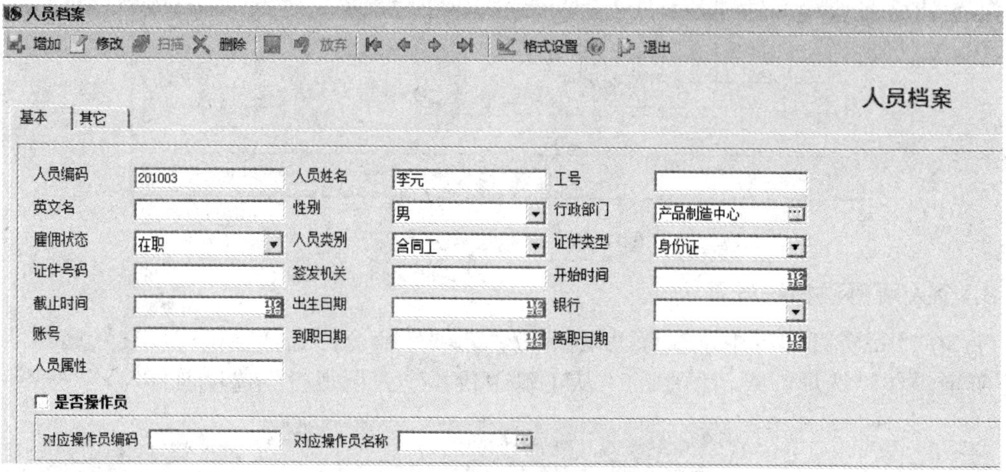

图 7-42　人员档案设置

(3) 执行"业务工作"/"人力资源"/"设置"/"人员档案"命令,进入"人员档案"对话框。

(4) 单击工具栏上的"批增"按钮,打开"人员批量增加"对话框。在左侧的"人员类别"中选择"合同工"。在右侧就会显示这些人员类别下的所有人员信息,如图 7-43 所示。

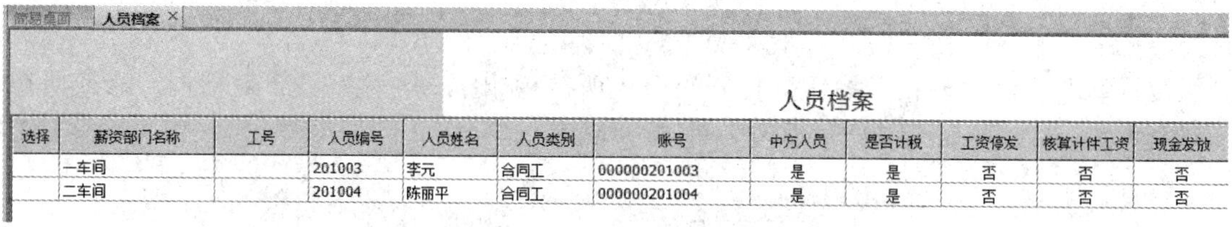

选择	薪资部门名称	工号	人员编号	人员姓名	人员类别	账号	中方人员	是否计税	工资停发	核算计件工资	现金发放
	一车间		201003	李元	合同工	000000201003	是	是	否	否	否
	二车间		201004	陈丽平	合同工	000000201004	是	是	否	否	否

图 7-43　临时人员批量增加

(5) 选择完成后,单击"确定"按钮。进入临时人员档案对话框,档案明细设置与正式人员档案明细设置相同。

(6) 临时人员工资项目设置时,执行"设置"/"工资项目设置"命令,打开"工资项目设置"对话框。单击"增加"按钮,工资项目列表中增加一空行。打开"名称参照"下拉列表框,从中选择"基本工资"选项。工资项目名称、类型、长度、小数、增减项都自动带出,不能修改。单击"增加"按钮,同样方法增加其他工资项目,如图 7-44 所示。

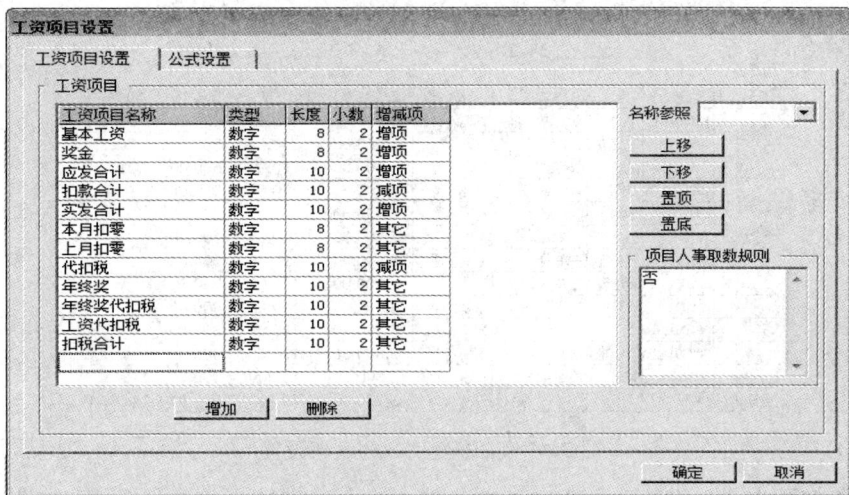

图 7-44 临时人员工资项目

(7) 临时人员计税设置时，执行"设置"/"选项"命令，打开"选项"对话框。单击"编辑"按钮，在"扣税设置"对话框中选择"个人所得税申报表中'收入额合计'对应的工资项目默认是'实发工资'，若不是此项，请从下栏选择："为"应发合计"选项，如图 7-45 所示。

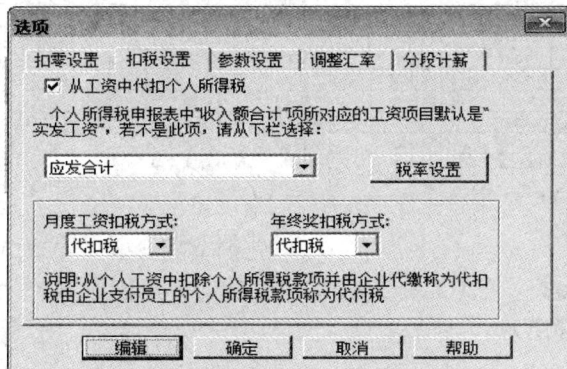

图 7-45 临时人员计税设置

10. 工资数据录入

(1) 执行"业务处理"/"工资变动"命令，进入"工资变动"对话框。

(2) 在"过滤器"下拉列表中选择"过滤设置"选项，打开"项目过滤"对话框。

(3) 选择工资项目列表中的"基本工资""工龄工资""奖金""加班费"选项，分别单击">"按钮和"确定"按钮，返回"工资变动"对话框。此时每个人的工资项目只显示这四个项目。

(4) 根据资料，输入在职人员工资类别的工资数据。

注意：只输入没有进行公式设定的项目，其余项目由系统根据计算公式自动计算生成，如图 7-46 所示。

工资变动

选择	工号	人员编号	姓名	部门	人员类别	基本工资	工龄工资	奖金	加班费
		101001	李立	办公室	管理人员	6,500.00	150.00	300.00	300.00
		101002	王文谦	人力资源部	管理人员	5,000.00	230.00	300.00	200.00
		103001	陈浩	财务部	管理人员	4,300.00	180.00	300.00	300.00
		103002	张明	财务部	管理人员	3,700.00	120.00	300.00	
		103003	李娜	财务部	管理人员	330.00	100.00	300.00	
		201001	赵斌	一车间	工人	2,800.00	100.00	300.00	
		201002	张玉红	一车间	车间管理	3,600.00	190.00	300.00	200.00
		202001	孙小雁	二车间	工人	2,900.00	100.00	300.00	
		202002	谢佳敏	二车间	车间管理	3,300.00	160.00	300.00	
		301001	刘飞	采购部	营销人员	3,400.00	120.00	300.00	
		302001	李小艳	销售部	营销人员	3,800.00	120.00	300.00	400.00
		303001	郑忠	质检部	营销人员	3,500.00	130.00	300.00	
合计						43,130.00	1,700.00	3,600.00	1,400.00

图 7-46　工资变动——过滤设置

(5) 输入在职人员工资变动情况。分别录入"赵斌""孙小雁"请假天数，如图 7-47 所示。

过滤器　所有项目　　□定位器

选择	工号	人员编号	姓名	部门	人员类别	事假扣款	事假天数
		101001	李立	办公室	管理人员		
		101002	王文谦	人力资源部	管理人员		
		103001	陈浩	财务部	管理人员		
		103002	张明	财务部	管理人员		
		103003	李娜	财务部	管理人员		
		201001	赵斌	一车间	工人	300.00	2.00
		201002	张玉红	一车间	管理人员		
		202001	孙小雁	二车间	工人	463.64	3.00
		202002	谢佳敏	二车间	管理人员		
		301001	刘飞	采购部	营销人员		
		302001	李小艳	销售部	营销人员		
		303001	郑忠	质检部	营销人员		
合计						763.64	5.00

图 7-47　录入请假天数

(6) 数据计算与汇总。在"工资变动"对话框中，单击工具栏上的"计算"按钮，计算工资数据，如图 7-48 所示。

工资变动

选择	工号	人员编号	姓名	部门	人员类别	基本工资	工龄工资	职务补贴	交补	奖金	加班费	应发合计	养老保险	医疗保险	住房公积金
		101001	李立	办公室	管理人员	6,500.00	150.00	600.00	300.00	300.00	300.00	8,150.00	347.50	130.00	906.00
		101002	王文谦	人力资源部	管理人员	5,000.00	230.00	600.00	300.00	300.00	200.00	6,630.00	276.50	100.00	723.60
		103001	陈浩	财务部	管理人员	4,300.00	180.00	600.00	300.00	300.00	300.00	5,980.00	239.00	86.00	645.60
		103002	张明	财务部	管理人员	3,700.00	120.00	600.00	300.00	300.00		5,020.00	206.00	74.00	530.40
		103003	李娜	财务部	管理人员	330.00	100.00	600.00	300.00	300.00		1,630.00	36.50	6.60	123.60
		201001	赵斌	一车间	工人	2,800.00	100.00	300.00	100.00	300.00		3,600.00	160.00	56.00	396.00
		201002	张玉红	一车间	车间管理	3,600.00	190.00	300.00	100.00	300.00	200.00	4,690.00	204.50	72.00	526.80
		202001	孙小雁	二车间	工人	2,900.00	100.00	300.00	100.00	300.00		3,700.00	165.00	58.00	408.00
		202002	谢佳敏	二车间	车间管理	3,300.00	160.00	300.00	100.00	300.00		4,160.00	188.00	66.00	463.20
		301001	刘飞	采购部	营销人员	3,400.00	120.00	500.00	300.00	300.00		4,620.00	191.00	68.00	494.40
		302001	李小艳	销售部	营销人员	3,800.00	120.00	500.00	300.00	300.00	400.00	5,420.00	211.00	76.00	590.40
		303001	郑忠	质检部	营销人员	3,500.00	130.00	500.00	300.00	300.00		4,730.00	196.50	70.00	507.60
合计						43,130.00	1,700.00	5,700.00	2,800.00	3,600.00	1,400.00	58,330.00	2,421.50	862.60	6,315.60

图 7-48　工资变动结果对话框

(7) 单击工具栏上的"汇总"按钮，汇总工资数据。

(8) 查看个人所得税。执行"业务处理"/"扣缴所得税"命令，打开"栏目选择"对话框。单击"确认"按钮，进入"个人所得税扣缴申报表"对话框，如图 7-49 所示。

系统扣缴个人所得税报表

2021年1月~2021年1月

序号	纳税义务...	身份证照...	身份证号码	国家与地区	职业编码	所得项目	所得期间	收入额	免税收入额	允许扣除...	费用扣除...	准予扣除...	应纳税所...	税率	应扣税额	已扣税额
1	李立	身份证					1	8150.00			5000.00		1766.50	3	53.00	53.00
2	王文谦	身份证					1	6630.00			5000.00		529.90	3	15.90	15.90
3	陈浩	身份证					1	5980.00			5000.00		9.40	3	0.28	0.28
4	张明	身份证					1	5020.00			5000.00		0.00	0	0.00	0.00
5	李娜	身份证					1	1630.00			5000.00		0.00	0	0.00	0.00
6	赵斌	身份证					1	3600.00			5000.00		0.00	0	0.00	0.00
7	张玉红	身份证					1	4690.00			5000.00		0.00	0	0.00	0.00
8	孙小雁	身份证					1	3700.00			5000.00		0.00	0	0.00	0.00
9	谢佳敏	身份证					1	4160.00			5000.00		0.00	0	0.00	0.00
10	刘飞	身份证					1	4620.00			5000.00		0.00	0	0.00	0.00
11	李小艳	身份证					1	5420.00			5000.00		0.00	0	0.00	0.00
12	郑忠	身份证					1	4730.00			5000.00		0.00	0	0.00	0.00
合计								58330.00			60000.00		2305.80		69.18	69.18

图 7-49 个人所得税申报表

(9) 银行代发业务。在进行银行代发操作时，单击"薪资管理"下"业务处理"按钮，执行"银行代发"命令。在"请选择部门范围"对话框中选中所有部门，打开"银行文件格式设置"对话框，(第一次进入银行代发功能时，系统自动显示"银行文件格式设置"对话框)。在"银行模板"下拉列表中选择对应发放银行，将所需信息设置完毕后，单击"确认"按钮。打开"银行代发"对话框，得到"银行代发一览表"，如图 7-50 所示。

银行代发一览表

名称: 中国工商银行

单位编号	人员编号	账号	金额	录入日期
1234934325	101001	00000101001	6710.00	20210323
1234934325	101002	00000102002	5510.00	20210323
1234934325	103001	00000103001	5000.00	20210323
1234934325	103002	00000103002	4200.00	20210323
1234934325	103003	00000103003	1460.00	20210323
1234934325	201001	00000201001	2660.00	20210323
1234934325	201002	00000201002	3880.00	20210323
1234934325	202001	00000202001	2560.00	20210323
1234934325	202002	00000202002	3440.00	20210323
1234934325	301001	00000301001	3860.00	20210323
合计			39,280.00	

图 7-50 银行代发一览表

注意：在"银行文件格式设置"对话框中可以查询、修改代发格式。单击"插入行"或"删除行"按钮，可以增加或删除代发项目。新增栏目数据来源只能通过选择录入，不能手工输入。在银行代发数据标志行，可以通过单击右侧的选择按钮来进行某些标准的设置，也可以手工录入特殊的数据，但是只能设置一行。

11. 工资分摊的设置

1) 在职人员工资分摊的设置

(1) 执行"业务处理"/"工资分摊"命令，打开"工资分摊"对话框。单击"工资分摊设置"按钮，打开"分摊类型设置"对话框。单击"增加"按钮，打开"分摊计提比例设置"对话框，如图 7-51 所示。

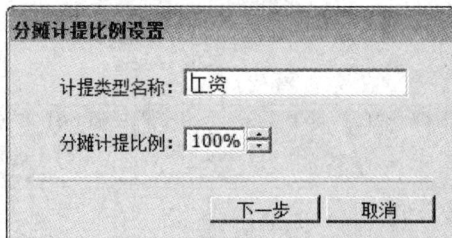

图 7-51　分摊计提比例设置

(2) 输入计提类型名称为"应付职工薪酬"，分摊比例为 100%。单击"下一步"按钮，打开"分摊构成设置"对话框。按资料内容进行设置，设置完毕后，单击"完成"按钮，返回"分摊类型设置"对话框，如图 7-52 所示。

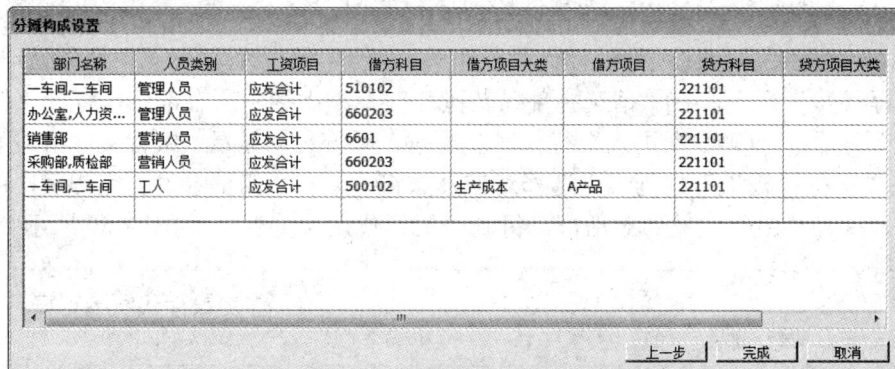

部门名称	人员类别	工资项目	借方科目	借方项目大类	借方项目	贷方科目	贷方项目大类
一车间,二车间	管理人员	应发合计	510102			221101	
办公室,人力资…	管理人员	应发合计	660203			221101	
销售部	营销人员	应发合计	6601			221101	
采购部,质检部	营销人员	应发合计	660203			221101	
一车间,二车间	工人	应发合计	500102	生产成本	A产品	221101	

图 7-52　应付职工薪酬分摊构成设置

采用同样方法设置应付福利费、工会经费、职工教育经费分摊计提项目。

2) 在职人员分摊工资费用

(1) 执行"业务处理"/"工资分摊"命令，打开"工资分摊"对话框。选择需要分摊计提费用类型，确定计提会计月份。本例中选择"应付职工薪酬"选项。

(2) 选择核算部门：办公室、人力资源部、财务部、生产部、销售部、采购部和质检部。选中"明细到工资项目"选项，如图 7-53 所示。单击"确定"按钮，打开"应付职工薪酬一览表"对话框，如图 7-54 所示。

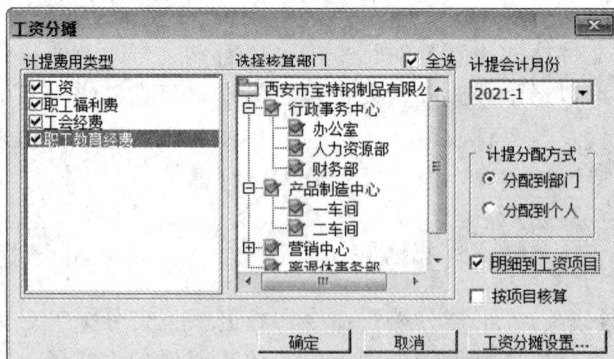

图 7-53　工资分摊对话框

简易桌面 | 工资分摊明细 ×

工资一览表

☐ 合并科目相同、辅助项相同的分录

类型 工资

部门名称	人员类别	应发合计		
		分配金额	借方科目	贷方科目
一车间	车间管理	469 分配金额	510102	221101
二车间		4160.00	510102	221101
一车间	工人	3600.00	500103	221101
二车间		3700.00	500103	221101
办公室	管理人员	8150.00	660203	221101
人力资源部		6630.00	660203	221101
财务部		12630.00	660203	221101
采购部	营销人员	4620.00	660203	221101
销售部		5420.00	660101	221101
质检部		4730.00	660203	221101

图 7-54　应付职工薪酬一览表

(3) 选中“合并科目相同、辅助项相同的分录”选项，单击工具栏上的“制单”按钮，即可以生成凭证。

(4) 单击凭证左上角的“字”位置，选择“转账凭证”选项。单击“保存”按钮，凭证左上角出现“已生成”标志，代表该凭证已传递到总账，如图 7-55 所示。

已生成

转 账 凭 证

转 字 0004 － 0002/0002　　制单日期：2021.01.31　　审核日期：　　附单据数：0

摘要	科目名称	借方金额	贷方金额
工资	管理费用/工资	1263000	
工资	管理费用/工资	462000	
工资	660101	542000	
工资	管理费用/工资	473000	
工资	应付职工薪酬/应付工资		5833000
票号 日期	数量 单价 合计	5833000	5833000

备注　项目　　部门 销售部

个人　　客户

业务员

记账　审核　出纳　制单 陈洁

图 7-55　生成凭证对话框——工资

采用同样的方法对“职工福利费”“工会经费”“职工教育经费”进行分摊处理，如图 7-56～图 7-58 所示。

已生成

转 账 凭 证

转 字 0005 － 0002/0002　　制单日期：2021.01.31　　审核日期：　　附单据数：0

摘要	科目名称	借方金额	贷方金额
职工福利费	管理费用/福利费	176820	
职工福利费	管理费用/福利费	64680	
职工福利费	660101	75880	
职工福利费	管理费用/福利费	66220	
职工福利费	应付职工薪酬/应付福利费		816620
票号 日期	数量 单价 合计	816620	816620

备注　项目　　部门 销售部

个人　　客户

业务员

记账　审核　出纳　制单 陈洁

图 7-56　生成凭证对话框——职工福利费

图 7-57　生成凭证对话框——工会经费

图 7-58　生成凭证对话框——职工教育经费

12. 月末处理

每月工资数据处理完毕后均可以进行月末结转，月末结转只在会计年度的 1~11 月进行。如果需要处理多个工资类别，则需要打开工资类别分别进行月末结算。如果本月工资数据未汇总，系统将不允许进行结转。进行期末处理后，当月数据将不能在发生变动(月末处理功能只有主管人员才能执行)。

1) 汇总工资类别

(1) 执行"工资类别"/"关闭工资类别"命令，关闭工资类别。

(2) 执行"维护"/"工资类别汇总"命令。打开"工资类别汇总"对话框，选择汇总条件，如"在职人员"选项，单击"确定"按钮，如图 7-59 所示。

(3) 系统出现"汇总工资类别已有数据，覆盖吗！"提示信息，单击"确定"按钮，如图 7-60 所示。

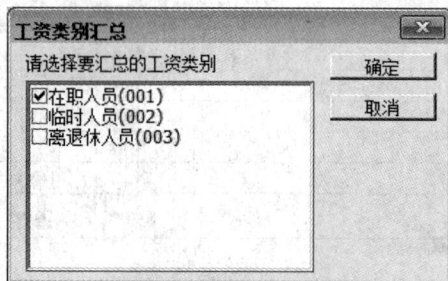

图 7-59　选择工资类别汇总

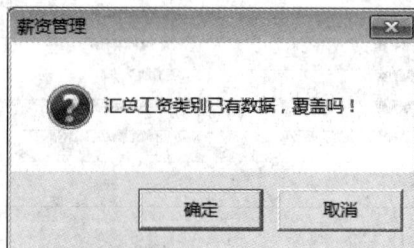

图 7-60　汇总工资

2) 月末处理

(1) 工资管理系统中，单击"业务处理"中的"月末处理"按钮，单击"确定"按钮，弹出系统提示框"月末处理后，本月工资将不许变动！继续月末处理吗？"按钮，如图 7-61 所示。

(2) 单击"是"按钮，系统继续提示"是否选择清零项？"对话框。如果单击"否"按钮，则下月项目完全继承当前月数据。如单击"是"按钮，则打开"选择清零项目"对话框，如图 7-62 所示。单击"确定"按钮，系统提示"月末处理完毕！"信息，并且已按用户设置将清零项目数据清空。

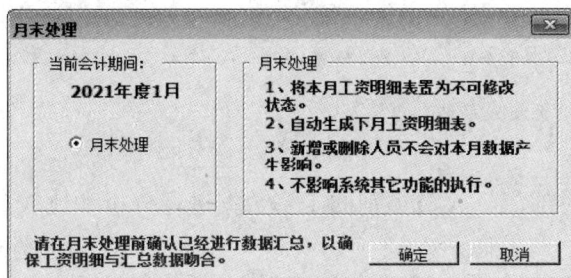

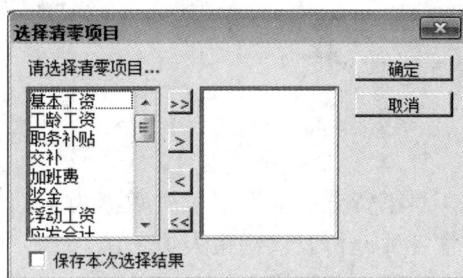

图 7-61 月末处理   图 7-62 选择清零项目

3) 我的账表

"我的账表"主要对工资管理系统中所有报表进行管理，包括工资表和工资分析表两种类型。

(1) 在"工资类别"中，单击"打开工资类别"按钮，打开"在职人员"工资类别。执行"薪资管理-统计分析"菜单中的"账表"命令项。选择"我的账表"选项，进入"账簿"对话框，如图 7-63 所示。

(2) 如果想要修改工资表，可以首先选中需要修改的账表，然后单击"设置"按钮进行表头、表体行高和列宽的设置，如图 7-64 所示，单击"确定"按钮。

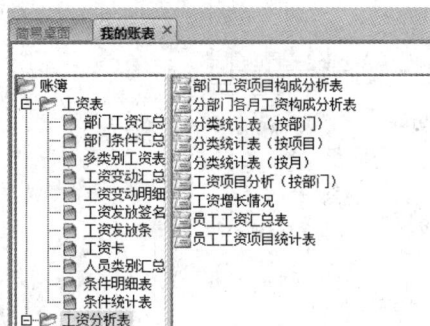

图 7-63 我的账表对话框   图 7-64 账表修改对话框

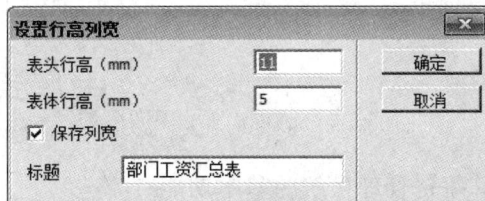

(3) 如果还要重建工资表，可以单击"重建表"按钮，在重建表界面中，选择"重新生成系统原始表"选项，单击"确定"按钮，即可生成。

4) 工资表

"工资表"用于本月工资的发放和统计，本功能主要完成查询和打印各种工资表。

执行"薪资管理"/"统计分析"/"账表"命令。单击"工资表"按钮，打开如图 7-65

所示的"工资表"对话框。选择要查看的表，单击"查看"按钮，在弹出对话框中输入查询条件，即可以得到查询结果。

工资发放条
2021 年 01 月

部门 全部			会计月份 一月												人数:
人员编号	姓名	基本工资	工龄工资	职务补贴	浮动工资	交补	奖金	加班费	应发合计	养老保险	医疗保险	住房公积金	事假扣款	事假天数	扣款合计	实发合计
101001	李立	6,500.00	150.00	600.00		300.00	300.00	300.00	8,150.00	347.50	130.00	906.00			1,436.50	6,710.00
101002	王文谦	5,000.00	230.00	600.00		300.00	300.00	200.00	6,630.00	276.50	100.00	723.60			1,116.00	5,510.00
103001	陈洁	4,300.00	180.00	600.00		300.00	300.00	300.00	5,960.00	239.00	86.00	645.60			970.88	5,000.00
103002	张明	3,700.00	120.00	600.00		300.00	300.00		5,020.00	206.00	74.00	530.40			810.40	4,200.00
103003	李娜	330.00	100.00	600.00		300.00	300.00		1,630.00	36.50	6.60	123.60			166.70	1,460.00
201001	赵斌	2,800.00	100.00	300.00		100.00	300.00		3,600.00	160.00	56.00	396.00	327.27	2.00	939.27	2,660.00
201002	张玉红	3,600.00	190.00	300.00		100.00	300.00	200.00	4,690.00	204.50	72.00	526.80			803.30	3,880.00
202001	孙小丽	2,900.00	100.00	300.00		100.00	300.00		3,700.00	165.00	58.00	408.00	504.55	3.00	1,135.55	2,560.00
202002	谢佳馨	3,300.00	160.00	300.00		100.00	300.00		4,160.00	188.00	66.00	463.20			717.20	3,440.00
301001	刘飞	3,400.00	120.00	300.00		300.00	300.00		4,620.00	191.00	68.00	494.40			753.40	3,860.00
302001	李小艳	3,800.00	120.00	500.00		300.00	300.00	400.00	5,420.00	211.00	76.00	590.40			877.40	4,540.00
303001	郑忠	3,500.00	130.00	500.00		300.00	300.00		4,730.00	196.50	70.00	507.60			774.10	3,950.00
合计		43,130.00	1,700.00	5,700.00	0.00	2,800.00	3,600.00	1,400.00	58,330.00	2,421.50	862.60	6,315.60	831.82	5.00	10,500.70	47,770.00

图 7-65　工资发放表

5) 工资分析表

"工资分析表"以工资数据为基础，对部门、人员类别的工资数据进行分析和比较后产生各种分析表供决策人员使用。

执行"薪资管理–统计分析"中"账表"命令项，然后单击"工资分析表"按钮，如图7-66 所示。选择相应的分析表，单击"确认"按钮，输入条件，再单击"确定"按钮，即可以进入相应界面。

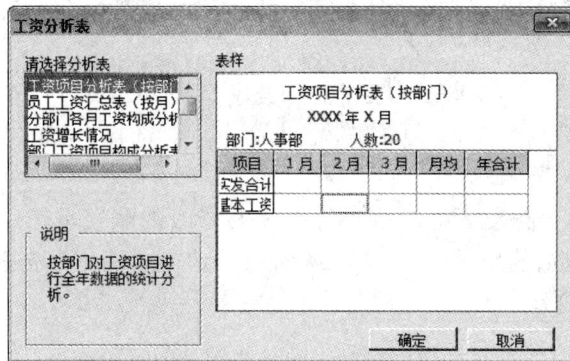

图 7-66　工资分析表

思　考　题

1. 薪资管理系统的基本功能有哪些?
2. 哪些情况需要使用多工资类别进行管理?
3. 如何进行代扣个人所得税的处理?
4. 如何进行与工资相关的五险一金的处理?
5. 如何进行计件工资处理?
6. 在"人员档案明细"对话框中，有一个"计税"选项，什么情况下需要去掉"计税"选中标记呢?

第 8 章

应收款管理

【学习目标】
◆ 了解应收款管理系统的功能；
◆ 熟悉应收款管理系统参数设置的主要内容；
◆ 掌握应收款管理系统初始化设置；
◆ 掌握应收款管理系统日常业务处理方法；
◆ 掌握应收款坏账以及期末业务处理。

8.1　应收款管理系统的功能

应收账款是指企业因销售商品、提供劳务等经营活动收取的款项。应收账款包括两个方面：一方面是通过销售实现商品或劳务转移的过程，另一方面是赊销货款回收的过程，即应收款项的计算、催收、回款、应收账款分析和客户信用等级评定等环节。应收账款的核算主要包括应收账款入账时间的确认、入账金额的确认、应收账款回收的确认、坏账准备的提取以及坏账的确认等内容。

应收款管理系统用于核算和管理客户往来款项，对于往来款项的核算与管理可以深入到各产品、各地区、各部门和各业务员，并且可以从各种角度对往来款项进行分析和决策。应收款管理系统主要是实现企业与客户之间业务往来账款的核算与管理。在应收款管理系统中，以销售发票、费用单、其他应收单等原始单据为依据记录销售业务以及其他业务所形成的往来款项，处理应收款项的收回、坏账、转账等情况，提供票据处理的功能，实现对应收款的管理。根据对客户往来款项的核算和管理的程度不同，系统提供了"详细核算"和"简单核算"两种应用方案。不同的应用方案，其系统功能、产品接口、操作流程等均不相同。

8.1.1 系统初始设置功能

初始设置的作用是建立应收管理的基础数据、确定使用哪些单据处理应收业务、确定需要进行账龄管理的账龄区间以及确定各个业务类型的凭证科目。只有正确地进行相关设置，用户才可以使用自己定义的单据类型，进行单据的录入、处理、统计分析。系统根据设置的凭证科目生成记账凭证，使应收账款管理符合用户的需要。

1. 凭证科目设置

凭证科目设置功能包括基本科目设置、控制科目设置、产品科目设置和结算方式科目设置。每种设置对应不同的单据类型，其目的是依据用户定义的科目，依据不同的业务类型，在生成凭证时自动带出设置的对应科目。

(1) 基本科目设置。基本科目设置用以定义应收系统凭证制单所需的基本科目，如应收科目、预收科目、销售收入科目、税金科目等。如果在输入单据时未指定科目并且控制科目设置与产品科目设置中也没有明细科目的设置，则系统制单时就依据制单规则取基本科目设置中的科目。应收控制科目指所有客户往来辅助核算并且受控于应收系统的科目，在会计科目中进行设置。如不进行此项设置，制单时需要手工录入。

(2) 控制科目设置。控制科目设置为用户提供了对客户的个性化管理，可对客户分类设置控制科目。该设置由此前的两项设置决定：一是控制科目由"总账"会计科目设置了"客户往来"并且"受控"于应收系统的科目。二是对客户分类的依据是客户档案，依据在系统初始中的客户分类进行。例如，对受控于应收系统的科目，都设置了客户辅助核算。该项可不设置，制单时取基本科目。

(3) 产品科目设置。产品科目设置提供了销售收入科目分产品进行核算的功能。如果销售收入科目设置了存货辅助核算，该项目无需设置。

(4) 结算方式科目设置。该设置是指进行结算方式、币种、科目的设置。对于现结的发票、收付款单，系统依据单据上的结算方式查找对应的结算科目，系统制单时自动带出。

2. 账龄区间的设置

账龄区间设置定义功能提供了应收账款的个性化管理。它可以根据企业对应收账款或应收时间管理的需要，定义账款时间间隔。账龄区间设置的作用是实现应收账款或收款的账龄查询和账龄分析，掌握在一定期间内所发生的应收账款、收款情况。

3. 坏账的初始设置

首先要选择计提坏账的方法，定义本系统内计提坏账准的比率，设置坏账准备期初余额功能。它的作用是系统根据用户的应收账款计提坏账准备。系统提供两种坏账处理方法，即备抵法和直接转销法，但是《企业会计准则》不允许采用直接转销法。选择备抵法时，系统提供了三种备抵的方法，即应收账款余额百分比法、销售收入百分比法和账龄分析法。这三种方法在初始设置中录入坏账准备期初和计提比例或输入账龄区间等，并且在坏账处理中进行后续处理。

4．付款条件的设置

付款条件设置即现金折扣。这是企业为鼓励客户早日偿还货款，而承诺在一定时期内给予的规定折扣优惠。付款条件可在采购订单、销售订单、采购结算、销售结算、客户目录和供应商目录中引用。

8.1.2　日常处理功能

日常处理主要完成企业应收账款、收入业务录入、收款业务核销、应收账款转账、汇兑损益以及坏账处理，为查询和分析往来业务提供完整、正确的资料，加强对往来款项的监督管理。

1．单据处理功能

单据处理功能是进行应收单以及收款单的录入、修改、删除和审核管理工作。如果系统同时使用应收款管理系统和销售管理系统，发票和代垫费用产生的应收单据由销售系统录入，在本系统可以对这些单据进行审核、查询、核销、制单等，本系统需要录入的单据仅限应收单。如果系统没有使用销售系统，则各类发票和应收单均应在本系统录入。

2．单据核销功能

单据核销功能包括收回客商款项后核销该客户应收款、建立收款与应收款的核销记录、监督应收款及时进行核销和加强往来款项的管理。

3．应收转账功能

转账业务是处理应收账款经常遇到的业务，用于处理客户与供应商之间、客户与客户之间进行的应收冲应收、预收冲应收、应收冲应付、红票对冲等业务。

4．汇兑损益功能

汇兑损益功能主要解决外币核算时的汇兑损益处理工作。

5．坏账处理功能

坏账处理功能提供了计提应收坏账准备处理、坏账发生后的处理、坏账收回后的处理等功能。

6．制单处理功能

应收款管理系统针对不同的单据类型提供编制记账凭证的功能，将编制的记账凭证传递到总账系统，实现账务处理一体化。系统对应收款的每一类原始单据都提供了实时制单的功能，除此之外，系统还提供了一个统一制单的平台。该平台可以快速、成批生成凭证，并且可依据规则进行合并、制单等处理。

7．票据管理功能

该功能对银行承兑汇票和商业承兑汇票进行管理。先将收到的票据输入，根据输入信息制作收款凭证，然后对票据的计息、贴现、转出、结算、背书等业务进行处理和制单。

8．付款单导出功能

该功能完成付款单与网上银行的相互导入、导出处理。

8.1.3　其他功能

1．单据查询功能

应收款管理系统提供对应收单、结算单、凭证等单据的查询，主要包括对各类单据、详细核销信息、报警信息、凭证等内容的查询。在查询列表中，系统提供自定义显示栏目、排序等功能，可以通过单据列表操作来编制符合自身要求的单据列表方式。在单据查询时，若启用客户、部门数据权限控制，则在查询单据时只能查询有权限的单据。

2．账表管理功能

账表管理功能主要有账表自定义、业务账表查询和统计分析等。其中，自定义功能是指根据用户管理要求提供内部管理分析报表工具。它是可以设置报表标题、表头、表体和定义报表数据来源，灵活定义过滤条件和显示、打印方式的自定义报表查询工具，通过数据源的定义可将系统提供的不同表进行组合或计算机加工。这是为高级用户提供的个性化定制报表的功能。业务账表查询可以及时了解一定期间内或各个客户期初应收款结存汇总情况、应收款发生以及收款发生的汇总情况、累计情况以及期末应收款结存汇总和结存明细情况等。它的目的是及时发现问题，加强对往来款项的监督管理，并且还能提供对业务总账表、业务余额表、业务明细账、对账单的查询。统计分析可以按初始定义的账龄区间进行一定期间内应收款账龄分析、收款账龄分析、往来账龄分析，还可以了解各个客户应收款周转天数、周转率和各个账龄区间内应收款、收款以及往来情况，加强往来款项动态监督管理。

3．期末处理功能

期末处理指用户进行的期末结账工作。如果当月业务已全部处理完毕，就需要执行月末结账功能。只有月末结账后才可以开始下个月的工作。

另外，应收款管理系统还提供了远程应用功能、取消操作功能。远程应用功能是通过公司与异地之间数据传递功能，使公司及时了解各地的收款情况。系统不仅提供总公司和异地销售之间的数据导出导入功能以及服务功能、收件和发件管理，并且还提供完整的远程数据通讯方案。取消操作功能是对原始单据进行审核，对收款单进行核销等操作后，发现操作有误就可利用该功能将其恢复到操作前的状态，再进行修改。

8.2　应收款管理系统的操作流程

如果是第一次使用应收款管理系统，可按图 8-1 所示操作流程进行。

初次进入应收款管理系统，要进行账套参数和基础信息的设置。在进入正常业务处理之前还应录入期初余额。应收款日常业务处理包括票据处理、单据结算、票据管理、凭证处理、坏账和转账处理以及制单和查询统计等，期末处理包括汇兑损益的处理和期末结账的处理。

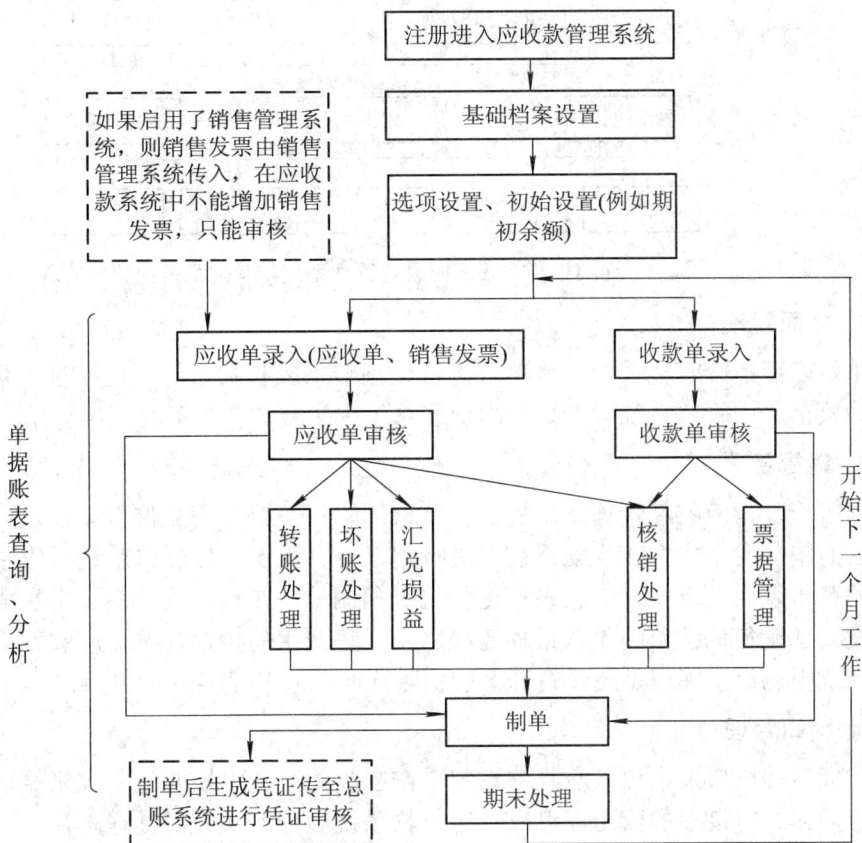

图 8-1　应收款管理系统操作流程

8.3　应收款管理系统与其他系统的关系

在会计信息系统中，应收款管理系统与其他系统存在一定的关系。应收款管理系统生成收入凭证和收款凭证，并且将这些凭证传递到总账凭证库。应收款系统与应付款系统转账对冲，解决了当一个客户既是客户又是供应商时，销售发票与采购发票的核销问题，可以定期清理债权债务。应收款系统为企业提供了客户的欠款偿还情况、账龄分析表等数据，以此作为制定信用政策、计算应收款周转率和周转期的依据。根据实际应用，应收款管理系统分详细核算和简单核算两种情况，其数据关联项有所不同。应收款管理系统提供的"详细核算"和"简单核算"两种应用方案，可满足不同用户管理的需要。

8.3.1　应收款管理系统的详细核算

在详细核算下，应收账款主要在应收系统中核算，主要与总账管理、销售管理、合同管理、应付款管理、出口管理、UFO 报表、网上银行等系统有接口，具体如图 8-2 所示。

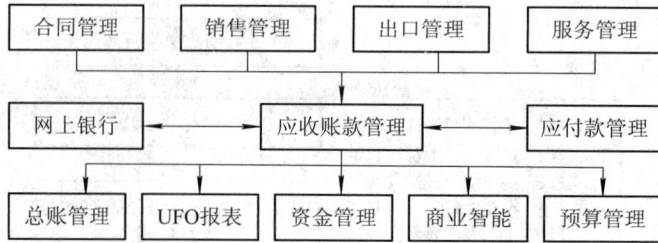

图 8-2　详细核算方案下应收款管理系统与其他系统的数据关联

1. 合同管理

生效以后的应收类合同结算单可以将余额转入应收款系统，在应收款系统进行审核、收款、核销。应收款系统可查询合同管理系统中生效的应收类合同结算单。

2. 销售管理

销售管理指应收款管理系统提供已审核的销售发票、销售调拨单以及代垫运费单。复核以后的销售发票应在应收款系统中进行审核，并且录入应收账款进行收款和核销，已经现收的销售发票可以在应收款系统进行记账和制单，在销售管理系统中生成凭证并且提供销售发票、销售调拨单的收款结算情况以及代垫费用的核销情况。应收款系统可以查寻出销售系统中已经出库但是还没有开票的实际应收信息和未复核的发票。

3. 出口管理

审批后的出口发票传入应收款系统，在应收款系统审核并记应收账款、收款、核销、制单等操作。审批后的信用证可以在应收款系统做押汇和结汇处理。押汇、结汇生成的收款单经审核后，如果有手续费和利息，就同时形成出口的费用单传递给出口系统。

4. 服务管理

服务结算单保存后自动传入应收款系统，在应收款系统进行审核记账、收款、核销、制单等后续处理，应收系统可对已经保存的服务结算单进行查询。

5. 网上银行

网上银行系统可以向应收款管理系统导出已经确认支付标记但是未制单的收款单。应收款管理系统也可向网上银行系统导出未审核的收款单。所有相关单据全部由应收款系统生成凭证到总账。

6. 总账管理

所有凭证均应传递到总账之中，可以将结算方式为票据管理的收款单登记到总账系统的支票登记簿中。

7. 应付款管理

应收应付之间可以相互对冲；应收票据背书时可以冲应付账款。

8. 商业智能

应收款管理系统为 U8 商业智能分析系统提供各种分析数据。

9. UFO 报表

应收款管理系统向 UFO 系统提供各种应用函数。

10. 资金管理

应收款管理系统为资金管理系统提供各种分析数据。

8.3.2　应收款管理系统的简单核算

简单核算方案下，应收账款主要在总账系统核算，与总账有接口，有凭证均应传递到总账系统中，如图 8-3 所示。

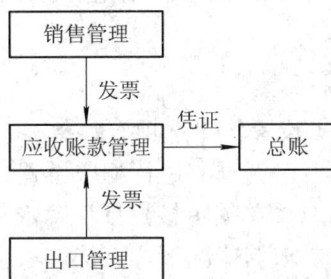

图 8-3　简单核算方案下应收款管理系统与其他系统的数据关联

1. 销售管理

在销售管理系统录入的发票可以在应收款管理系统中进行应收账款审核登记，已经现结的发票可以在应收款系统中进行记账、制单。应收款管理系统为销售管理系统生成凭证，并且提供销售发票、销售调拨单的收款结算情况以及代垫费用的核销情况。

2. 出口管理

在出口管理系统录入的发票可以在应收款管理系统中进行应收款审核登记以及制单。

3. 总账

销售发票和出口发票生成的凭证都传递到总账系统中，并且能够查询其所生成的凭证。

4. 应收应付对冲

应收款管理系统和应付款管理系统之间可以进行转账处理，如应收冲应付。

5. 财务分析

应收款管理系统向财务分析系统提供各种分析数据。

8.4　应收款管理系统业务处理

应收款管理系统提供应收单据、收款单据的录入、审核、核销、转账、汇兑损益、制单等处理；提供各类应收和收款单据的详细核销信息、报警信息、凭证等内容的查询；提供总账表、余额表、明细账等多种账表查询功能；提供应收账款分析、账龄分析、欠款分析等分析功能。因而，在进行应收业务处理前企业应根据核算要求和实际业务情况进行有关设置，将通用系统转化为适应企业核算管理要求的专业系统。应收款管理系统按操作流程与其内容不同，可分为初始设置、日常业务处理、坏账处理和期末业务处理四个方面。

8.4.1　应收款管理系统初始设置

应收款管理系统的初始设置主要包括账套参数设置、初始设置、基础信息设置以及期初数据录入等。

在进行初始设置之前，应做好各项准备工作。一是所有业务往来客户的详细资料，如客户名称、地址、联系电话、开户银行、所属总公司、信用额度、最后交易情况等。二是根据存货目录中的内容，准备好存货的名称、规格型号、价格、成本等数据。三是定义好发票、应收单格式。

1. 应收款管理系统参数设置

在应收款管理系统中，执行"设置"/"选项"命令，打开"选项"对话框，并单击"编辑"按钮，打开"账套参数设置"对话框，进行相应设置。

打开"常规"对话框，可以对"单据审核日期""汇兑损益方式""坏账处理方式"等选项依据情况进行选择。在没要求的情况下，有些选项可选择默认，如图 8-4 所示。

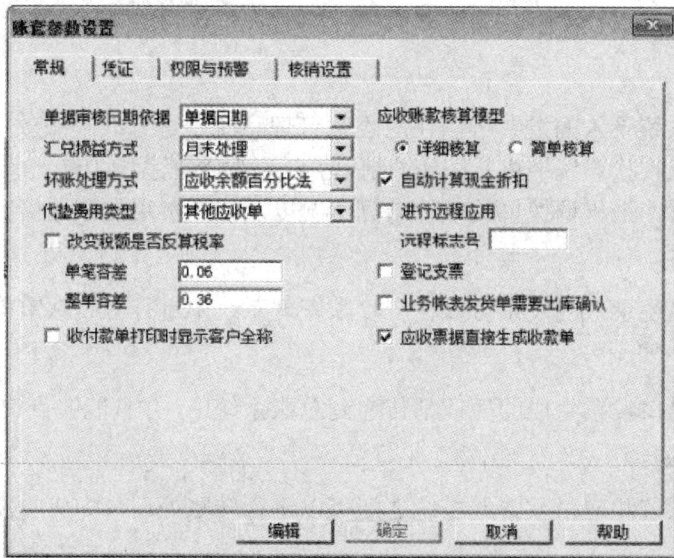

图 8-4　设置选项对话框

打开"凭证"对话框，可依据相应内容按需要做出选择。如果在对话框中选择"受控科目制单方式"中的"明细到单据"选项，则在总账系统中查询时依每笔业务进行查询；如果选择"控制科目依据"中的"按客户分类"选项，则在控制科目设置时只显示客户分类，而不显示所有客户；"销售科目依据"同样。如果在对话框中勾选"月结前全部生成凭证"选项，则月末进行结账时必须所有业务都已经生成凭证，否则不能结账。如果勾选"核销生成凭证"和"预收冲应收生成凭证"选项，则在核销和预收冲应收转账处理后生成凭证，如图 8-5 所示。

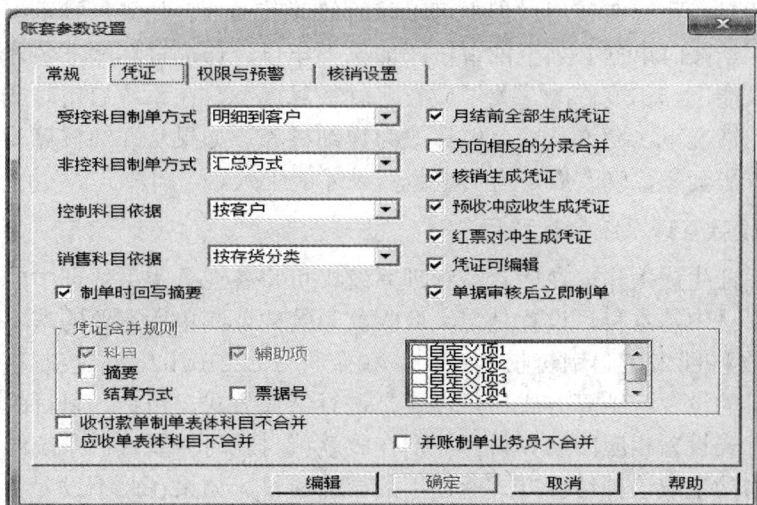

图 8-5 凭证对话框

打开"权限与预警"对话框，在"启用客户权限"处打勾，选择"信用方式"选项。根据企业情况，选择信用天数和信用额度，其他部分可默认，选择后单击"确定"按钮。如果在"提前比率"栏设置 20%，即对每个客户来说其信用比率小于等于 20%时，系统自动弹出信用报警单(信用比率 = 信用余额/信用额度)，如图 8-6 所示。

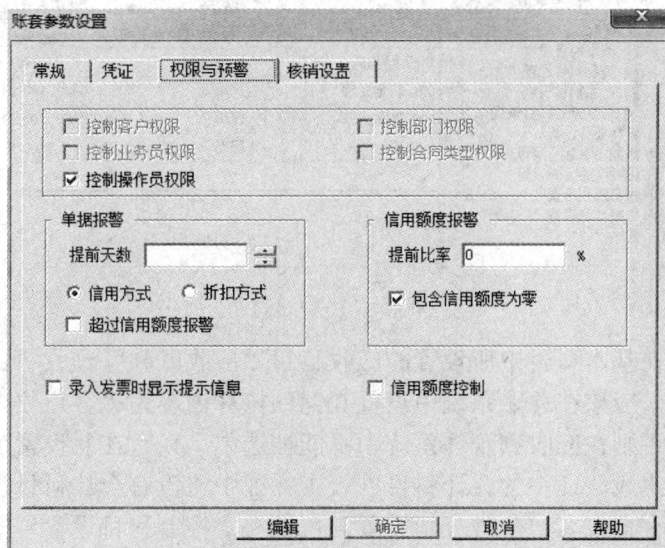

图 8-6 权限与预警设置对话框

核销设置时，应收款核销设置可根据需要按单据或产品核销。若按单据核销则系统将满足条件的未结算单据全部列出，由用户选择要结算的单据，并且根据所选择的单据进行核销。若按产品核销，则系统将满足条件的未结算单据按存货列出由用户选择要结算的存货，并且根据选择的存货进行核销。

应该注意的是，账套在使用过程中可以随时修改其参数。如果选择单据日期为审核日期的话，在月末结账时单据必须全部审核。如果当年已经计提过坏账准备，则坏账处理方式不能修改，只能下一年度修改。关于应收账款核算模型，在系统启用时或者还没有进行任何业务处理的情况下，允许从简单核算改为详细核算。如果从详细核算改为简单核算则随时可以进行。账套参数修改后，需要重新登录才能生效。

2. 设置应收款管理系统会计科目

为了简化凭证生成操作，在应收款管理系统中可将各业务类型凭证中的常用科目预先设置好。设置科目中基本科目设置是定义应收款系统凭证制单所需要的基本科目，如应收科目 1122、预收科目 2203、销售收入 6001、税金科目 22210102 等；控制科目设置是进行应收和预收科目的设置；结算方式科目设置是进行结算方式、币种、科目的设置，针对已经设置的结算方式设置相应的结算科目，即在收款或付款时只要告诉系统结算时使用的结算方式，系统自动生成该种结算方式所使用的会计科目。如果在此不设置结算方式科目，在收款或付款时可以手工输入不同结算方式对应的会计科目。不同业务类型生成凭证时自动带出科目，如图 8-7 所示。

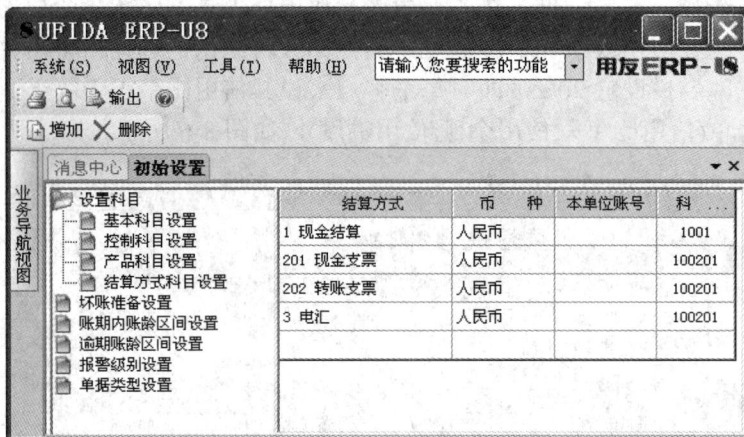

图 8-7　设置科目

应该注意的是在基本科目中所设置的应收科目"应收账款"预收科目和"预收账款"以及"应收票据"，应该在总账系统中设置其辅助核算内容为"客户往来"。其受控系统为"应收系统"，否则在应收款管理系统中不能被选中。只有在此设置了基本科目，在生成凭证时才能直接生成凭证中的会计科目，否则凭证中将没有会计科目。如果应收科目、预收科目需按不同客户或客户分类分别设置，可以在"控制科目设置"中进行设置，在此可以不设置。如果针对不同的存货分别设置销售收入核算科目，则在此不用设置，可以在"产品科目设置"中进行设置。

3. 设置坏账准备

坏账初始设置是指用户定义系统内计提坏账准备率和设置坏账本准备期初余额的功能。如果在选项中并未选中坏账处理的方式为"应收余额百分比法"，则在此处就不能录入"应收余额百分比法"所需要的初始设置，因此此处的初始设置与选项中所选择的坏账处理方式是相对应的。坏账准备设置如图 8-8 所示。

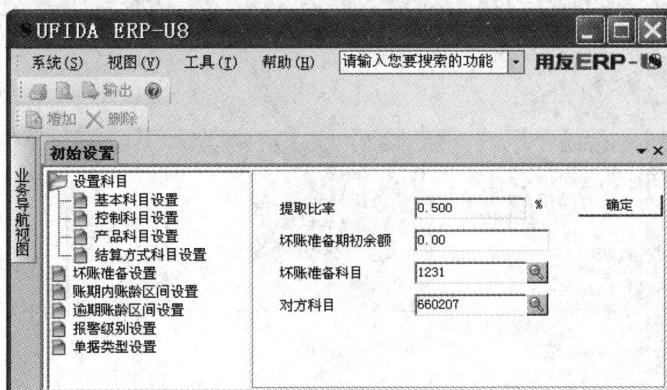

图 8-8　坏账准备设置

坏账准备的期初余额应当与总账系统中所录入的坏账准备的期初余额相一致，但是系统没有坏账准备期初余额的自动对账功能，只能人工核对。坏账准备的期初余额如果在借方，则用"－"号表示。如果没有期初余额，应该在期初余额中录入"0"。否则，系统将不予确认。

坏账准备期初余额被确认后，只要进行了坏账准备的日常业务处理就不允许再修改设置。下一年度使用本系统时，可以修改提取比率、区间和科目。如果在系统选项中默认坏账处理方式为直接转销，则不用进行坏账准备设置。

4. 设置账期内账龄区间

账龄区间设置是指用户定义账期内应收款时间间隔的功能。进行应收款账龄查询和账龄分析，有助于了解一定期间内所发生的应收款和收款情况。设置时，序号由系统自动生成，不能修改和删除。总天数栏直接输入截止该区间的账龄总天数，最后一个区间不能修改和删除，如图 8-9 所示。

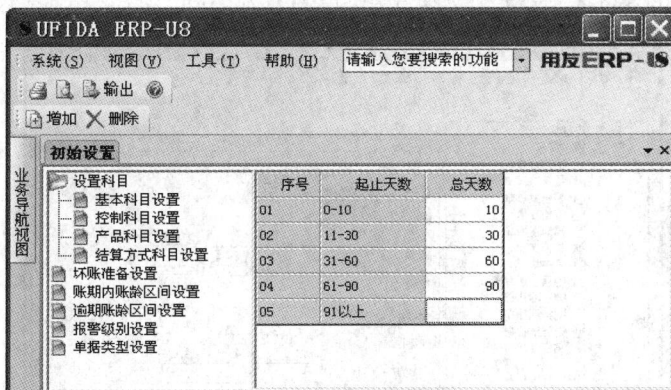

图 8-9　账龄区间设置

5. 设置报警级别

操作人员可将客户欠款余额与其授信额度的比例分为不同类型，以便掌握各个客户的信用情况。报警级别设置如图 8-10 所示。

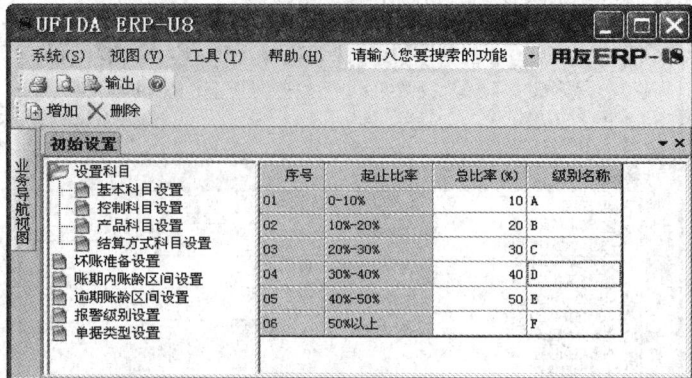

图 8-10 报警级别设置

设置报警级别时应该注意的是：

(1) 序号由系统自动生成，不能修改或者删除；应直接输入该区间的最大比率以及级别名称。

(2) 系统会根据输入的比率自动生成相应的区间。

(3) 单击"增加"按钮，可以在当前级别之前插入一个级别。插入一个级别后，该级别后的各级别比率会自动调整。删除一个级别后，该级别后的各级比率会自动调整。

(4) 最后一个级别为某一比率之上，所以在"总比率"栏不能录入比率，否则将不能退出。

(5) 最后一个比率不能删除，如果录入错误则应先删除上一级比率，再修改最后一级比率。

6. 设置单据编号

用户可将自己的往来业务与数据类型建立对应关系，达到快速处理业务以及进行分类汇总、查询、分析的效果。单据编号设置如图 8-11 所示。

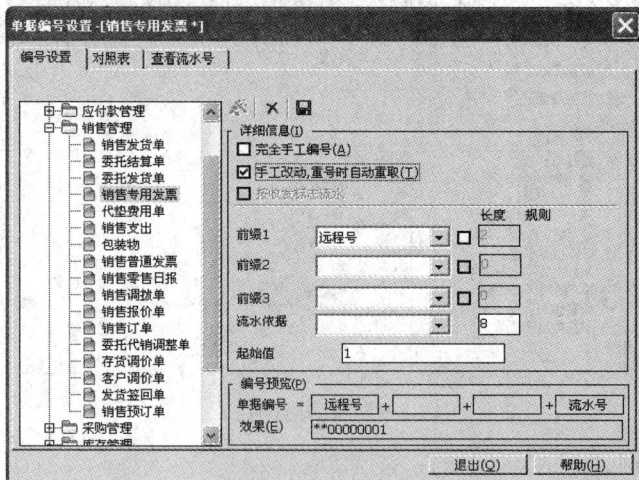

图 8-11 单据编号设置

如果不在"单据编号设置"中设置"手工改动，重号时自动重取"选项，那么在填制这一单据时其编号由系统自动生成而不允许手工修改。在单据编号设置中还可以设置"完全手工编号"以及"按收发标志流水"选项等。

7. 录入期初余额

在初次使用应收款系统时，应该将启用应收款系统时未处理完的所有客户的应收账款、预收账款、应收票据等数据录入到本系统。当进入第二年度时，系统自动将上年度未处理完的单据转为下一年度的期初余额。在下一年度的第一会计期间里，可以进行期初余额的调整，如图 8-12 所示。

图 8-12　期初余额查询

如果退出了录入期初余额的单据，在"期初余额明细表"对话框中没有看到新录入的期初余额，应该单击"刷新"按钮，就可以列示所有的期初余额的内容。操作员可通过选择单据类型(收款单、付款单)来达到增加预收款、预付款的目的，如图 8-13 所示。

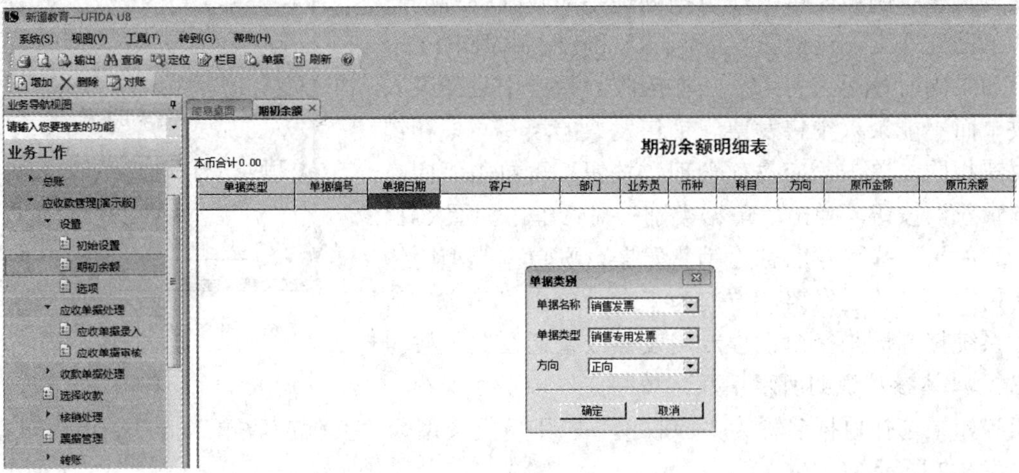

图 8-13　设置单据类别

录入期初余额时，单据日期必须小于该账套启用期间(第一年使用)或者该年度会计期初(以后年度使用)。当保存了期初余额结果，或在第二年使用需要调整期初余额时可以进行修改。当第一个会计期已结账后，期初余额只能查询不能再修改。期初余额所录入的票据保存后自动审核。应收款系统与总账系统对账，必须要在总账与应收系统同时启用后才可以进行。

在录入期初余额时一定要注意期初余额的会计科目。应收款系统的期初余额应与总账进行对账，如果科目错误将会导致对账错误。如果未设置允许修改销售专用发票的编号，则在填制销售专用发票时不允许修改销售专用发票的编号。其他单据的编号也一样，系统默认的状态为不允许修改。

单据中的科目栏目用于输入该笔业务的入账科目，该科目可以为空。录入期初单据时最好录入科目信息，这样不仅可以执行与总账的对账功能，还可以查询正确的科目明细账与总账。

发票和应收单的方向包括正向和负向，类型包括系统预置的各类型以及用户定义的类型。期初发票中表头、表体中均可输入科目项目，并且必须是应收系统的受控科目。

当完成全部应收款期初余额录入后，应通过对账功能将应收系统期初余额与总账系统期初余额进行核对。应收款系统与总账系统对账，必须要在总账与应收系统同时启用后才可以进行。在日常业务中，可对期初发票、应收单、预收单、票据、合同结算单进行后续核销和转账处理。

8.4.2　应收款管理系统日常业务处理

应收款日常业务处理工作主要包括应收单据处理、收款单据处理、核销处理、票据处理、转账处理以及制单处理等。

1. 应收单据处理

应收单据包括销售发票和其他应收单，它们都是应收款日常核算的原始单据。单据处理是应收款管理的起点，单据处理工作包括应收单据录入和应收单据审核。

如果同时使用销售系统，在应收款系统中只能录入应收单而不能录入销售发票。销售发票的填写与期初销售发票相同，单击"应收款管理"按钮，再单击"应收单据录入"按钮，弹出"单据类别"对话框，如图 8-14所示。如果选择单据名称为销售发票，则单据类型为销售专用发票或普通发票，方向为正向。单击"确定"按钮。系统打开一张空白销售专用发票或普通发票，按照表 8-1 具体参数说明所示填写，填写完毕单击"保存"

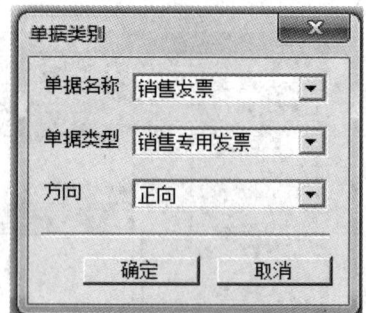

图 8-14　单据类别

按扭。如果选择单据名称为"应收单"，则单据类型为"其他应收单"，其他应收单据填写如表 8-2 所示。

表 8-1 销售发票参数说明

数据项	说 明
开票日期	业务发生日期，而非录入日期
客户名称	根据客户档案选择，自动带出客户地址、电话、开户银行、账号以及税号
科目	受控于应收系统科目，包括应收账款、预收账款、应收票据、其他应收款
销售部门	根据部门档案选择
业务员	根据职员档案选择
备注	录入备注后，生成凭证时，将之记入"摘要"栏
货物编号	根据存货档案选择，自动带出货物名称、规格型号、主计量单位和税率
数量	输入销售数量
含税单价	输入含税单价，自动计算不含税单价和税额

表 8-2 其他应收单据参数说明

数据项	说 明
日期	业务发生日期
客户	根据客户档案选择
科目	受控于应收系统科目，包括应收账款、预收账款、应收票据、其他应收款
表头金额	输入表头金额，自动带出表体金额
摘要	输入摘要内容，则生成凭证时自动记入摘要栏
部门	根据部门档案选择
业务员	根据职员档案选择
方向	选择借方
对应科目	根据业务选择

在填写应收单时，只需录入上半部分的内容，下半部分的内容除对方科目外均由系统自动生成。下半部分的对方科目如果不录入可以在生成凭证后再手工录入。应收单和销售发票一样，可以保存后直接审核，也可以在"应收单据审核"功能中审核。如果直接审核，系统会问是否制单。如果在审核功能中审核，则只能在制单功能中制单。

录入应收单据后，只有经过审核的应收单据才可以被系统确认有效，填制的应收单据都需要审核。应收单据在保存后可立即审核，也可在应收单据审核中进行处理。在进入销售专用发票对话框时系统默认处在增加状态。如果想查找某一张销售专用发票则应该放弃当前的增加操作进入查询状态，否则将不能翻页。销售发票被修改后必须保存，保存的销售发票在审核后才能制单。

单击"应收款管理"下的"应收单处理"按钮，单击"应收单据审核"按钮，如图 8-15 所示。单据名称选择"销售发票"或"应收单"选项，选择对应客户、部门、单据编号等信息，单击"确认"按钮。弹出"应收单据列表"对话框，在应收单据列表中双击记录选择栏 ，出现"Y"标志，单击"审核"即可完成，如图 8-16 所示。

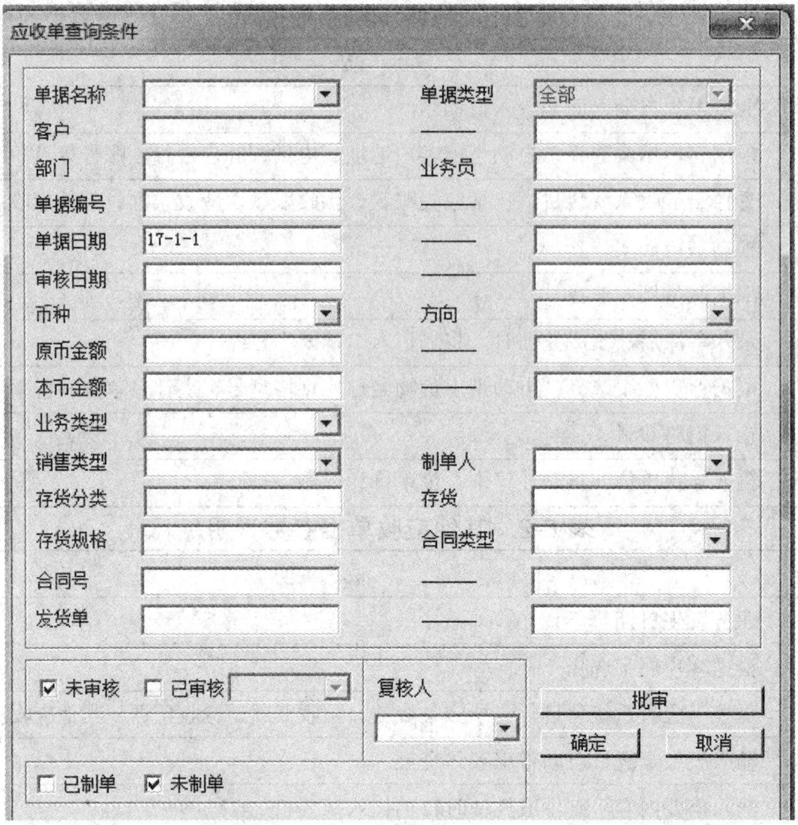
应收单查询条件
单据名称
单据类型
全部
客户
部门
业务员
单据编号
单据日期
17-1-1
审核日期
币种
方向
原币金额
本币金额
业务类型
销售类型
制单人
存货分类
存货
存货规格
合同类型
合同号
发货单
未审核
已审核
复核人
批审
确定
取消
已制单
未制单

图 8-15　应收单据审核查询界面

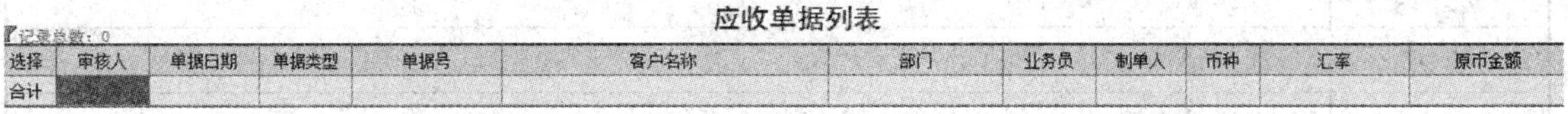
应收单据列表
记录总数：0
选择
审核人
单据日期
单据类型
单据号
客户名称
部门
业务员
制单人
币种
汇率
原币金额
合计

图 8-16　应收单据列表

在此应该注意以下几点。

(1) 如果应收款系统与销售系统集成使用，销售发票和代垫费用在销售管理系统中录入，在应收系统中可以对这些单据进行查询、核销、制单等操作。此时应收系统需要录入的只限于应收单。

(2) 如果没有使用销售系统，那么所有发票和应收单均需在应收系统中录入。

(3) 在不启用供应链的情况下，在应收款系统中只能对销售业务的资金流进行会计核算，即可以进行应收款、已收款以及收入实现情况的核算。然而其物流的核算，即存货出库成本的核算，还需在总账系统中手工进行结转。

(4) 已审核的单据不能修改或删除，已生成凭证或进行过核销的单据在单据界面不再显示。

(5) 在录入销售发票后可以直接进行审核，在直接审核后系统会提示“是否立即制单”选项，此时可以直接制单。如果录入销售发票后不直接审核可以在审核功能中审核，然后到制单功能中制单。

(6) 已审核的单据在未进行其他处理之前，可以取消审核后再修改。

2. 收款单据处理

收款单据处理包括收款单的录入与审核。

收款单据用来记录企业收到客户款项，包括收款单和付款单。标明是收款的业务都需要录入收款单。单击"收款单据处理"按钮，再单击"收款单据录入"按钮，弹出一张空白"收款单"。单击"增加"按钮，按表 8-3 的参数说明将数据录入相应的栏目，单击"保存"按钮保存数据。在单击收款单的"保存"按钮后，系统会自动生成收款单表体的内容，如图 8-17 所示。表体中的款项类型系统默认为"应收款"选项，可以修改。款项类型还包括"预收款"和"其他费用"。若一张收款单中表头客户与表体客户不同，则视表体客户的款项为代付款。在填制收款单后，可以直接单击"核销"按钮进行单据核销的操作。如果是退款给客户，则可以单击"切换"按钮，填制红字收款单。

表 8-3　收款单参数说明

数据项	说　　明
日期	业务发生日期，而非录入日期
客户	根据客户档案选择，自动弹出客户银行以及账号
结算方式	选择结算方式，自动弹出结算科目
表头金额	输入表头金额，自动带出表体金额
部门	根据部门档案选择，自动带出表体部门
业务员	根据职员档案选择，自动带出表体业务员
摘要	输入摘要内容，则生成凭证时，自动记入"摘要"栏
款项类型	包括应收款、预收款和其他费用，自动弹出科目

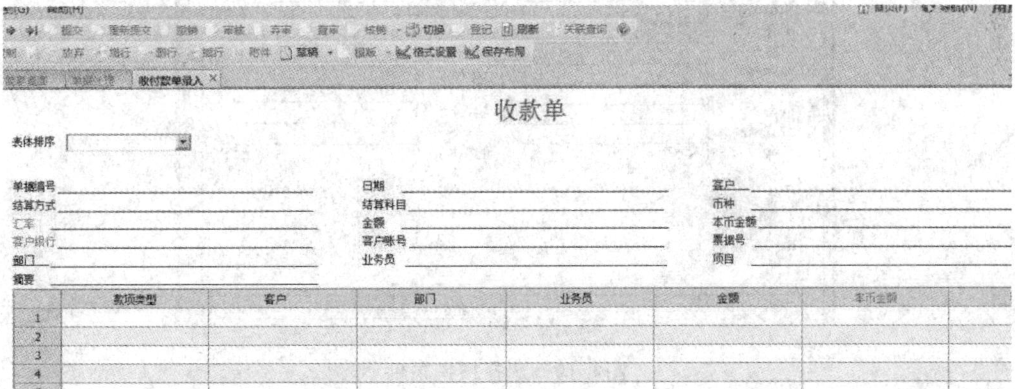

图 8-17　收款单

收款单录入完成后，可以直接单击"审核"按钮进行审核，也可以在"收款单据审核"中完成审核，与上述应收单据审核类似。

3. 核销处理

应收款核销是指收回客户款项后，确定收款单与销售发票之间对应关系的操作。核销有两种方式：手工核销和自动核销。只有审核后的应收单据和收款单据才能进行核销。打开"选择收款"对话框，按收款条件填写相应内容，单击"确定"按钮，如图 8-18 所示。再单击"核销处理"按钮，根据需要单击"手工核销"或者"自动核销"按钮进行核销。

　　如果手工核销，一次只能对一个客户进行核销处理，如图 8-19 所示。选择客户，客户所有应收单和收款单列出。如果"本次结算金额"合计与"本次结算"合计相等，只单击"保存"按钮即可核销。如果两者不等则可以双击记录对应的"本次结算金额"与"本次结算"栏修改金额，进行部分核销。

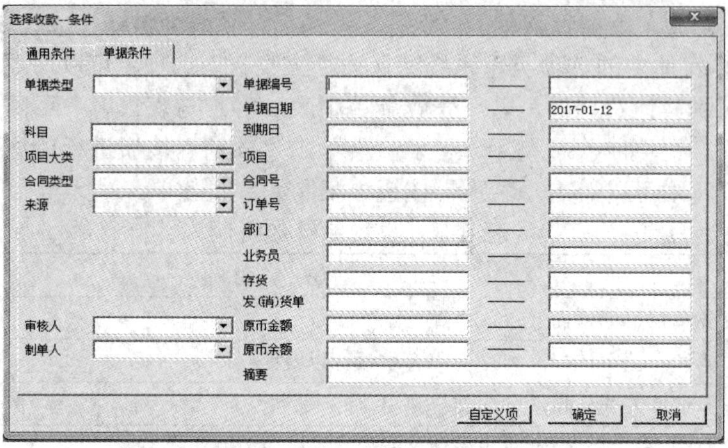

图 8-18　选择收款条件

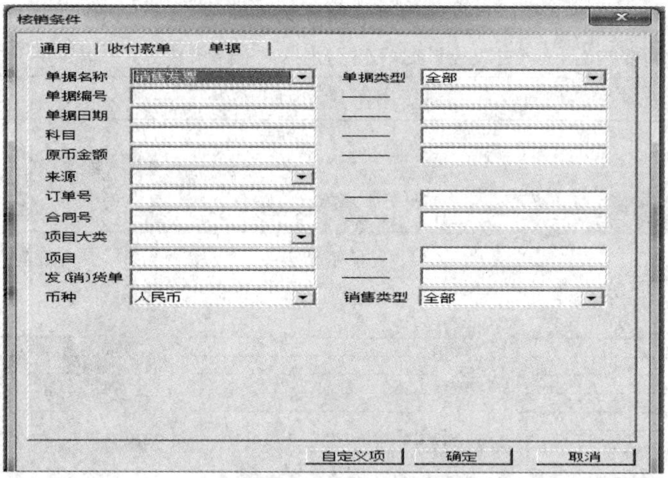

图 8-19　选择核销条件

　　如果自动核销，则可以对多个客户进行核销处理。单击"自动核销"按钮，在弹出的"核销条件"对话框中输入过滤信息，单击"确定"按钮。系统会显示核销进度条，可以知道核销进程。核销完成后，系统提交自动核销报告，显示已核销的情况和未核销情况的原因。

　　在此应该注意以下几点：

　　(1) 在保存核销内容后，单据核销对话框中将不再显示已被核销的内容。

(2) 结算单列表显示的款项类型为应收款和预收款的记录，款项类型为其他费用的记录不允许在此作为核销记录。

(3) 核销时，当结算单列表中款项类型为应收款的记录时，默认本次结算金额为该记录上的原币金额，款项类型为预收款的记录时，本次结算金额默认为空。核销时可以修改本次结算金额，但是不能大于该记录的原币金额。

(4) 在结算单列表中，单击“分摊”按钮，系统将当前结算单列表中的本次结算金额合计自动分摊到被核销单据列表的本次结算栏中。核销顺序依据被核销单据的排序顺序。

(5) 手工核销时，一次只能显示一个客户的单据记录。结算单列表根据表体记录明细显示。当结算单有代付处理时，只显示当前所选客户的记录。若需要对代付款进行处理，则需要在过滤条件中输入该代付单位，进行核销。

(6) 一次只能对一种结算单类型进行核销，即在手工核销的情况下，需要将收款单和付款单分开核销。

(7) 手工核销保存时，若结算单列表的本次结算金额大于或小于被核销单据列表的本次结算金额合计，系统将提示结算金额不相等，不能保存。

(8) 若发票中同时存在红蓝记录，则核销时先进行单据的内部对冲。

(9) 如果核销后未进行其他处理，在期末处理中可以使用“取消操作”功能的取消核销操作。

4. 票据处理

在票据管理界面，既可查询票据登记情况，也可进行票据增加操作。票据管理包括票据查询、填制商业承兑汇票、制单(或暂不制单)、结算商业承兑汇票并且制单以及商业承兑汇票贴现并且制单。

在实际工作中，可以根据需要随时增加需要的结算方式。当保存一张商业票据之后，系统会自动生成一张收款单，由票据生成的收款单是不能修改的。这张收款单还需经过审核之后，才能生成记账凭证。

在票据管理功能中可以对商业承兑汇票和银行承兑汇票进行日常业务处理，主要包括票据的收入、结算、贴现、背书、转出、计息等。在系统中增加尚未结算的商业汇票，如图 8-20 所示，票据内容依据表 8-4 进行填写。

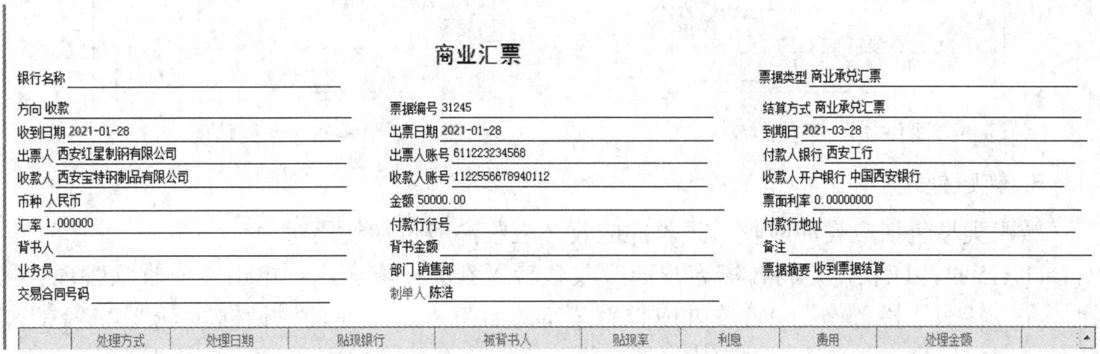
商业汇票

银行名称　　票据类型 商业承兑汇票
方向 收款　　票据编号 31245　　结算方式 商业承兑汇票
收到日期 2021-01-28　　出票日期 2021-01-28　　到期日 2021-03-28
出票人 西安红星制钢有限公司　　出票人账号 611223234568　　付款人银行 西安工行
收款人 西安宝特钢制品有限公司　　收款人账号 1122556678940112　　收款人开户银行 中国西安银行
币种 人民币　　金额 50000.00　　票面利率 0.00000000
汇率 1.000000　　付款行行号　　付款行地址
背书人　　背书金额　　备注
业务员　　部门 销售部　　票据摘要 收到票据结算
交易合同号码　　制单人 陈浩

	处理方式	处理日期	贴现银行	被背书人	贴现率	利息	费用	处理金额

图 8-20　增加商业票据

表 8-4　应收票据参数说明

数据项	说　　明
票据编号	手工输入
承兑银行承兑单位	选择银行承兑汇票时,填写承兑银行名称。选择商业承兑汇票时,填写承兑单位名称
背书单位	票据是经过背书转让的,填写背书单位名称
票据面值	票据的票面价值
票据余额	还未结算票据余额
科目	选择应收票据
签发日期	开票单位实际签发票据的日期
收到日期	实际收到票据的日期
到期日	应大于或等于签发日期

当票据到期持票收款时,需执行票据结算处理。在进行票据结算时,结算金额应是通过结算实际收到的金额。结算金额减去利息加上费用的金额要小于等于票据余额。票据结算后,不能再进行其他与票据相关的处理,如图 8-21 所示。

商业承兑汇票不能有承兑银行,而银行承兑汇票则必须有承兑银行。如果贴现净额大于余额,系统自动将其差额作为利息,不能修改。如果贴现净额小于票据余额,系统自动将其差额作为费用,不能修改。票据贴现后,将不能对其进行其他处理,如图 8-22 所示。

图 8-21　票据结算

图 8-22　票据贴现

5. 转账处理

转账类型包括应收冲应收、预收冲应收、应收冲应付和红票对冲。

(1) 应收冲应收,是将一家客户的应收款转入到另一家客户。单击"应收款管理"按钮,在"转账"栏下单击"应收冲应收"按钮,如图 8-23 所示的对话框。勾选"货款"、转入"客户"等,并且选择对冲依据的单据记录,在金额栏填写金额,单击"保存"按钮。系统弹出"是否立即制单"对话框。单击"是"按钮,则自动生成转账凭证。

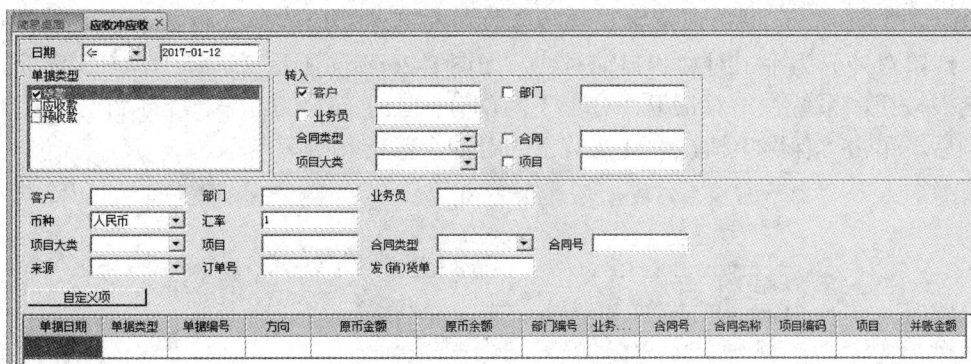

图 8-23 应收冲应收

(2) 预收冲应收，是处理客户的预收款和客户应收款的转账核销业务。单击"预收冲应收"按钮，选择预收和应收的"客户"，单击"过滤"按钮，填写转账"金额"。单击"确定"按钮即可生成转账凭证，如图 8-24 所示。

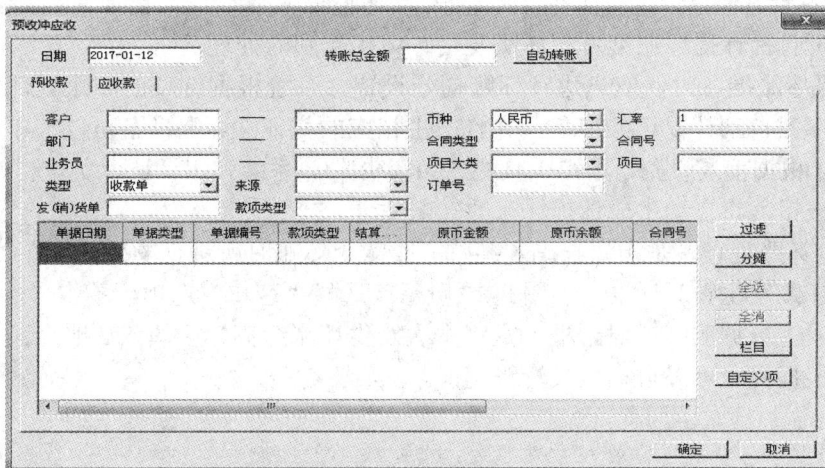

图 8-24 预收冲应收

(3) 应收冲应付，是将指定客户的应收款冲抵指定供应商的应付款。选择"客户""款项类型""转账金额"等选项，单击"确定"按钮，根据提示，可自动生成转账凭证，如图 8-25 所示。

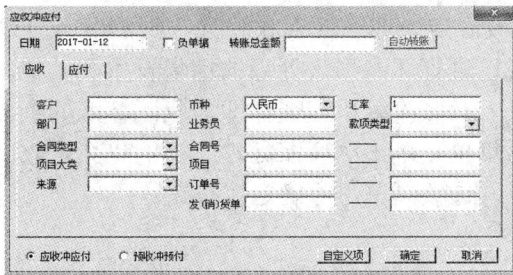

图 8-25 应收冲应付

(4) 红票对冲，可以实现某客户红字应收单与其蓝字应收单、收款单与付款单冲抵的操作。红票对冲分为手工对冲和自动对冲，如图 8-26 界面所示。选择"客户"选项，单击"确定"按钮，系统弹出对话框，分上下两部分，上半部分为红票，下半部分为蓝票。输入金额后，单击"保存"按钮。红票蓝票的对冲金额应相等。

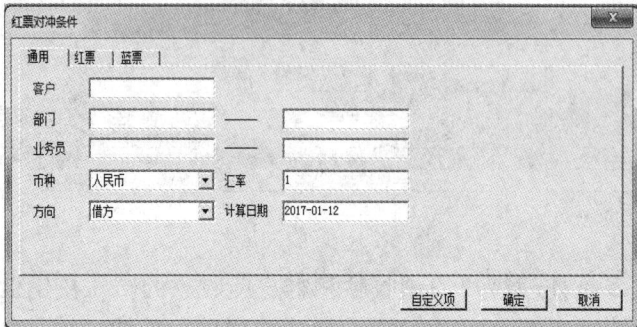

图 8-26　红票对冲

6. 坏账处理

坏账处理包括计提坏账准备、坏账发生、坏账收回的处理。

(1) 计提坏账准备时，应先进行坏账初始设置。系统根据选项的坏账处理方式、坏账准备设置的参数自动计提坏账准备，并且产生相应的凭证。坏账准备可以一年一次，也可以随时计提。根据前述设置，单击工具栏"OK"按钮，系统弹出"是否立即制单"对话框，选择"是"按钮，将自动生成计提坏账的转账凭证。

(2) 发生坏账处理，是指用户确定某些应收款为坏账时所进行的处理。在"坏账处理"下，打开"坏账发生"对话框，如图 8-27 所示。选择"客户"选项，单击"确定"按钮，弹出"坏账发生单据明细"对话框。在"本次发生坏账金额"栏填入坏账金额，单击"确定"按钮，根据提示可以自动生成转账凭证。

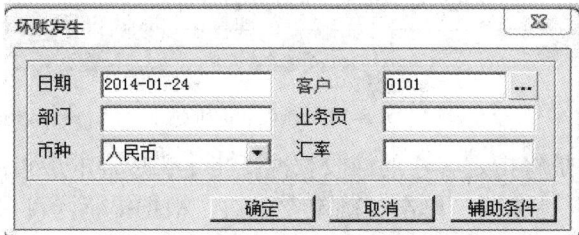

图 8-27　坏账发生

(3) 坏账收回是指已被确定为坏账的应收款又收回的业务处理。进行坏账收回处理的单据，只能是期初坏账或已进行坏账损失处理的销售发票和其他应收单。在做坏账收回处理前收回坏账时，首先录入一张收款单，金额即为收回坏账的金额。不审核收款单，则此收款单就是坏账收回中结算单。单击"坏账处理"下的"坏账收回"按钮，在弹出对话框选择"客户"和"结算单"选项。单击"确定"按钮。

7. 制单处理

制单处理就是对应收款系统发生的业务生成记账凭证的处理。将已审核的应收单和收款单通过制单处理把单据生成的凭证传入总账系统并且在总账系统中进行审核，在每笔业务审核后可以立即制单。在转账处理和坏账处理时可以采用"立即制单"方式,也可在"制单处理"对话框中统一制单。

在"应收款管理"下的"制单处理"对话框中,如图 8-28 所示界面,勾选制单类型。选择"客户"选项,单击"确认"按钮,弹出图 8-29 对话框,选择凭证类型"转账凭证"选项,单击工具栏中"制单"按钮即可完成凭证生成,最后单击"保存"按钮。

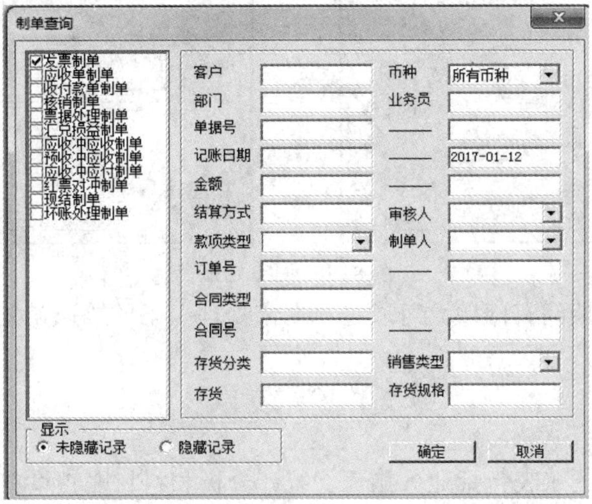

图 8-28 制单查询

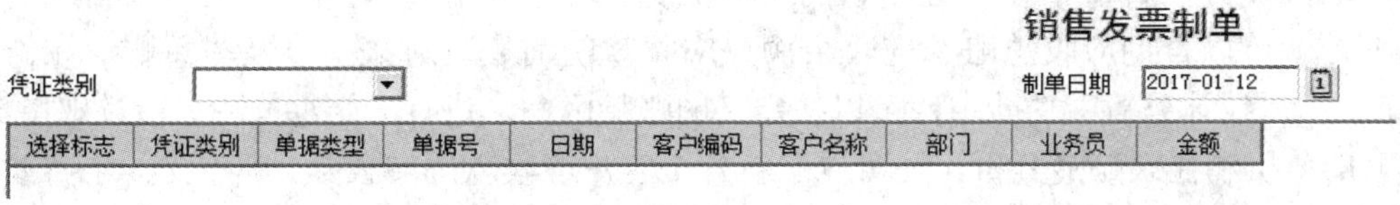

图 8-29 销售发票制单

8. 单据查询

在单据查询功能中可以分别进行发票、应收单、收付款单、凭证、应收核销明细表、单据查询和信用报警查询。

例如,发票查询可以查询"已审核""未审核""已核销"以及"未核销"的发票;还可以按"发票号""单据日期""金额范围"或者"余额范围"等条件进行查询。在"发票查询"对话框中,单击"查询"按钮,可以重新输入查询条件。单击"单据"按钮,可以调出原始单据卡片。单击"详细"按钮,可以查看当前单据的详细结算情况。单击"凭证"按钮,可以查询单据所对应的凭证。单击"栏目"按钮,可以设置当前查询列表的显示栏目、栏目顺序、栏目名称、排序方式等,并可以保存设置内容。

8.4.3 应收款期末处理

在对所有单据进行了审核、核销处理且相关单据已生成了凭证,同时与总账系统的数据已核对完,且当月业务已经全部处理完毕,则应该进行月末结账。进行月末处理时,一次只能选择一个月进行结账。如果前一个月未结账,则本月不能结账。只有当月结账后,才能开始下月的工作。

数据资料已核对完毕,即可进行期末结账工作,如图 8-30 所示。在执行了月末结账后,该月将不能再进行任何处理。

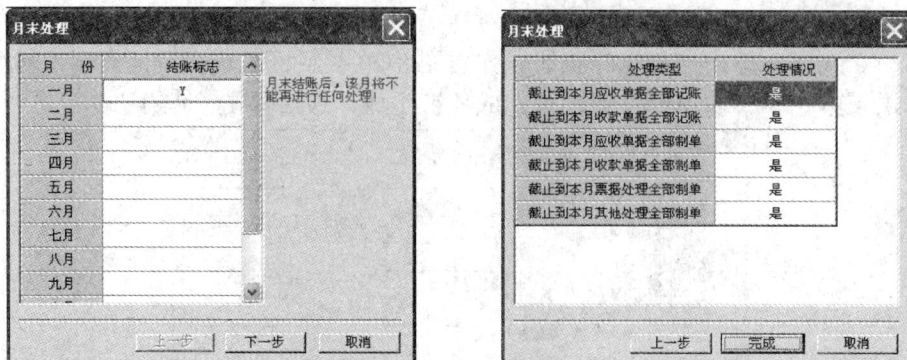

图 8-30　月末结账

如果发现已结账期间有问题,可通过"期末处理"下的"取消月结"选项来取消结账功能恢复结账前工作。

8.4.4　账表管理

应收款管理系统的账表包括业务账表、统计分析和科目账查询。

(1) 通过业务账表查询,可以了解一定期间内应收款期初数、发生额和期末数以及款项的收回,还可了解每个客户应收款的明细情况。在"账表管理"下,打开"业务账表"对话框,就可以查询应收总账、应收余额、应收款明细账、对账单以及与总账对账。

(2) 在"统计分析"功能中,可以按定义的账龄区间,进行一定期间内应收款账龄分析、收款账龄分析和往来账龄分析,还可以了解各个客户应收款周转天数、周转率、各个账龄区间内应收款、收款以及往来情况,以便能够及时发现问题,加强对往来款项动态的监督管理。

欠款分析是分析截止一定日期,客户、部门或业务员的欠款金额以及欠款组成情况,如图 8-31 所示。

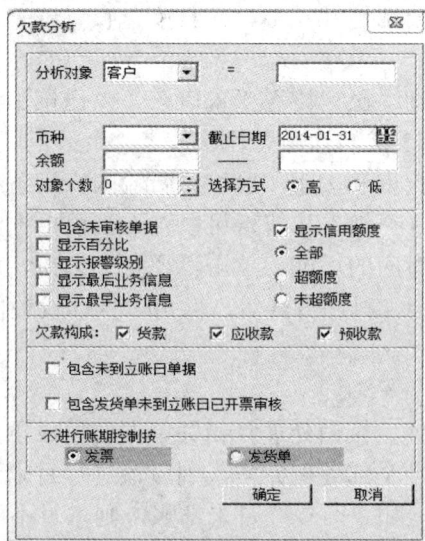

图 8-31　欠款分析

（3）科目账查询可以查询科目余额表和科目明细账。科目余额表查询可以查询应收受控科目各个客户的期初余额、本期借方发生额合计、本期贷方发生额合计、期末余额。科目余额表细分为科目余额表、客户余额表、三栏余额表、部门余额表、项目余额表、业务员余额表、客户分类余额表以及地区分类余额表。

所有应收款管理系统的账表不仅能在应收款系统中查看，而且还能在总账系统中查询。在总账账表菜单下，客户往来辅助账可提供应收款的查询。

8.5　应收款管理系统业务实训

【实训准备】

将系统日期改为 2021 年 1 月 1 日，引入总账系统的"4.5.1 账套备份"数据。以账套主管"001 陈浩"身份进入企业应用平台，启用"应收款管理"系统，启用日期为"2021年 1 月 1 日"。

【实训内容以及要求】

（1）设置账套参数。

（2）进行初始设置。

（3）应收款日常业务处理。

（4）应收款期末业务处理。

要求：掌握应收款管理系统功能与操作流程，熟悉应收款设置以及日常业务处理方法，能根据要求进行应收款业务的账务处理。

【实训资料】

1. 应收款管理系统的参数设置

单据审核日期依据：单据日期；坏账处理方式：应收余额百分比法；代垫费用类型：其他应收单；应收款核算类型：详细核算；受控科目制单方式：明细到客户；非受控科目制单方式：汇总方式；单据报警：按信用方式提前 5 天进行报警；应收款核销方式：按单据；其他选项：系统默认。

2. 基本科目

应收科目：1122 应收账款；预收科目：2203 预收账款；销售收入科目：6001 主营业务收入；税金科目：22210102 应交税费-应交增值税-销项税额；商业承兑科目、银行承兑科目：1121 应收票据；现金折扣科目：6603 财务费用。

现金结算方式科目：1001 库存现金；现金支票、转账支票、银行汇票结算方式科目：100201 工行存款；银行、商业承兑汇票结算方式科目：100201 工行存款。

3. 坏账准备

提取比率为：0.5%；坏账准备期初余额为：0；坏账准备科目：1231 坏账准备；对方科目：6701 资产减值损失。

4. 账龄区间

账期内账龄区间设置总天数：10 天、30 天、60 天、90 天。逾期账龄区间设置总天数：30 天、60 天、90 天、120 天。

5. 单据编号

发票有 2 种：销售专用发票和销售普通发票。编号改为"手工改动，重号时重取"。

6. 销售期初数据

销售期初余额见表 8-5。

表 8-5　销售期初余额

单据名称	开票日期	客户名称	科目编码	货物名称	数量/台	价税合计/元
销售普通发票	2020.12.31	西安市××公司	1121	A 产品	13	54 756
其他应收单	2020.12.31	西安市××公司	1121	运费		3 744
销售专用发票	2020.12.31	西安市××公司	1122	A 产品	25	105 300
销售专用发票	2020.12.31	北京××公司	1122	B 产品	12	58 500

7. 2021 年 1 月销售业务资料

(1) 2021 年 1 月 8 日，向北京××有限公司销售 A 产品 20 台，不含税单价为 3 600 元，增值税率为 13%。(销售专用发票，发票号 1112)

(2) 2021 年 1 月 10 日，向河南省××有限公司销售 B 产品 30 台，不含税单价为 4 166.67 元，增值税率为 13%(销售专用发票，发票号 1113)。以转账支票代垫运费 380 元。

(3) 2021 年 1 月 12 日，发现本月 10 日给河南省××有限公司的 B 产品不含税单价应为 4 200 元。

(4) 2021 年 1 月 22 日，收到银行通知，河南省××公司转账支票，金额为 142 760 元(货款以及代垫运费)。

(5) 2021 年 1 月 26 日，收到北京××公司转账支票，金额为 200 000 元，归还前欠货款 139 860 元，剩余款 60 140 元转为预收账款。

(6) 2021 年 1 月 28 日收到西安××制钢有限公司商业承兑汇票一张(NO.31245)，面值为 50 000 元，到期日为 2021 年 3 月 28 日。

(7) 2021 年 1 月 29 日，向西安××制钢有限公司销售 A 产品 10 台，不含税单价 3 600 元，运费 9 320 元。(销售专用发票号 1114)

(8) 2021 年 1 月 29 日，用西安市××有限公司交来的 200 000 元定金，冲抵期初应收款项。

【操作指导】

1. 账套参数的设置

(1) 在企业应用平台，打开"业务工作"选项卡，执行"财务会计"/"应收款管理"/"设置"/"选项"命令，打开"账套参数设置"对话框，如图 8-32 所示。

(2) 执行"编辑"命令，提示"选项修改需要重新登录才能生效"，单击"确定"按钮。依据资料，单据审核日期依据：单据日期。坏账处理方式选择：应收余额百分比法。在应收账款核算模型中，单击"详细核算"按钮，勾选"应收票据直接生成应收款单"选项，代垫费用类型选择"其他应收单"选项。单击"确定"按钮，如图 8-33 所示。

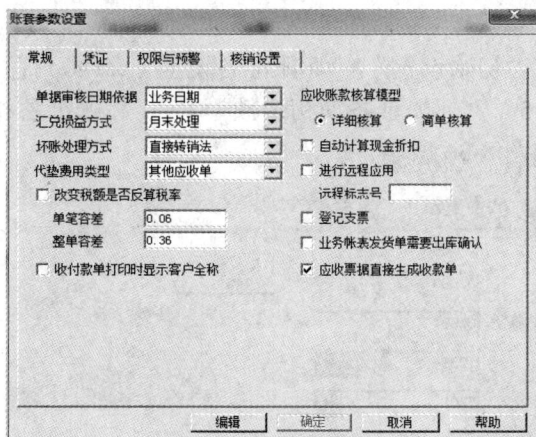

图 8-32 账套参数设置   图 8-33 账套参数编辑

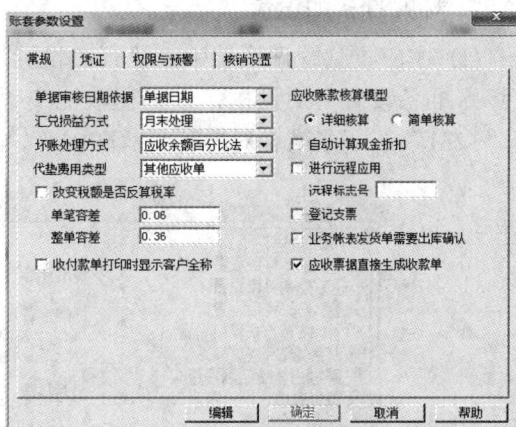

(3) 打开"权限与预警"对话框，单据报警选择"信用方式"按钮，在提前天数栏选择提前天数"5"选项。单击"确定"按钮，如图 8-34 所示。

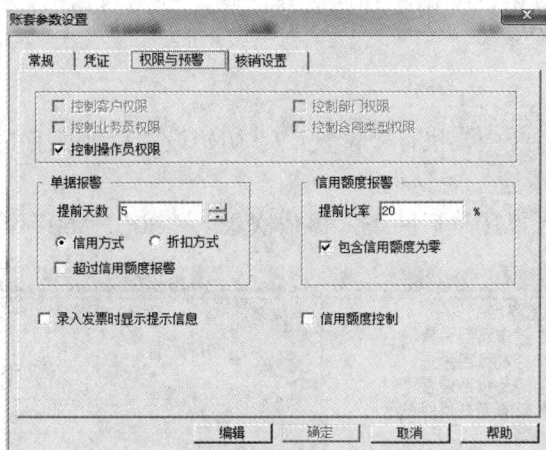

图 8-34 设置权限与预警

2. 基本科目的设置

(1) 在应收款管理系统中，执行"设置"/"初始设置"命令，打开"初始设置"对话框。

(2) 执行"设置科目/基本科目设置"命令，单击"增加"按钮，录入或选择应收科目"1122"以及其他基本科目，如图 8-35 所示。

基础科目种类	科目	币种
应收科目	1122	人民币
预收科目	2203	人民币
商业承兑科目	1121	人民币
银行承兑科目	1121	人民币
销售收入科目	6001	人民币
税金科目	2221	人民币

图 8-35 基本科目设置

3. 坏账准备的设置

(1) 在应收款管理系统中，执行"设置"/"初始设置"/"坏账准备设置"命令，打开"坏账准备设置"对话框，录入提取比率"0.5"，坏账准备期初余额"0"，坏账准备科目"1231"，坏账准备对方科目"6701"，如图 8-36 所示。

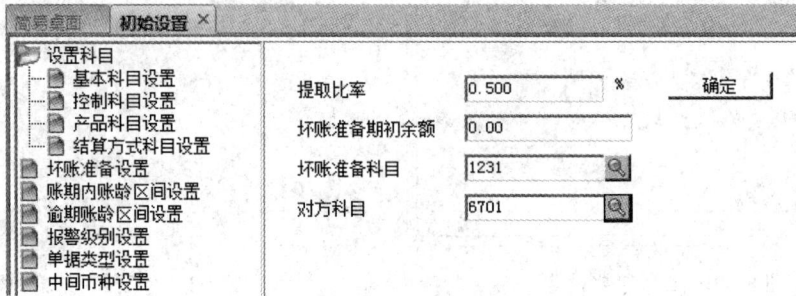

图 8-36　坏账准备设置

(2) 单击"确定"按钮，弹出"存储完毕"信息提示对话框，单击"关闭初始设置"按钮。

4. 账龄区间的设置

(1) 在应收款管理系统中，执行"设置"/"初始设置"/"账期内账龄区间设置"命令，打开"账期内账龄区间设置"对话框。

(2) 在总天数栏录入"10"后回车，再依次录入"30""60"等，如图 8-37 所示。

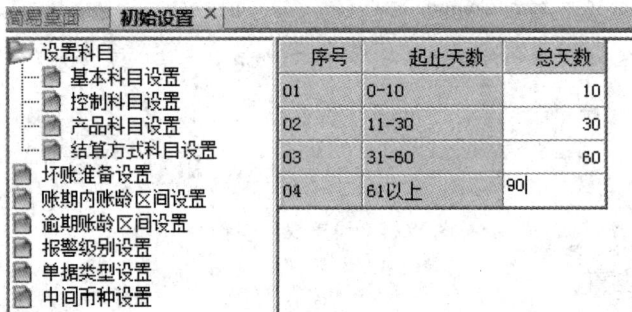

图 8-37　账龄区间设置

(3) 采用同样方法录入逾期账龄区间设置。

5. 单据编号的设置

(1) 在企业应用平台，执行"基础设置"/"单据设置"/"单据编号设置"命令，打开"单据编号设置"对话框。

(2) 单击左侧"单据类型"对话框中的"销售管理"/"销售专用发票"按钮，打开"单据编号设置-销货专用发票"对话框。

(3) 在"单据编号设置-销货专用发票"对话框中，单击"修改"按钮，选中"手工改动，重号时自动重取"前的复选框，如图 8-38 所示。

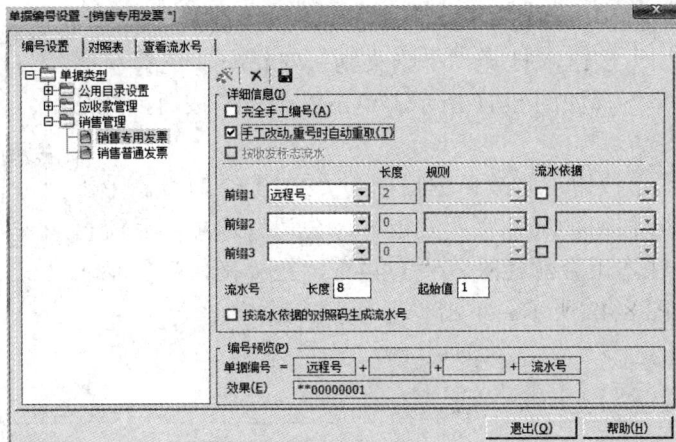

图 8-38　单据编号设置

(4) 单击"保存"按钮，再单击"退出"按钮。

(5) 同样方法，设置对应收款系统"其他应收单""收款单"编号，允许手工修改。

6. 录入期初销售发票

(1) 在应收款管理系统中，执行"设置"/"期初余额"命令，进入"期初余额——查询"对话框。单击"确定"按钮，进入"期初余额明细表"对话框。

(2) 单击"增加"按钮，打开"单据类别"对话框，选择数据类型为"销售普通发票"，如图 8-39 所示。单击"确定"按钮，进入"销售普通发票"对话框。

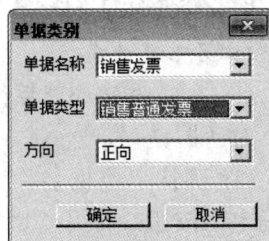

图 8-39　选择单据类别

(3) 单击工具栏中的"增加"按钮，输入"开票日期""开户名称"。单击"参照"按钮，选择"西安市××公司"选项。单击"货物名称"栏右侧的"参照"按钮选择"A 产品"选项，录入数量、含税单价，按回车键，系统自动计算"价税合计"，如图 8-40 所示。录入完毕，单击"保存"按钮，系统自动在"审核人"栏签上账套主管名字。

销售普通发票

期初普通发票打印模▼

表体排序 [　　　　　▼]

发票号	0000000001		开票日期	2020-12-31		订单号	
客户名称	利康公司		客户地址			付款条件	
开户银行	西安工行		银行账号	126221484562		科目	1122
币种	人民币		汇率	1		销售部门	销售部
业务员			项目			备注	
税率(%)	13.00						

	货物名称	规格型号	主计量单位	税率(%)	数量	含
1	A产品		台	13.00	13.00	

图 8-40　销售普通发票对话框

同理，可增加第 3、第 4 张销售专用发票。

7. 录入期初其他应收单

(1) 在应收款管理系统中，执行"设置"/"期初余额"命令，进入"期初余额——查询"对话框。单击"确定"按钮，进入"期初余额明细表"对话框。

(2) 单击"增加"按钮，打开"单据类别"对话框，选择单据类型为"其他应收单"，如图 8-41 所示。单击"确定"按钮，打开"应收单"对话框。

(3) 单击"增加"按钮，修改单据日期为"2020.12.31"。单击"客户"的"参照"按钮，选择"西安市××公司"选项，系统自动带出相关信息。在本币金额栏录入"3744"，在"摘要"栏录入"垫付运费"，如图 8-42 所示。单击"保存"按钮。

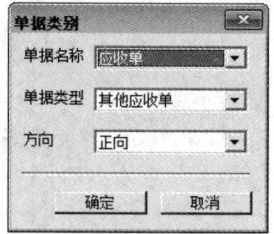

图 8-41　选择单据类别

图 8-42　录入应收单

8. 2021 年 1 月销售业务

1) 第 1 笔业务

(1) 在应收款管理系统中，执行"应收单据处理/应收单据录入"命令，打开"单据类型"对话框。

(2) 确认"单据名称"栏为"销售发票""单据类型"栏为"销售专用发票"，单击"确定"按钮，打开"销售专用发票"对话框。

(3) 修改开票日期为"2021-01-08"，录入发票号"1112"。单击"客户简称"栏的"参照"按钮，选择"北京××有限公司"选项。单击"存货名称"栏的"参照"按钮，选择"A产品"。在"数量"栏录入"20"，在"无税单价"栏录入"3600"，如图 8-43 所示。

图 8-43　录入销售专用发票

2) 第 2 笔业务

(1) 填制销售专用发票(发票号 1113)与第一笔业务相同。填制运费单据时，需在应收款管理系统中，执行“应收单据处理/应收单据录入”命令，打开“单据类型”对话框。

(2) 单击“单据名称”栏的下三角按钮，选择“应收单”选项。单击“确定”按钮，打开“应收单”对话框。

(3) 单击“增加”按钮，修改日期为“2021-01-10”，单击“客户”栏的“参照”按钮，选择“河南省××公司”选项。在“本币金额”录入“380”，在“摘要”栏录入“垫付运费”，如图 8-44 所示。单击“保存”按钮，再单击“退出”按钮，继续录入其他单据。

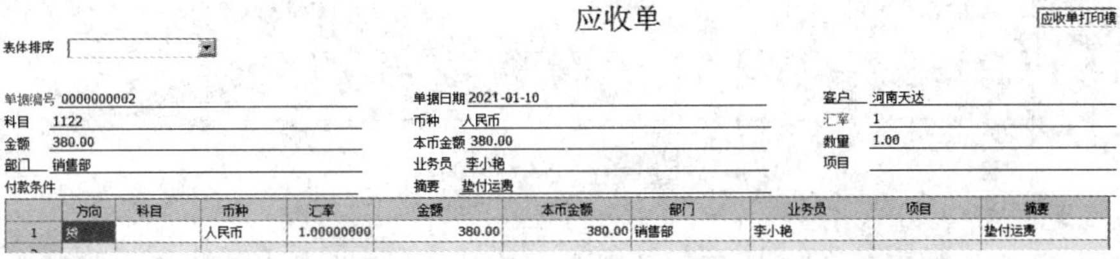
应收单
应收单打印模
表体排序
单据编号 0000000002　单据日期 2021-01-10　客户 河南天达
科目 1122　币种 人民币　汇率 1
金额 380.00　本币金额 380.00　数量 1.00
部门 销售部　业务员 李小艳　项目
付款条件　摘要 垫付运费

	方向	科目	币种	汇率	金额	本币金额	部门	业务员	项目	摘要
1	贷		人民币	1.00000000	380.00	380.00	销售部	李小艳		垫付运费

图 8-44　填写应收单

3) 第 3 笔业务

(1) 在应收款管理系统中，执行“应收单据处理”/“应收单据录入”命令，打开“单据类型”对话框。

(2) 单击“确定”按钮，打开“销售专用发票”对话框。单击“放弃”按钮，再单击“上张”按钮，找到“1113”号销售专用发票。

(3) 单击“修改”按钮，将无税单价修改为“4200”，如图 8-45 所示。

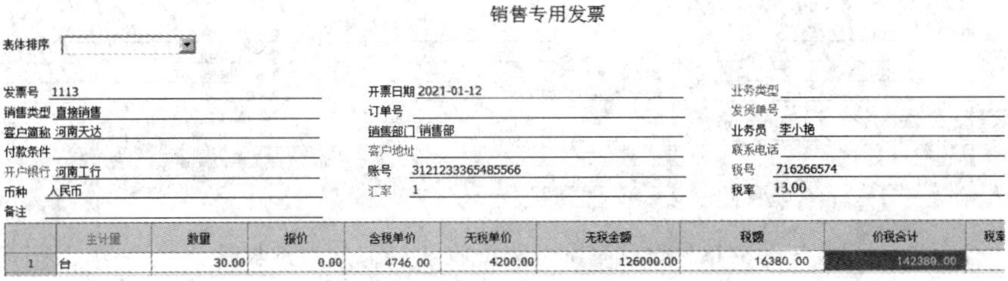
销售专用发票
表体排序
发票号 1113　开票日期 2021-01-12　业务类型
销售类型 直接销售　订单号　发货单号
客户简称 河南天达　销售部门 销售部　业务员 李小艳
付款条件　客户地址　联系电话
开户银行 河南工行　账号 3121233365485566　税号 716266574
币种 人民币　汇率 1　税率 13.00
备注

	主计量	数量	报价	含税单价	无税单价	无税金额	税额	价税合计	税率
1	台	30.00	0.00	4746.00	4200.00	126000.00	16380.00	142380.00	

图 8-45　修改销售专用发票

4) 第 4 笔业务

(1) 在应收款管理系统中，执行“收款单据处理”/“收款单据录入”命令，打开“收款单”对话框。

(2) 单击“增加”按钮，修改日期为“2021-01-22”。单击“客户”栏参照按钮，选择“河南省××公司”选项。单击在“结算方式”栏下的三角按钮，选择“转账支票”选项。在“金额”栏录入“147800”，在“摘要”栏录入“收到货款以及运费”，如图 8-46 所示。

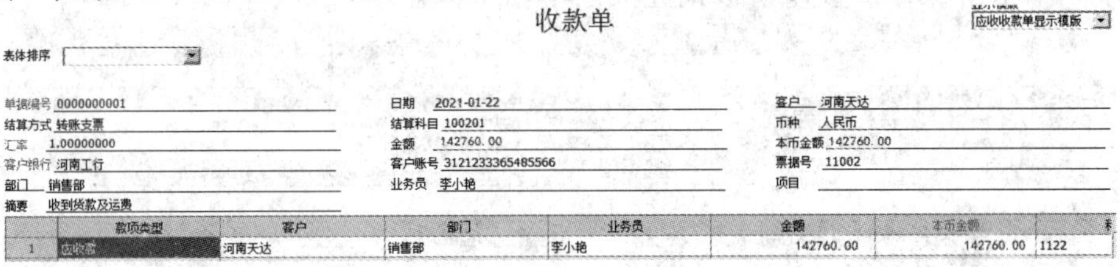
收款单
应收收款单显示模版
表体排序
单据编号 0000000001　日期 2021-01-22　客户 河南天达
结算方式 转账支票　结算科目 100201　币种 人民币
汇率 1.00000000　金额 142760.00　本币金额 142760.00
客户银行 河南工行　客户账号 3121233365485566　票据号 11002
部门 销售部　业务员 李小艳　项目
摘要 收到货款及运费

	款项类型	客户	部门	业务员	金额	本币金额	科
1	应收款	河南天达	销售部	李小艳	142760.00	142760.00	1122

图 8-46　填制收款单

(3) 单击“保存”按钮。系统自动生成收款单表体的内容。

(4) 单击"审核"按钮，系统弹出"是否立即制单"对话框。单击"是"按钮，生成收款凭证，如图 8-47 所示。

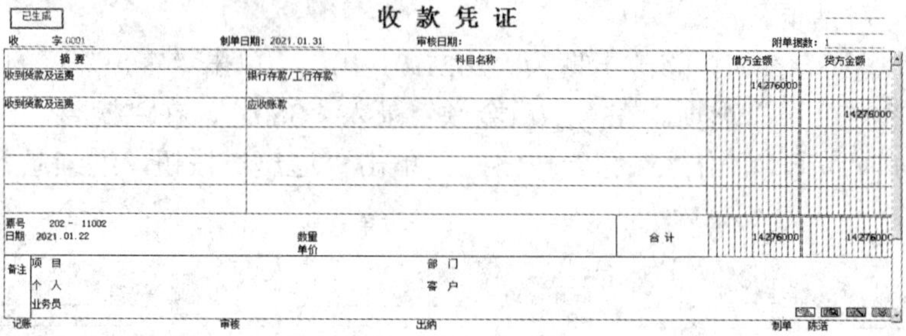

图 8-47　收款凭证

5) 第 5 笔业务

(1) 在应收款管理系统中，执行"收款单据处理"/"收款单据录入"命令，打开"收款单"对话框。填制收款单。

(2) 在"收款单"对话框，单击"增加"按钮，同第 4 笔业务，依次录入日期、客户、结算方式，本币金额为"200 000"。在表体"款项类型"一列中，第一行将"款项类型"选择为"应收款"选项，金额修改为"142 740"。第二行将"款项类型"选择为"预收款"选项，金额为"57 260"。单击"保存"按钮，如图 8-48 所示。

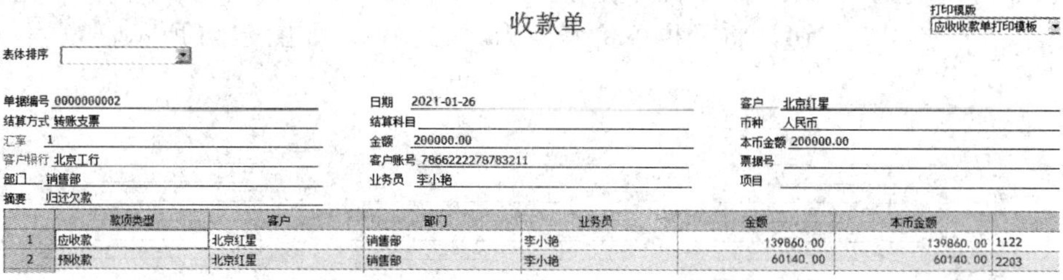

图 8-48　收款单部分为应收款、部分为预收款

(3) 审核收款单，生成收款凭证。在收付款单录入界面，单击"核销"按钮，核销上月和本月应收款项 139 860 元。(同第 4 笔业务)

(4) 关闭凭证界面。在收付款单录入界面，单击"核销"按钮，打开"核销条件"对话框。单击"确定"按钮，进入"单据核销"对话框。

(5) 在"单据核销"对话框，上方显示收款信息，下方显示应收信息。收款单本次结算金额为"142 740"，在对话框下方的销售专用发票本次结算栏输入"139 860"，如图 8-49 所示。单击"保存"按钮，核销完成的单据不再显示。

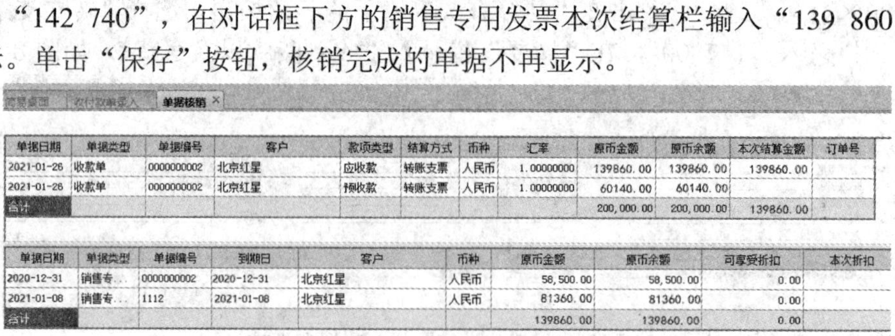

图 8-49　收款单核销

6) 第 6 笔业务

(1) 在应收款管理系统中，执行“票据管理”命令，打开“查询条件选择”对话框。单击“确定”按钮，进入“票据管理”对话框。

(2) 单击“增加”按钮，输入票据各项信息，如图 8-50 所示。单击“保存”按钮。系统自动生成一张收款单。(由票据生成的收款单不能修改)

(3) 审核收款单。执行“收款单处理”/“收款单据审核”命令，打开“收款单查询条件”对话框。单击“确定”按钮，进入“收付款单列表”对话框。对应收票据生成的收款单进行审核。(收款单需经过审核之后才能生成记账凭证)

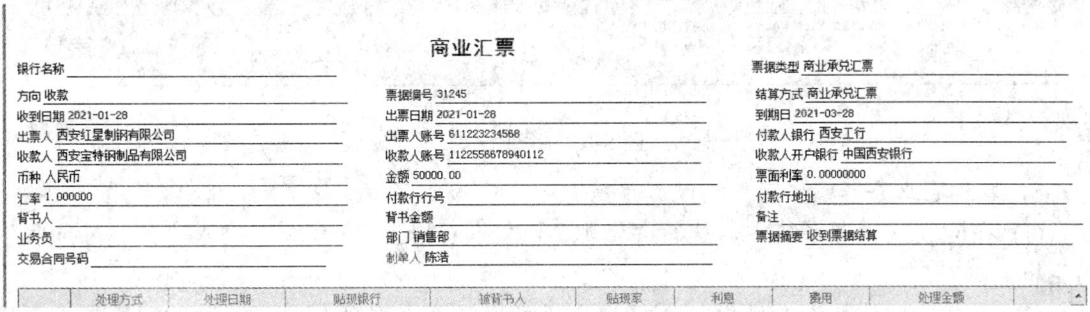
商业汇票

银行名称
票据类型 商业承兑汇票
方向 收款
票据编号 31245
结算方式 商业承兑汇票
收到日期 2021-01-28
出票日期 2021-01-28
到期日 2021-03-28
出票人 西安红星制钢有限公司
出票人账号 611223234568
付款人银行 西安工行
收款人 西安宝特钢制品有限公司
收款人账号 1122556678940112
收款人开户银行 中国西安银行
币种 人民币
金额 50000.00
票面利率 0.00000000
汇率 1.000000
付款行行号
付款行地址
背书人
背书金额
备注
业务员
部门 销售部
票据摘要 收到票据结算
交易合同号码
制单人 陈浩

处理方式	处理日期	贴现银行	被背书人	贴现率	利息	费用	处理金额

图 8-50　收到商业承兑汇票

(4) 执行“制单处理”命令，打开“制单查询”对话框。选中“收付款单制单”选项，单击“确定”按钮，进入“应收制单”对话框。对收款单制单，生成凭证，如图 8-51 所示。

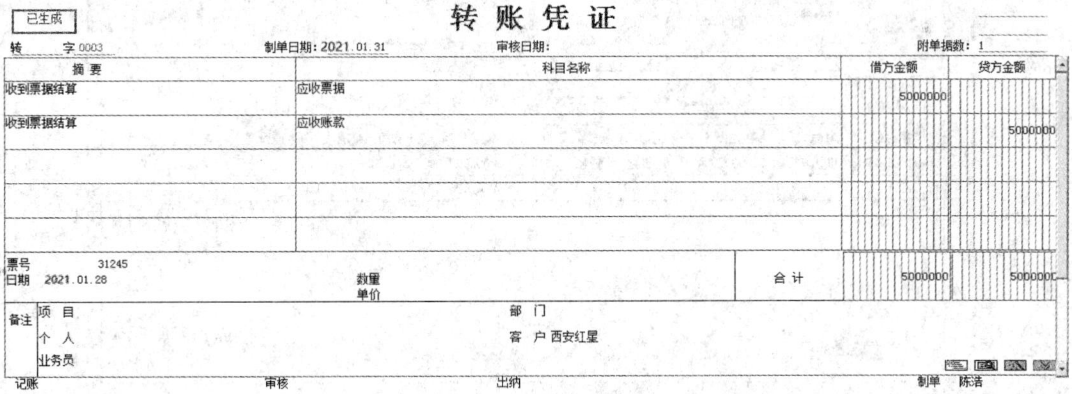
已生成

转 账 凭 证

转 字 0003　制单日期：2021.01.31　审核日期：　附单据数：1

摘要	科目名称	借方金额	贷方金额
收到票据结算	应收票据	5000000	
收到票据结算	应收账款		5000000
票号 31245 日期 2021.01.28	数量 单价 合计	5000000	5000000

备注　项目　部门
个人　客户 西安红星
业务员

记账　审核　出纳　制单 陈浩

图 8-51　收款单生成凭证

7) 第 7 笔业务

第 6 笔收到的商业承兑汇票用于支付第 7 笔销售货款和运费，故在制单处理中执行核销处理。

(1) 在应收款管理系统中，执行“收款单据处理/收款单据审核”命令，打开“结算单过滤条件”对话框。单击“确定”按钮，打开“结算单列表”对话框。单击“全选”按钮，再单击“审核”按钮。系统提示“本次审核成功单据 1 张”对话框，单击“确定”按钮，再单击"关闭"按钮。

(2) 执行"核销处理"/"手工核销"命令,打开"核销条件"对话框。选择客户"西安红星制钢"选项。单击"确定"按钮,进入"单据核销"对话框,核销本月 29 日货款以及运费,如图 8-52 所示。

单据日期	单据类型	单据编号	客户	款项类型	结算方式	币种	汇率	原币金额	原币余额	本次结算金额	订单号
2021-01-28	收款单	0000000003	西安红星	应收款	商业承...	人民币	1.00000000	50,000.00	50,000.00	50,000.00	
合计								50,000.00	50,000.00	50,000.00	

单据日期	单据类型	单据编号	到期日	客户	币种	原币金额	原币余额	可享受折扣	本次折扣
2021-01-29	其他应收单	0000000003	2021-01-29	西安红星	人民币	9320.00	9320.00	0.00	
2021-01-29	销售专	1114	2021-01-29	西安红星	人民币	40680.00	40680.00	0.00	
合计						50,000.00	50,000.00	0.00	

图 8-52　手工核销

8) 第 8 笔业务

(1) 在应收款管理系统中,执行"转账"/"预收冲应收"命令,进入"预收冲应收"对话框。

(2) 打开"预收款"对话框,选择客户"利康公司"选项。单击"过滤"按钮,系统列出该客户的预收款,输入转账金额"54 756",如图 8-53 所示。

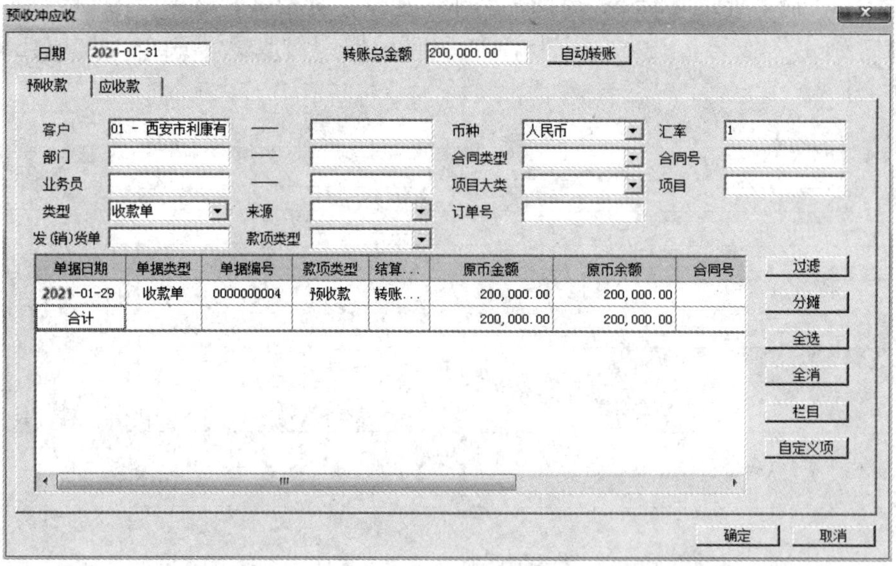

图 8-53　预收冲应收

(3) 打开"应收款"对话框,单击"过滤"按钮。系统列出该客户的应收款,在期初销售普通发票一行输入应收转账金额"54 756",销售专用发票一行输入应收转账金额"105 300",应收单一行输入应收转账金额"3744"。

(4) 单击"确定"按钮,系统弹出"是否立即制单?"对话框。单击"是"按钮,生成凭证,如图 8-54 所示。

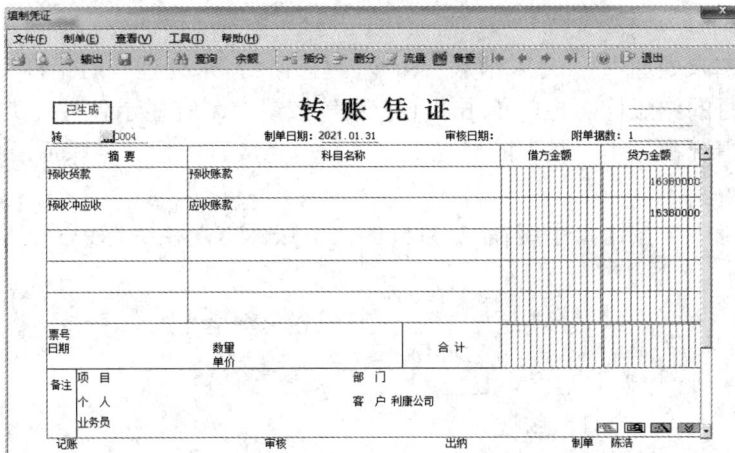

图 8-54　预收冲应收制单

9. 应收款管理系统期末业务

1) 信息查询

(1) 在应收款管理系统中，执行"单据查询"/"应收核销明细表"命令，打开"查询条件选择"对话框。

(2) 单击"确定"按钮，进入"应收核销明细表"对话框查看，如图 8-55 所示。

单据日期	客户	单据类型	单据编号	币种	汇率	应收原币金额	应收本币金额	结算原币金额	结算本币金额	原币余额	本币余额	结算
2021-01-29	西安红星制钢有限公司	其他应收单	0000000003	人民币	30000000	9320.00	9320.00					
								9320.00	9320.00	0.00	0.00	
2021-01-29	西安红星制钢有限公司	销售专用发	1114	人民币	30000000	40680.00	40680.00					
								40680.00	40680.00	0.00	0.00	
2021-01-08	北京红星有限公司	销售专用发	1112	人民币	30000000	81360.00	81360.00			81360.00	81360.00	
2021-01-10	河南省天达有限公司	其他应收单	0000000002	人民币	30000000	380.00	380.00			380.00	380.00	
2021-01-12	河南省天达有限公司	销售专用发	1113	人民币	30000000	139860.00	139860.00	139860.00	139860.00	0.00	0.00	转账
合计						271220.00	271220.00	189860.00	189860.00	81740.00	81740.00	

图 8-55　应收核销明细表

2) 欠款分析

(1) 在应收款管理系统中，执行"账表管理"/"统计分析"/"欠款分析"命令，打开"欠款分析"对话框。

(2) 单击"确定"按钮，打开"欠款分析"对话框，如图 8-56 所示。

图 8-56　欠款分析

3) 月末结账

(1) 执行"期末处理"/"月末结账"命令，打开"月末处理"对话框。

(2) 双击 1 月的结账标志栏，单击"下一步"按钮，系统显示各处理类型的处理情况。

(3) 在处理情况都显示"是"的情况下，单击"完成"按钮。结账后，系统提示"1 月分结账成功"。

(4) 单击"确定"按钮，系统在 1 月分的"结账标志"栏中标识"已结账"字样，如图 8-57 所示。

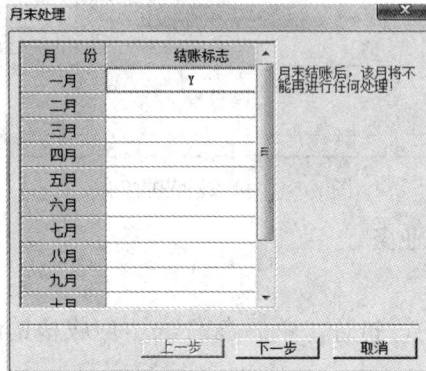

图 8-57   结账

思 考 题

1. 应收款管理系统的主要功能?

2. 应收单据包括哪几种类型，各用来记录什么?

3. 收款结算单指的是什么?

4. 应收账款核销是何含义?

5. 应收票据管理包括哪些内容?

6. 销售转账处理包括哪几种类型?

7. 如何进行坏账处理?

8. 应收账款的操作是否都可以取消?

第 9 章

应付款管理

【学习目标】

◆ 了解应付款管理系统的功能;

◆ 熟悉应付款管理系统参数设置的主要内容;

◆ 掌握应付款管理系统初始化设置;

◆ 掌握应付款管理系统日常业务处理方法;

◆ 掌握应付款期末业务处理。

9.1　应付款管理系统的功能

应付款是指企业因购买材料、商品或者接受劳务等而应付给供应单位的款项以及发生其他应付暂收款项,包括应付账款、应付票据和其他应付款。

应付款管理系统主要用来实现企业与供应商业务往来款项的核算与管理。在应付款管理系统中,以采购发票、其他应付单等原始单据为依据。应付款管理系统可以记录采购业务及其他业务所形成的往来款项,也可以用来处理应付款项的支付、转账等情况,还可以提供票据处理功能。根据对供应商往来款项的核算和管理的程度不同,系统提供了"详细核算"和"简单核算"两种应用方案。不同的应用方案,其系统功能、产品接口、操作流程等均不相同。应付款管理系统与应收款管理系统十分相近。

根据企业对供应商往来核算和管理要求及程度的不同,系统提供了应付款管理系统和总账管理系统可供选择。如果采购业务以及应付款核算与管理业务比较复杂,需要追踪每一笔业务的欠款和支付等情况,或者需要将应付款核算到产品一级,那么就可采用应付款管理系统。所有的供应商往来凭证全部由应付款管理系统生成,其功能主要有设置功能、业务核算功能、期末业务处理及查询功能。

9.1.1　应付款管理系统设置功能

应付款管理系统设置主要有初始设置、期初余额和应付款参数设置。

(1) 初始设置功能主要包括设置科目、账期内账龄区间设置、报警级别设置、单据类型设置和中间币种设置。其中，设置科目分别为基本科目设置、控制科目设置、产品科目设置和结算方式科目设置。依据用户定义的科目及不同的业务类型，在生成凭证时自动带出设置的对应科目。

(2) 期初余额设置是按照单据类型、编号、单据日期等录入相应的期初余额。通过期初余额功能，用户可将正式启用账套前的所有应付业务数据录入系统，作为期初建账的数据来保证数据的完整性与连续性。

(3) 根据企业实际情况，确定应付款核算模型、凭证生成条件、权限与预警、核销设置等，与应收款管理系统基本相似。

9.1.2 应付款日常业务核算功能

在日常应付款业务处理中，应付款管理系统提供应付单据处理功能、付款单据处理功能、核销处理功能、转账功能、制单处理功能和单据查询功能等。日常业务处理为查询和分析往来业务提供完整、正确的资料，以加强对往来款项的监督管理，其主要功能归纳如下。

1. 单据处理功能

采购发票与其他应付单据是应付款日常核算的原始单据，单据处理是应付款管理系统的起点。系统根据业务模型不同，处理单据类型也不同。如果同时使用应付款管理系统和采购管理系统，则发票先由采购管理系统录入、审核，再传递到应付款管理系统对这些单据进行查询、核销、制单等。如果没有采购系统，各类发票和其他应付单据均在应付款管理系统中处理。

2. 转账功能

同应收款管理系统相对应，应付款管理系统提供预付款冲应付款、应付款冲应收款、红票对冲等转账功能。

3. 票据处理功能

应付款管理系统具有强大的票据管理功能，可以对企业开出的应付票据进行增加、修改、删除、计息、结算、转出的处理。

9.1.3 应付款管理系统期末业务处理及查询功能

应付款管理系统期末业务处理功能与应收款管理系统期末业务处理功能一样，其功能是月末汇兑损益计算和月末结账。

1. 汇兑损益计算

应付款管理系统提供了月末计算汇兑损益和单据结清时计算汇兑损益两种方式。如果单位在发生外币付款业务的同时，又将初始设置中汇兑损益的处理方式设置为月末计算，则在月末结账前需计算汇兑损益。若选取"单据结清时计算汇兑损益"选项，只有在外币应付款和应付票据两方面的外币全部付清时，才能对其进行汇兑损益处理。

2. 结账

如果启用了采购管理系统，那么只有在采购管理系统结账后，应付款管理系统才能结账。若结账后发现有错误，在总账管理系统还没有结账前可取消结账。应付款管理系统功能与应收款管理系统结账功能相同，要求也相同。

3. 系统工具

系统提供了恢复操作功能。如果对原始单据进行了审核，对付款单进行了核销等操作后，发现操作有误而又不能进行删除和取消时，可用系统"取消操作"和"取消月结"功能，将其恢复到操作前状态。

4. 账表管理

账表管理主要功能包括账表自定义、业务账表查询和统计分析等功能。系统还为用户提供个性化定制报表的功能。通过业务账表查询，可以了解应付款发生、支付及余额情况，加强对往来款项监督，并且提供业务总账表、余额表、业务明细及对账单的查询。通过统计分析，可以了解各供应商应付款周转天数、周转率，动态监督资金情况。

9.2　应付款管理系统的操作流程

应付款管理系统操作流程大体可分为三个阶段。一是初始设置阶段。初次进入应付款管理系统，首先要进行账套参数的设置。在进入正常处理之前，还应进行一些初始设置和期初余额的录入。二是日常业务处理阶段。业务处理的主要内容是单据的录入和结算、票据的管理、凭证的处理以及转账处理等。三是期末处理阶段。它包括汇兑损益的处理和期末结账的处理。应付款管理系统操作流程如图 9-1 所示。

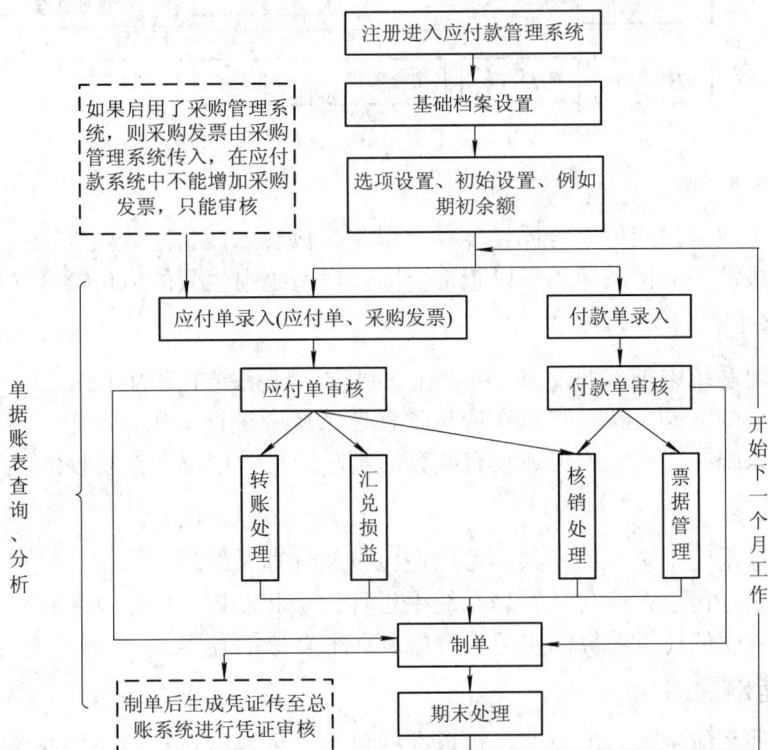

图 9-1　应付款管理系统操作流程

9.3　应付款管理系统与其他系统的关系

同应收款管理系统一样，应付款管理系统与其他模块有着数据关联。在应付款管理系统提供的"详细核算"和"简单核算"两种方案下，应付款管理系统与其他子系统数据关联有一定的差异。

9.3.1　详细核算

详细核算应用方案主要包括记录应付款项的形成(由商品交易或者非商品交易所有的应付项目)、处理应付项目的付款及转账情况、对应付票据进行记录和管理、随应付项目的处理过程自动生成凭证并且传递给总账系统、对外币业务及汇兑损益进行处理，以及提供针对多种条件的各种查询和分析。

详细核算是在应付款管理系统下进行应付款的核算，主要与总账、采购系统、合同管理系统、应收款管理系统、网上银行等有数据关联，如图 9-2 所示。

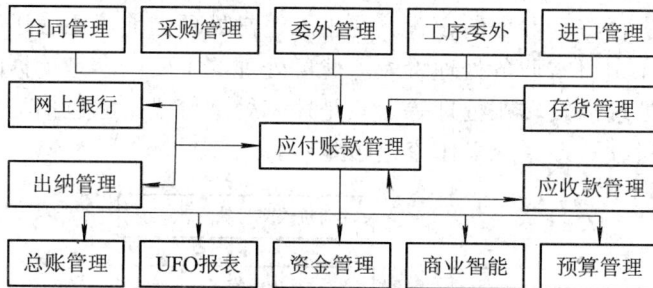

图 9-2　详细核算方案下应付款管理系统与其他系统关系

1．合同管理

合同管理生效后的应付类合同结算单可以将余额转入应付系统，在应付系统中可进行审核、付款、核销，应付系统还可以查询合同管理系统中生效的应付类合同结算单。

2．采购管理

在采购管理系统中录入的发票，可以在应付款管理系统中进行审核记应付账款、付款、核销。已经现付的采购发票，可以在应付款管理系统中进行记账、制单。应付款管理系统可以查询采购系统中已经入库但还没有结算的实际应付款信息和未复核的发票。

3．委外管理

在委外管理系统中录入的发票，可以在应付款管理系统进行审核、制单和核销。已经现付的委外发票，可以在应付款管理系统中进行记账和制单。应付款管理系统可以查询委外系统中已经入库但还没结算的实际应付信息和未复核的发票。

4．工序委外

在工序委外系统中录入的发票，可以在应付款管理系统进行审核、制单和核销。已经现付的委外发票，可以在应付款管理系统中进行记账和制单。

5．进口管理

在进口管理系统中录入的发票，可以在应付款管理系统进行审核、制单和核销。

6．总账管理

所有凭证都传递到总账系统中。结算方式为票据管理的付款单，可登记到总账系统的支票登记薄中。

7．应收款管理

应收款、应付款之间可以相互对冲；应收票据背书时可以冲应付账款。

8．UFO 报表

应付款管理系统向 UFO 系统提供各种应用函数。

9．网上银行

网上银行系统可向应付款管理系统导出，已经有确认支付标记但未制单的付款单。应付款管理系统也可向网上银行系统导出，未审核的付款单。所有相关单据全部由应付系统生成凭证并传递到总账。

10．存货管理

在存货管理系统中对采购结算单制单时，需要将凭证信息回填到所涉及的采购发票和付款单上，应付款管理系统对于这些单据不需要重复制单，但能查询出科目账。若应付款管理系统先对这些单据进行制单，存货核算系统同样不能进行重复制单。

11．出纳管理

应付款管理系统启用付款申请业务，出纳管理可以对已审核的付款申请单进行支付，生成应付系统的付款单。若不启用付款申请业务，出纳管理可对付款单进行支付。

12．预算管理

如果应付系统启用付款申请业务，可以将付款申请的数据传递给预算管理进行控制。

13．资金管理、商业智能等

应付款管理系统向资金管理、U8 商业智能分析提供各种数据以便分析。

9.3.2　简单核算

简单核算应用方案主要接收采购系统的发票并且对其进行审核，以及对采购发票进行制单处理并且传递给总账系统。简单核算主要在总账系统中核算应付账款，与总账系统、采购管理系统、进口管理系统存在数据关联，如图 9-3 所示。

1．采购管理

在采购管理系统中录入的发票，可以在应付款管理系统中进行审核记应付账款。已经现付的采购发票，可以在应付款管理系统中进行记账和制单。

2．进口管理

在进口管理系统录入的发票，可以在应付款管理系统中进行审核记应付账款。已经现付的进口发票，可以在应付款管理系统中进行记账和制单。

3. 总账

采购发票生成的凭证都传递到总账系统中。

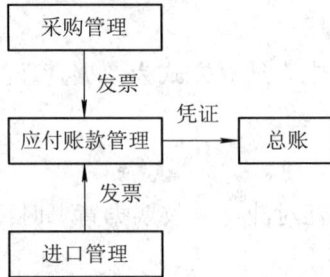

图 9-3 简单核算方案下应付款管理系统与其他系统关系

9.4 应付款管理系统业务处理

应付款管理系统通过录入发票、付款单、其他应付单等单据对企业往来账款进行综合管理，及时、准确地提供供应商的往来账款余额资料以及各种分析报表，如账龄分析表、欠款分析等。通过各种分析报表帮助企业合理地进行资金的调配，提高资金利用效率。同时，系统还提供了各种预警、控制功能，如信用报警单，有助于企业及时支付到期账款，保持良好信誉。

9.4.1 应付款管理系统初始化

应付款系统的初始化工作包括选项设置、初始设置和期初余额录入。

1. 选项设置

选项设置是对应付款系统日常业务处理制定基本的规则，也是用户根据企业需要和实际情况所进行的预先设置。选项设置包括常规设置、凭证设置、权限与预警、核销、收付款控制。

在应付款管理系统下，单击"设置"/"选项"按钮，进入账套参数设置界面，如图 9-4所示，单击"编辑"按钮，可依次进行"常规""凭证"等的设置。设置完毕，最后单击"保存"按钮。

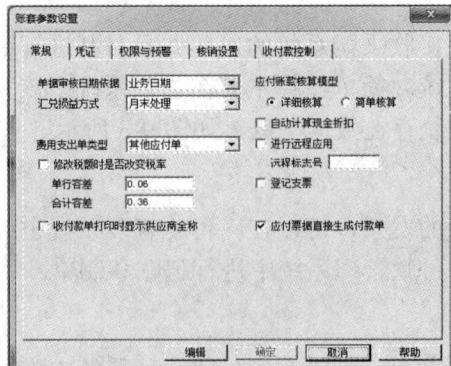

图 9-4 账套参数设置

(1) 常规设置。如果在"应付款核销方式"中选择"单据"选项，进行核销时系统会将满足条件的未结算单据全部列出，选择要结算的单据进行核销；如果在"单据审核日期依据"中选择"单据日期"选项，则单据在审核后自动将单据的审核日期记为单据日期；如果在"应付款核算模型"中选择"详细核算"选项，则可以在应付款系统中进行核算、控制、查询、分析，将生成的凭证传递至总账系统。结算方式为票据管理的付款单可登记到总账系统的支票登记簿中，还可与应收系统进行对冲。

应该注意的是，在进入应付款系统之前，应在建立账套后启用应付款系统或者在企业应用平台中启用应付款系统，应付款系统的启用会计期间必须大于等于账套的启用期间。在账套使用过程中可以随时修改账套参数。如果选择单据日期为审核日期，则月末结账时单据必须全部审核。关于应付账款核算模型，在系统启用时或者还没有进行任何业务处理的情况下，才允许从简单核算改为详细核算，但从详细核算改为简单核算随时可以进行。

(2) 凭证设置。如果在"受控科目制单方式"中选择"明细到单据"选项，则在总账系统中查询时可按每笔业务进行查询；如果在"受控科目依据"中选择"按供应商分类"选项，则在控制科目设置时只显示供应商分类，而不显示所有供应商；如果在"采购科目依据"中选择"按存货分类"选项，则在产品科目设置时只显示存货分类，不显示所有存货；如果勾选"月结前全部生成凭证"选项，则月末进行结账时必须所有业务都已经生成凭证，否则不能结账；如果勾选"核销生成凭证"和"预付冲应付是否生成凭证"选项，则在核销和预付冲应付转账后要生成凭证。

(3) 权限与预警设置。如果在"提前比率"栏设置 20%，则当某个供应商的信用比率小于等于 20% 时，系统自动弹出信用报警单。

$$信用比率 = \frac{信用余额}{信用额度}$$

$$信用余额 = 信用额度 - 应付账款余额$$

在选择根据信用额度进行预警时，需要输入预警的提前比率，同时可以选择是否包含信用额度 = 0 的供应商。当用户使用预警平台预警时，系统根据设置的预警标准显示满足条件的供应商记录。只要该供应商信用比率小于等于设置的提前比率时，才会对该供应商进行报警处理。若选择信用额度 = 0 的供应商也预警，则当该供应商的应付账款 > 0 时即进行预警。选择预警的其他条件还包括供应商全部、已经审核过的所有单据、截止日期为登录日期、币种为全部。

如果选择了根据信用方式报警，还需要设置报警的提前天数。用户在使用预警平台时，会依据这个设置自动将单据到期日 − 提前天数 ≤ 当前注册日期的已经审核的单据显示出来，可以提醒用户哪些款项应该付款。

如果选择了根据折扣方式报警，还需要设置报警的提前天数。用户在使用预警平台时，会依据这个设置自动将单据最大折扣日期 − 提前天数 ≤ 当前注册日期的已经审核的单据显示出来，这样就可以提醒用户哪些采购业务再不付款就不能享受现金折扣待遇。

需要注意的是系统缺省选择需要自动预警，该选项可以随时修改。该参数的作用范围仅限于在本系统中增加发票和应付单的时候。信用额度控制值选自供应商档案的信用额度。

默认选择为开票日期，表示采购发票是依据开票日期进行报警的；若选择为单据日期，则表示采购发票是依据单据日期进行报警的。

(4) 核销设置。应付款的核销方式，可以采用按单据和按产品两种方式核销。按单据核销时，系统将满足条件的未结算单据全部列出，由用户选择要结算的单据进行核销。按产品核销时，系统将满足条件的未结算单据按产品列出，由用户选择要结算的产品进行核销。

需要注意的是，如果企业付款时没有指定支付某个具体存货，可以采用按单据核销。对于单位价值较高的存货，企业可以采用按产品核销，即付款指定到具体存货上。一般企业，按单据核销即可。选择不同的核销方式，将影响到账龄分析的精确性。一般而言，选择按单据核销或者按产品核销能够进行更精确的账龄分析。在账套使用过程中，可以随时修改该参数的设置。

(5) 收付款控制。只有启用付款申请业务，才可使用付款申请单，否则相关菜单不可见。当启用付款申请业务选择为否时，此选项设置为灰色不可选。启用付款申请单后，付款单必须参照付款申请单生成，系统自动生成的付款单和红字的付款单不受此限制。在采购管理、进口管理等系统中付款申请的操作受此选项控制。

2. 初始设置

初始设置包括科目设置、账龄区间设置、报警级别设置和单据类型设置等，如图 9-5 所示。

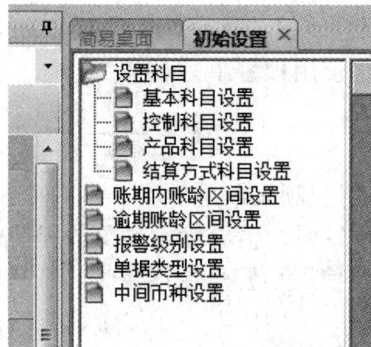

图 9-5　初始设置

(1) 科目设置。科目设置包括基本科目设置、控制科目设置、产品科目设置和结算方式科目设置。

在基本科目设置中，所有科目都要选择末级科目，具体设置科目可参考表 9-1。控制科目和产品科目设置都不需要进行设置，生成凭证直接使用基本科目。结算方式科目设置与应收款系统相同。

需要注意的是，应付科目的核算币种应不相同。如果没有外币核算，可以不输入外币科目。在基本科目设置中所设置的应付科目有"2202 应付账款""1123 预付账款"及"2201 应付票据"。在总账系统中设置其辅助核算内容为"供应商往来"，并且其受控系统为"应付系统"，否则在这里不能被选中。

只有在这里设置了基本科目,在生成凭证时才能直接生成凭证中的会计科目,否则凭证中将没有会计科目,相应的会计科目只能手工录入。如果应付科目、预付科目按不同的供应商或者供应商分类分别设置,则可在"控制科目设置"中设置。如果针对不同的存货分别设置采购核算科目,可以在"产品科目设置"中进行设置。结算方式科目设置是针对已经设置的结算方式设置相应的结算科目,即在付款或者收款时只要告诉系统结算时使用的结算方式,就可以由系统自动生成该种结算方式所使用的会计科目。如果在此不设置结算方式科目,在付款或者收款时可以手工输入不同结算方式对应的会计科目。

表 9-1　　基本科目设置

设置项	科　　目
应付科目	应付账款
预付科目	预付账款
采购科目	材料采购
采购税金科目	应交税费——应交增值税——进项税额
银行承兑科目	应付票据
商业承兑科目	应付票据
现金折扣科目	财务费用

(2) 账期内账龄区间与逾期账龄区间设置。账龄区间设置是指用户定义应付账款或者付款时间间隔的设置。其作用是便于用户根据自己定义的账龄时间间隔进行账期内应付款账龄查询和账龄分析,了解一定期间内应付账款、付款情况。账期内与逾期只是相对于应付款项的到期日来说的,大于到期日的区间就是逾期账龄区间,小于到期日则为账期内区间,如图 9-6 所示。

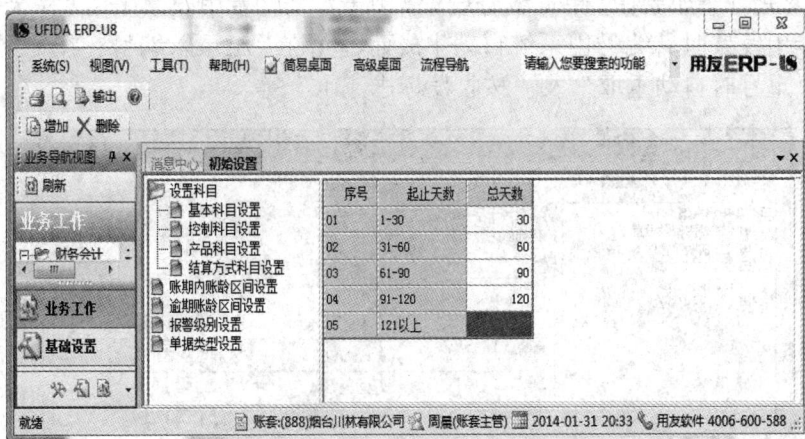

图 9-6　账龄区间设置

应该注意的是,账龄区设置中的序号由系统自动生成,不能修改和删除。总天数为直接输入截止该区间的账龄总天数,最后一个区间不能修改和删除。

(3) 报警级别设置。设置报警级别,可以根据欠款余额与信用额度的比率设置,以便及时支付应付账款,如图 9-7 所示。

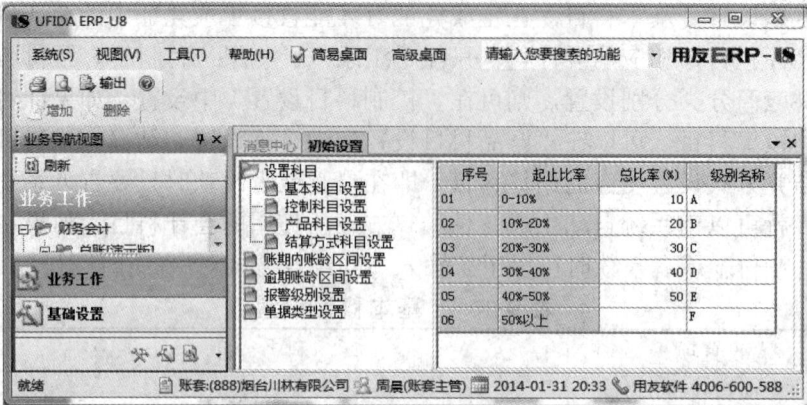

图 9-7　报警级别设置

　　报警级别设置中的序号由系统自动生成，不能修改或者删除。用户可以直接输入该区间的最大比率及级别名称，系统会根据输入的比率自动生成相应的区间。单击"增加"按钮，可以在当前级别之前插入一个级别。插入一个级别后，该级别后的各级别比率会自动调整。删除一个级别后，该级别后的各级比率会自动调整。最后一个级别为某一比率之上，所以在"总比率"栏不能录入比率，否则将不能退出。最后一个比率不能删除，如果录入错误则应先删除上一级比率，再修改最后一级比率。

　　(4) 单据类型设置。系统默认的单据类型为发票和应付单。发票包括采购专用发票、普通发票和废旧物资收购凭证。应付单是其他应付单，均不能修改和删除，在此采用系统默认项。如果需要增加单据类型，只能增加应付单。

　　在企业应用平台"基础设置"中，单击"单据设置"按钮，打开"单据编号设置"对话框，如图 9-8 所示。如果在"单据编号设置"中未对采购专用发票采用"完全手工编号"，则填制采购专用发票时其编号由系统自动生成而不允许手工录入编号。在单据编号设置中还可以设置"重号时自动重取"及"按收发标志流水"等。

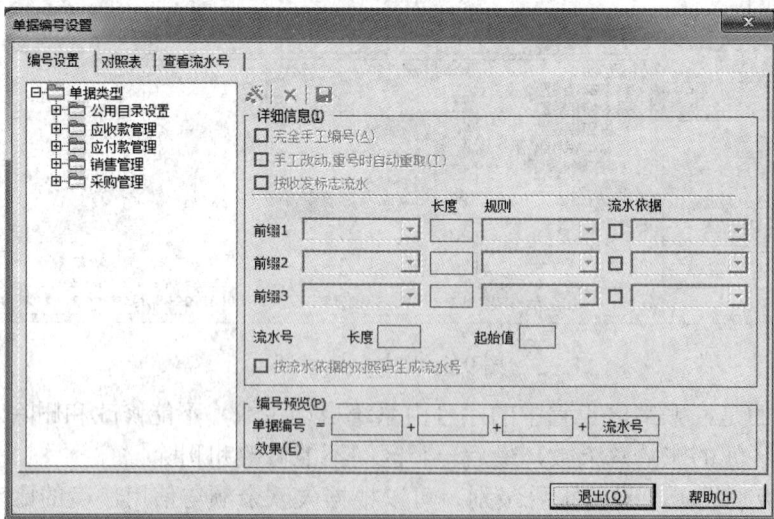

图 9-8　单据类型设置

3. 期初余额录入

在初次使用应付款系统时，应该将启用应付款系统时未处理完的所有供应商的应付账款、预付账款、应付票据等数据录入到本系统。录入期初余额时，是通过采购发票、应付单、付款单和应付票据等单据的形式录入，如图 9-9 所示。录入预付款的单据类型仍然是"付款单"，但是款项类型为"预付款"。

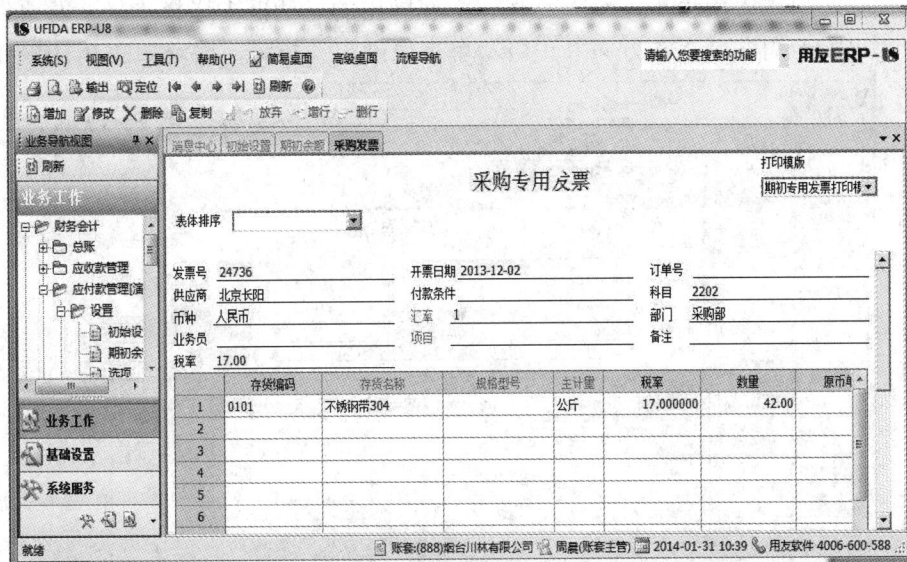

图 9-9　期初余额录入

进入第二年度时，系统自动将上年度未处理完的单据转为下一年度的期初余额。在下一年度的第一会计期间里，可以进行期初余额的调整。

在日常业务中，可对期初发票、应付单、预付款和票据进行后续的核销、转账处理。在录入期初余额时，一定要注意期初余额的会计科目。应付款系统的期初余额应与总账进行对账，如果科目错误将会导致对账错误。如果未设置允许修改采购专用发票的编号，则在填制采购专用发票时不允许修改采购专用发票的编号。其他单据的编号也一样，系统默认的状态为不允许修改。

当完成全部应付款期初余额录入后，应该通过对账功能将应付系统期初余额与总账系统期初余额进行核对。保存期初余额结果后，在第二年使用需要调整期初余额时可以进行修改。当第一个会计期已结账后，期初余额只能查询不能再修改。期初余额所录入的票据保存后系统将自动审核。应付款系统与总账系统对账，必须要在总账与应付系统同时启用后才可以进行。

9.4.2　应付款管理系统日常业务处理

应付款日常业务处理是对经常性的应付业务处理工作，如应付单据处理、付款单据处理、核销处理、票据管理、转账处理和制单处理等。

1. 应付单据处理

应付单据处理包括应付单据录入和应付单据审核。

1) 应付单据录入

应付单据录入包括采购发票和应付单，采购发票与应付单是应付款管理系统日常核算的单据。采购发票有两种类型，一种是"采购专用发票"，另一种是"采购普通发票"。应付单类型只有"其他应付单"。

标明"采购专用发票"的业务都需录入采购发票。单击"应付款管理"下的"应付单据处理"按钮，单击"应付单据录入"按钮。在弹出的对话框中选择"采购发票"选项，单据类型"采购专用发票"和方向"正"。单击"确定"按钮，出现如图 9-10 界面。

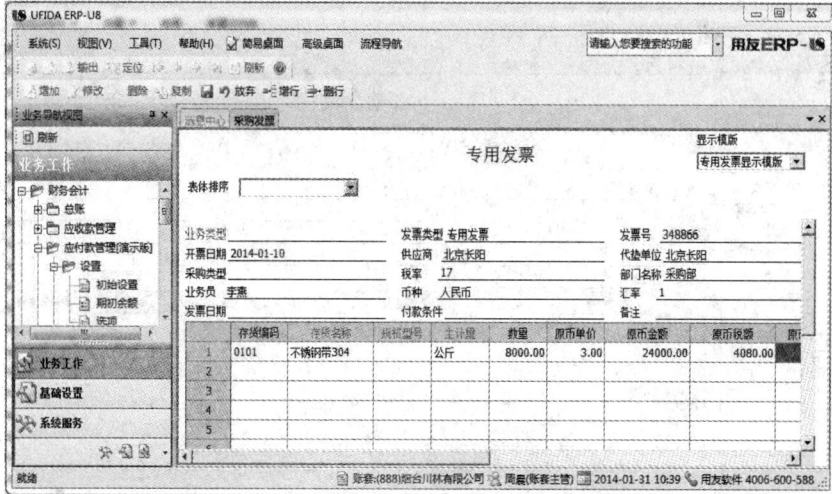

图 9-10　采购专用发票录入

在填制采购专用发票时，税率由系统自动生成，可以修改。应付款系统与采购系统可以同时使用，采购发票虽然是在采购管理系统中录入的，但在应付系统中可以对这些单据进行查询、核销、制单等操作，此时应付系统需要录入的只限于应付单。如果没有使用采购系统，则所有的发票和应付单均需在应付系统中录入。

在不启用供应链管理系统的情况下，在应付款系统中只能对采购业务的资金流进行会计核算，即可以对应付款、已付款以及采购情况进行核算，而其物流的核算还需在总账系统中手工进行结转。

已审核的单据不能修改或者删除；已生成凭证或者进行过核销的单据在单据界面不再显示；已审核的单据在未进行其他处理之前可取消审核后再修改。

在录入采购发票后可以直接进行审核，在直接审核后系统会弹出"是否立即制单"的对话框，此时可以直接制单。如果录入采购发票后不直接审核，也可以在审核功能中审核，再到制单功能中制单。

在进入采购专用发票对话框时，系统处在增加状态。如果想查找某一张采购专用发票则应该放弃当前的增加操作，进入查询状态，否则将不能翻页。采购发票被修改后必须保存，只有保存的采购发票在审核后才能制单。

2) 应付单据审核

只有经过审核的应付单据才能被系统确认为有效。应付单据填制"保存"后可以立即审核，也可在"应付单据审核"中进行处理。

单击“应付单据处理”下的“应付单据审核”按钮，弹出“应付单查询条件”的对话框。选择单据名称“采购发票”“供应商”。单击“确定”按钮，如图 9-11 所示。弹出“应付单据列表”对话框，如图 9-12 所示。双击拟审核记录的选择栏，出现“Y”标志，单击“审核”按钮。

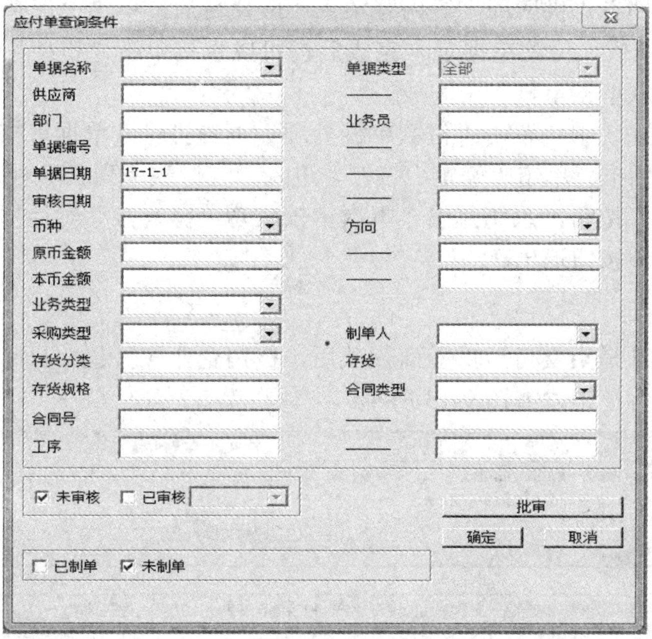
应付单查询条件
单据名称
单据类型
全部
供应商
部门
业务员
单据编号
单据日期
17-1-1
审核日期
币种
方向
原币金额
本币金额
业务类型
采购类型
制单人
存货分类
存货
存货规格
合同类型
合同号
工序
未审核
已审核
批审
确定
取消
已制单
未制单

图 9-11　应付单查询条件

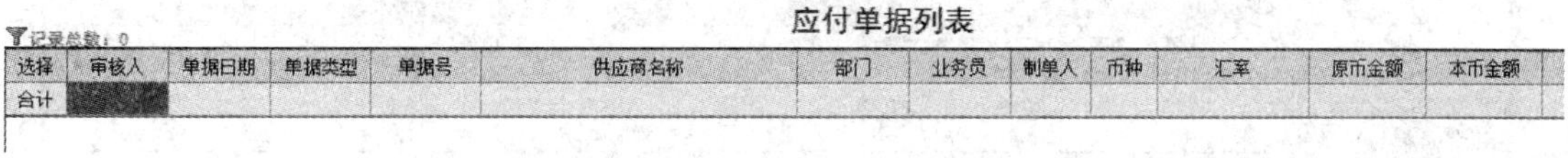
应付单据列表
选择
审核人
单据日期
单据类型
单据号
供应商名称
部门
业务员
制单人
币种
汇率
原币金额
本币金额
合计

图 9-12　应付单据列表

审核完毕，系统提示“是否立即制单”可选择“是”。在“制单查询”对话框中，系统已默认制单内容为“发票制单”。如果需要选中其他内容制单，可以选中要制单内容前的复选框。如果所选择的凭证类型错误，可以在生成凭证后再修改。如果在“单据查询”对话框中，在选中“收付款单制单”选项后再取消“发票制单”的选项，则会打开“收付款制单”对话框。如果不取消“发票制单”选项，虽然制单对话框显示的是“应付制单”对话框，但两种待制的单据都会显示出来。在制单功能中还可以根据需要进行合并且制单。

如果一次生成了多张记账凭证，可以在保存了一张凭证后再打开其他的凭证，直到全部保存为止，未保存的凭证视为放弃本次凭证生成的操作。只有在凭证保存后才能传递到总账系统，再在总账系统中进行审核和记账等。

在应付款管理系统的各个环节，都可能由于各种各样原因造成操作失误。例如，进行了核销、转账、汇兑损益、票据管理和结账操作后，发现操作失误，则可以使用“取消操作”命令将其恢复到记账前状态，以便修改。取消操作必须在未进行后续操作情况下进行，如果进行了后续操作，则应该在恢复后续操作后再取消操作。

2. 付款单据处理

付款单据处理包括付款单据录入和付款单据审核。

(1) 付款单据录入。付款单是用来记录企业支付给供应商的款项。在应付款管理系统中，执行"付款单据处理"中"付款单据录入"命令，进入"付款单"对话框。单击"增加"按钮，将"日期""供应商"等内容填入相应栏目后，单击"保存"按钮。

(2) 付款单据审核。付款单据录入完成后，可以直接单击"审核"按钮，完成审核工作，也可以在"付款单据审核"中完成。

在应付款管理系统中，单击"付款单据处理"下的"付款单据审核"按钮，打开"付款单过滤条件"对话框。单击"确定"按钮，进入"收付款单列表"对话框。单击"全选"按钮，单击"审核"按钮，系统弹出"本次审核成功单据×张"对话框。单击"确定"按钮，再单击"退出"按钮退出。

3. 核销处理

应付款核销处理是指支付给供应商款项后，核销企业应付款。只有审核后的应付单据和付款单据才能进行核销，如图 9-13 所示。

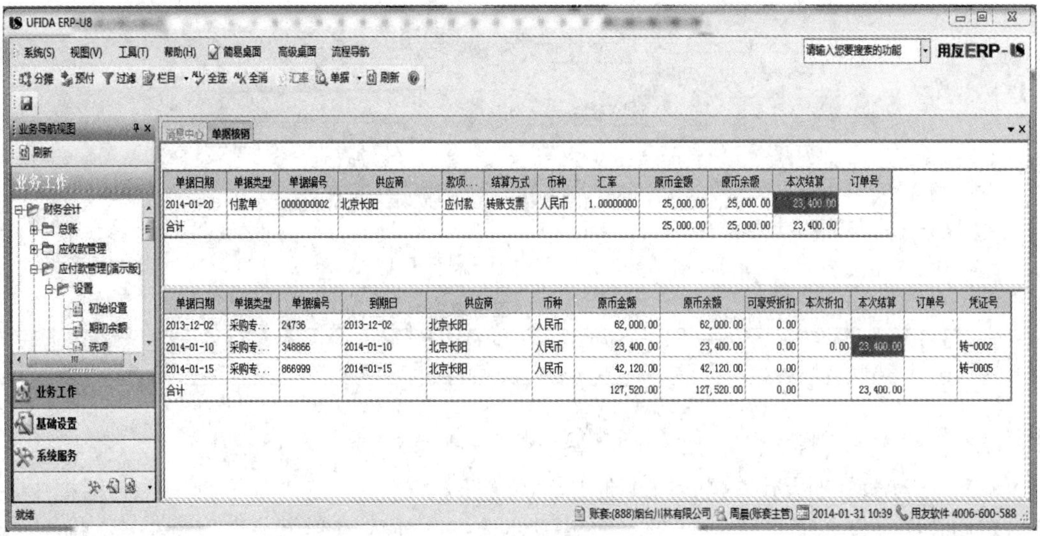

图 9-13　核销付款单

核销时，结算单列表中款项类型为应付款的记录，默认本次结算金额为该记录上的原币金额。款项类型为预付款的记录，默认的本次结算金额为空。核销时可以修改本次结算金额，但是不能大于该记录的原币金额。在保存核销内容后，单据核销对话框中将不再显示已被核销的内容。结算单列表显示的是款项类型为应付款和预付款的记录，而款项类型为其他费用的记录不允许在此作为核销记录。

在结算单列表中，单击"分摊"按钮，系统将当前结算单列表中的本次结算金额合计自动分摊到被核销单据列表的本次结算栏中。核销顺序依据被核销单据的排序顺序。

手工核销时一次只能显示一个供应商的单据记录。结算单列表根据表体记录明细显示，当结算单有代付处理时，只显示当前所选供应商的记录。一次只能对一种结算单类型进行核销，即手工核销的情况下需要将收款单和付款单分开核销。

　　手工核销保存时，若结算单列表的本次结算金额大于或者小于被核销单据列表的本次结算金额合计，系统将提示结算金额不相等，不能保存。

　　若发票中同时存在红蓝记录，则核销时先进行单据的内部对冲。如果核销后未进行其他处理，可以在期末处理的"取消操作"功能中取消核销操作。

4. 票据管理

　　如果已经将"应付票据"设置为按供应商往来进行辅助核算的科目，那么应付票据将受控于应付系统，所以可以对其进行票据管理。在票据管理中，既可查询票据登记情况，也可以进行票据增加操作。

　　单击"应付款管理"下的"票据管理"按钮，在票据查询条件界面，如图 9-14 所示，设置票据相关信息。单击"确定"按钮，进入票据登记薄界面，显示已进行登记票据的信息。单击工具栏"增加"按钮，在图 9-15 所示界面，输入相应信息后，单击"确定"按钮保存。

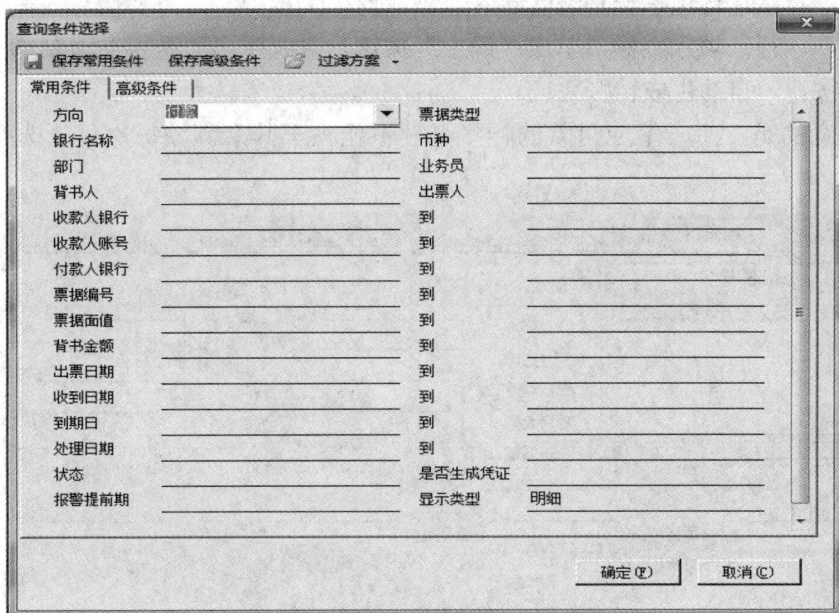

图 9-14　票据条件选择

图 9-15　商业汇票

保存一张商业票据之后，系统会自动生成一张付款单。这张付款单还需经过审核之后才能生成记账凭证，由票据生成的付款单不能修改。

在票据管理功能中可以对商业承兑汇票和银行承兑汇票进行日常业务处理，包括票据的取得、结算、背书、转出、计息等。商业承兑汇票不能有承兑银行，而银行承兑汇票必须有承兑银行。

应该注意的是，当票据到期付款时，应执行票据结算处理。进行票据结算时，结算金额应是通过结算实际支付的金额。票据结算后，不能再进行其他与票据相关的处理。

5. 转账处理

转账类型包括应付冲应付、预付冲应付、应付冲应收和红票对冲。

1) 应付冲应付

应付冲应付是将一家供应商的应付款转入另一家供应商，如图 9-16 所示。在图 9-16 界面，勾选"货款"选项，分别输入转入"供应商""部门"等主要信息。在下方显示的"单据日期"一行，填入金额，单击"确定"按钮。系统弹出"是否立即制单"对话框，选择"是"按钮，自动生成转账凭证。

应该注意的是，每一笔应付款的转账金额不能大于其余额。每次只能选择一个转入单位。

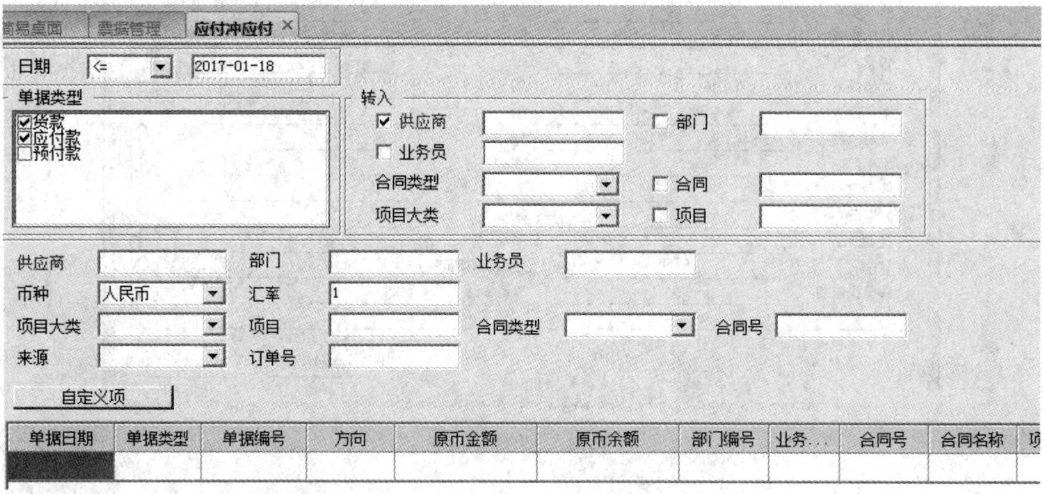

图 9-16　应付冲应付

2) 预付冲应付

预付冲应付即处理企业预付款和应付款的转账核销业务，如图 9-17 所示。

可以在输入转账总金额后单击"自动转账"按钮，系统自动根据过滤条件进行成批的预付冲抵应付款工作。每一笔应付款的转账金额不能大于其余额。

应付款的转账金额合计应该等于预付款的转账金额合计。如果是红字预付款和红字应付单进行冲销，要把过滤条件中的"类型"选为"收款单"选项。

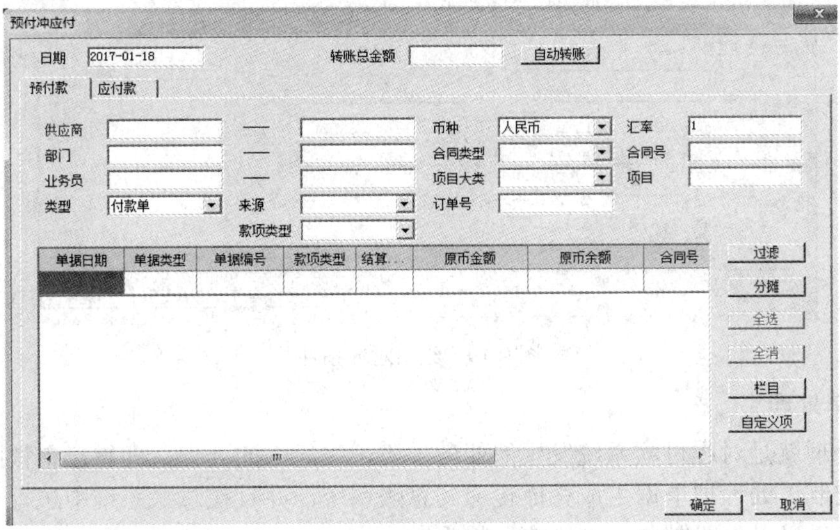

图 9-17　预付冲应付

3) 应付冲应收

应付冲应收是将指定供应商的应付款冲抵指定客户的应收款，操作上与应收款管理系统类似。

单击应付款系统中"转账"按钮，单击"应付冲应收"按钮出现对话框，如图 9-18 所示。在图 9-18 中，勾选"应付冲应收"选项，并选择"供应商"选项，输入"转账金额"，在"款项类型"选择应付款或者预付款。待各要素输入完毕，单击"确定"按钮，根据提示，生成转账凭证。

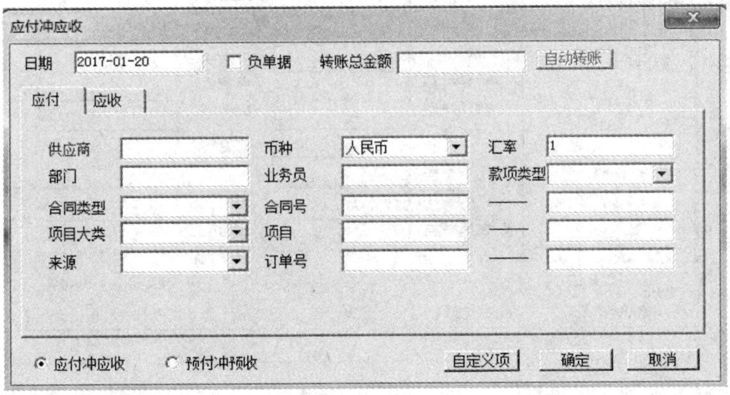

图 9-18　应付冲应收

4) 红票对冲

通过红票对冲，可以实现某供应商红字应付单与其蓝字应付单、付款单与收款单冲抵操作。红票对冲分为手工对冲和自动对冲，红票对冲的条件选择，如图 9-19 所示。在图 9-19 界面，选择"供应商"选项，"方向"选择贷方。单击"确定"按钮，系统弹出对话框，分上下两部分。上半部分为红票，下半部分为蓝票。输入金额后，单击"保存"按钮，红票蓝票对冲金额应相等。

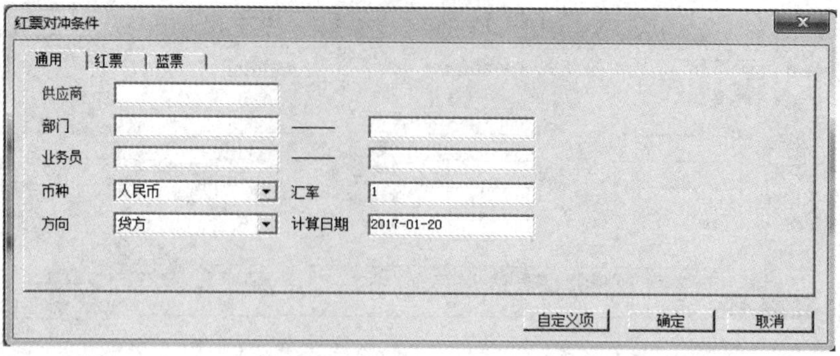

图 9-19　红票对冲条件

6. 制单处理

制单处理就是对应付款系统发生的业务生成记账凭证的处理，即将已审核的应付单和付款单通过制单处理把单据生成凭证传递到总账系统，并且在总账系统中进行审核。在每笔业务审核后可以立即制单，也可统一制单。

(1) 发票制单。标明"采购专用发票"的业务都要通过发票制单生成凭证。单击"应付款管理"下的"制单处理"按钮，在图 9-20 所示界面，选择"供应商"选项；单击"确定"按钮，弹出图 9-21 对话框，凭证类别为"转账凭证"；勾选需要制单的事项(单据号、供应商名称、金额等)；单击工具栏中"制单"按钮，生成转账凭证，单击"保存"。收付款单的制单是相同的。

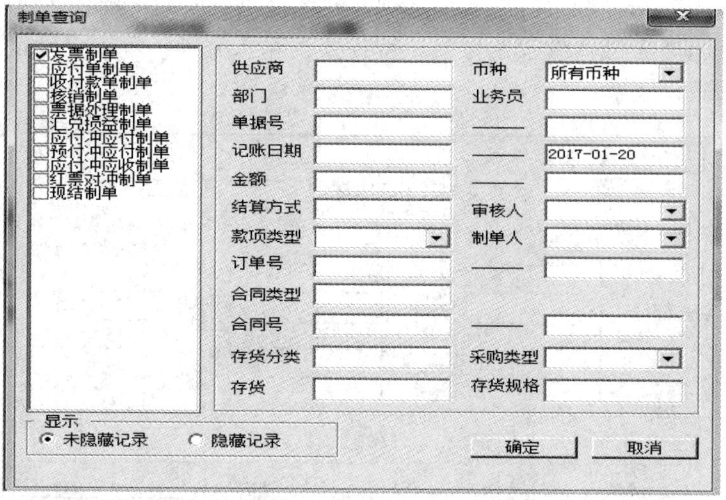

图 9-20　制单查询

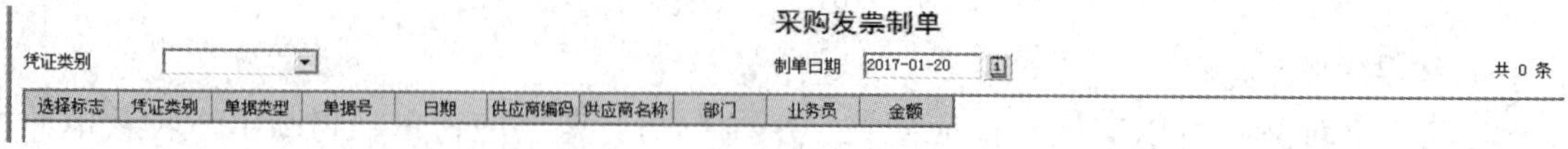

图 9-21　采购发票制单

(2) 汇兑损益。它是为解决有外币应付款业务，在核算时的汇兑损益处理工作，可选择采用月末计算或者单据结清时计算汇兑损益。单击"应付款管理"下的"汇兑损益"按钮，选择"币种""汇率"，如图 9-22 所示。依据对话框提示，生成凭证。

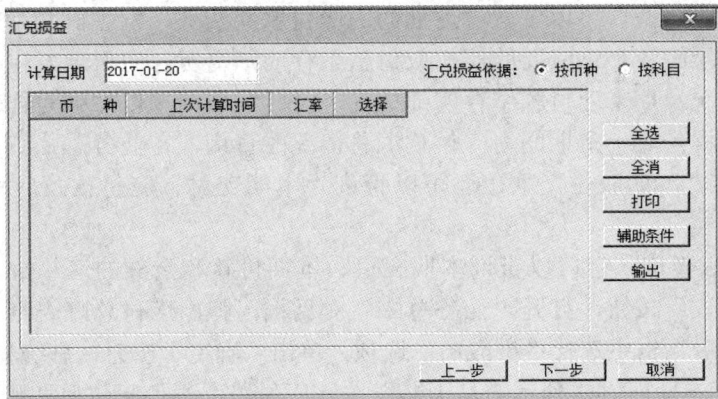

图 9-22　汇兑损益

9.4.3　应付款期末业务处理

1．结账

当本期所有操作完成后，如果所有单据都进行了审核、核销处理，相关单据已生成了凭证并且已与总账系统的数据资料核对完毕，即可进行期末结账工作。也就是说，当月业务已经全部处理完毕，就应该进行月末结账。在执行月末结账后，该月将不能再进行任何处理。只有当月结账后，才能开始下月的工作。在进行月末处理时，一次只能选择一个月进行结账。如果前一个月未结账，则本月不能结账，月末结账的对话框，如图 9-23 所示。

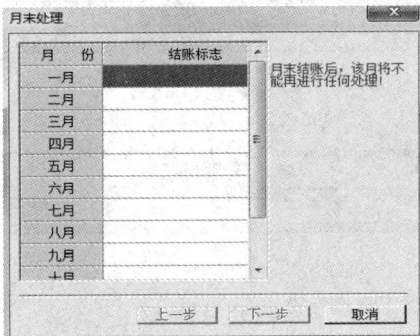

图 9-23　月末结账

2．取消结账

如果发现已结账期间有问题，可通过"取消结账"功能恢复到结账前的状态。如果该月总账已结账，则应先取消总账的结账，再执行本月应付款系统月结。

9.4.4　账表管理

应付款管理系统中的账表管理的内容包括业务账表查询、科目账查询和账表统计分析。

1. 业务账表查询

通过业务账表查询，可以了解一定期间内应付款期初数、发生额和期末数，以及款项的支付，还可以了解各个供应商的期初应付款结存明细情况、应付款发生、付款发生的明细情况、累计情况及期末应付款结存明细情况，及时发现问题以加强对往来款项的监督管理。业务总账查询是对一定期间内应付款汇总情况的查询，在业务总账查询的应付总账表中不仅可以查询"本期应付"款，还可以查询"本期支付"应付款及应付款的"余额"情况。

(1) 应付总账查询。它可以查询本期应付、本期付款和余额的汇总数。单击"账表管理"下"业务账表"按钮，打开"业务总账"对话框，弹出应付总账表查询对话框，如图 9-24 所示。在此对话框中选择"供应商"选项，单击"确定"按钮，系统显示应付总账表，如图 9-25 所示。本期应付栏列示的是采购发票、应付单、其他应付单和账单的汇总金额。本期付款栏列示的是付款单、预付单和收款单的汇总金额。

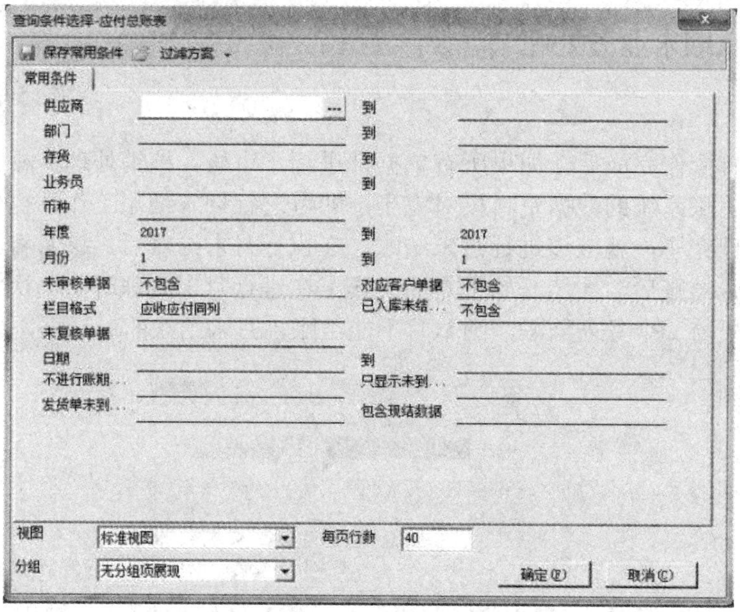

图 9-24 应付总账表查询条件

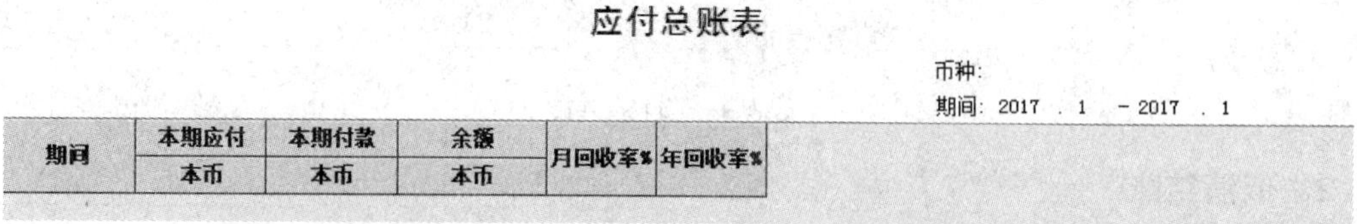

应付总账表

币种:
期间: 2017 . 1 — 2017 . 1

期间	本期应付	本期付款	余额	月回收率%	年回收率%
	本币	本币	本币		

图 9-25 应付总账表

应该注意的是，在发票查询功能中不仅可以分别查询"已审核""未审核""已核销"及"未核销"的发票，还可以按"发票号""单据日期""金额范围"或者"余额范围"等条件进行查询。在"发票查询"对话框中，单击"查询"按钮，可以重新输入查询条件；单击"单据"按钮，可以调出原始单据卡片。单击"详细"按钮，可以查看当前单据的详细结算情况；单击"凭证"按钮，可以查询单据所对应的凭证；单击"栏目"按钮，可以设置当前查询列表的显示栏目、栏目顺序、栏目名称、排序方式，可以保存设置内容。在收付款单查询功能中可以分别查询"已核销""未核销""应付款""预付款"及"费用"的收付款情况，还可以按"单据编号""金额范围""余额范围"或者"单据日期"等条件进行查询。

在"收付款单"查询对话框中，也可以分别单击"查询""详细""单据"及"凭证"等按钮，查询到相应的内容。

另外，在"凭证查询"功能中，可以查看、修改、删除或者冲销由应付款系统生成并且传递到总账系统中的记账凭证。如果凭证已经在总账系统中记账，又需要对形成凭证的原始单据进行修改，则可以通过冲销方式冲销凭证。然后对原始单据进行其他操作后再重新生成凭证。一张凭证被删除(或者被冲销)后，它所对应的原始单据及相应的操作内容可以重新制单。只有未在总账系统中审核的凭证才能删除，如果已经在总账系统中进行了出纳签字，应该先取消出纳签字后才能再进行删除操作。

(2) 业务余额表。应付余额表可以查询各个供应商的期初、本期应付、付款和余额情况。单击"账表管理"下的"业务余额表"按钮，弹出应付余额表查询条件界面，与图 9-23 所示基本相同。选择"供应商"选项，单击"确定"按钮，显示应付余额表。与应付总账相比，应付余额表是将每个供应商的汇总数据列示，但是供应商每列数据合计数与总账表相等。

(3) 业务明细账。通过应付明细账，可以查看企业与供应商每笔业务的应付款和付款情况。查询方法与上述总账表和余额表的查询相同，在此不再赘述。

应付明细账是将供应商每笔业务数据列示。每个供应商的应付、付款情况和余额与应付余额表对应，最终合计数与业务总账相等。

(4) 对账单。应付对账单是将一定期间供应商业务凭证全部列示，据以核对查实，如图 9-26 所示。

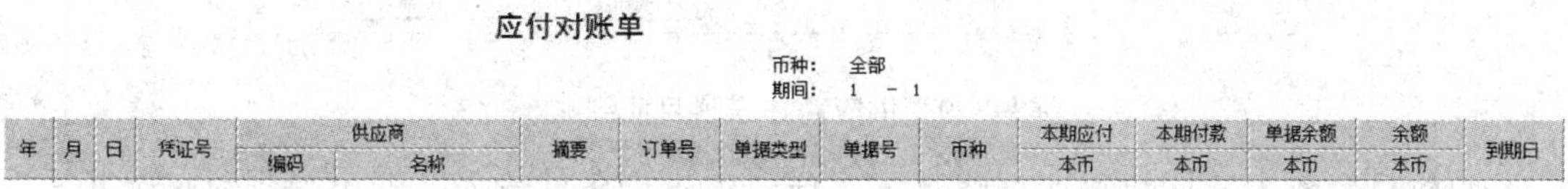

应付对账单

币种：全部
期间：1 — 1

| 年 | 月 | 日 | 凭证号 | 供应商 | | 摘要 | 订单号 | 单据类型 | 单据号 | 币种 | 本期应付 | 本期付款 | 单据余额 | 余额 | 到期日 |
| | | | | 编码 | 名称 | | | | | | 本币 | 本币 | 本币 | 本币 | |

图 9-26 应付对账单

(5) 与总账对账。应付系统与总账系统对账，主要是检查两个系统中往来账是否相等。如果不相等，可以查看原因。在图 9-27 所示界面，选择月份、供应商，勾选包含未制单记录，单击"确定"按钮弹出与总账对账的结果，如图 9-28 所示。在与总账对账的结果中分别列示应付系统和总账系统各个供应商的期初数、借贷方数和期末数，在差额(应付-总账)栏中，分别显示期初、借贷方和期末是否平衡。若差额为零，则对账平衡。反之，则不平衡。双击

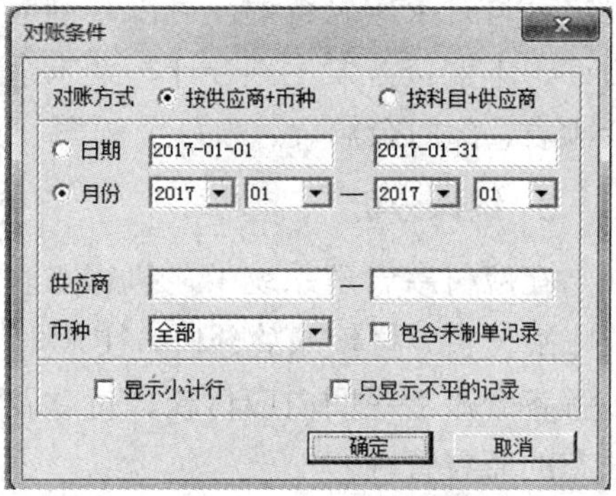

图 9-27 对账条件

此行记录，系统就会显示对应此行记录的对账不平明细记录表。

图 9-28　与总账对账结果

2. 科目账查询

科目账查询可以查看科目明细账和科目余额表。

(1) 科目明细账。科目明细账是将每个科目下对供应商的每笔业务数据列示出来。

单击"账表管理"下"科目账查询"按钮，单击"科目明细账"按钮，出现图 9-29 所示界面。选择"供应商"并输入查询期间，单击"确定"按钮，弹出"科目明细账"对话框，可以按需要进行查看。科目明细账查询可以查询供应商往来科目下，往来供应商的往来明细账。明细账细分为科目明细账、供应商明细账、三栏明细账、部门明细账、项目明细账、业务员明细账等。

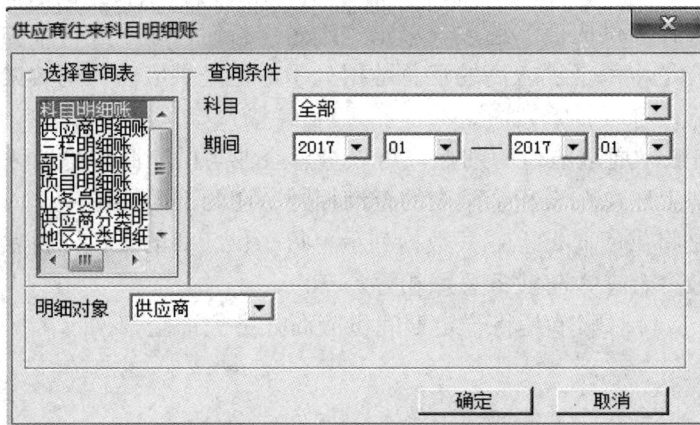

图 9-29　供应商往来科目明细账

(2) 科目余额表。同科目明细账查询一样，将查询条件输入，即可得到科目余额表。科目余额表显示的科目均是应付系统受控的科目，而且每个科目都根据供应商进行了数据汇总。科目余额表查询，可以查询应付受控科目各个供应商的期初余额、本期借方发生额合计、本期贷方发生额合计、期末余额。余额表细分为科目余额表、供应商余额表、三栏余额表、部门余额表、项目余额表、业务员余额表、供应商分类余额表及地区分类余额表。

3. 统计分析

在应付款管理系统中，执行账表统计分析可以按定义的账龄区间进行一定期间内应付款账龄分析、付款账龄分析、往来账龄分析，了解向各个供应商付款的周转天数和周转率，了解各个账龄区间内应付款、付款及往来情况，以便能够及时发现问题，加强对往来款项动态的监督管理。

9.5　应付款管理系统业务实训

【实训准备】

将系统日期改为 2021 年 1 月 1 日，引入总账系统的"4.5.1 账套备份"数据。以账套主管"001 陈浩"身份进入企业应用平台，启用"应付款管理"系统，启用日期为"2021年 1 月 1 日"。

【实训内容及要求】

(1) 进行应付款系统初始设置。

(2) 录入应付单并且进行审核。

(3) 录入采购发票并且进行审核。

(4) 录入付款单据并且进行审核、核销处理。

(5) 进行月末结账和备份。

要求：熟悉应付款管理系统功能与操作流程，掌握初始设置、日常处理和月末处理的操作内容和操作方法。

【实训资料】

1. 应付款系统参数

(1) 常规选项。应付款核销方式：按单据；单据审核日期依据：单据日期；汇总损益方式：月末处理；应付款核算模型：详细核算；登记支票；自动计算现金折扣。

(2) 凭证选项。受控科目制单依据：明细到供应商；非受控科目制单方式：汇总方式；控制科目依据：按供应商；采购科目依据：按存货分类；月末结账前全部制单；预付冲应付生成凭证。

(3) 权限与预警选项。根据供应商信用额度自动报警，提前比率为 20%，包含信用额度为零。

2. 基本科目设置

应付科目：应付账款 2202；预付科目：预付账款 1123；采购科目：在途物资 1401；税金科目：应交税费——应交增值税——进项税 22210101；商业承兑、银行承兑科目：应付票据 2201；现金折扣科目：财务费用 6603；票据利息科目：财务费用 6603。

3. 结算方式科目

现金结算方式科目为库存现金 1001；现金支票方式、转账支票结算方式科目、银行汇票结算方式科目均为工行存款 100201。

4. 逾期账龄区间

总天数分别为：30 天、60 天、90 天和 120 天。

5. 设置发票编号

采购专用发票、采购普通发票、采购运费发票、其他应付单、付款单的编号为完全手工编号。

6. 期初数据

存货税率为 13%，开票日期均为 2020 年。期初余额情况见表 9-2。

表 9-2　期初余额情况

单据名称	开票日期	供应商名称	科目编码	货物名称	含税单价	数量	价税合计
采购专用发票(号 10829)	12.31	甘肃平凉××带钢有限公司	2202	不锈钢	12.5	8476	105 950
采购专用发票(号 321540)	12.31	河南省洛阳××化工有限公司	2202	电机	308	20	6 160
采购普通发票(号 662512)	12.31	河南省洛阳××化工有限公司	2202	运费			532
采购普通发票(号 155520)	12.31	山西省运城市××厂	2202	涂饰助剂	7	428.57	3 000
采购专用发票(号 362345)	12.31	西安市北大街××有限公司	2202	不锈钢	12.5	1200	15 000

7. 2021 年 1 月采购业务资料

(1) 2021 年 1 月 5 日，从甘肃平凉××带钢有限公司采购不锈钢料 12 000 kg，不含税单价为 11.06 元，增值税率为 13%(采购专用发票，发票号 NO.311200)。

(2) 2021 年 1 月 9 日，从山西省运城市××厂采购涂饰助剂 855 公斤，含税单价为 7 元，总计 5 985 元(采购普通发票，发票号 NO.81193)。

(3) 2021 年 1 月 16 日从西安市北大街××有限公司采购不锈钢料 1 250 kg，不含税单价为 11.06 元增值税率为 13%(采购专用发票，发票号 NO.311200)，运费 1 200 元。

(4) 2021 年 1 月 21 日，向河南省洛阳××化工有限公司开具一张金额为 10 000 元的商业汇票(票号 NO.565642，到期日为 2021 年 3 月 21 日)，用于支付期初电机和运费款项。

(5) 2021 年 1 月 24 日，以转账支票支付甘肃平凉××带钢有限公司带钢材料款为 200 000 元，归还前欠货款。

(6) 2021 年 1 月 26 日，以转账支票支付西安市北大街××有限公司材料款为 50 000 元，归还前欠货款及运费。

(7) 2021 年 1 月 29 日，应付山西省运城市××厂的商业汇票到期，(本月 3 日签发的商业汇票，票号 NO.56561)支付货款 7 000 元。

(8) 2021 年 1 月 31 日，经双方同意，将支付西安市北大街××有限公司的预付款转为甘肃平凉××带钢有限公司的应付账款。

【操作指导】

1. 设置系统参数

(1) 在企业应用平台，执行"财务会计"/"应付款管理"/"设置"/"选项"命令，打开"账套参数设置"对话框。

(2) 单击"编辑"按钮，按资料要求，分别完成常规、凭证、权限与预警、收付款控制的设置。

(3) 单击"确定"按钮, 如图 9-30 所示。

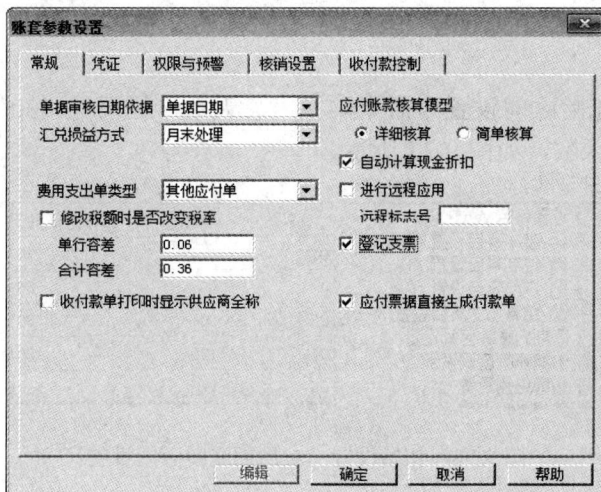

图 9-30 账套参数设置

2. 设置基本科目

(1) 在应付款管理系统中, 执行"设置"/"初始设置"命令, 进入"初始设置"对话框。

(2) 录入或者选择应付科目"2202"及其他基本科目, 如图 9-31 所示。

基础科目种类	科目	币种
应付科目	2202	人民币
预付科目	1123	人民币
采购科目	1401	人民币
税金科目	22210101	人民币
商业承兑科目	2201	人民币
银行承兑科目	2201	人民币
现金折扣科目	6603	人民币
票据利息科目	6603	人民币

图 9-31 初始设置——基本科目设置

(3) 单击"退出"按钮。

3. 结算方式科目

(1) 在应付款管理系统中, 执行"设置"/"初始设置"命令, 进入"初始设置"对话框。

(2) 执行"结算方式科目设置"命令, 进入"结算方式科目设置"对话框。

(3) 单击"结算方式"栏的下三角按钮, 选择"现金结算"按钮, 单击"币种"按钮, 选择"人民币"按钮, 在"科目"栏录入或者选择"1001"按钮, 回车。以此方法继续录入其他结算方式科目, 如图 9-32 所示。

结算方式	币 种	本单位账号	科 ...
1 现金结算	人民币		1001
201 现金支票	人民币		100201
202 转账支票	人民币		100201
301 银行承兑汇票	人民币		100201

图 9-32 结算方式科目设置

4. 设置逾期账龄区间

(1) 在应付款管理系统中，执行"设置"/"初始设置"命令，打开"初始设置"对话框。

(2) 执行"逾期账龄区间设置"命令，在"总天数"栏录入"30"按钮，回车，在以此法继续录入其他总天数，如图 9-33 所示。

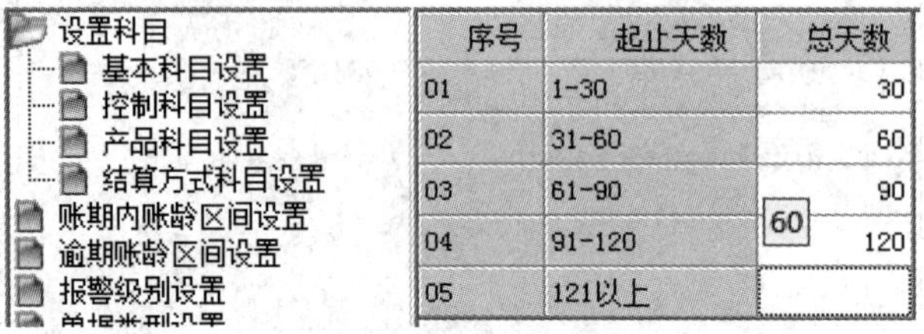

序号	起止天数	总天数
01	1-30	30
02	31-60	60
03	61-90	90
04	91-120	120
05	121以上	

图 9-33　初始设置——逾期账龄区间设置

(3) 设置完毕，单击"退出"。

5. 设置单据编号

(1) 在企业应用平台，在"基础设置"选项卡中，执行"单据设置/单据编码设置"命令，进入"单据编号设置"对话框。

(2) 执行"采购管理/采购专用发票"命令，弹出"单据编号设置［采购专用发票］"对话框。

(3) 在"单据编号设置［采购专用发票］"对话框中，单击"修改"按钮，选中"完全手工编号"前的复选框，如图 9-34 所示。

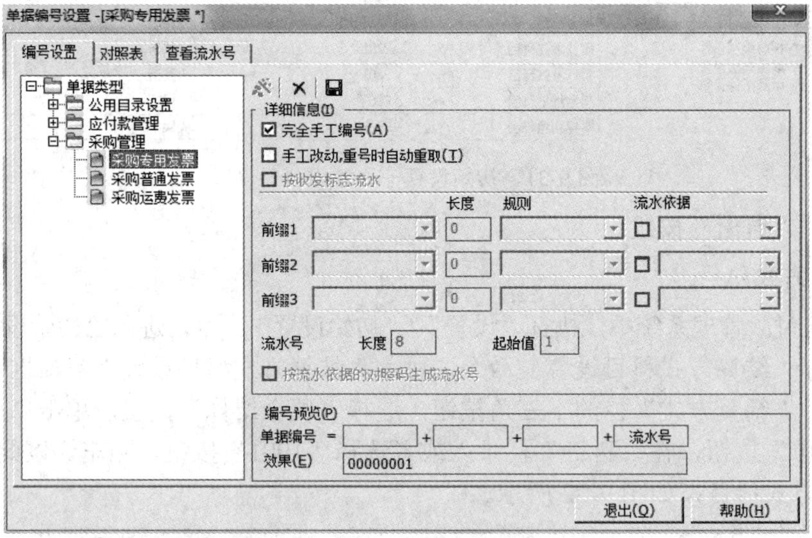

图 9-34　采购专用发票编号设置

(4) 单击"保存"按钮，单击"退出"按钮退出。

(5) 同理，设置对应付款系统中的其他应付单、付款单进行"完全手工编号"。

6. 录入期初采购发票

(1) 在应付款管理系统中，执行"设置"/"初始余额"命令，进入"初始余额"对话框。

(2) 单击"确定"按钮，进入"期初余额明细表"对话框。单击"增加"按钮，打开"单据类别"对话框。单击"确定"按钮，打开"采购专用发票"对话框。

(3) 修改开票日期为"2020-12-31"，录入发票号"10829"，单击"供应商"栏的参照按钮，选择"甘肃平凉××带钢有限公司"，单击"存货编码"栏的参照按钮，选择"不锈钢"，在"数量"栏录入"8476"，在"原币价税合计"栏录入"105950"(不含税单价)，如图 9-35 所示。

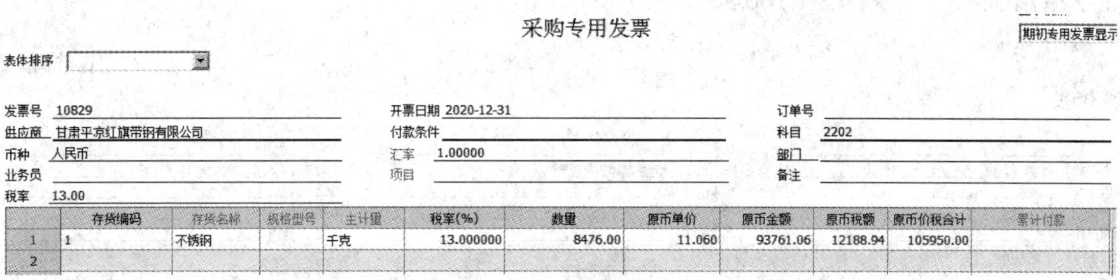

图 9-35　录入期初采购专用发票

(4) 单击"保存"按钮。

以此方法继续录入另外三张专用发票和普通发票。

7. 单据处理业务

1) 第 1 笔业务

(1) 在应付款管理系统中，执行"应付单据处理/应付单据录入"命令，打开"单据类别"对话框。

(2) 单击"单据类别"栏的下三角，选择"采购专用发票"。单击"确定"按钮，进入"采购专用发票"对话框。

(3) 修改开票日期为"2021-01-05"，录入发票号"311200"，单击"供应商"栏的参照按钮，选择"××带钢"，单击"存货编码"栏的参照按钮，选择"不锈钢"，在"数量"栏录入"12 000"，在"原币单价"栏录入"11.06"，如图 9-36 所示。

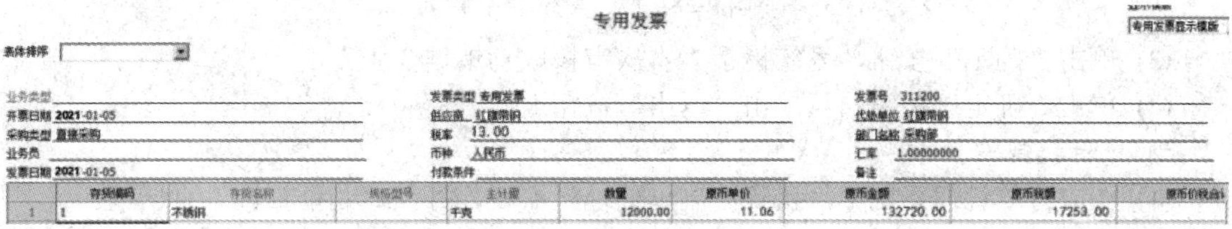

图 9-36　录入采购专用发票

(4) 单击"保存"按钮，单击"退出"按钮退出。

2) 第 2 笔业务

同上，填写第 2 笔采购业务，注意选择"单据类别"为"采购普通发票"。

3) 第 3 笔业务

第 3 笔业务应先填制采购专用发票，同第 1 笔、第 2 笔业务，然后运费填写"采购普通发票"。具体填写步骤如下：

(1) 在应付款管理系统中，执行"应付单据处理"/"应付单据录入"命令，打开"单据类别"对话框。

(2) 单击"单据类型"栏的下三角按钮，选择"采购普通发票"。单击"确定"按钮，进入"采购普通发票"对话框。

(3) 修改日期为"2021-01-16"，单击"供应商"栏的参照按钮，选择"西安市北大街××有限公司"，在"税率"栏录入"9"，单击"存货编码"栏的参照按钮，录入"运费"，在"原币金额"栏录入"1 100.92"，如图 9-37 所示。

普通发票　　　　　　　　　　　　　　　　　　　普通发票显示模版

表体排序　　　　　　　　　　　　　　　　　　　　　　　　　　　　　　　　　

业务类型									
开票日期 2021-01-16			发票类型 普通发票		发票号 00000001				
采购类型			供应商 西安市北大街金属物资有限公司		代垫单位 西安市北大街金属物资有限公司				
业务员			税率 0		部门名称				
发票日期			币种 人民币		汇率 1				
			付款条件		备注 运费				

	存货编码	存货名称	规格型号	主计量	数量	原币金额	原币税额	税率	订单号
1	4	运费		次		1100.92	99.08	9.00	
2									

图 9-37　运费发票的录入

(4) 单击"保存"按钮，单击"退出"按钮退出。

4) 审核应付单据

(1) 在应付款管理系统中，执行"应付单据处理"/"应付单据审核"命令，打开"单据过滤条件"对话框。

(2) 单击"确定"按钮，进入"应付单据列表"对话框，单击"全选"按钮，如图 9-38 所示。

应付单据列表

记录总数：3

选择	审核人	单据日期	单据类型	单据号	供应商名称	部门	业务员	制单人	币种	汇率	原币金额	本币金额	备注
Y		2021-01-05	采购专...	311220	甘肃平凉红旗带钢有限公司			陈浩	人民币	1.00000000	132720.00	132720.00	
Y		2021-01-09	采购普...	81193	山西省运城市粘合剂厂			陈浩	人民币	1.00000000	5,985.00	5,985.00	
Y		2021-01-16	采购普...	00000001	西安市北大街金属物资有限公司			陈浩	人民币	1.00000000	1100.92	1100.92	运费
合计											151,950.63	151,950.63	

图 9-38　应付单据列表

(3) 单击"确定"按钮，系统提示"本次审核成功单据 3 张"。

(4) 单击"确定"按钮，再单击"退出"按钮退出。

5) 应付款制单

(1) 在应付款管理系统中，执行"制单处理"命令，打开"制单查询"对话框。

(2) 选中"发票制单"前的复选框，单击"确定"按钮，进入"采购发票制单"对话框。

(3) 单击"全选"按钮，单击"凭证类别"栏的下三角按钮，选择"转账凭证"，如图 9-39 所示。

应付制单

| | 凭证类别 | 转账凭证 | | | | 制单日期 | 2021-01-31 | |

选择标志	凭证类别	单据类型	单据号	日期	供应商编码	供应商名称	部门	业务员	金额

图 9-39　采购发票制单列表

(4) 单击"制单"按钮，生成一张转账凭证。单击"保存"按钮。

(5) 单击"下张"按钮，再单击"保存"按钮，完成全部单据的制单。

注：只有在凭证保存后才能传递到总账系统，然后在总账系统中进行审核和记账等。

6) 第 4 笔业务

(1) 应付款管理系统中，执行"票据管理"命令，打开"查询条件选择"对话框。

(2) 单击"确定"按钮，打开"票据管理"对话框，单击"增加"按钮，弹出"票据增加"对话框。

(3) 单击"结算方式"栏的下三角按钮，选择"商业承兑汇票"，票据类型也选择"商业承兑汇票"，在"票据编号"栏录入票号"565642"，在"出票日期"栏选择"2021-01-21"，在"到期日"栏选择"2021-03-21"，在"票据摘要"栏录入"签发并且承兑商业汇票"。

(4) 单击"确定"按钮，返回"票据管理"对话框，如图 9-40 所示。

普通发票

普通发票显示模版

表体排序 [　　　]

业务类型		发票类型 普通发票		发票号 00000001
开票日期 2021-01-16		供应商 西安市北大街金属物资有限公司		代垫单位 西安市北大街金属物资有限公司
采购类型		税率 0		部门名称
业务员		币种 人民币		汇率 1
发票日期		付款条件		备注 运费

	存货编码	存货名称	规格型号	主计量	数量	原币金额	原币税额	税率	订单号
1	4	运费		次		1100.92	99.08	9.00	
2									

图 9-40　填写汇票单据

7) 第 5 笔业务

(1) 应付款管理系统中，执行"付款单据处理"/"付款单据录入"命令，进入"付款单"对话框。

(2) 单击"增加"按钮。修改开票日期为"2021-01-24"，单击"供应商"栏的参照按钮，选择"甘肃平凉××带钢有限公司"，单击"结算方式"栏的下三角按钮，选择"商业承兑汇票"，在金额栏录入"200 000"，在"摘要"栏录入"支付货款及运费"，在"款项类型"处选择"应付款"，如图 9-41 所示。

付款单

应付付款单打印模版

表体排序 [　　　]

单据编号 0000000002		日期 2021-01-24		供应商 甘肃平凉红旗带钢有限公司
结算方式 商业承兑汇票		结算科目		币种 人民币
汇率 1		金额 200000.00		本币金额 200000.00
供应商银行		供应商账号		票据号
部门		业务员		项目
摘要 支付货款及运费				

	款项类型	供应商	科目	金额	本币金额	部门	业务员
1	应付款	甘肃平凉红旗带钢有限公司	2202	200000.00	200000.00		
2							

图 9-41　录入付款单

(3) 单击"保存"按钮。同理，再单击"增加"按钮，继续录入第 6 笔业务的付款单。

注意： 单击付款单的保存按钮后，系统会自动生成付款单表体的内容，表体中的款项类型系统默认为"应付款"，可以修改。款项内容还包括"预付款"和"其他费用"。若一张付款单中，表头供应商和表体供应商不同，则视表体供应商的款项为代收款。在填制付款单后可以直接单击"核销"按钮进行单据核销的操作。如果供应商退款，则可直接单击"切换"按钮，填制红字付款单。

8) 审核付款单

(1) 在应付款管理系统中，执行"应付单据处理"/"付款单据审核"命令，进入"付款单过滤条件"对话框。

(2) 单击"确定"按钮，进入"付款单列表"对话框，单击"全选"按钮，单击"审核"按钮，系统提示"本次审核成功单据 2 张"，如图 9-42 所示。

收付款单列表

选择	审核人	单据日期	单据类型	单据编号	供应商	部门	业务员	结算方式	票据号	币种	汇率	原币金额
Y		2021-01-21	付款单	0000000001	河南省洛阳特种化工有限公司	采购部		商业承…	565642	人民币	1.00000000	10,000.00
Y		2021-01-24	付款单	0000000002	甘肃平凉红旗带钢有限公司			商业承…		人民币	1.00000000	200,000.00
合计												210,000.00

图 9-42　付款单列表

(3) 单击"确定"按钮退出。

9) 核销付款单

(1) 应付款管理系统中，执行"核销处理"/"手工核销"命令，进入"核销条件"对话框。

(2) 单击"供应商"栏的参照按钮，选择"甘肃平凉××带钢有限公司"选项，单击"确定"按钮，进入"单据核销"对话框，在上半部分的"本次结算"栏的第一行录入"200 000"，在下半部分的"本次结算"栏的第二行录入"200 000"按钮，如图 9-43 所示。

单据日期	单据类型	单据编号	供应商	款项	结算方式	币种	汇率	原币金额	原币余额	本次结算	订单号
2021-01-24	付款单	0000000002	甘肃平凉红旗带钢有	应付款	商业承	人民币	1.00000000	200,000.00	200,000.00	200,000.00	
合计								200,000.00	200,000.00	200,000.00	

单据日期	单据类型	单据编号	到期日	供应商	币种	原币金额	原币余额	可享受折扣	本次折扣	本次结算	订单号	凭证号
2020-12-31	采购专	10829	2020-12-31	甘肃平凉红旗带钢有	人民币	105,950.00	105,950.00	0.00				
合计						105,950.00	105,950.00	0.00				

图 9-43　应付款管理-单据核销

(3) 单击"保存"按钮。

(4) 执行"制单处理"命令，打开"制单查询"对话框，选中"收付款单制单"前复选框，单击"确定"按钮，进入"收付款单制单"对话框。

(5) 单击"全选"按钮，单击"制单"按钮，生成记账凭证。修改凭证类别为"付款凭证"按钮，再单击"保存"按钮。

10) 第 6 笔业务

核销第 6 笔付款单。

11) 第 7 笔业务

(1) 应付款管理系统中，执行"票据管理"命令，打开"票据查询"对话框。

（2）单击"确定"按钮，进入"票据管理"对话框，单击"增加"按钮，进入"票据增加"对话框。

（3）单击"结算方式"栏的下三角按钮，选择"商业承兑汇票"，票据类型也选择"商业承兑汇票"，在"票据编号"栏录入"56561"，在"收款人"单击参照按钮，选择"山西省运城市××厂"选项，在"票据面值"栏录入"7000"，在"出票日期"栏选择"2021-01-03"，在"到期日"栏选择"2021-01-29"按钮，在"票据摘要"栏录入"签发并且承兑商业汇票"，如图9-44所示。单击"保存"按钮，返回"票据管理"对话框。

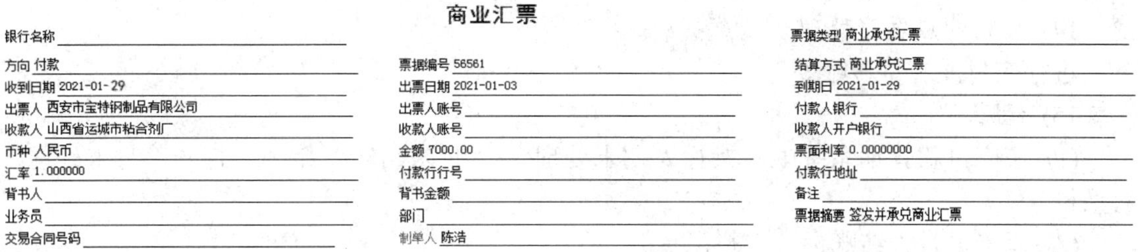

商业汇票

银行名称	票据编号 56561	票据类型 商业承兑汇票
方向 付款	出票日期 2021-01-03	结算方式 商业承兑汇票
收到日期 2021-01-29	出票人账号	到期日 2021-01-29
出票人 西安市宝特钢制品有限公司	收款人账号	付款人银行
收款人 山西省运城市粘合剂厂	金额 7000.00	收款人开户银行
币种 人民币	付款行行号	票面利率 0.00000000
汇率 1.000000	背书金额	付款行地址
背书人	部门	备注
业务员	制单人 陈浩	票据摘要 签发并承兑商业汇票
交易合同号码		

图 9-44　填制商业汇票

12）商业汇票结算

（1）在应付款管理系统中，执行"票据管理"命令，打开"票据查询"对话框。

（2）单击"确定"按钮，进入"票据管理"对话框。

（3）单击向山西省运城市××厂签发的商业承兑汇票NO.56561，单击"结算"按钮，打开"票据结算"对话框，如图9-45所示。

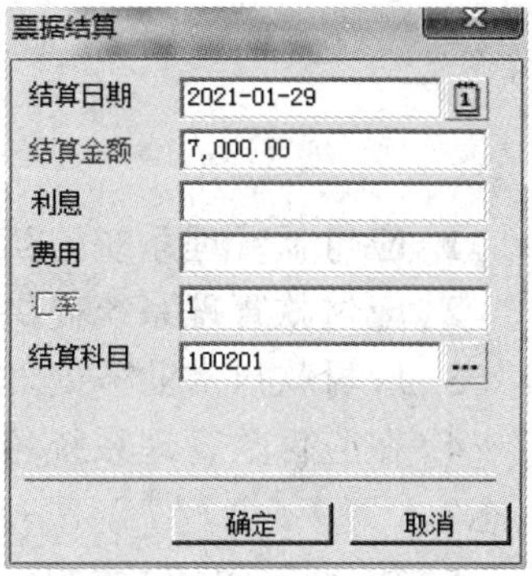

（4）修改结算日期为"2021-01-29"，录入结算金额"7000"按钮，在"结算科目"栏录入"100201"，单击"确定"按钮，出现"是否立即制单"提示。单击"是"按钮，生成结算记账凭证，修改凭证类别为"付款凭证"按钮，单击"保存"按钮，如图9-46所示。

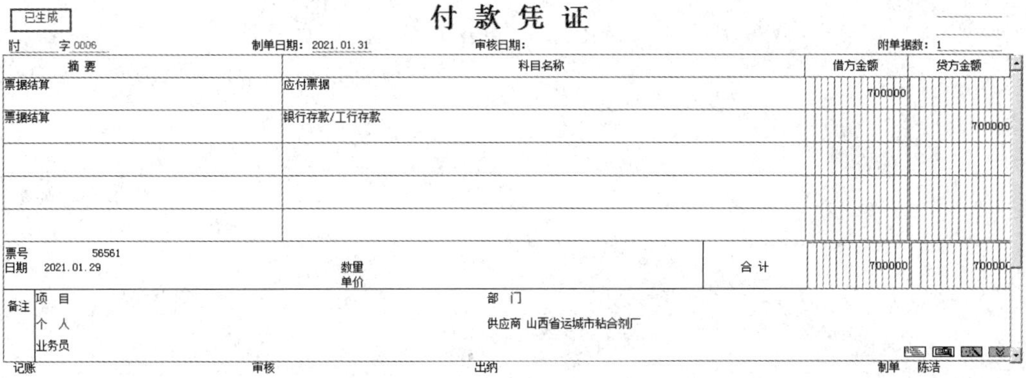

票据结算

结算日期	2021-01-29
结算金额	7,000.00
利息	
费用	
汇率	1
结算科目	100201 ...

图 9-45　票据结算设置

付款凭证

已生成　　　　　　　　付　字 0006　　制单日期：2021.01.31　审核日期：　　　　　　附单据数：1

摘要	科目名称	借方金额	贷方金额
票据结算	应付票据	700000	
票据结算	银行存款/工行存款		700000

票号 56561　　日期 2021.01.29　　数量　单价　　　合计　700000　700000

备注　项目　个人　业务员　　部门　供应商 山西省运城市粘合剂厂

记账　　　审核　　　出纳　　　制单 陈浩

图 9-46　票据结算凭证生成

13) 转账处理业务

(1) 在应付款管理系统中，执行"转账"/"预付冲应付"命令，打开"预付冲应付"对话框。单击"供应商"栏的参照按钮，选择"西安市北大街××有限公司"。

(2) 单击"确定"按钮，在"转账金额"栏录入"18175"。

(3) 打开"应付款"对话框，单击"过滤"按钮，单击"供应商"栏的参照按钮，选择"甘肃平凉××带钢有限公司"。在"转账金额"栏录入"18175"。

(4) 单击"确定"按钮，弹出"是否立即制单？"信息提示框，单击"是"按钮，生成转账凭证，单击"保存"按钮。

14) 应付冲应转账处理

进行应付冲应付转账处理。

15) 结账

(1) 在应付款管理系统中，执行"期末处理"/"月末结转"命令，打开"月末处理"对话框。

(2) 双击 1 月"结账标志"栏。

(3) 单击"下一步"按钮，弹出"月末处理-处理情况表"对话框，单击"完成"按钮，弹出"1 月份结转成功"信息提示，单击"确定"按钮。

思 考 题

1. 应付款管理系统的初始化工作有哪些？
2. 应付款管理系统提供的"详细核算"和"简单核算"两种方案有什么差异？
3. 应付款日常业务处理包括哪些内容？
4. 在应付款管理系统各个环节，由于各种各样原因造成操作失误应如何恢复到记账前状态？
5. 如何进行应付款的核销处理？

附录

用友(ERP-U8V10.1)综合实训

实训一　系统管理

1. 建账

西安××科技有限公司生产的主产品是税控软件及发票套打纸，应用于录入发票(专用和普通)、打印发票和数据存储，同时公司代理与税控软件产品相关的配套用品(如激光打印机、扫描仪、服务器等)。一车间主要生产税控软件产品，二车间主要生产发票打印纸。

(1) 账套信息。

账套号：888(具体实训中可用学生学号代替)。账套名称：西安××科技有限公司。采用默认账套路径。启用会计期：2021 年 1 月。会计期间：默认。

(2) 单位信息。

单位名称：西安××科技有限公司。单位简称：××科技。单位地址：西安高新区科技路 10 号。法人代表：吴江。邮政编码：610117。联系电话及传真：02945671123。税号：610 220000381666。

企业类型：工业。行业性质：2007 新会计制度科目。

有外币核算。

(3) 分类编码方案。

该企业的分类编码方案如下：

科目编码级次：4222；客户和供应商分类编码级次：2；存货分类编码：122；部门编码级次：12；地区分类编码级次：2；结算方式编码级次：2；收发类别编码级次：12；其余使用默认。

(4) 数据精度。

该企业对存货数量、单价小数位定为 2，均为默认。

(5) 系统启用。

启用总账系统，启用时间为 2021-01-01。

2. 财务分工、账套信息修改

角色权限表如附表 1 所示。

附表 1　角 色 权 限 表

角色代码	角色名称	角 色 权 限
DATA-MANAGER	账套主管	系统的全部模块权限
01	出纳业务	财务会计：总账——出纳，总账——凭证——出纳签字，出纳管理
02	日常业务	财务会计：总账，应收款管理，应付款管理，固定资产，出纳管理 供应链：销售管理，采购管理，库存管理，存货核算 人力资源：薪资管理，计件工资管理
03	采购业务	基本信息：公共目录设置，公共单据 财务会计：应付款管理，总账——账表——供应商往来辅助账 供应链：采购管理，库存管理，存货核算
04	仓库业务	供应链：库存管理
05	销售业务	基本信息：公共目录设置，公共单据 财务会计：应收款管理，总账—账表—客户往来辅助账 供应链：售前分析，销售管理，库存管理，存货核算

注：根据业务变化需要，可进行调整。

财务分工见附表 2，初始密码均设置为"888"。

附表 2　财 务 分 工

编号	姓名	角　色	主要业务权限	所属部门
01	王明	账套主管	负责财务业务一体化管理和业务处理工作 具有系统所有模块的全部权限	财务部
02	刘红梅	出纳业务	负责现金、银行账管理工作	
03	赵一男	日常业务	负责日常业务处理工作	
04	张涛	采购业务	主要负责采购业务处理工作	采购部
05	贺之章	销售业务	主要负责销售业务处理工作	销售部
06	刘玉婷	仓库业务	主要负责仓库管理工作	仓储部

实训中，主要由王明来完成各项业务处理，需要出纳签字的由刘红梅完成，审核、记账的工作由赵一男完成。实际工作中则具体按照岗位完成相关业务处理工作。

实训二　基 础 设 置

1. 系统启用

按照要使用的业务，启动的模块如附表 3 所示。

附表3　启 动 模 块 表

系统编码	系统名称	启用会计期间	启用自然日期
GL	总账	2021-01	2021-01-01
AR	应收款管理	2021-01	2021-01-01
AP	应付款管理	2021-01	2021-01-01
FA	固定资产	2021-01	2021-01-01
SC	出纳管理	2021-01	2021-01-01
PA	售前分析	2021-01	2021-01-01
SA	销售管理	2021-01	2021-01-01
PU	采购管理	2021-01	2021-01-01
ST	库存管理	2021-01	2021-01-01
IA	存货核算	2021-01	2021-01-01
WA	薪资管理	2021-01	2021-01-01

2. 部门和人员档案设置

西安××科技有限公司分类档案资料如下。

(1) 部门档案。部门档案如附表4所示。

附表4　部 门 档 案

部门编码	部门名称	部门属性	部门编码	部门名称	部门属性
1	管理中心	管理部门	3	制造中心	生产管理
101	行政部	综合管理	301	一车间	生产制造
102	财务部	财务管理	302	二车间	生产制造
2	供销中心	供销管理	4	物流中心	物流管理
201	销售部	市场营销	401	仓储部	库存管理
202	采购部	采购管理	402	运输部	运输管理

(2) 人员类别。

101：管理人员；102：经营人员；103：车间管理人员；104：车间工人。

(3) 人员档案。人员档案如附表5所示。

附表5　人 员 档 案

人员编码	人员姓名	性别	人员类别	行政部门	是否业务员	是否操作员	对应操作员编码
101	吴江	男	管理人员	行政部	是		
102	田亮	女	管理人员	行政部	是		
201	王明	男	管理人员	财务部	是	是	01
202	刘红梅	女	管理人员	财务部	是	是	02
203	赵一男	女	管理人员	财务部	是	是	03
301	张涛	女	经营人员	采购部	是	是	04
302	郭明义	男	经营人员	采购部	是		

人员编码	人员姓名	性别	人员类别	行政部门	是否业务员	是否操作员	对应操作员编码
401	贺之章	男	经营人员	销售部	是	是	05
402	杜小妮	女	经营人员	销售部	是		
501	刘玉婷	男	经营人员	仓储部	是	是	06
601	范明	男	经营人员	运输部	是		

人员均为在职人员。属业务人员的，费用归属为所在部门，生效日期从 2021 年 1 月 1 日起计算。

3. 客户和供应商档案设置

(1) 地区分类。

01：东北；02：华北；03：华东；04：华南；05：西北；06：西南；07：华中。

(2) 供应商分类。

01：原料；02：成品。

(3) 客户分类。

01：批发；02：零售；03：代销；04：专柜。

(4) 供应商档案。供应商档案如附表 6 所示。

附表 6　供应商档案

供应商编号	供应商名称	所属分类码	所属地区	税号	开户银行	银行账号	地址	邮编	分管部门	分管业务员
01	陕西临渭××公司(简称：临渭)	01	西部	82645	中行	5578	陕西咸阳新区临渭路 1 号	610323	采购部	张涛
02	西安乾坤××公司(简称：乾坤)	01	西南	43867	中行	6436	西安市莲湖区科技路 1 号	610886	采购部	张涛
03	武汉天河××商行(简称：天河)	02	华东	65499	工行	1278	武汉市汉江路 5 号	330188	采购部	郭明义
04	江西云天××公司(简称：云天)	02	华东	31012	工行	5076	南昌市江南区九江路 9 号	440233	采购部	郭明义

(5) 客户档案。客户档案如附表 7 所示。

附表7 客 户 信 息

客户编号	客户名称	所属分类码	所属地区	税号	开户银行(默认值)	银行账号	地 址	邮编	分管部门	分管业务员
01	西安蓝田××公司(简称:蓝田)	01	西南	61355	工行碑林支行	6252	西安市碑林区解放路2号	511089	销售部	贺之章
02	河南新郑××公司(简称:新郑)	01	华北	32310	工行东风支行	5581	郑州市东风大街114号	324811	销售部	贺之章
03	安徽长庆××公司(简称:长庆)	04	华东	35462	工行东海支行	2234	合肥市徐州区东海路6号	363332	销售部	杜小妮
04	北京彩虹××公司(简称:彩虹)	03	东北	12258	中行和平支行	5548	北京和平区友谊路29号	578124	销售部	杜小妮
05	武汉江汉××公司(简称:江汉)	02	华中	42129	中行汉口支行	2816	汉口解放路20号	365821	销售部	杜小妮

实训三 总 账 业 务

1. 总账设置

(1) 设置总账参数。总账控制参数如附表8所示。

附表8 总账控制参数表

对话框	参 数 设 置
凭证	不勾选"制单序时控制" 可以使用应收、应付、存货受控科目 不勾选"现金流量科目必录入现金流量项目"选项 自动填补凭证断号 银行科目结算方式必录 凭证编号方式采用系统编号 其他使用默认设置
账簿	按照默认设置
凭证打印	按照默认设置
预算控制	按照默认设置
权限	出纳凭证必须经由出纳签字允许修改、作废他人填制的凭证 可查询他人凭证
会计日历	会计日历为1月1日—12月31日数量小数位、单价小数位均设置为2位本位币精度2位
其他	外币核算采用固定汇率部门、个人、项目按编码方式排序

(2) 外币设置。

外币及汇率：币符：USD；币名：美元；固定汇率 1：6.25。

(3) 设置会计科目。企业使用的会计科目如附表 9 所示。

附表9 会 计 科 目 表

科目代码	科目名称	辅助核算	方向	币别计量
1001	库存现金	日记账	借	
1002	银行存款		借	
100201	工行	日记账/银行账	借	
100202	中行	日记账/银行账 外币核算	借	美元 外币金额式
1122	应收账款	客户往来	借	
1123	预付账款	供应商往来	借	
1221	其他应收款		借	
122101	应收单位款	客户往来	借	
122102	应收个人款	个人往来	借	
1403	原材料		借	
140301	生产用原材料	数量核算	借	吨
140399	其他用原材料	数量核算	借	吨
1604	在建工程		借	
160401	人工费	项目核算	借	
160402	材料费	项目核算	借	
160499	其他	项目核算	借	
1901	待处理财产损溢		借	
190101	待处理流动资产损溢		借	
190102	待处理固定资产损溢		借	
2202	应付账款	供应商往来	贷	
2203	预收账款	客户往来	贷	
2211	应付职工薪酬		贷	
221101	工资		贷	
221102	职工福利费		贷	
2221	应缴税费		贷	
222101	应交增值税		贷	
22210101	进项税额		贷	
22210105	销项税额		贷	
222199	其他		贷	

续表

科目代码	科目名称	辅助核算	方向	币别计量
2231	应付利息		贷	
223101	借款利息		贷	
4104	利润分配		贷	
410415	未分配利润		贷	
5001	生产成本		借	
500101	直接材料	项目核算	借	
500102	直接人工	项目核算	借	
500103	制造费用	项目核算	借	
500104	折旧费	项目核算	借	
500199	其他	项目核算	借	
5101	制造费用		借	
510101	工资		借	
510102	折旧费		借	
510103	租赁费		借	
6601	销售费用		借	
660101	工资	部门核算	借	
660102	福利费	部门核算	借	
660103	办公费	部门核算	借	
660104	差旅费	部门核算	借	
660105	招待费	部门核算	借	
660106	折旧费	部门核算	借	
660199	其他	部门核算	借	
6602	管理费用		借	
660201	工资	部门核算	借	
660202	福利费	部门核算	借	
660203	办公费	部门核算	借	
660204	差旅费	部门核算	借	
660205	招待费	部门核算	借	
660206	折旧费	部门核算	借	
660299	其他	部门核算	借	
6603	财务费用		借	
660301	利息支出		借	
660302	利息收入		借	
660303	汇兑损益		借	

注：项目核算部分在后面项目目录设置时再补充。

将"库存现金 1001"科目指定为现金总账科目；将"银行存款 1002"科目指定为银行总账科目；将"库存现金 1001、工行 100201、中行 100202"科目指定为现金流量科目。

(4) 设置凭证类别。凭证类别如附表 10 所示。

附表 10　凭 证 类 别 表

凭证类别	限制类型	限制科目
收款凭证	借方必有	1001，100201，100202
付款凭证	贷方必有	1001，100201，100202
转账凭证	凭证必无	1001，100201，100202

(5) 设置结算方式。结算方式如附表 11 所示。

附表 11　结 算 方 式

结算方式编码	结算方式名称	是否票据管理
01	现金支票	否
02	转账支票	否
03	现金	否
99	其他	否

(6) 设置项目目录。本单位项目核算大类项目为"开发项目"，分为自行开发项目和委托开发项目，具体如附表 12 所示。

附表 12　项 目 目 录　　　　(项目大类：开发项目)

项目分类编码	项目分类	项目代码	项目名称
1	自行开发项目	01	专用发票打印纸
		02	普通发票打印纸
		03	HP 服务器项目
		04	税控软件
2	委托开发项目	05	加密卡

(7) 录入会计科目期初余额。

① 2021 年 1 月会计科目期初余额表如附表 13 所示。

附表 13　会计科目期初余额

科目代码	科目名称	方向	年初余额	累计借方	累计贷方	期初余额
1001	库存现金	借	6 756	18 889	18 860	6 785
1002	银行存款	借	1 068 786	469 251	401 980	1 136 057
100201	工行	借	443 786	469 251	401 980	511 057
100202	中行	借	625 000 100 000$			625 000 100 000$
1122	应收账款	借	297 600	60 000	200 000	157 600
1221	其他应收款	借	2 100	7 000	5 300	3 800
122102	应收个人款	借	2 100	7 000	5 300	3 800
1231	坏账准备	贷	7 000	3 000	6 000	10 000

续表一

科目代码	科目名称	方向	年初余额	累计借方	累计贷方	期初余额
1403	原材料	借	790 820	293 180	80 000	1 004 000
140301	生产用原材料	借	790 820	293 180	80 000	1 004 000
1405	库存商品	借	3 518 858	140 142	90 000	3 569 000
1601	固定资产	借	3 690 860			3 690 860
1602	累计折旧	贷	69 484		39 511	108 995
1701	无形资产	借	117 000		58 500	58 500
2001	短期借款	贷			200 000	200 000
2202	应付账款	贷	367 407	150 557	60 000	276 850
2211	应付职工薪酬	贷	4 800	16 000	19 400	8 200
221101	工资	贷	4 800	16 000	19 400	8 200
2221	应交税费	贷	4 400	36 781	15 581	−16 800
222101	应交增值税	贷	4 400	36 781	15 581	−16 800
22210101	进项税额	贷	2 981	36 781		−33 800
22210105	销项税额	贷	1 419		15 581	17 000
2241	其他应付款	贷			2 100	2 100
4001	实收资本	贷	7 695 444			7 695 444
4103	本年利润	贷	1 478 000			1 478 000
4104	利润分配	贷	−115 180	13 172	9 330	−119 022
410415	未分配利润	贷	−115 180	13 172	9 330	−119 022
5001	生产成本	借	18 575	8 711	10 121	17 165
500101	直接材料	借	11 171	4 800	5 971	10 000
500102	直接人工	借	4 039	861	900	4 000
500103	制造费用	借	2 200	2 850	3 050	2 000
500104	折旧费	借	1 165	200	200	1 165
6001	主营业务收入	贷		350 000	350 000	
6051	其他业务收入	贷		250 000	250 000	
6401	主营业务成本	借		300 000	300 000	
6402	其他业务成本	借		180 096	180 096	
6403	营业税金及附加	借		8 561	8 561	
6601	销售费用	借		18 000	18 000	
660101	工资(销售部)	借		8 000	8 000	
660106	折旧费(销售部)	借		10 000	10 000	
6602	管理费用	借		22 550	22 550	
660201	工资(行政部)	借		8 000	8 000	
660202	福利费(行政部)	借		1 100	1 100	

续表二

科目代码	科目名称	方向	年初余额	累计借方	累计贷方	期初余额
660203	办公费(行政部)	借		600	600	
660204	差旅费(行政部)	借		5 600	5 600	
660205	招待费(行政部)	借		4 600	4 600	
660206	折旧费(行政部)	借		2 600	2 600	
660299	其他(行政部)	借		50	50	
6603	财务费用	借		8 000	8 000	
660301	利息支出	借		8 000	8 000	

说明：部门核算期初数据没有列示部门的，均假设为行政部

② 辅助账期初余额表(2021 年年初)。应收账款(1122)期初余额表如附表 14 所示。

附表 14　应收账款期初余额

日期	凭证号	客户	业务员	摘要	方向	期初余额	票号	票据日期
2020-12-10	转-15	河南新郑××公司	杜小妮	销售商品	借	58 000	Z111	2020-12-10
2020-12-25	转-118	西安蓝田××公司	杜小妮	销售商品	借	99 600	P111	2020-12-25
		合计			借	157 600		

应收账款(1122)借贷方累计如附表 15 所示。

附表 15　应收账款累计余额

客户	业务员	借方累计	贷方累计
西安蓝田××公司	杜小妮		200 000
河南新郑××公司	杜小妮	60 000	
合计		60 000	200 000

其他应收款——应收个人款(122102)期初如附表 16 所示。

附表 16　其他应收款——应收个人款期初余额

日期	凭证号	部门	个人	摘要	方向	期初余额
2020-12-26	付-118	行政部	吴江	出差借款	借	2 000
2020-12-27	付-156	销售部	杜小妮	出差借款	借	1 800
				合计	借	3 800

其他应收款——应收个人款(122102)借贷方累计如附表 17 所示。

附表 17　其他应收款——应收个人款累计

部门	个人	借方累计	贷方累计
行政部	吴江	2 000	3 000
销售部	杜小妮	5 000	2 300
合计		7 000	5 300

应付账款(2202)期初如附表 18 所示。

附表 18 应付账款期初余额

日期	凭证号	供应商	业务员	摘要	方向	期初余额	票号	票据日期
2020-12-20	转-45	陕西临渭××公司	郭明义	购买原材料	贷	276 850	C123	2020-12-20
				合计	贷	276 850		

应付账款(2202)累计如附表 19 所示。

附表 19 应付账款借贷方累计

供应商	业务员	累计借方	累计贷方
陕西临渭××公司	郭明义	150 557	60 000

生产成本(5001)期初,如附表 20 所示。

附表 20 生产成本期初余额

项 目	借方累计	贷方累计	期初余额
(1) 直接材料			
专用发票打印纸	4 800	5 971	4 000
普通发票打印纸			6 000
(2) 直接人工			
专用发票打印纸	861	900	1 500
普通发票打印纸			2 500
(3) 制造费用			
专用发票打印纸	2 850	3 050	800
普通发票打印纸			1 200
(4) 折旧费			
专用发票打印纸	200	200	500
普通发票打印纸			665
合 计	8 711	10 121	17 165

2. 日常账务业务处理

(1) 1 月 2 日,采购部贺之章购买了 350 元的办公用品,以现金支付,附单据一张。

借:管理费用/办公费(660203)/采购部　　　　　　350

　　贷:库存现金(1001)　　　　　　　　　　　　　　　350

(2) 1 月 2 日,收到兴华××集团投资资金 10 000 美元,汇率 1∶6.25,中行转账支票号 ZZW002。

借:银行存款/中行(100202)　　　　　　　　　　62 500

　　贷:实收资本(4001)　　　　　　　　　　　　　　62 500

(3) 1 月 2 日,接银行通知,工行账户支付短期借款利息 2 000 元。结算方式:其他。结算号:QT001。

借:财务费用/利息支出(660301)　　　　　　　　2 000

　　贷:银行存款/工行(100201)　　　　　　　　　　2 000

(4) 1 月 2 日,工行账户收到河南新郑××公司支付的货款 3 000 元,转账支票号 ZZ45623。

　　借：银行存款/工行(100201)　　　　　　　　　　3 000
　　　　贷：应收账款(1122)/新郑　　　　　　　　　　　　3 000

　　(5) 1 月 3 日，采购部张涛采购原纸 10 吨，每吨 5 000 元，材料直接送入二车间生产专用发票打印纸，货款从工行支付，转账支票号 ZZR002。
　　借：生产成本/直接材料(500101)/专用发票打印纸　50 000
　　　　贷：银行存款/工行(100201)　　　　　　　　　　　50 000

　　(6) 1 月 3 日，财务部刘红梅从工行提取现金 15 000 元，作为备用金，现金支票号 XJ001。
　　借：库存现金(1001)　　　　　　　　　　　　　15 000
　　　　贷：银行存款/工行(100201)　　　　　　　　　　　15 000

　　(7) 1 月 12 日，销售部贺之章收到西安蓝田××公司转来一张转账支票，金额 49 600 元，用以偿还前欠货款，转账支票号 ZZR003。
　　借：银行存款/工行(100201)　　　　　　　　　　49 600
　　　　贷：应收账款(1122)/蓝田　　　　　　　　　　　　49 600

　　(8) 1 月 12 日，采购部张涛从陕西临渭××公司购入"税控软件使用指南"光盘 1000 张，单价 10 元，货款和税款暂欠，发票号为 FP23135，商品已验收入库，适用税率 13%。
　　借：库存商品(1405)　　　　　　　　　　　　　10 000
　　　　应交税费/应交增值税/进项税额(22210101)　1 300
　　　　贷：应付账款(2202)/临渭　　　　　　　　　　　　11 300

　　(9) 1 月 12 日，行政部支付业务招待费 1 500 元，转账支票号 ZZR004。
　　借：管理费用/招待费(660205)　　　　　　　　1 500
　　　　贷：银行存款/工行(100201)　　　　　　　　　　　1 500

　　(10) 1 月 20 日，行政部吴江出差归来，报销差旅费 1800 元，交回现金 200 元。票号 QTS001。
　　借：管理费用/差旅费(660204)　　　　　　　　1 800
　　　　库存现金(1001)　　　　　　　　　　　　　200
　　　　贷：其他应收款(122102)　　　　　　　　　　　　2 000

　　(11) 1 月 20 日，开具工行转账支票(支票号：ZG1226)20 000 元支付本月制造中心租用房屋租赁费。
　　借：制造费用/租赁费(510103)　　　　　　　　20 000
　　　　贷：银行存款/工行(100201)　　　　　　　　　　　20 000

实训四　出纳管理

1. 期初设置

(1) 工商银行期初数据：

工行人民币户企业日记账调整前余额为 511 057.00 元。

银行对账单调整前余额为 467 557.00 元。

① 企业未达账：

银行已收企业未收：2020 年 12 月 26 日，银行收到安徽长庆××公司用转账支票支付的货款 3 000 元，票号 ZZ45623，企业未收到。

银行已付企业未付：2020 年 12 月 28 日，银行自动支付期短期借款利息 2 000 元，银行付款票据企业未收到。

② 银行未达账：

企业已付银行未付：2020 年 12 月 28 日，企业用现金支票支付零星采购货款 2 500 元，票号 XJ445353 银行未入账，付款凭证号 27。

2020 年 12 月 29 日，企业用转账支票支付货款 3 000 元，票号 ZZ30254，银行未入账，付款凭证号 32。

企业已收银行未收：2020 年 12 月 30 日已收未收的货款(西安蓝田××公司转账支票，ZZ8341)50 000 元，收款凭证号 56，银行未入账。

(2) 中国银行账户不进行银行对账。

2. 出纳日常业务处理

(1) 工商银行对账单：2021 年 1 月底，工行账户对账单部分资料，见附表 21。

附表 21　工行账户 1 月对账单(部分)

日　　　　期	结算方式	票　　　号	借方金额	贷方金额
2021-01-02	现金支票	XJ445353	2 500	
2021-01-04	转账支票	ZZ30254	3 000	
2021-01-08	转账支票	ZZ8341		50 000
2021-01-11	转账支票	001188		11 934
2021-01-12	转账支票	ZZR002	50 000	
2021-01-12	转账支票	ZZ123	33 345	
2021-01-16	转账支票	ZZR911	50 000	
2021-01-20	转账支票	456324	11 400	
2021-01-20	转账支票	ZZR003		49 600
2021-01-20	转账支票	ZS002		10 000
2017-01-20	转账支票	ZF002	90 000	

根据以上资料，进行银行对账，生成银行存款余额调节表。

(2) 中行账户期初及期末均无未达账，不进行银行对账。

实训五　固定资产管理

1. 固定资产初始设置

(1) 控制参数：

在约定与说明窗口，点击"我同意"按钮。

启用月份：2021.01。

折旧信息：本账套计提折旧；折旧方法：平均年限法(一)；折旧汇总分配周期：1 个月，当(月初已计提月份 = 可使用月份 − 1)时，将剩余折旧全部提足。

编码方式：资产类别编码方式：2；固定资产编码方式：手工输入。

财务接口：与账务系统进行对账；固定资产对账科目：固定资产(1601)；累计折旧对账科目：累计折旧(1602)。

参数设置：业务发生后立即制单；月末结账前一定要完成制单登账业务；固定资产默认入账科目：1601；累计折旧默认入账科目：1602；减值推备默认入账科目：1603。

(2) 部门对应折旧科目：

管理中心：管理费用/折旧费；供销中心、物流中心：销售费用/折旧费；制造中心：制造费用/折旧费。

(3) 固定资产类别：固定资产类别如附表 22 所示。

附表 22　固定资产类别

类别编码	类别名称	使用年限	净残值率%	计提属性	折旧方法
01	通用设备	3	3	正常	平均年限法(一)
02	交通运输设备	8	3	正常	工作量法
03	电气设备	5	3	正常	平均年限法(一)
04	仪器仪表	5	3	正常	平均年限法(一)
05	家具用具及其他	5	3	正常	平均年限法(一)
06	房屋及建筑物	30	3	正常	平均年限法(一)

(4) 固定资产增减方式的对应入账科目：

① 增加方式：

直接购入：工行存款(100201)。

② 减少方式：

毁损：固定资产清理(1606)。

出售：固定资产清理(1606)。

(5) 原始卡片：固定资产卡片如附表 23 所示。

附表 23　固定资产卡片

资产编码	固定资产名称	类别编号	所在部门	使用年限	开始使用日期	原值	累计折旧
01	红旗牌轿车	02	行政部	8	2019-10-01	215 470.00	37 255.00
02	传真机	01	行政部	3	2018-11-01	3 510.00	1 825.00
03	联想 ThinkPad	01	财务部	3	2020-06-01	28 900.00	5 548.00
04	HP 计算机	01	采购部	3	2020-05-01	6 490.00	1 246.00
05	装配机 A 型	03	一车间	5	2020-10-01	200 000.00	6 250.00
06	联想计算机	01	二车间	3	2020-05-01	6 490.00	1 246.00
07	装配机 B 型	03	二车间	5	2020-10-01	180 000.00	5 625.00
08	长安面包车	02	运输部	8	2020-07-01	50 000.00	10 000.00
09	办公楼	06	行政部30%，其他部门均为 10%	30	2020-07-01	3 000 000.00	40 000.00
	合计					3 690 860.00	108 995.00

补充资料：

增加方式均为直接购入。固定资产净残值率均为 3%，车辆的使用状况为"在用"，折旧方法为工作量法。

红旗轿车的工作总量为 800 000 千米，累计工作量 162 000 千米。长安面包车工作总量为 200 000 千米，累计工作量 40 000 千米。

除车辆外，其他的固定资产折旧方法均采用平均年限法(一)。

2. 固定资产日常业务处理

(1) 资产增加：2021 年 1 月 10 日，用中行美元账户存款购买 HP 计算机服务器一台，价格 3 000 美元，当天汇率为 1 美元兑换 6.22 元人民币，同时用工行账户支付关税 3 000 元(工行转账支票号 ZZ456324)，运费 1 940 元(工行转账支票号 ZZ456325)，中行转账支票号 ZZ151521。折旧按原值和预计使用期间计提折旧，净残值率 3%，预计使用年限 3 年。详细资料见附表 24。

附表 24 固定资产信息表

卡片编号	固资名称	固资类别	原值	使用状态	增加方式	使用部门
10	HP 服务器	通用设备	23 600	在用	购入	财务部

(2) 资产原值变动：2021 年 1 月 15 日，行政部的红旗轿车添置新配件 10 000 元。用工行账户支付，转账支票号 ZZ971121。

(3) 计提减值准备：2021 年 1 月 25 日，因技术进步影响，经核查决定对联想 ThinkPad 笔记本电脑计提 2 500 元减值准备。

(4) 计提当月折旧：2021 年 1 月底，计提本月折旧费用，其中红旗牌轿车的本月工作量为 15 000 千米，长安面包车本月工作量为 10 000 千米。

(5) 固定资产减少：2021 年 1 月 25 日，二车间毁损联想计算机一台，进行报废处理。

实训六 薪 资 管 理

1. 薪资基础设置

(1) 初始化建账：

参数设置：工资类别个数：多个；核算币种：人民币 RMB；不选择"是否核算计件工资"。

扣税设置：要求代扣个人所得税。

扣零设置：不进行扣零处理。

人员编码：与公共平台人员的人员编码保持一致。

(2) 工资类别：

薪资类别 1：正式人员工资。

部门选择：所有部门。

薪资类别 2：临时人员工资。

部门选择：制造中心。

(3) 公共工资项目设置：工资项目如附表 25 所示。

附表 25　工　资　项　目

项目名称	新增项目	类型	长度	小数位数	增减项
基本工资	是	数字	8	2	增项
岗位补贴	是	数字	8	2	增项
交通补贴	是	数字	8	2	增项
计件工时	是	数字	8	2	其他
工时工资	是	数字	8	2	其他
计件结算	是	数字	8	2	增项
应发合计		数字	10	2	增项
事假天数	是	数字	8	2	其他
事假扣款	是	数字	8	2	减项
养老保险	是	数字	8	2	减项
代扣税		数字	8	2	减项
扣款合计		数字	10	2	减项
实发合计		数字	10	2	增项
应税所得额	是	数字	8	2	其他
应付工资	是	数字	8	2	其他

(4) 人员档案设置：正式人员档案如附表 26 所示。

附表 26　正式人员档案

人员编码	人员姓名	性别	人员类别	部门	账号	是否计税
101	吴江	男	管理人员	行政部	1111	是
102	田亮	女	管理人员	行政部	1112	是
201	王明	男	管理人员	财务部	1113	是
202	刘红梅	女	管理人员	财务部	1114	是
203	赵一男	女	管理人员	财务部	1115	是
301	张涛	女	经营人员	采购部	1116	是
302	郭明义	男	经营人员	采购部	1117	是
401	贺之章	男	经营人员	销售部	1118	是
402	杜小妮	女	经营人员	销售部	1119	是
501	刘玉婷	男	经营人员	仓储部	1120	是
601	范明	男	经营人员	运输部	1121	是

增加的人员见附表 27。

附表 27　增 加 的 人 员

人员编码	人员姓名	性别	人员类别	部门	账号	是否计税
701	陈光海	男	车间管理	一车间	1180	是
702	刘增民	女	车间工人	一车间	1181	是
801	秦之叶	男	车间管理	二车间	1182	是
802	万西林	男	车间工人	二车间	1183	是

注：以上所有人员的代发银行均为工商银行西安分行碑林支行。账号：4556262855482。

增加的临时人员档案如附表 28 所示。

附表 28　临时人员档案

人员编码	人员姓名	性别	人员类别	部门	账号	是否计税
703	冯伟	男	车间工人	一车间	1190	是
704	李亚光	女	车间工人	一车间	1191	是
803	陈大海	男	车间工人	二车间	1192	是
804	阮玲	女	车间工人	二车间	1193	是
805	叶问	男	车间工人	二车间	1194	是
806	刘娟	女	车间工人	二车间	1195	是

所有人员均为中方人员。

银行名称：工商银行西安分行碑林支行；账号：4556262855482。

(5) 正式人员工资项目设置：

工资项目：基本工资、岗位补贴、交通补贴、应发合计、事假天数、事假扣款、养老保险、代扣税、扣款合计、实发合计、应税所得额、应付工资。

计算公式：

交通补贴=IFF(人员类别="管理人员" OR 人员类别="车间管理人员"，200，150)

[说明：即管理人员和车间管理人员为 200，其他人员 150 元，IIF( )为系统提供的函数。]

应发合计 = 基本工资 + 岗位补贴 + 交通补贴。(说明：应发合计为系统自动生成。)

事假扣款 = (基本工资/22) × 事假天数

养老保险 = (基本工资 + 岗位补贴) × 0.05

扣款合计 = 养老保险 + 代扣税 + 事假扣款(说明：扣款合计系统根据减项自动生成。)

实发合计 = 应发合计 − 扣款合计(说明：实发合计有系统自动生成。)

应税所得额 = 应发合计 − 事假扣款 − 养老保险

(说明：用于计算个人所得税。在具体是实际工作中，应税所得额如何计算，有具体的规定，这里设置这个项目是体现一种方法。)

应付工资 = 应发合计 − 事假扣款(说明：本项目用于工资分配用。)

(6) 临时人员工资项目设置：

工资项目：岗位补贴、交通补贴、计件工时、工时工资、计件结算、应发合计、养老保险、代扣税、扣款合计、实发合计、应税所得额。

计算公式：

交通补贴 = IFF(人员类别="车间工人"，150，50)

计件结算 = 计件工时 × 工时工资

应发合计 = 计件工资 + 岗位补贴 + 交通补贴

养老保险 = (2500 + 岗位补贴) × 0.05

(说明：养老保险基数按照社会平均基数 2 500 元计算。)

扣款合计 = 养老保险 + 代扣税

实发合计 = 应发合计 − 扣款合计

应税所得额 = 应发合计 − 养老保险

2. 正式人员工资类别日常工资处理

(1) 输入工资数据：正式人员 2021 年 1 月初工资情况如附表 29 所示。

附表 29　正式人员工资情况

人员编码	姓名	基本工资	岗位补贴	事假天数
101	吴江	9 000	1 000	
102	田亮	5 000	500	2
201	王明	4 000	500	
202	刘红梅	3 000	500	
203	赵一男	3 500	500	
301	张涛	4 000	400	
302	郭明义	4 000	400	1
401	贺之章	3 000	400	
402	杜小妮	5 000	400	
501	刘玉婷	4 000	400	
601	范明	4 000	400	
701	陈光海	6 000	400	
702	刘增民	5 000	400	
801	秦之叶	5 500	400	3
802	万西林	4 000	400	
	合计	69 000	7 000	6

(2) 代扣个人所得税：计算个人所得税的扣税项目设为"应发合计"(实际工作中要按照政策确定)，每个职员需选择"征收个人所得税"按钮。扣税标准：扣税起点每月 5 000元。个人所得税的征收，会随着国家个人所得税法的改变而改变，具体请参照当时的法规确定。个人所得税计算方法举例见附表 30 所示。

附表 30　薪资、薪金所得适用个人所得税七级超额累进税率表

级数	全月应纳税所得额	税率	速算扣除数
1	不超过 3 000 元	3	0
2	超过 3 000 元至 12 000 元的部分	10	210
3	超过 12 000 元至 25 000 元的部分	20	1410
4	超过 25 000 元至 35 000 元的部分	25	2660
5	超过 35 000 元至 55 000 元的部分	30	4410
6	超过 55 000 元至 80 000 元的部分	35	7160
7	超过 80 000 元的部分	45	15160

(3) 工资分摊：正式人员工资类别应付的工资总额等于工资项目中的"应付工资"，薪资费用分配的转账分录如附表 31 所示。

附表 31　转账分录

部门	人员类别	应付职工薪酬	
		借方科目	贷方科目
行政部、财务部	管理人员	660201	221101
采购部、销售部、仓储部、运输部	经营人员	660101	221101
一车间、二车间	车间管理人员	510101	221101
	车间工人	510101	221101

3. 临时人员工资类别日常工资处理

临时人员工资资料如附表 32 所示。

附表 32　临时人员工资情况

人员编码	人员姓名	工作岗位	岗位补贴	交通补贴	本月工时
703	冯伟	组装	300	150	180
704	李亚光	组装	300	150	190
803	陈大海	组装	300	150	200
804	阮玲	组装	300	150	250
805	叶问	组装	300	150	210
806	刘娟	测试	200	150	220

计件工资标准：工时有"组装工时"和"测试工时"两项。计件工资单价是组装工时 20.00 元，测试工时 15.00 元。

实训七　存货初始设置

(1) 计量单位。计量单位的有关信息如附表 33 所示。

附表 33　计 量 单 位

计量单位组名称	计量单位代码	计量单位名称	换算方式	换算率	是否默认
01：自然单位组，无换算率	0100	其他	无换算率		
	0101	吨	无换算率		
	0102	台	无换算率		
	0103	块	无换算率		
	0104	箱	无换算率		
	0105	盒	无换算率		
	0106	个	无换算率		
	0107	千米	无换算率		
02：鼠标组，固定换算率	0200	只	固定换算率	1	是
	0201	箱	固定换算率	12	
03：硬盘组，固定换算率	0300	盒	固定换算率	1	是
	0301	箱	固定换算率	10	

332　　　　　　　　会计电算化实用教程(用友 ERP-U8V10.1 版)

(2) 存货分类。存货分类如附表 34 所示。

附表 34　存货分类

类别编码	类别名称	类别编码	类别名称
1	原材料	201	税控机
101	主机	3	配套用品
10101	处理器	301	配套材料
10102	硬盘	302	配套硬件
10103	加密卡	30201	打印机
102	显示器	30202	传真机
103	键盘	30203	服务器
104	鼠标	303	配套软件
2	产成品	8	应税劳务

(3) 存货档案。存货档案如附表 35 所示。

附表 35　存货档案

编码	名称	类别	计量单位组	单位	属性
001	CN 处理器	10101	自然单位组	盒	内销、外购、生产耗用
002	2T 硬盘	10102	硬盘组	盒	内销、外购、生产耗用
003	液晶显示器	102	自然单位组	台	内销、外购、生产耗用
004	键盘	103	自然单位组	个	内销、外购、生产耗用
005	鼠标	104	鼠标组	只	内销、外购、生产耗用
006	税控软件	201	自然单位组	台	内销、自制
007	HP 打印机	30201	自然单位组	台	内销、外购、生产耗用
008	联想服务器	30203	自然单位组	台	内销、外购、生产耗用
009	A 型加密卡	10103	自然单位组	块	内销、外购、生产耗用
010	专用发票纸	301	自然单位组	箱	内销、自制
011	普通发票纸	301	自然单位组	箱	内销、自制
900	运费	8	自然单位组	千米	外销、外购、应税劳务

运费的计价方法为个别计价法，其他的按照库房计价。除 900 运费的税率为 9%外，其他的税率均为 13%。

实训八　应收应付款管理

1. 应收款管理期初设置

(1) 坏账处理方式：

应收余额百分比法；应收款核销方式：按单据；其他参数为系统默认。

(2) 基本科目设置：

应收科目：1122；预收科目：2203；销售收入科目：6001；税金科目：22210105；其

他可暂时不设置。

(3) 控制科目设置：

所有客户的控制科目均相同；应收科目：1122；预收科目：2203。

(4) 结算方式科目设置：

现金支票对应科目：100201；转账支票(人民币)对应科目：100201；转账支票(美元)对应科目：100202。其他结算方式：100201。

(5) 坏账准备设置：

提取比例0.5%，期初余额10 000，科目1231，对方科目660299。

(6) 账期内账龄区间及逾期账龄区间的总天数项目设置：

01：30天；02：60天；03：90天；04：120天。

报警级别设置如附表36所示。

附表36 报 警 级 别

序号	起止比率	总比率	级别名称
1	0以上	10	A
2	10%~30%	30	B
3	30%~50%	50	C
4	50%~100%	100	D
5	100%以上		E

2. 应付款管理期初设置

(1) 应付款核销方式：按单据，其他参数为系统默认。

(2) 基本科目设置：

应付科目2202；预付科目1123；采购科目1401；税金科目22210101；其他可暂时不设置。

(3) 结算方式科目设置：

现金支票对应科目：100201；转账支票(人民币)对应科目：100201；转账支票(美元)对应科目：100202；其他结算方式：100201。

账期内账龄区间与逾期账龄区间设置同应收款管理。

3. 应收款、应付款期初余额

(1) 应收款管理系统期初数据。应收款以应收单形式录入，如附表37所示。

附表37 应收账款期初余额

日期	客户	方向	金额	业务员
2020-12-25	西安蓝田××公司	借	99 600	贺之章
2020-12-10	河南新郑××公司	借	58 000	贺之章
	合计	借	157 600	

(2) 应付款管理系统期初数据。应付账款以应付单形式录入，如附表38所示。

附表 38　应付账款期初

日期	供应商	方向	金额	业务员
2020-12-20	陕西临渭××公司	贷	276 850	张涛

4. 付款业务

2021 年 1 月 17 日，财务部开出转账支票一张(支票号 ZZ777)，金额 12 000 元，支付陕西临渭公司前欠部分货款。

5. 预收款处理

2021 年 1 月 5 日，西安蓝田××公司交来转账支票一张，金额 15 000 元，支票号 ZZ002，作为预购货物的定金。

6. 收款处理

2021 年 1 月 20 日，收到安徽长庆××公司交来转账支票一张，金额 125 000 元，支票号 ZZ099，用以归还前欠货款。

7. 预收冲应收

2021 年 1 月 20 日，经过与西安蓝田××公司商定，将前面付来的 15 000 元定金用于冲销其应收款项。

8. 计提坏账准备

2021 年 1 月底，计提坏账准备。

实训九　期 末 业 务

1. 自动转账

按当月应发工资总额的 14%，计提职工福利费，将制造费用中按照工资提取的福利费合并且到财务部中。

使用自动转账凭证完成。

附表 39　公 式 定 义

科　目	部门	方向	金 额 公 式
销售费用——福利费	销售部	借	FS(660101,月,借,201)*0.14
销售费用——福利费	采购部	借	FS(660101,月,借,202)*0.14
销售费用——福利费	仓储部	借	FS(660101,月,借,401)*0.14
销售费用——福利费	运输部	借	FS(660101,月,借,402)*0.14
管理费用——福利费	行政部	借	FS(660201,月,借,101)*0.14
管理费用——福利费	财务部	借	FS(660201,月,借,102)*0.14+FS(510101,月,借)*0.14
应付职工薪酬——职工福利费		贷	FS(660101,月,借)*0.14+FS(660201,月,借)*0.14+FS(510101,月,借)*0.14

2. 汇兑损益

2021 年 1 月末，期末汇率调整，期末汇率为 1 美元 = 6.20 元人民币。

借：财务费用/汇兑损益(660303) 　　　　　　 5 440

　　贷：银行存款/中行存款(100202) 　　　　　　 5 440

结算方式为其他，票号自定。

3. 销售成本结转

月末进行销售成本结转。

库存商品科目：1405；商品销售收入科目：6001；商品销售成本科目：6401。

4. 损益结转

月末，结转损益。

注意：在核算、薪资、固定资产系统生成的凭证以及总账手工填制的凭证，均记账完成后，再进行本实训。

实训十　报表管理

1. 制作常规报表

(1) 根据模板制作 1 月份资产负债表。

(2) 根据模板制作 1 月份利润表。

2. 自定义报表制作

自定义费用统计表，按照销售费用和管理费用对应二级科目进行合计，报表格式及单元格公式如附表 40 所示。

附表 40　费 用 统 计 表

单位名称：　　　　　　　　　　　　　　　　　　　　　　　　　　　　年　　月

项目	行次	本 期 金 额	本年累计金额
工资	1	FS("660201",月, "借",,,"",,)+ FS("660101",月, "借",,,"",,)	LFS("660101",月,"借",,,"",,)+ LFS("660201",月,"借",,,"",,)
福利费	2	FS("660202",月, "借",,,"",,)+ FS("660102",月, "借",,,"",,)	LFS("660102",月,"借",,,"",,)+ LFS("660202",月,"借",,,"",,)
办公费	3	FS("660203",月, "借",,,"",,)+ FS("660103",月, "借",,,"",,)	LFS("660103",月,"借",,,"",,)+ LFS("660203",月,"借",,,"",,)
差旅费	4	FS("660204",月, "借",,,"",,)+ FS("660104",月, "借",,,"",,)	LFS("660104",月,"借",,,"",,)+ LFS("660204",月,"借",,,"",,)
招待费	5	FS("660205",月, "借",,,"",,)+ FS("660105",月, "借",,,"",,)	LFS("660105",月,"借",,,"",,)+ LFS("660205",月,"借",,,"",,)
折旧费	6	FS("660206",月, "借",,,"",,)+ FS("660106",月, "借",,,"",,)	LFS("660106",月,"借",,,"",,)+ LFS("660206",月,"借",,,"",,)
其他	7	FS("660299",月, "借",,,"",,)+ FS("660199",月, "借",,,"",,)	LFS("660199",月,"借",,,"",,)+ LFS("660299",月,"借",,,"",,)
合计	8	C4+C5+C6+C7+C8+C9+C10	D4+D5+D6+D7+D8+D9+D10

参 考 文 献

[1]　韩庆兰. 会计电算化[M]. 上海：立信会计出版社，2012.

[2]　杨周南，赵纳晖，陈翔. 会计信息系统[M]. 大连：东北财经大学出版社，2014.

[3]　杨虢. 会计信息化项目教程[M]. 北京：电子工业出版社，2015.

[4]　李冬梅，惠楠. 用友 ERP 财务与成本管理实务[M]. 北京：清华大学出版社，2015.

[5]　张丽静，石峦. 会计电算化[M]. 上海：上海财经大学出版社，2017.

[6]　钟齐整，白祎花，罗兰. 会计信息系统实训教程[M]. 北京：清华大学出版社，2018.

[7]　马英娟. 会计信息系统实训教程[M]. 北京：清华大学出版社，2018.

[8]　屈武江，尹红霞. 会计电算化操作技术项目化教程[M]. 大连：大连理工大学出版社，2019.